30 三十年集

敬畏传统

陈尚君 ◎ 著

1976年江苏海门江心沙农场知青

30

THIRTY YEARS / Chen Shangjun

陈尚君

1981年12月研究生毕业与导师朱东润先生合影

1988年1月与王运熙先生（左二）、王水照先生（左一）、骆玉明先生（右一）在复旦大学曦园

THIRTY YEARS　Chen Shangjun
陈尚君

1999年在清华大学王国维纪念碑前　　　　　　　　　　2002年10月在日本仙台松岛

30 THIRTY YEARS / Chen Shangjun
陈尚君

2009年1月与妻孔沂澜在香港中文大学　　　　2010年6月在俄罗斯圣彼得堡大学遇难者纪念雕塑前

目 录

自序 / 1

一九七八
一九七九
  杜甫离蜀后的行止试析
    ——兼论杜甫之死 / 10
一九八〇
  李白崔令钦交游发隐 / 31
  温庭筠生年新考 / 34
一九八一
  欧阳修的文学成就 / 40
一九八二
  杜诗早期流传考 / 46
一九八三
  姜夔卒年考 / 68
一九八四
  《全唐诗》误收诗考(节选) / 72
一九八五
  欧阳修著述考(节选) / 82
一九八六
  何谓西昆体 / 93
一九八七
  韩柳交游之始 / 96

一九八八
　　唐宋诗词札记／99
一九八九
　　明铜活字本《唐五十家诗集》印行者考／110
一九九〇
　　张碧生活时代考／113
一九九一
　　述复旦大学图书馆藏明钞本《元和三舍人集》／117
一九九二
　　《诗渊》全编求原／120
　　我作《全唐诗补编》／127
一九九三
　　《永乐大典》残卷校《旧五代史》札记／132
一九九四
　　文史考据应有所阙疑／137
　　齐己佚文《龙牙和尚偈颂序》考述／140
一九九五
　　述《全唐文》成书经过／144
　　《二十四诗品》辨伪答客问／157
一九九六
　　文史札记一组／161
一九九七
　　长沙窑唐诗书后／170
　　存世唐诗知多少／174
一九九八
　　唐代文学文献研究的回顾与展望／176

一九九九
　　清辑《旧五代史》平质 / 182
　　地方志辑佚之得与失
　　　　——评刘纬毅《汉唐方志辑佚》/ 194
　　陈寅恪先生唐史研究中的石刻文献利用 / 199
二〇〇〇
　　断代文学全集编纂的回顾与展望（节选）/ 205
二〇〇一
　　中国近二十年唐代文学研究方法的新变 / 213
二〇〇二
　　复旦中文系的学术传统
　　　　——《卿云集——复旦大学中文系建系七十五
　　　　周年纪念论文集》前言 / 220
　　新出石刻与唐代文史研究 / 231
二〇〇三
　　唐代墓志中所见的妻妾关系 / 241
　　在早稻田看书 / 246
二〇〇四
　　观天下书未遍，不得妄下雌黄
　　　　——余嘉锡《四库提要辨证》新版弁言 / 249
二〇〇五
　　《旧五代史》重辑的缘由和方法 / 256
　　《全唐文补编》出版感言 / 265

二〇〇六

五代社会变化的一些迹象 / 270

二十四史启动修订的一些建议 / 274

朱东润先生的治学方法
——以《梅尧臣传》为例 / 284

二〇〇七

欧阳修的从政经历和学术建树
——纪念欧阳修诞辰一千周年 / 293

《册府元龟》的校订和利用还有很大的拓展空间 / 305

二〇〇八

学者宜知所取舍
——金程宇《稀见唐宋文献丛考》序 / 309

破镜重圆的原委和真相 / 313

二〇〇九

古籍辑佚学在数码时代的发展机缘
——史广超《〈永乐大典〉辑佚述稿》序 / 317

附录　陈尚君学术年表 / 322

自序

人生百年，倏近六十，大半已经过去。从1978年入研究生算起，从役学术也超过了三十年。复旦大学出版社编辑"三十年集"，入选人物都是"特立独行的思想者，精神家园的守护人"，明知我很不合格，仍然约我编一本集子。想到三十多年的学术经历，有机会稍作清理，也很难得，就抱持"稍存异数"的心情答允下来。

写出回顾学术起点几年的纪事文字，才惊讶于一些成长的经历十分模糊。我绝无家学传承，初一就遭逢"文革"，到农场劳作八年，与几位高中生读过一些书，作为最后一届工农兵大学生进入复旦不到一年，老师认为水平不下于"文革"前大学生，怂恿考研，居然顺利录取。如何跨越中学到大学的教育，是得益于"文革"十年的饥渴阅读，还是入大学一年的愤发读书，自己也说不清楚。可能是此一原因，我一直以谦恭敬畏的心情读书治学，卑以自持，不断进取，不敢张狂，不敢稍懈，逐渐得悟学术之一二。在上世纪80年代初新方法笼罩全国的学术氛围中，我则在传统文史考据的道路上越走越远，无法自拔。回头来看，这一选择还算值得，差可欣慰。现在回头说研究方法，我觉得创新固可喜，其实守旧也很精彩。中国传统治学方法强调学者应博通四部，从掌握目录和校书识字入门，通过典籍的反复研读，先作批点札记，进而形成论文和专著，这和当代国际主流学术的基本规范其实是相通的。我受教于复旦几位杰出学者而初窥学术堂奥，在转益多师的摸索中寻求适合自己个性的治学路数，在学术史定位中确定可以开展的工作。三十年间主要完成以下几项工作：一是1992年在中华书局出版《全唐诗补编》，会聚前人所得补录唐诗6 400多首，三分之二是我搜寻所得；二是发表各类学术文章约200多篇，最重要的是1994年与汪涌豪一起提出《二十四诗品》伪书说，其他还有各类辞书和札记逾万则；三是2005年在中华书局出版《全唐文补编》，补录唐人遗文近7 000篇；四是2005年复旦大学出版社出版的《旧五代史新辑会证》，最初思路受到史学大家陈垣的启发，基本治学方法则遵循司马光、刘恕做《资治通鉴》先做长编的古法，较彻底完成五代史基本文献的清理。目前在做的工作，可以提到的有二十四史修订承接了《旧唐书》、《旧五代史》、《新五代史》三书,其中前二部有师辈的工作基础,有责任接续;再是修订逯钦立《先秦汉魏晋南北朝诗》,希望清理明清积存的唐前诗歌文献,反映最近四五十年学术的进步,满足当代研究之需求;另编纂《唐五代诗纪事》,编录全唐本事诗,系统清理唐人集部以外的诗歌。这些都可以在近期完成。

归纳起来,我的主体工作是步武传统文史考据的方法,立足于当代学术的需求,着眼唐一代文学、历史基本文献的建设,期冀因自己的努力,巩固唐代文史研究的基石。如果说到个人的学术体会,我常与学生讲到三点:一是掌握目录学以求全面掌握已佚和存世文献,兼顾四部,不拘学科,兼收并蓄,不弃涓滴;二是重视史源,区分文献的主次,并在此原则上从事专题研究和文献重建;三是不盲从前人,不轻信权威,对所有问题都强调在文本阅读基础上的重新评估和认识,并因此而看到前人的种种不足和今后可以努力的方向,唐代基本文献也是如此。我觉得,无论马克思讲的"怀疑一切",还是陈垣说的"毋信人言",其实都是以庄敬的态度阅读和审视前人的著作,而以自己的眼光建立认识。这其实是一切从事严肃的学术研究应该持有的立场。

今后做什么?也是我近年经常考虑的问题。本书最后收录为金程宇所作序,拟题《学者宜知所取舍》,其实表达的是我的犹豫。像我这样坚持传统著述的学者似乎已经不多了,我也很庆幸在自己还没有衰老以前达到了一定高度,相信还有余力做一些较为重大的课题。就我目前的学识和能力,可以完成唐史基本文献的重建(这是严耕望曾反复斟酌而最终放弃的设想),也可以完成全唐诗文的新辑会校,虽然都已经积累了数量极其巨大的文献,但个人生命和精力,似乎难以全部完成。就在几天前,在经历了此生最难忘的一段经历以后,完成了第一项选择,会在调适心情后开始新的努力。

由于我的主体研究无法在本书中展示,只能选取相关的叙述文字以作弥补;一些较有心得的论文也因篇幅太长,只好稍作节取或放弃。这些均请读者谅察。

书名调换了几个,最后的选择是表示对传统学术和治学方法的尊重,也是我多年来从事学术工作一直抱持的心情。

2011 年 5 月 18 日

一九七八

纪事

1978年夏,我以在校中文系文学评论专业工农兵大学生二年级生,以专业第一、总分第二的成绩,录取为中国文学史专业研究生。当年评为上海市三好学生,参加过市新长征突击手的会议。

其实,在此以前,我只有小学是读完了的。初中没有上完一年,就开始批判"三家村",数学只学到一元一次方程就挂了。大学一年多,还在恢复的阶段,古代文学只听过一学期作品选,文学史还没有开讲。就这样考取了研究生,我自己也感到很意外。

我出生并成长在江苏南通。这座城市近代因为张謇创办实业,建立全国最早的师范学校、博物馆,在文化上具有独特的优势。可惜我的祖辈从宁波到上海,父母从上海到南通,与南通的文化圈完全没有交集。我读的小学是南通师范学校第四附属小学,可能在教学方面不错,只是作为小学生的我完全没有比较能力。能够记得的是语文、算术成绩很好,二年级时曾经向语文课的保韵新老师借过线装的《水浒》(大约是清末民初的石印绣像本),向姨父何成群借过批点本《三国》,放学后经常在路边小人书摊看一分钱读一本的连环画。五六年级的语文老师刘宝珊经常表扬我的作文,还曾在班上保证我能考上南通中学,可惜我辜负了他的期待。后来听说,刘老师早年曾任海安李堡镇镇长,"文革"间死于非命。

"文革"停课,对少不更事的我来说没有遗憾,好像还有些兴奋,每天忙于关心国家大事,每天的功课是将全城的大字报浏览一遍。由于年龄太小,有造反的冲动而没有实际的能力,参加组织经常是全城捉迷藏。一次躲进学校教学楼的地下,居然捡到了国民党南通县党部的大印。无忧无虑的生活直到知青下乡才结束。

我去的地方是海门县江心沙农场,离家四五十公里,紧贴着长江边的一个冲积岛。开始的一两年,一是想家,二是无法承受艰苦的农活。记得农场和陆地连接的大坝合龙的当晚,我们十多个知青撂下箩筐,立即步行一晚回家。不久农场改建制为江苏生产建设兵团二十五团,知青逐渐被提拔为各层干部,务农的态度也有了根本变化。我从1971年到1975年担任六连三排排长四年,其实就是生产队长,有六七百亩地,管五六十号人,每天要安排农活,检查督促 计算工分 当然还要比别人做得多 那时毕竟年轻 不知疲倦也绝不偷懒。每年三夏、三秋最忙的季节,都是早晨天将亮四点多钟出工,午饭送到田头,晚上七八点天完全黑了回家。冬天忙水利,天亮步行十多公里到工地,一天完成八到十个土方,天黑再步行回家。所有的农活,都是超大强度的,我们完全和农民一样,将生命力发挥到极致。比如挑担,重量在起立时就几乎两腿发抖,但挑上要走几里地;喷农药,整天沉浸其间,浑身都是剧毒农药的气味;锄草插秧,每天要弯腰十多个小时。农场管理有序,全农场三千知青都是这样工作,一些人甚至埋骨在了那里。近年曾谈到这段经历,朋友认为是精英人才的莫大浪费,我则稍有保留,至少我了解了中国农民和底层社会,知道了农事的所有细节和生存的艰辛,也知道了个人的生命能量远比想象的强大。

很幸运的是,我所在的六连南通知青,包括了我所在初中的两个班,和南通中学高一的两个班。初一和高一学生的知识水平真是相差很大,更何况南通中学是江苏最好的中学。我那时完全懵懂,听他们谈托尔斯泰和亚里士多德,谈古典诗词和普希金,谈巴金、茅盾和鲁迅,无限景仰,于是追随读书。虽然"文革"将中外文学、历史全部批得一无是处,但还是有些知青将中外名著带到农场,也借给我看了一些。虽然我现在做唐代文学研究,但《唐诗一百首》《唐诗三百首》都是在二十岁以后看到的,后者还因为在开大会时偷看,被领导发现而没收,对不起借书的朋友,至今仍感到痛惜。1972年后风气开始变化,一是大学恢复,二是政治运动比较多与读书联系,我的求知欲望也急速膨胀。记得当时学过一阵英语,看过所有能够见到的马列著作,读过范文澜的《中国通史简编》四册和任继愈的《中国哲学史》三册,看过所有能见到的法家著作和供批判的儒家著作,我自己还订了《文物》、《考古》、《历史研究》,还有《学习与批判》。我的古文阅读能力,是在"批林批孔"和"评法批儒"的过程中启蒙,而对西学的了解,则全部局限在马列著作中——马恩有许多欧洲历史和哲学的讨论。外面的政治风浪,对于局处农场、整天忙于农事的我来说,完全不相干,我也没有任何参与写作或批判的责任,只是有什么读什么地满足读书的愿望。其间,向刘金泉借过文研所《中国文学史》第二册,向江渡借过商务国学基本丛书的《苏东坡集》五册(缺一本),向季本奕借过《诗韵合璧》,李剑阁给过我《诚斋诗集》和《古诗源》,我也在八年农场中利用唯一一次到上海的机会买到一些《四部丛刊》和《丛书集成》的零册。稍晚还得到刘大杰先生《中国文学发展史》新版第一册和陆续出版的鲁迅著作的单行本。上述这些,构成了我在农场读书经历的全部,读懂了多少,自己一点都没有把握,只是有兴趣,看不懂也过。记得《中国文学史》第二册的引诗和《苏东坡集》中的诗歌，几乎全部抄过。知青中像我这样的还不少，可惜后来走上学术文化部门的并不多。对我影响最大的是李剑阁，他对古典诗文的熟悉，对经典理论的沉潜，数学、外语和写作的造诣，很使我钦佩，经常随他读书。高考恢复后他考取南师数学系，又成为工经所的研究生，现在是国内经济金融方面的顶尖人物。我很庆幸，即便僻居农场，也能得到高人的指点。

1976年4月，我调到农场场部，担任农业科的统计员，并在次年年初获推荐到复旦大学读大学，算最后一届工农兵大学生。因为高考制度的恢复，后来一般人说到工农兵大学生，都有些不屑。其实就我来说，过程并没有任何见不得人的地方。那年全农场三千知青，有八个上大学的名额，名额分配到基层，采取的是个人报名、群众推荐、文化考试、领导审批来确定的方法。记得我报名后，场部的一些老大学生主动替我拉票，说要为国家珍惜人才。文化考试由农场自己命题，语文考一篇作文，数理化合一张考卷。高中数理化我完全没有学过，花五天时间将全部课本硬啃了一遍，居然也过了。我不否认当时和农场领导关系非常密切。在场部半年多，我的主要工作是担任农场三夏和三秋指挥部的唯一值班者，每天了解各基层连队的生产进度，向领导汇报。领导审批确定后，党委副书记熊淦集告诉我："本来很想留你在农场，但觉得到复旦的名额适合你的发展，还是决定让你去。"

1976年如果正常在春夏间招生，未必能得到推荐的机会。虽然不久恢复了高考，我的文史很好，但数理化完全没有学过，录取机会不大。而复旦中文系在八个招生名额中当然是最好的，尽管我当时还完全不理解大学学科如何划分，自己是否能够胜任愉快。

1977年3月初进入大学，当时流行口号是"抓纲治国，拨乱反正"，"四人帮"垮台，"文革"已经结束，学校努力恢复正常的教学科研秩序，但经历了太长时期的停废，一时谁都不知道要恢复到什么状态，甚至不知道"文革"前的种种课程、理论等哪些可用，哪些不能用，全都有待摸索。对于课程安排，开什么课，可以请哪些人开课，还存在很大的分歧。因为如此，入学不久就被送到上海郊区月浦镇（就是现在宝钢所在地）的炮兵部队学军一个月，然后才逐渐安排课程。记得最初开的课是古代文学作品选、写作、文学理论等。老师上课时还不免心有余悸，很小心，很规范，只讲基本的文学知识，但显然备课很充分认真。这个时期的师生关系，比较亲和随便。老师容易接触和交流，对学生的提问，也都一一道来，即便再唐突的问题，也可以得到圆满的答案。对于我们这最后一批工农兵来说，至少已经完全没有了前几届在极"左"思潮下经常要说的占领、改造大学的使命，更多的是谈要为实现"四化"努力学习科学文化知识,因此学习都很努力。

更让我有如鱼得水感觉的是学校图书馆。以前在农场,几个朋友在一起读书,书很有限,许多书是知其名而无处寻觅。进入大学图书馆,以前出版过的书都能找到,中外古今的名著也应有尽有,真不可思议的快活。我当时的感觉,真如同阿里巴巴进了藏满宝藏的山洞,满眼金碧辉煌,不知道先看什么是好。我在农场习惯了高强度的体力劳动,总觉得读书毕竟是轻快的事情,有空都钻在图书馆,不是一本一本地看,几乎是一架一架地看,完全沉浸其中。不仅是我,其他同学也大都是这种状态。当时能够感觉到自己学力的提高,就如同初春听到竹笋拔节的声音一样。

特别让我难忘的,是在进入大学的第二学期,由陈允吉老师开设"古代文学作品选"一课,因为我对于古代的作品比较熟悉,班级就委派我担任课代表。陈老师很博学,也很尽责,上课善于用生动的事例解说复杂的问题,且每于内容沉闷之时,抖出一些生动的包袱,赢得满堂喝彩。他对工作很负责任,每周都准时到学生宿舍给同学作辅导。我作为课代表,每次他来,就在宿舍恭候。可能是其他同学对于古代文学的兴趣不是太高,虽然每次我都陪他到所有宿舍走一遭,但用时不太久,而他又坚持每次辅导都要到晚上十点才结束回府,于是大部分时间都在我的宿舍里聊天。我以往是自学,夸我的说博闻强记,而我自己明白只是囫囵吞枣,在图书馆读书也不免贪多务得,一知半解。好在翻过不少书,在老师有兴致的时候,我可以成为一个优秀的提问者,并因此而能够长期享受单独辅导的特殊照顾。陈老师健谈风趣,善于把复杂的学问讲得简洁明了,把枯燥的东西说得兴味无穷,他尤其熟悉各种名人掌故和学界往事,话匣打开就滔滔不绝。我因此而视野大开,真切感受到学术的魅力。尽管已经过去三十多年,仍觉得是一生中非常难得也非常愉快的经历。对我来说,学术启蒙是在这些夜晚完成的。

1977年下半年,高考制度恢复。不久,高考录取的77级同学入学,对于在读的工农兵学员,冲击非常巨大。时代变了,风气变了,社会舆论都在关注高考制度的变革,表彰经过高考进入大学的人才,对于工农兵学员,似乎总有一些忽略或看轻。尽管学校的教学秩序依旧,老师也没有加以区别,76、77级的同学经历了最初的隔膜,很快就熟悉,许多成为很好的朋友。但就当时来说,确实感到巨大的压力。但大家也都明白,今后是经济、文化发展的时代,不管出身如何,还是要靠真才实学来生存,因此学习的主动性、积极性都大为加强。

不久传来消息,教育部决定将1977、1978年的招收研究生工作合并进行，统称为1978级研究生。这是"文革"后第一次招考研究生。我因为在学校，知道较早，最初只听说历史地理会招，后来才得知中文系也招。那时讲得很多的是"不拘一格降人才"，而且把发现人才、推荐人才作为各级组织的重要工作来布置。1978年初春招收研究生消息传开后，学校让各班指导员发现人才，鼓励同学去考研究生。既然说"不拘一格"，不管什么身份都可以报考，在校生不管几年级都可以报名。指导员杨竞人老师与班级干部分析后，觉得我知识面很宽，对于学术问题有浓厚的兴趣，还提到陈允吉老师认为我的实际水平不低于"文革"前的大学生，应该可以动员参加。其实我是很没有自信的人，平时总看到别人的长处，看到自己的弱项，老师请班级的党支部书记林锡琦和我谈后，还很犹豫，觉得自己欠缺的东西很多，没有信心。架不过老师和同学的再三怂恿，陈允吉老师还特别请古代文学教研室主任王运熙老师给予推荐，才让我下了考研的决心。

研究生从3月中旬报名，到5月15日初试，只有两个月时间，太紧了。当时虽然看过许多书，但古代文学史的专业课还刚开始讲，要讲一年多，考试的内容只有自己突击自学了。虽然报考了研究生，但班级的课还得要上，虽然比如现代文学之类课与考研没有关系，我也没有缺过一次课，作业按时完成，期末的考试成绩也还好。两个月间，我通读了当时能找到的各种版本的《中国文学史》教材，凡是涉及文学史上的事件、人物、作品、文体等，都仔细对比各种教材的同异，弄了个大致清楚。其他政治、外语等，也要作准备。那时陈允吉老师再三鼓励我，认为以我的能力考取应该没有问题，使我很有信心。准备也算正常进行，每天仍坚持打一个小时排球。报考的消息逐渐传来，我报名的方向录取一人，但报名人数居然超过九十人，真让我感到很恐慌。但既经决定参战，也没有退缩的理由，只有全力以赴准备了。后来知道，报名的包括大量高考落榜者，社会上很少知道什么是研究生，其中当然也有许多"文革"前毕业的老大学生，他们得到消息很晚，工作繁忙，又不易找到系统教材，条件远不及我在学校优越。

初试在校内老教学楼1203教室举行，考试科目好像是政治、外语和专业。外语那时可以带词典进考场，对我这样外语夹生但翻书很快的考生来说，很有利。专业考卷发下来，感到很意外，不是题目难得答不出来，而是简单到觉得无法发挥应有水平。大约经过了"文革"动荡，出题的老师对于考生的水平也没有把握，不敢出太深的题目。我的准备远远超过了要求。怎么办？我选择了小题大做、浅题深做的办法，比如问《秋兴八首》作者是谁，回答杜甫就够了，我却回答了何年在何处杜甫为何作此诗，后人又如何评价。每一道题目都如此,使阅卷的老师大为惊叹。成绩出来,专业第一,总分第二,顺利进入复试。失分一在外语,二在政治。记得有一题问长征的历史意义和现实意义,居然把当时天天讲的新长征忘了,因此扣掉5分。

复试分面试和笔试。笔试在学校大礼堂举行,人数比原计划多很多,据说因为初试成绩超过预期,临时增加了名额。参加复试的几乎都是比我大八到十岁左右的老五届大学生,与我年龄相仿也就是说"文革"期间的中学生很少。复试有一门的一道题考列宁对文化遗产的理论,我完全不知道,所幸知道别的内容,移花接木,总算没有翻船。面试在中文系资料室举行,由王运熙先生主考,顾易生先生副考,王水照先生当时刚调进复旦,负责记录叫号。轮到我,问了许多问题,现在只记得一题。王先生问:"你中国哲学史读过什么书?"我答:"读了任继愈的三本,第四本没有找到。"王先生说:"第四本还没有出版。"

这一年,整个复旦大学只有三名在校生考入研究生,两人是工农兵学员,即我与历史系的汤奇学(现在安徽大学学报),另一位是77级物理系的钱国梁。对于因为77级入学而感到气短的工农兵大学生,似乎也有一种扬眉吐气的感觉。其实,工农兵大学生中可能有少数因为人际关系入学,其中很大一部分,都是各行各业中的骨干分子,只是当时的选拔标准不是按照学业成绩。比如我们同班来自江苏知青密集的农场的几位,都是知青中的基层干部,获得机会坦坦荡荡。其中也不乏优秀人才。我的同班同学曹顺庆毕业后又报考四川大学研究生,在比较文学方面很有建树,曾长期担任四川大学文学院院长,也是一个证明。

1978年10月正式进入研究生学习。对我来说似乎一点也没有变化,只是从相邻的四号楼搬到十号楼,以往的同学也天天能够见到。这一变化的意义,其实要到许多年以后才显得明晰而重要。

开始跟随朱东润先生研究唐宋文学,告别了共处一年半的文学评论班。所幸研究生宿舍和本科宿舍相邻,虽然学习分开了,我并没有完全脱离班级,也从来没有回避自己曾经是最后一届工农兵学员的经历。2005年百年校庆,我与上海同学一起组织了同学返校活动。

那一届古代文学专业研究生一共六人。束景南是南京大学历史系67届,"文革"前在《光明日报》史学版发过半版文章,录取前在扬州师院南通分校任教。杨明是复旦中文系68届,考前是上海平凉二中语文老师,入学前刚出版了校点的《龙洲集》。马美信是复旦中文系67届,毕业后到新疆工作多年。周建国是上海师范大学中文系70届,录取前在安徽做中学教师。与我同一唐宋文学专业的黄宝华,徐州师院64年毕业,一直在大学任教。他英语很好,据说当年考过钱锺书的研究生,钱出的题目是罗列清代一百家的诗句要学生说明出自哪家路数,最后当然确定野无遗贤。他们五位都是老五届大学生,水平比我高很多,我只有加倍努力,别无他法。

那一年朱先生八十三岁,我到研究生入学欢迎会上才见到他。欢迎会在1223教室举行,先生当时是系主任,首先发言,讲到世界几个主要文明古国,不少都早已消失,就是因为研究典籍的人没有尽到保护文化的责任。先生特别强调中国文化现在也面临传承文明的责任,研究古典文学的老师和学生都要承担保存文化的使命。会后,我与黄宝华送先生回家,先生询问简单情况后,神情严肃地对我说:"听说你记性不错,这对做研究当然有好处,但仅靠此还不够,一切都得靠自己的努力。"

自那以后,我与黄宝华隔周到先生家听课。先生作息时间很准确,每次我们下午三点差几分到达,先生已经端坐写字台前。虽已年过八旬,仍精神矍铄,谈锋健旺,每次讲足两个小时。先生讲课涉及面很广,谈作家,谈作品,也谈古今兴亡,人生阅历,在每一问题上,都有他独到的见解。先生谈读书,特别强调要学会用自己的眼光来看书,要做到入木三分,力透纸背,即不仅要读懂书面的意思,更要能参悟文字后面蕴涵的实情。记得第一次讲课,他就讲到鲁迅会读书,他从二十四史中读出了"吃人"二字。怎样做到力透纸背呢?先生强调不仅要参透世事人情,还要花大气力弄清作者的生活环境、人事关系、写作时间和动机。他曾举例说陆游曾经在蜀中葭萌驿作词,有"梦破南楼,绿云堆一枕"之句,字面是对以往女性的怀念,但确信这首词作于他从南郑从军返回的途中,就知道他要表达的是对在王炎幕府中收复中原计划失败的失望感。先生很强调学术研究中掌握第一手资料的重要,也提出学者要善于发掘不为人注意的冷僻史料。一次讲到项羽败走乌江,先生问:"乌江亭长舣船待,什么叫'舣船'?"我们都答不出。先生说在长江边的小船,船头处有一洞,船靠岸时,将篙插入洞中,船就停稳了,即为"舣船"。先生又问:"项羽为何不肯过江东?"我们就将前人的各种说法罗列一通,先生认为都不对。他援引《史记·高祖功臣侯者年表》的记载,其中有十位越人封侯,证明当时江东已为刘邦所有,项羽已无法回到江东。先生因此强调,读史不仅要读本纪和列传,更要注意读志和表。先生特别强调,读书要耐得寂寞,要有坐穿板凳的意志,说他早年做批评史和《史记考索》时,都是每天从早到晚不离开书房,因此能有所得。对于我们作业和回答时的细节出入,先生也时时给予纠正,比方讲到"璋"我称为"王"旁,写到"沛"右边总写成"市",写到"熙"左上总以为是"臣",这当然是我只有小学基础的缘故。先生提醒几次,因此而能肃然领悟。

  先生当然经常讲立身为人之大节。说到自己抗战时期西走四川的经历,先生说那时日本人占领了上海、南京,朋友已经下水,"我不能为日本人做事,也不想死,因此只能冒死西行"。他吟诵西行途中所作《后西征赋》,说这是情感郁积而写成的作品。先生所写传记都是表彰为国家承担责任的历史人物,他也始终以此自勉。一次说到治理国家的不易,忽然感慨说:"比方说像我这样一个人,如果要做总统,那就完全不行。"当然也有许多轻松愉快的谈论。一次他夸40年代任中央大学教务长的伍叔傥特别能干:"那时考三民主义,伍先生将全部考卷放在大木箱里,用手搅一搅,第一把抓出来的五分,第二把抓出来的四分,实在是好办法。"一次他谈到孤身在重庆,买了一篮桃子,半天全部吃完,兴犹未已,于是将吃下来的桃核,全部栽到校后的荒山上。"还不知道现在是否长成桃林了。"先生说到这里,放怀大笑。

  王运熙老师那时是古代文学教研室主任,负责我们的专业基础课。他每周有一个半天到我们宿舍来上课。一间宿舍四张高低铺,中间两张桌子,六个学生围坐,已经没有空隙。所以每次王老师坐在靠窗户的一张床边,拿出写有讲义的练习簿开讲。学生坐中间,老师靠边讲,印象特别深刻。基础课包括三个方面。一是古代史,要求选读正史中的一种,而且特别希望读《汉书》、《晋书》或者《南史》,因为许多诗文的典故,都来自这几部书。那时束景南转述蒋天枢先生的看法,认为点校本错误太多,一定要求读金陵书局本。当时线装书都可以借到宿舍,因此每晚十点半熄灯以后,我们都在走廊里读局本的正史。二是古代思想,主要讲老庄孔孟,后两家指定读杨伯峻的译注本。三是文献学。记得讲过三次文献学:第一次读《汉书·艺文志》,重点是刘向父子整理群书和从六家要旨到诸子十家的学术格局;第二次读《隋书·经籍志》,重点是此志的序,讲从七略到四部分类的变化,以及汉唐间典籍的聚散;第三次讲四库提要。王老师特别讲到自己问学之初,曾花很大气力阅读《四库全书总目》,体会古今学术的变化和学术评价的原则,他认为自己在四库提要中得到的学术启发,比任何一位老师都要多,而他平生学术力求持论平允,也深受四库提要的影响。另外请徐鹏老师讲过一次版本学。王老师还曾说到作家以生活为创作源泉,学者应该在读书中发现问题,绝不应该有了题目再去找资料。

  我很高兴在自己学术起步的时候,得到老师如此珍贵而富有启发的指导。

一九七九

纪事

第一学年结束时,朱先生布置学年作业,题目是"大历元年后之杜甫",要求下学期开学时交卷。

虽然读了一学期研究生,但自己还没有做过任何独立的研究。先生也看出我基础之薄弱,上课时偶然也谈到我不该本科没有读完就读研究生,揠苗助长,对今后发展并不利。他还曾说到自己孩子读小学时,每到四年级,都要请老师吃饭,让孩子留一级,对以后学习有好处。我尽管一直还算努力,但没有写过任何学术性文字,对自己缺乏信心。

1979年夏天,我带了自己以及学校图书馆可以借到的所有关于杜甫的书,回到南通,用了一整个暑假的全部时间做杜甫。早前在农场时,很认真看过郭沫若的《李白与杜甫》;到复旦后,又大致浏览过萧涤非《杜甫研究》和冯至《杜甫传》;朱先生《杜甫叙论》那时还没出版,他对杜甫的基本看法,在系里报告和研究生上课时也听了不少。但我都不满足,我尝试用一年来老师所教办法,在杜甫身上作些探索。我从杜甫离开成都草堂前后诗歌中找寻线索,对宋代以来关于杜甫的各家说法与杜甫本人诗作仔细地对核,细心观察杜甫沿蜀江东下留下的痕迹,又努力在时间、地点、人事等方面分析原因。用了两个月时间,写成大约五万字的三篇文章:《杜甫离蜀后的行止试析》、《大历元年后杜甫的诗歌创作》、《杜甫晚年的生活和思想》。较有心得的是第一篇。这篇文章廓清宋以来关于杜甫行踪的种种说法,认为杜甫在严武幕府中任节度参谋,严武奏请他为检校工部员外郎,于是杜甫在春间买舟东下。严武死于他离蜀后,杜甫到忠州才得到严武死讯,否定了旧史严武死杜甫东下的说法。进一步认为杜甫在云安、夔州因为消渴、风疾而耽搁入京行程,最后经江陵、岳阳,到长沙投奔友人。这一说法据杜甫本人大量诗歌勾勒出其行踪曲折的内在原因,感觉颇有新意。交给先生后,先生作了认真阅读,退稿给我时说:"文章有自己看法,问题也挖得很深,就是文字不太顺畅,还有一些错别字。"给了90分。

几年以后,比我低一级的王小盾说他到研究生部报到时,正好朱先生也在,先生称赞上届研究生有研究能力,可以培养出来,颇多赞美之辞。王小盾后来体会说的就是我这篇作业。至于先生说我会给复旦带来光荣的一段话,则是在先生去世后第二年,陈允吉老师在教研室会议上说到。

以自己的努力,让老师感到孺子可教,很可欣慰。

这篇作业后来作了很大篇幅修改,分为两篇,前半题作《杜甫为郎离蜀考》,发表在《复旦学报》1984年第1期,后半题作《杜甫离蜀后的行止原因新探》,发表在《草堂》1985年第1期。编录本集时为保留学术第一步的痕迹,仅将当年作业的原稿刊出。不免粗糙稚嫩,但毕竟走出了一步,特别感谢老师当年的肯定。

杜甫离蜀后的行止试析
——兼论杜甫之死

永泰元年(公元765年)春夏间,杜甫离开已生活数年的成都草堂,沿江东下,开始了一生中最后也是最长的一次漂泊寄寓生活。杜甫时年五十四岁。这次飘寓,行经今天四川、湖北、湖南诸省数千里之地,历时五年余,诗人在贫病颠沛中度过了晚年岁月,最终凄惨而死。在这期间,杜甫创作了六百多首诗,占现存杜诗总数的百分之四十强。

杜甫为何离开成都? 离蜀时意欲前往何处? 何故在夔州停留了将近两年? 为什么不北归而南下潇湘,多次往返衡、潭间? 杜甫究竟是饫死,还是病死? 唐、宋以来的不少学者,对此作了多方探讨和种种悬测,使杜甫晚年生活状况得以概见。由于史料缺乏和现有材料理解不一,对杜甫晚年行止的解释歧议颇多,关于他的死,更是聚讼纷纭。即使趋于一致的一些看法,联系杜甫后期诗歌和当时史实,也有矛盾牴牾的地方。

因此,搞清杜甫这段行踪和行止意图,不仅有助于了解他晚年的生活,对一些诗歌的理解,也有极大裨益。本文试对上述问题,作些新的解释。记载翔实、前人已考明者从简,争议较多或前人未及的问题,作些较详的考辨。

一

杜甫离开成都草堂的原因,较早的几种记载并不一致:

> 剑南节度严武状为工部员外郎,参谋军事。旋又弃去,扁舟下荆楚间。

（元稹《唐故检校工部员外郎杜君墓系铭》）

上元二年冬，黄门侍郎郑国公严武镇成都，奏为节度参谋、检校尚书工部员外郎赐绯鱼袋。……永泰元年夏，武卒，甫无所依。及郭英乂代武镇成都，英乂武人粗暴，无能刺谒，乃游东蜀，依高适。既至而适卒。是岁，崔宁杀英乂，杨子琳攻西川，蜀中大乱。甫以其家避乱荆楚，扁舟下峡。（《旧唐书·文苑传》）

（严）武再帅剑南，表为参谋、检校工部员外郎。……武卒，崔旰等乱，甫往来梓、夔间。大历中，出瞿唐，下江陵。（《新唐书·文艺传》）

元《铭》记载最早，又是据杜甫孙嗣业提供的材料写的，比较可靠。但其叙述过于简略，"旋又弃去"一句，含混而言，难得确诂，仅可知杜甫"下荆楚"前"弃去"郎、幕二职，没提到严武之死。两《唐书》所述错舛太甚，经宋、清学者研讨，多已澄清。《旧唐书》作者读过元《铭》，见严武之死和杜甫出走几乎同时，就把蜀中大乱和杜甫出走缠在一起，以充实"武卒甫无所依"而出走的虚构原因的根据，悬测成分很明显。《新唐书》沿用了这一说。避乱出走说早已辨明了，但出走的原因缺少确据，杜甫因严武死出走说被后代普遍采用。

严武是杜甫在成都的主要依靠者，他的四月之死和杜甫的春夏间出走又恰相合，说"无所依"而走，很近情理。但在杜诗中，找不到可以印证的材料。清代浦起龙曾对此提出质疑："公（指杜甫）于严交谊何如，岂有在蜀亲见其殁，无一临哭之语见于诗者。且此后诸诗，亦绝无严卒始去明文也。愚意公之去，在四月以前严未殁时。"他的另一根据是《去蜀》中"安危大臣在"一句，"大臣定指严武，可见武未卒"（《读杜心解》卷三之四《去蜀》注）。《去蜀》作时，我们后面再谈，大臣不必专指严武。浦氏之疑有据，对出走只说"谢事他往"，没有提出解释。

杜甫离开草堂的时间，很难确定。各编年杜诗在草堂作的最后几首诗：《营屋》、《春日江村》、《绝句三首》等，都作于春天，没有入夏的。六月间，杜甫已到达忠州，路上曾在嘉州、戎州、渝州等地停留作客。据此估计，杜甫离开成都，当在三月至五月间。旧说均囿于史传，定于五月间。检讨之下，可疑处除浦说外，还可以提出几点：

《资治通鉴》：唐代宗永泰元年四月"辛卯，剑南节度使严武薨"。此年三月壬辰朔，到辛卯正好一甲子，即四月最后一天了。杜甫六月即抵忠州，途中又多延宕，离开成都，最迟也得五月上中旬。在严武死后十天左右即离去，于挚友旧谊无法交代，仓卒中也难做好长途旅行的准备。此其一。

严武死后,"杜济为西川行军司马,权知军府事"(《旧唐书·崔宁传》)。"五月癸卯,以右仆射郭英义为剑南节度使"(《通鉴》)。杜济是严武旧部,杜甫有《示从孙济》诗相赠。郭与杜甫在凤翔时相识。郭出镇陇右,杜甫作三十韵诗相送。二人交谊远不如严武,但杜甫如只想在草堂过隐逸生活,并未构成威胁。此其二。

川中大乱,是十月间事,由郭英义暴虐引起,实质是郭和严武旧部的冲突。从严武死预期将乱,杜甫是可能看到的。然而,杜甫一路迤逦而行,多处停留,在嘉州甚至饮酒狂歌①,不似仓卒出走。避乱东下显然说不通。此其三。

严武死后,杜甫有二诗哀悼,说到严武的死是:

> 素幔随流水,归舟返旧京。……一哀三峡暮,遗后见君情。(《哭严仆射归榇》)

> 飞旐出江汉,孤舟转荆衡。虚横马融笛,怅望龙骧茔。(《八哀诗·严武》)

马融《长笛赋序》:"有雒客舍逆旅吹笛,融去京师逾年,暂闻甚悲。""虚横马融笛",点出在旅舍闻悲讯。二诗都说在三峡间听到噩耗,而不及成都诀别。此其四。

有没有根据证明杜甫四月间已离开成都呢?有的。《喜雨》(南国旱无雨)一首,各本杜集均编入永泰元年离成都后,大体可信。黄鹤注:"史永泰元年自春不雨,四月己巳,乃雨。诗云巢燕林花,皆四月间事。"(引自仇注杜诗)诗云"南国旱无雨,今朝江出云",是在江中行舟时作。

杜甫春天在草堂时,作《绝句三首》:

> 闻道巴山里,春船正好行。都将百年兴,一望九江城。(其一。《杜臆》:"九江在洞庭。"浦注:"九江城,谓江陵。")

> 谩道春来好,狂风太放颠。吹花随水去,翻却钓鱼船。(其三)

时时揣测着水文天气,急于出峡的心情跃然欲出,可知杜甫出行在春间已有准备了。

那么,杜甫为什么急于离蜀东下呢?在出发前后的诗中,没有明说。我们从夔州作的一首诗中,窥见一线消息:

> 通籍恨多病,为郎忝薄游。(《夜雨》)

把接受了检校工部员外郎的官职,说成离蜀东游的原因,是很难使人相信的。照一般理解,元《铭》和两《唐书》本传记载杜甫是以检校工部员外郎和参谋军事职务入佐严幕,次年正月辞去幕职归草堂,此后就没官职了。怎能又说"为郎忝薄游"呢？

杜甫为后代称为"杜工部"，即因曾受"检校工部员外郎"官衔。所谓"检校"，只是诏除而非正命的加官名，员外郎仅从六品上。官位虽低，杜甫还是很感欣喜的，此后的诗中，吟咏"省郎"、"郎官"、"朱绂"、"赏鱼"、"银章"的，不下四五十处。陆游责怪"底事杜陵老，时时矜省郎"（《剑南诗稿》卷四十七《秋兴》其二），是有根据的。这在唐代诗人中并不孤立，白居易也是如此（参《容斋随笔》"唐人重章服"条）。

但通检杜甫在严幕中作的二十多首诗，竟没有一首诗提到"省郎"云云②。说到在幕府中受约束，只说"白头趋幕府，深觉负平生"（《正月三日归溪上有作简院内诸公》）。和严武有不少酬唱诗，提到幕职，只有"胡为来幕下，只合在舟中"（《遣闷奉呈严公二十韵》），"何补参军乏，欢娱到薄躬"（《陪郑公秋晚北池临眺》）云云，只提幕职，不提"为郎"。

第一次提到"为郎"职的，是辞幕归草堂后作的《春日江村五首》："赤管随王命，银章付老翁。岂知牙齿落，名玷荐贤中。"（其三）"扶病垂朱绂，归休步紫苔。郊扉存晚计，幕府愧群材。"（其四）诗应当作于得到银章、朱绂后不久，虽然流露了为官和退隐的矛盾心理，得官的兴奋仍洋溢在字里行间。"名玷荐贤"，应是在幕中由严武表荐为郎。"愧群材"，自谦不材，而先幕府众人得官。第五首更提到被召入京：

群盗哀王粲，中年召贾生。登楼初有作，前席竟为荣。宅入先贤传，才高处士名。异时怀二子，春日复含情。

仇注此诗："公避乱蜀中，作诗言志，甚有类于王粲；而老授郎官，未蒙见召，叹不得为贾生。至于卜宅花溪，留名后世，则自信古今同调矣。"认为杜甫引二人为同调，极对。但仇氏被杜甫"未蒙见召"迷惑，强作解释，忽视诗末"含情""怀二子"，是以二子的经历自喻，以如贾生般被召，将受君王前席顾问为荣。说杜甫此次被召入京，容后证明。

杜甫不是以工部员外郎身份入佐严幕，而是由严武推荐，从幕职转授工部员外郎，所以杜甫自咏为官，把入幕和为郎分开，入幕只在哀悼严武时提及，为郎却吟咏不休。只有一处例外，《秋日夔府咏怀一百韵》："幕府初交辟，郎官幸备员。瓜时拘旅寓，萍泛苦夤缘。"清人注前两句："严武辟为参谋、工部员外郎"，不错。到后二句就说不通了："《左传》'瓜时而往'，遣戍之词也。此借作授职用，即指严幕。"（《读杜心解》）按"瓜时"指职位交接时，授职、解职均可，但进严幕、辞严幕，都不会因"拘旅寓"而带来"萍泛"的命运。前二句不是说幕府交辟、郎官备员同时，应该是说：到幕府供职不久，有幸取得郎官职位。拘于排律对仗而并列，意重在下句。后两句即承下句，意作卧病旅寓耽误了官职交接时间，命运如此，只好像浮萍断梗般漂泊。

要证明杜甫此行初衷为入京就职，还得不厌其烦地考察杜甫从成都到夔州的诗歌及出峡后的追述。

离开成都后，在嘉州、戎州作客停留。在犍为青溪驿寄诗张之绪："浩荡前后间，佳期赴荆楚。"到《渝州候严六侍御不到先下峡》，留诗云："船经一柱观，留眼共登临。"一柱观在江陵。可知此行第一步是径抵江陵，稍息再他适。

在忠州，高适病死的消息传到，杜甫作《闻高常侍亡》，首句"归朝不相见，蜀使忽传亡"，叹高已亡，自己回朝不得相见。仇注："不相见，不得面别也。"不确。杜甫憩息忠州两月左右，除因"忠州使君侄"留住外，从"淹泊仍愁虎，深居赖独园"（《题忠州龙兴寺所居院壁》）推测，可能已经得病。

九月，杜甫到达云安。由于旅途劳累，舟行受潮，多年旧疾病肺和消渴症同时发作，病情非常严重，自述"栖泊云安县，消中内相毒。旧疾廿（原作"甘"，误）载来，衰年得无足。死为殊方鬼，头白免短促。"（《客堂》）不得不卧枕养病，暂住云安，把下峡计划推迟。云安小邑，不便养病，难以久住。次年暮春，病势稍轻，遂"伏枕云安县，迁居白帝城"（《移居夔州作》），继续养病。直到入秋，才稍得恢复。

初到云安卧枕时，杜甫时时想着赴朝廷就职："壮惜身名晚，衰惭应接多。归朝日簪笏，著力定如何？"（《将晓二首》之二）"明光起草人所羡，肺病几时朝日边？"（《十二月一日三首》之一）"愁边有江水，焉得北之朝！"（《又雪》）卧病的次年春，依然抱定入朝的打算，只是体力不支，难以北行。在诗中流露了这种矛盾的心理："台郎选才俊，自顾亦已极。前辈声名人，埋没何所得？居然绾朱绂，受性本幽独。平生憩息地，必种数竿竹。事业只浊醪，营葺但茅屋。……上公有记者，累奏资薄禄。主忧岂济时，身远弥旷职。循文庙算正，献可天衢直。尚想趋朝廷，毫发裨社稷。形骸今若是，进退委行色。"（《客堂》）"心虽在朝谒，力与愿矛盾。抱病排金门，衰容岂为敏。"（《赠郑十八贲》）前诗对郎官的自负，辞幕后归隐和出仕的斗争，由于严武"累奏"，决定"济时"入朝的追叙，值得注意。

上引诸诗可以看出杜甫初到云安时，身体极弱，担心归朝难承应接。入冬病大作，欲行而力不可，徒有遥想之情。次年春，归愿尚未泯灭，但形骸枯槁，进退皆非，不得不移枕夔州，暂作稽留。

在夔州，杜甫卧疾半年间，仍向望着北趋朝廷，自觉希望已渺，哀叹成分增多：

回首周南客,驱驰魏阙心。(《晴二首》之二。周南客用司马谈留滞周南不得参与封禅事)

群公苍玉佩,天子翠云裘。同舍晨趋侍,胡为此淹留?(《更题》)

一卧沧江惊岁晚,几回青琐点朝班?(《秋兴八首》之五。几回,几时)

渭水秦山得见否?人见罢病虎纵横。(《愁》)

我多长卿病,日夕思朝廷。(《同元使君舂陵行》)

留滞夔州的第二年,仍能读到"欲陈济时策,已老尚书郎。不息豺狼斗,空惭鸳鹭行"(《暮春题瀼西新赁草屋五首》之五),"心折此时无一寸,路迷何处是三秦"(《冬至》)一类期望入朝的诗句。

杜甫入朝的"瓜时",不能明确推定,从杜诗中看,大约在永泰二年。杜甫自矜省郎,在夔州的第一年最多,如"衰老自成病,郎官未为冗"(《晚登瀼上堂》),"身觉省郎在","莫看江总老,犹被赏时鱼"(《复愁十二首》),"不才名位晚,敢恨省郎迟"(《夔府书怀四十韵》),"虽为尚书郎,不及村野人"(《寄薛三郎中璩》)等等,都是此时写的,此后就很少了。

在云安、夔州间,杜甫写了很多"恋主"、"恋阙"的诗,如《杜鹃》、《九日五首》之二、《秋兴八首》、《柳司马至》等,就不能仅看作忠君思想的表现,和他赴朝不果、悬想不休是有关系的。

此后,杜甫总是把因病未能入朝就官职,引为终身憾事:

……奉使虚随八月槎。画省香炉违伏枕,……(《秋兴八首》之二)

为郎未为贱,其奈疾病攻。(《赠苏四徯》)

归朝跼病肺,叙旧思重陈。(《敬寄族弟唐十八使君》)

才尽伤形骸,病渴污官位。(《送顾八分文学适洪吉州》)

名岂文章著,官应老病休。(《旅夜书怀》)③

蹉跎病江汉,不复谒承明。(《送覃二判官》)

报主身已老,入朝病见妨。(《入衡州》)

甚至把这次漂泊的原因,直接说成是为郎生病所致:

通籍恨多病,为郎忝薄游。(《夜雨》)

……郎官幸备员。瓜时拘旅寓,萍泛苦夤缘。(《夔府百韵》)

卧疾淹为客,……(《大历三年春白帝城放船出瞿塘峡久居夔府将适江陵飘泊有诗凡四十韵》)

在夔州和江陵时,杜甫曾经多次托人和朝廷联系,向在朝亲友求助,乞求有权势的地方长官汲引。我们可以不时读到"若凭南辕吏,书札到天垠"(《别蔡十四著作》),"愿见北地傅介子,老儒不用尚书郎"(《忆昔》二首),"万里皇华使,为僚记腐儒"(《寄韦有夏郎中》),"卿到朝廷说老翁,漂零已是沧浪客"(《惜别行送向卿进奉端午御衣之上都》)一类诗句,都是求援的。他请人带信给故友贾至①,多次给入川料理兵乱的宰相杜鸿渐及其僚属寄诗,希望夔府都督柏茂琳汲引,多次给江陵节度使卫伯玉上贺诗,也是求援的。

朝廷中的情况是怎样的呢?

杜甫的老友高适、严武都在年前相继去世,贾至任礼部侍郎不久,就离朝到东都放选。房琯一派人此时凋零已尽,执掌朝柄的是元载、王缙、杜鸿渐等一批新贵。"三人皆好佛,缙尤甚,不食荤血,与鸿渐造寺无穷。"昏庸无能,却又贪得无厌,元载以贪污著称,死后家藏胡椒就有八百石,杜鸿渐入蜀理乱,唯受贿为诸将请官而已。朝廷中纳贿授官之风大盛,陇右行军司马陈少游"善结权贵","请岁献五万缗,又纳赂于元载子仲武。内外引荐,数日,改宣歙观察使"。代宗庸主,唯群贵是诺。朝政如此,杜甫的多次求引,如石沉大海,是很自然的。(引文均见《通鉴》)

杜甫孜孜追求官职,是有原因的。郎官虽小,但可在朝中言事,对于一生想"致君尧舜上"的杜甫,无疑看作实现政治抱负的阶梯。失去了故乡田园的土地收入,饱尝了寄人篱下的痛辱,当官食俸成了生计窘迫的杜甫唯一希望。这种希望是一厢情愿的。杜甫即使回朝就职成功,最多虚占一席,想要有所作为,必遭新贵贬斥。

朝廷毫无下文,成都退路已绝。杜甫不得不到处乞食,随水漂流。他的心情惆怅迷惘,极端痛苦,个人和国家的不幸交织在一起,牢骚满腹,发为诗章,对于神圣的天子和朝廷,也不时吐露怨怼:"鸳鹭回金阙,谁怜病峡中?"(《社日两篇》)"茱萸赐朝士,难得一枝来。"(《九日五首》)"谁重斩邪剑,致君君未听。"(《奉酬薛十二丈判官见赠》)"合分双赐笔,犹作一飘蓬。"(《老病》)"扁舟空老去,无补圣明朝。"(《野望》)"养拙江湖外,朝廷记忆疏。"(《酬韦韶州见寄》)"天意高难问,人情老易悲。"(《暮春江陵送马大卿公恩命追赴阙下》)

杜甫出行前后,还有几点需简单解释一下。

杜甫辞幕职回到草堂,修缉整缮,作《除草》、《营屋》、《长吟》诸诗,有退隐草堂终老之志,后人据此认为杜甫出走是由严武死引起。这一点,前面已引的《客堂》诗,有详尽的追叙,杜甫是"受性本幽独"、只求"营缉但草屋"的,迫于"上公有记者,累奏资薄禄",想到"主忧岂济时",终于出行。退隐是刚辞幕时的想法,后来改变了。杜甫离开成都，并没有放弃草堂。陆游《野饭》诗自注："杜氏自谱以为子美下峡，留一子守浣花旧业，其后避成都乱，徙眉州大垭，或徙大蓬云。"（《剑南诗稿》卷五）留下来的可能是宗文、宗武以外的另一子，或是舍弟杜占。

认为杜甫此行打算往湖南的证据，通常有三：在梓州时就想下潇湘；《去蜀》诗；最终行入并死于湖南。其实，都不足凭。在梓州时，杜甫准备出川，只在给章彝的两首诗中提到"不意青草湖，扁舟落吾手"（《将适吴楚留别章使君留后兼幕府诸公得柳字》），"灭迹于君山湖上之青峰"（《桃竹杖引赠章留后》）。同时说到的目的地不下四五处，有江汉、岘山、两京、秦、吴越、扬州、故乡等，分析起来，只是说要出川，目的并不定，北上依严武或东下吴越的可能大一些。后者提得最多，在夔州时有《第五弟丰独在江左近三四载寂无消息觅使寄此二首》，逆推三四年，正当在梓州时。《去蜀》是集外诗，黄鹤将其编入阆州诗，蔡梦弼编入永泰元年夏，此后均从蔡氏。但是，诗中"如何关塞阻，转作潇湘游"二句，与时事不合。川北路阻，是此年十月后事。全句说关塞阻绝，只好改往潇湘，不是初行时口吻。万事黄发之叹，和云安以前诗情调不一致。摘二字为题，杜诗中很多，不一定是离蜀当时作。因此，应该或依黄鹤在阆、梓间作，或竟是出峡后作。大历四年春杜甫入湖南，是出于无奈的临时决断，容后详论。

既然入京，为何不走川北近路，而要沿江东下呢？这和杜甫身体已衰弱有关。陆行虽近，但山路崎岖，行走困难，体弱更难；水路虽远，舟行平稳得多。杜甫在梓州听到两河平复，想望北回，"即从巴峡穿巫峡，便下襄阳向洛阳"（《闻官军收河南河北》）。房琯、严武死后，棺柩返葬"东都"、"旧京"，都是走这条路。安史乱后，江淮贡赋溯江汉运入长安，只走商州北一段陆路。杜甫打算沿江东下，溯汉江入京，是合乎情理的。

综合以上分析，两《唐书》本传的叙述是缺乏根据的。事实应该是：杜甫入佐严幕后，由于严武再三荐奏，被授检校工部员外郎。辞离幕职后不久，即被召入京。离开成都在严武死前，目的是赴京就职，和严武死无涉。由于长途劳累旧疾复发，被迫卧疾云安、夔州，耽误了赴职时间。朝廷中旧友零落，人事变更，杜甫多次和朝中联系，求要人汲引，但复职毫无下落，不得不重操漂泊寄寓生活。

二

从永泰二年三月起，到大历三年正月出峡，杜甫在夔州居住了将近两年，可谓飘寓中的暂时定居时期,诗歌创作达到新的高潮,留存至今的有各体诗四百多首。

离开成都时,杜甫的第一站是到江陵,并没有在夔州停留的想法。后来在夔州居住两年,是意料之外的事情。

舟中得病,旧疾复发,杜甫只得改变行程,卧疾云安。云安地方很小,不利养病,"舟中得病移衾枕,洞口经春长薜萝"(《峡中览物》),前句是申说云安不可居住,才迁居夔州。

夔州城坐落在长江边的山峡中,虽说是三峡一带最大州城,但踞地太高,瘴疠盛行,气候恶劣,不适宜居住养病。杜甫对这地方很讨厌,不断在诗中诅咒:"形胜有馀风土恶。"(《峡中览物》)"巴蜀倦剽劫,下愚成土风。"(《赠苏四徯》)"夷音迷咫尺,鬼物傍黄昏。"(《奉汉中王手札》)"瘴疠浮三蜀,风云暗百蛮。卷帘唯白水,隐几亦青山。"(《闷》)他不想多住,只是"暂留鱼复浦"(《奉寄李十五秘书文嶷二首》)养病,一到夔州,就思出峡,"春城见松雪,始拟进归舟。"(《晓望白帝城盐山》)"十月江平稳,轻舟进所如。"(《清秋》)这时,夔州刺史是王崟,入秋调走,杜甫有诗饯行。随后崔某继任。这两位和杜甫有应酬,实际帮助似乎并不多。直到柏茂琳任夔府都督,杜甫生活才稍得安定,迁居留住。

柏茂琳即柏贞节,两《唐书》均无传,我们只能依据史传中的零星材料,了解他的一些片断经历。他原是邛州牙将,严武死后,投在郭英乂麾下,和严武旧部崔旰作战。郭被杀后,他联合泸州、剑州牙将共攻崔旰,引起蜀中大乱。杜鸿渐入蜀理乱,受贿为诸将请官,他和崔旰抗礼,分领邛南节度使。朝廷姑息,授他夔府都督,实质是另割五州之地以分开二虎之斗(参见《旧唐书·代宗纪》、《崔宁传》、《郭英乂传》、《杜鸿渐传》及《通鉴》)。柏茂琳只不过是个军阀、武夫,杜甫称他为"故人"(见《览镜呈柏中丞》),可能在严幕或旅止邛州时,曾有交谊。他到夔州的时间,各史皆不载。据《文苑英华》卷四一九常衮《授柏贞节夔忠等州防御使制》,知是从邛州刺史、邛南招讨使职改任。《旧唐书·代宗纪》:

> [永泰二年八月]壬寅,以……邛南防御使、邛州刺史柏茂林为邛南节度使,从杜鸿渐所请也。

> [大历二年五月]庚午,以邛州刺史鲜于叔明为梓州刺史……。

则其到夔应在大历元年冬后。柏茂琳一到任,就出示封官制词,请杜甫为草谢表,为作颂诗,参加宴会,陪观将士,点缀风雅。作为报酬,他使杜甫得到了瀼西的几间草屋,四十亩果园,"频分月俸"(《峡口两首》原注),给生活上一些照顾,又让杜甫到东屯检校军屯。这些对于困拘旅寓、穷途莫名的诗人,是足够优适的了。

杜甫取消了即行下峡的打算，又住了一年多，除尽屯守之职、检校获稻外，最大的丰收是写了大量诗歌。

杜甫在夔州主管东屯百顷公田，是出于柏茂琳的推荐。和他的工部员外郎之职，应该是有关的。《旧唐书·职官志》：尚书省工部下领工部、屯田等四部：

  （工部）郎中员外郎之职，掌经营兴造之众务。凡城池之修浚，土木之缮葺，工匠之程式，咸经度之。

  （屯田）郎中、员外郎之职，掌天下屯田之政令。凡边防镇守，转运不给，则设屯田，以益军储。其水陆腴瘠，播种地宜，功庸烦省，收率等级，咸取决焉。……凡天下诸军州管屯，总九百九十有二。……凡屯皆有屯官、屯副。

东屯当即"军州管屯"之一，屯官是行官张望，杜甫的责任是检校（即考核）屯田情况。大约是柏茂琳以其员外郎的身份，权且委任此职的，不一定通过朝廷。《晚》中"朝廷问府主，耕稼学山村"两句，是假设之词，不足以证明得到朝廷允许。如果朝廷真想起用杜甫，问讯近况，就不该只请他"耕稼学山村"了。

生活的暂时安定，使杜甫得到休养，身体渐渐复原，甚至能骑马："白帝城门水云外，低身直下八千尺。"坠马受伤后还"共指西日不相贷，喧呼且覆杯中渌"（《醉为马坠诸公携酒相者》）。然而出峡时间只是推迟，他并不想终老夔府。在夔州的两年一直在做出峡的准备。见于诗中的有数端：

争取朝廷恩顾复职，多方求要人汲引，前节已述。

打听故乡消息。有诗《送孟十二仓曹赴东京选》、《凭孟仓曹将书觅土娄旧庄》可证。

和江陵一带官员联系。寄贺诗给荆南节度使卫伯玉，托人告诉在荆州的诗友薛据、孟云卿："荆州遇薛孟，为报欲论诗。"（《别崔潩因寄薛据孟云卿》）寄给在荆南幕府中的旧友李之芳、郑审及从弟杜位的诗，有《秋日夔府咏怀百韵》、《秋日寄题郑监湖上亭三首》、《寄杜位》等，另外和裴施州、刘峡州、荆南兵马使王某、赵某等，也有馈诗来往。

和舍弟相约出峡。杜甫有四个弟弟：颖、观、丰、占。占随入蜀，其他三人在奉天避乱分手后，仅知音信，杜甫一直在想念他们。杜颖曾到成都看望杜甫，随即回山东。大历二年春，杜观到夔州和杜甫相见，旋到蓝田娶妇，临行前约定返江陵即迎杜甫出峡。年底，杜甫《续得观书，迎就当阳居止，正月中旬定出三峡》，终于成行。

杜甫离开生活较为安适的夔州，杜观相迎是直接原因，可能还潜伏着与柏茂琳的矛盾和对川东将乱的估计。大历二年入秋后，杜诗中再没提到施主柏茂琳。临行前后有诗：

> 不可久留豺虎乱，南方实有未招魂。(《返照》)
> 回首黎元病，争权将帅诛。(《大历三年春白帝城放船……》)
> 愿子少干谒，蜀都足戎轩。误失将帅意，不知亲故恩。(《别李义》)

前首在夔州未行时作，后首抵江陵时作，应该是有所指的。杜甫对战乱的忧虑是对的。他离开夔州不久，杨子琳大乱川东，杀夔州别驾张忠。柏茂琳此后不知所终。

三

大历三年正月，杜甫离开夔州，东下江陵，在船上写下了《大历三年春白帝城放船出瞿唐峡久居夔府将适金陵漂泊有诗凡四十韵》，诗题很庄重，首书纪年，和《北征》一样，记下生平的重要时刻。杜甫离开成都是准备"入朝"，在夔州是卧疾暂留，到此才真正开始漂泊为生。诗中把走投无路的痛苦，都写了出来：

> 老向巴人里，今辞楚塞隅。入舟翻不乐，解缆独长吁。……飘萧将素发，泪没听洪炉。丘壑曾忘返，文章敢自诬？此生遭圣代，谁分哭穷途。……回首黎元病，争权将帅诛。山林托疲苶，未必免崎岖。

江陵(荆州)当时是荆南节度使的驻地。安史叛军在南阳被阻遏，这里没遭破坏。优越的地理位置，使它成为四方交通的重要枢纽，北可经襄阳抵两京，东可下吴越，南行可到湖南岭南，溯江而上，是入川、黔、南诏的重要通道。杜甫在这一带徘徊了将近一年，一方面寻求寄寓处，一方面等待各方消息，以观进退。

杜甫到达江陵时，薛据已入京就职，孟云卿已南下交广。舍弟杜观迎就杜甫到当阳居住的安排并未兑现。从杜诗中看，他仅在一次宴会上陪坐，没给哥哥多少资助。杜甫在江陵，多半时间是在荆南幕僚间度过。

杜甫在夔州和江陵都有颂诗上荆南节度使卫伯玉，是希望得到他援引的。此人行迹如何呢？《旧唐书·卫伯玉传》："大历初，(伯玉)丁母忧，朝廷以王昂代其任。伯玉潜讽将吏不受诏，遂起复以本官为荆南节度等使，时议丑之。"名为朝廷命臣，死保实力、地盘，和割地军阀差不多。杜甫得不到他引荐，并不足怪。

李之芳和郑审是杜甫的主要依靠者。一位是早年游历齐鲁时的知交，一位是笃友郑虔的弟弟，二人行事中看不到什么佞迹。杜甫向他们说过一些真心话，得到一些生活上的照顾。不过，他们并不是杜甫在政治上或文学上的同道，在一起只是送别、游湖、赏月、饮宴。最使杜甫苦闷的，是荆南幕府中所受的讥嘲冷遇。他在诗中写道：

> 饥藉家家米，愁征处处杯。休为贫士叹，任受众人咍。得丧初难识，荣枯划易该。(《秋日荆南述怀三十韵》)

> 交态遭轻薄。(《移居公安敬赠卫大郎钧》)

> 干请伤直性。(《早发》)

这样忍辱含垢的生活，性格倔强的诗人是难以久待的。入秋，李之芳病死，杜甫只得离开江陵，移住公安。"数月憩息此县"(《晓发公安》原注)后，又在岳阳停歇了一个月，才溯水入湘。

杜甫在江陵、公安、岳阳这个十字路口，犹豫徘徊一年，是有所期待的。首先当然是等朝廷的消息，指盼多方的努力发生效果，结果是石沉大海，原因已见前。同时，杜甫还指望故乡和江东弟妹的音信。

杜甫入川后时刻怀念洛阳附近的偃师故园，说"余田园在东京"(《闻官军收河南河北》原注)，"两京犹薄产"(《秋日夔府咏怀》)，是希望回去重整田业。但是，故乡的破坏非常惨重，杜甫是了解的："昔归相识少，早已战场多。"(《复愁十二首》)"昔归"是指乾元二年春从华州回故乡，那时已是"访旧半为鬼"(《赠卫八处士》)，田园荒废。此后，九节度使兵溃邺城，中原战局几度苍黄，洛阳一带是激烈的拉锯地带，战争破坏情况见于史籍的有：

> 夫以东周之地，久陷贼中，官室焚烧，十不存一，百曹荒废，曾无尺椽。中间畿内，不满千户，井邑榛棘，豺狼所号，既乏军储，又鲜人力。东至郑、汴，达于徐方，北自覃怀，经于相土，人烟断绝，千里萧条。(《旧唐书·郭子仪传》载郭子仪语)

> 洛阳四面数百里州县，皆为丘墟。(《通鉴》唐肃宗下之下)

> 汝郑等州，比屋荡尽，人悉以纸为衣，或有衣经者。(《旧唐书·回纥传》)

杜颖离成都后回故乡，只能寄居阳翟(见《远怀舍弟颖观等》)，可知杜家故园也夷为丘墟了。杜甫似乎还不了解故园已荡然无存，故乡的回忆和归兴一直萦系在怀。在夔州，他托人寻访故园，叮咛"为历云山问，无辞荆棘深"(《凭孟仓曹将书觅土娄旧庄》)，等了一年多，杳无音讯，是在所必然的。

在江东，有出嫁韦氏的妹妹，第五弟丰和几位姑母。杜甫在东川时得到江东消息，准备东下。在夔州"为问淮南米贵贱，老夫乘兴欲东游"（《解闷十二首》），以至想东尽白云找杜丰，"弟妹萧条各何在"一类诗，也写得很多。但自东川得讯后，杜甫就和江东断了联系，多次觅人寄信，没有回音。

这年二月，商州兵马使刘洽叛乱，八月，吐蕃进攻灵武、邠州，为时都很短暂，只可能暂时影响杜甫的北上。朝廷、故乡、亲朋各方都断绝音讯，才把杜甫逼到绝境边缘。离开江陵时，他在诗中说："更欲投何处？飘然去此都。形骸元土木，舟楫复江湖。社稷缠妖气，干戈送老儒。百年同弃物，万国尽穷途。"（《舟出江陵南浦奉寄郑少尹审》）离开公安时写道："舟楫眇然自此去，江湖远适无前期。出门转眄已陈迹，药饵扶吾随所之。"（《晓发公安》）举目无亲，欲行无路，凄凉一身，随水漂泊，诗人的痛苦到了极点。在公安遇到李晋肃和董颋时，他说准备下沔鄂，到岘首隐居。船到岳阳附近，想起了在夔州相见过的老友韦之晋，才改变主意，转而南下衡州。在岳阳，杜甫写下了千古名篇《登岳阳楼》。"亲朋无一字，老病有孤舟。戎马关山北，凭轩涕泗流。"把国家和个人的痛苦，一齐倾注进去了。

四

为了下节讨论杜甫之死时便于对照这两年的行踪，我们交代第一次入衡返潭的行程稍详细一些。

韦之晋是杜甫四十年前同游郾瑕的旧友，时任湖南都团练使兼衡州刺史，在夔州时杜甫曾作诗送他往湖南⑤。杜甫临时掉舟南下，在《泊岳阳城下》中流露了对南行命运的忧虑。此行目的地是直下衡州，入洞庭湖时有诗说：

> 洪波忽争道，岸转异江湖。鄂渚分云树，衡山引舳舻。……病渴身何去？……浩浩略苍梧。……⑥

大历四年初春，杜甫从岳阳出发，一路船不停桨，经行都有纪行诗。到长沙恰是清明节，写了《清明二首》。大历三年闰六月，四年清明节很早，大约在二月廿四、五日间（据陈垣《廿二史朔闰表》推定）。杜甫投韦心急，在长沙没多停留，即刻南行。从长沙到衡州，一路正是春暖花开。《发潭州》时是"晓行湘水春。岸花飞送客，樯燕语留人"。二月底前到凿石浦时是"仲春江山丽"（《宿凿石浦》）。再南行仍是"青春犹无私，白日已偏照"（《次空灵岸》），"地蒸南风盛，春热西日暮"（《宿花石戍》）。从将到衡山时的《过津口》诗"南岳自兹近，湘流东逝深。和风引桂楫，春日涨云岑"看,到达衡州的时间,在暮春三月内⑦。

杜甫未到长沙时,韦之晋调任的命令就发表了:

> (四年二月)辛酉,以湖南都团练观察使、衡州刺史韦之晋为潭州刺史,因是徙湖南军于潭州。(《旧唐书·代宗纪》)

辛酉是二月廿二日。调令是快马传递的,杜甫是逆水舟行,差不多同时到达衡州。杜甫始到,韦之晋就得北上了。《哭韦大夫之晋》追叙这一段说:"贡喜音容间,冯招疾病缠。南过骇仓卒,北思悄联绵。""贡喜"句用《汉书》"王阳升官,贡公弹冠",是为韦升迁高兴。"冯招"用左思诗,说韦受职时已病重。下二句都是自道,"南过"言在衡时间很短,"北思"是北行后悲思联绵,不是向北悲思,"今处衡而思绪长迁"(《读杜心解》)。从"南过"句看,杜甫即使不是和韦同行,也是随即尾追北上。可以确定这次在衡州作的诗很少,北上又没留下纪行诗,北上时间无法断定,但入夏以后,杜甫已回到长沙,在不少诗中提到:

> 衰年病祇瘦,长夏想为情。(《江阁卧病寄呈崔卢两侍御》)
> 热云初集黑,缺月未生天。(《湘江宴饯裴二端公赴道州》)
> 五月寒风冷佛骨。(《岳麓山道林二寺行》)
> 城府深朱夏,江湖渺霁天。(《哭韦大夫之晋》)

这些诗都是在长沙作的。卢侍御即送韦归柩的卢十四。韦之晋死时,据崔瓘接任发表在七月上旬推测,当在五六月之交。

杜甫入湘是投依韦之晋的。韦死后,澧州刺史崔瓘接职。崔瓘和杜甫没有交谊,但他以"莅职清谨"著称,在长沙"政在简肃,恭守礼法"(《旧唐书·崔瓘传》),地方尚属安定。这样,杜甫在长沙暂住下来,多半住在船上,有时也到城内居住。种了些蔬菜和药物,供生活治病用。他遇到了一些老朋友,结交了不少新朋友,其中有在长安时相识而时任道州刺史的裴虬,在崔瓘幕下任从事的青年诗人苏涣,以及刘十判官、卢五参谋、蔡侍御等中下级官吏,得到他们在生活上的一些照顾是可能的。就这样,杜甫在长沙住了近一年,直到翌年四月,长沙发生臧玠之乱,才被迫避难南下。

在长沙期间,杜甫的两种动向值得注意。

设法和岭南、湘南各级官员建立关系。见于诗题的即有岭南节度使李勉、韶州刺史韦迢、桂州兵曹苏溪、道州刺史裴虬、摄郴州刺史崔伟以及王砅、魏六佑、魏二十四司直等中低级官员。应该看到,杜甫是有下岭南准备的。避乱南下阻水耒阳之行,是打算逾岭南下的,同行的苏涣即"逾岭""作《变律诗》十九首上广州李帅"(《中兴间气集》),得到任用。

时时流露对时代的忧郁和对葛洪求勾漏、访丹砂的羡慕。这些诗都是在湖南期间写的:

> 边塞西羌最充斥,衣冠南渡多崩奔。(《追酬故高蜀州人日见寄》)
> 永嘉多北至,勾漏且南征。(《奉送二十三舅录事崔伟之摄郴州》)
> 虎狼窥中原,焉得所历住。葛洪及许靖,避世常此路。贤愚试等差,自爱合驰骛。(《咏怀二首》)
> 我欲就丹砂,跋涉觉身劳。(《送重表侄王砅评事使南海》)
> 葛洪尸定解,许靖力难任。家事丹砂诀,无成涕作霖。(《风疾舟中优枕书怀三十六韵奉呈湖南亲友》)

"永嘉"是西晋愍帝年号。永嘉年间,五胡中的匈奴和羯族进掠中原,灭了西晋,中原人民和士大夫大规模南迁,"衣冠南渡多崩奔"即指此。安史乱后的唐代社会和永嘉时很相像,全国人口锐减,除死于兵燹外,大多南下逃难。史载:"近日以来,百姓逃散,至于户口,十不半存。"(《唐会要》卷八五)杜甫所到的湖南就充斥着中原难民,仅澧州一地,就收容数万人(见《旧唐书·崔瓘传》)。士大夫南奔情况可从李白《猛虎行》、《扶风豪士歌》中看到,重分南北,迁都成都、金陵、江陵的计划不断提出⑧。杜甫正是怀着这种忧虑重温葛洪旧梦的。

葛洪南渡后,以勾漏产丹砂,自求为勾漏令,后代标为风雅,其实只是如杜甫所说的避世。杜甫青年时崇信道教,曾往嵩山、东蒙山求仙访道,以"未就丹砂愧葛洪"(《赠李白》)为终身憾事。到湖南后,其时其地,旧事重又萦系于心。

其实,当时的勾漏山是可望不可即的。安史乱后,"诏征岭南募兵",容州少数民族起而反抗,"其首领梁崇南,自号平南十道大都统","攻陷城邑",占领容州,一直持续到元和以后(见《册府元龟·武功》)。大历初年,广州冯崇道联合桂州朱济时兵变,"前后累岁,陷没十徐州"(《旧唐书·李勉传》)。对此,近在湖南的杜甫当然知道。他向往勾漏访丹砂的逸事,和葛洪一样,是企图避乱世求退隐。在一些诗中,他直言不讳地说出了这一追求:"偷生唯一老。"(《归梦》)"偷生长避地。"(《南征》)"多忧污桃源。"(《咏怀二首》)"当念著皂帽,采薇青云端。"(《别董颋》)和岭南官员联系与此是关联的。

五

自唐宋以来,关于杜甫之死的解释,有饫死、溺死和病死三说。溺死说始于托名韩愈的《题杜子美坟》和李观的《杜拾遗补传》,过于荒谬,前代已驳明。饫死耒阳说始于唐人郑处诲的《明皇杂录》,晚唐宋初诗人有不少耒阳吊杜诗,后代持此说者有两《唐书》作者、钱谦益、汪静之、傅庚生、郭沫若等,皆依据郑录,否定耒阳后杜诗的存在,提出的新论据不多。病死岳阳说最早提出的是宋吕大防《杜工部年谱》所引已亡佚的无名氏撰《旧谱》,云"还襄汉,卒于岳阳"(见《分门集注杜工部诗》卷首,《麈史》引作吕大防说,误)。嗣后,宋鲁訔、王得臣、黄鹤大畅其说,清代仇兆鳌、浦起龙、杨伦皆承其说而各有发明,当代学者闻一多、萧涤非、冯至、孙次舟等亦持此说。萧氏《杜甫研究》考证《明皇杂录》和杜甫《聂耒阳》诗矛盾不合,及《风疾舟中伏枕书怀》为杜诗绝笔,举出了大量内证,尤为详尽。"文革"前的大部分文学史和论杜著作,都采纳了这一说。

我认为杜甫病死的说法是有充分根据的。以上各家已提出的论据下面不再赘述,只补充些新的看法。

从大历四年、五年杜甫两次往返衡、潭的时间和原因看,《回棹》一诗只可能是五年所作。第一次入衡是找韦之晋,往返时间前节已述。杜甫第二次离开长沙的直接原因,是避臧玠之乱。这次事件发生在大历五年四月庚子(八日),湖南兵马使臧玠杀了观察使崔瓘,长沙大乱。杜甫避难再次南下衡州。这次杜甫在衡州停留时间较上次为多,留下了《入衡州》、《逃难》、《白马》、《题衡山县文宣王庙新学堂呈陆宰》、《舟中苦热遣怀奉呈阳中丞通简台省诸公》等诗。他向阳济推荐同行的苏涣,自己也希望得到阳济的资助,均无结果。恰好暂摄州职的郴州录事参军崔伟来信相邀,杜甫遂欣然南行。行到耒阳遇大水,阻不得进,得到县令聂某接济,作《聂耒阳》诗相谢。时当酷暑,在五六月之交。

把两次行程作一比较,可以看出:前一次是二月下旬离开长沙,后一次是四月上旬,相差一个半月;前一次是"南过骇仓卒",在衡州停留时间很短,在暮春或夏初即北归长沙,后一次在衡州停留较长,到耒阳已入盛夏。《回棹》说到北归原因,是盛夏畏热:"衡岳江湖大,蒸池疫疠偏。散才婴薄俗,有迹负前贤。巾拂那关眼,瓶罍易满船。火云滋垢腻,冻雨裹沉绵。强饭蓴添滑,端居茗续煎。清思汉水上,凉忆岘山巅。"衡州地处湘南,暮春天气虽已热,但绝不可能热到"火云滋垢腻"的程度,在前一次往返衡州时,找不到相似的描述。后一次南行时,不断说到畏热:"此行怨暑雨。"(《入衡州》)"耻以风病辞,胡然泊湘岸。入舟虽苦热,垢腻可溉灌。"(《舟中苦热遣怀奉呈阳中丞》)"暑雨"、"垢腻",和《回棹》气候相同,用词也相近。

黄鹤认为:"诗中不言臧玠之乱,当是四年至衡州,畏热,将回棹,欲归襄阳,不果,而竟留于潭也。"(《杜诗详注》引)只是揣测的皮相之辞。杜甫在华州、秦州、成都写的诗,并非首首言及"安史之乱",难道能把不言"安史之乱"的诗都编入乱前?杜甫第一次入衡返潭,是依韦之晋,所以往返时地和韦的调迁一致。所谓"欲归襄阳,不果"云云,也只是猜测。杜甫在梓州时有欲行未果之事,在以后的诗中一再提及。如果四年秋将归秦,将适汉阳已经遍告湖南亲友,最终是欲行未果,何以在四年冬五年春在长沙时竟无一次提及?从《回棹》时决定北归襄汉,以后的诗说到目的地是一致的:《登舟将适汉阳》:"鹿门自此往,永息汉阴机。"《北风》:"吾慕汉初老,时清犹茹芝。"只有《暮秋将归秦留别湖南幕府亲友》略异。不过那是写给亲友众人看、希望得到他们资助的诗,说归秦堂皇些,不便说将隐的真心话。

杜甫既然有躲避世难、诛茅南荒的宿愿,又和岭南、湘南官员积极联系,为什么欲往郴州、已达耒阳却又回棹北上呢?《回棹》讲到畏热,前人推测在耒阳阻水不得进,都是可能的。孙次舟认为"因为风痹的关系,杜甫晚年最怕潮湿,受了湿,容易使病发作","北方亢干,对他的肺病和风痹的疗养,两都相宜,湖南的卑湿对杜甫不会有益的。"(《关于杜甫》,见《杜甫研究论文集》第一辑)北方干燥但太冷,南方炎热却潮湿,从养病考虑,襄汉确是最适宜的。

此外,还有几层原因也是可能的。

郴州地方很小,崔伟并不一定是近亲。杜甫母亲出清河崔氏,故凡遇崔姓者,必修舅甥之礼。在大历五年以前的杜诗中从未提及崔伟,到衡州时才决定南下郴州。郴州非久居之地,久客的杜甫当然明白。从耒阳经郴州可以逾岭到韶州、广州,杜甫有下岭南的准备,同行的苏涣不久就逾岭南下了,为什么又北上呢?我认为,船溯耒水,只能行到郴州附近,过岭要弃舟登陆。陆行过岭,无论步行或骑马,身体衰弱的杜甫都是吃不消的。

杜甫第二次是不得已离开长沙,南逃路上一直打听长沙消息。南路讨乱的消息在衡州就知道了,到耒阳时,湘北、江西出师问罪消息也不断传来,杜甫听到"问罪消息真",遂"开颜憩亭沼"(《聂耒阳》诗)。五月中旬,辛京杲继任湖南都团练使发表(见《旧唐书·代宗纪》)。臧玠之乱平定详情史书失载,估计六月前已平定。长沙一旦平乱,杜甫就可能顺流而下了。

南求勾漏是避世难,归隐襄汉也是避世难,"南北逃世难"(《避难》)并不矛盾。感到前日不多的杜甫,希望北上回故乡或到本支所出地襄阳隐居,安度残生,是情理中事。

仇兆鳌《杜诗详注》耒阳后的六首诗,有两首提一下。

《登舟将适汉阳》首四句:"春宅弃汝去,秋帆催客归。庭蔬犹在眼,浦浪已吹衣。"只能作于五年秋。四年春那次到长沙,只是经过,没有上岸停留,"春宅"无着落。经过一地不当云"弃汝去",五年四月避难逃离长沙,正合"弃"字。"庭蔬"是在长沙居住时种的,所以临行时恋恋不舍。

《过洞庭湖》出处,仇注引《潘子真诗话》:"元丰中,有人得此诗,刻于洞庭湖中,不载名氏,以示山谷。山谷曰:'此子美作也。'今蜀本收入。"此事又见《王直方诗话》:"此老杜《过洞庭》诗也。李希声云:'得之江心一小石刻。'"(《苕溪渔隐丛话》前集引)黄庭坚诗学杜甫,但凭主观鉴赏,不免信口雌黄。上引同条就有他用"语似不类"一句否定杜甫《哭台州郑司户、苏少监》一诗著作权的例子。诗中写的是夏景,作者心情舒畅,"破浪南风正"是由南向北行,都无法和杜甫的经历吻合。郭沫若斥其非杜甫作,大致可信。但否定此诗,并不足以否定杜甫曾北归抵洞庭。

萧涤非据《风疾舟中伏枕书怀》中"舟泊常依震,湖平早见参",推断是杜甫北归在洞庭湖上作。我们还可以举出两首很少引起人们注意的诗来证明这一点。

《北风》(北风破南极)诗云:"洞庭秋欲雪,鸿雁将安归?"洞庭不是泛指湖南境内。大历四年杜甫作《晚秋长沙蔡五侍御饮筵送殷六参军归澧州觐省》时认为"湖南冬不雪,吾病得淹留"。如果前此已有"欲雪"的感觉,就不会认为"冬不雪"了。四年冬长沙雪很大,杜甫有《舟中夜雪有怀卢十四侍御弟》、《对雪》等诗,次年才有"欲雪"的经验。杜甫前一次过洞庭是冬末春初,秋在洞庭只能是第二次。诗末"吾慕汉初老,时清犹茹芝"所述归隐之志,和《回棹》、《登舟将适汉阳》一致。

《湖中送敬十使君适广陵》,诗题各本略异。钱注用宋吴若本作"湖中",仇注本"湖中"下注"一作湖南",《镜诠》径作"湖南"。湖南是大区域名,杜诗称"湖南亲友",指在湖南境内者,包括郴、道等州,或在湖南军幕中者。送别地点只是某一点,故以"湖中"为确。入湘后的杜诗中"湖"均指洞庭湖。敬十使君即《追酬故高蜀州人日见寄序》中的"海内忘形故人","昭州敬使君超先"。诗云:"相见各头白,其如离别何!几年一会面,今日复悲歌。少壮乐难得,岁寒心匪他。"可证。《序》作于"大历五年正月二十一日",称其为"昭州敬使君",又在诗中说"长笛邻家乱愁思,昭州词翰与招魂",知敬超先年初尚在昭州任内。此诗云:"秋晚岳增翠,风高湖涌波。骞腾访知己,淮海莫蹉跎。""岳"指南岳衡山,"湖"即洞庭湖。送别时间是秋末冬初,地点在"湖中"。联系诗题,敬超先的行程可以勾出来了:从昭州(今广西壮族自治区恭城县)出发,经衡山入洞庭,和杜甫告别后将"适广陵",到淮海一带"访知己",不是调职移官,可能是弃官北上。诗题但称"敬十使君",是有分寸的。

杜甫是病死在岳阳附近的湖上的,发病原因是北上受寒。这年秋冬,洞庭湖上时冷时热,秋天起就"欲雪"、"北风破南极",入冬却是"郁郁冬炎瘴,蒙蒙雨滞淫",已经"羁旅病年侵"(《风疾舟中伏枕书怀》)的诗人,经受不住水行露宿、冷暖淫湿的交相煎迫,风疾发作,病情日重,终至一卧不起。

杜甫死后,暂殡岳阳。元稹撰《墓系铭》:"扁舟下荆楚间,竟以寓卒,旅殡岳阳,享年五十九。"持饫死耒阳说者对此难以解释,只好假设"安知不是宗武由耒阳启发其父的尸骨仅运至于岳阳而自己病没,因而暂殡"(郭沫若《李白与杜甫·杜甫嗜酒终身》)。假设是武断而没有根据的。唐人樊晃《杜工部小集序》作于杜甫死后不久,云"君有子宗文宗武,近知所在,漂寓江陵",可证。前引见于吕大防《杜工部年谱》的《旧谱》,应是最早的杜甫年谱,当作于晚唐或宋初,所书"还襄汉卒于岳阳"应有所据,可惜原谱久已亡佚了。

认为杜甫是食牛肉白酒饫死的,固不算亵渎圣贤;认为杜甫是病死的,也绝不能看作是站在封建统治者立场上为封建王朝的黑暗回护。恰恰相反,饫死的责任只在于自己择食不慎,而漂泊病死,正说明社会对一位伟大诗人是多么冷酷无情。无论他怎样挣扎,都无法逃避凄凉而死的命运。

1979 年 8 月 7 日

---

① 《狂歌行赠四兄》,郭沫若据诗中"四时八节还拘礼"等句,认为作者在嘉州停留不止一年,不会是杜甫作,而是岑参所作,寄给杜甫看而编入杜集的(《李白与杜甫·杜甫与岑参》)。但他忽略了一个事实:永泰元年岑参被任嘉州刺史,因川北路阻,到大历元年秋始入嘉州就职。待其在嘉州居职一年多后,杜甫已放舟下峡了(参阅闻一多《岑嘉州系年考证》)。今仍从旧编。

② 仇兆鳌《杜诗详注》此间有两首诗提到朱绂。《村雨》:"揽带看朱绂。"《独坐》:"朱绂负平生。"其实都是夔州诗。《村雨》末句"茅斋慰远游",时在成都已住到第六年,不得云"慰远游",当是移居瀼西草屋后作。《独坐》首联"悲秋回白首,倚杖背孤城",成都无称孤城例。前诗钱注编入夔州,后诗黄鹤、钱注皆编入江陵。

③ 《旅夜书怀》,各本皆从黄鹤以为是杜甫"去成都舟下渝、忠时作"。长江从戎州以下到云安一段,多在群山中穿过,"星垂平野阔"的景象,须到出峡抵峡州后才能见到。作夔州前诗,"官应老病休"无从落实。

④ 《别唐十五诫因寄礼部贾侍郎》,各本皆作广德二年严幕中诗,所据是《旧唐书·贾至传》:"广德二年,转礼部侍郎。""九月,知东京举。"但诗末云:"为吾谢贾公,病肺卧江

沱。"杜甫在严幕时未有病肺卧疾事,病是到云安后发作的。"岁寒守旧柯",知为入冬后作。居忠、夔间,京师消息极迟缓,高适死信半年后才传到。此诗应是永泰元年在云安作,贾至官称依旧职。

⑤《奉送韦中丞之晋赴湖南》,仇兆鳌以为大历四年衡州作,浦起龙、杨伦皆编入夔州诗。浦谓:"两人两地,同在湖南,题不得枉云赴湖南。……考湖南《哭韦》诗'犀牛蜀郡怜',乃知韦先官川峡之间,此盖送韦由川迁衡诗。"(《读杜心解》)浦说是。此诗中已言"峡内忆行春",是在夔州送别时,同忆珣瑕旧游。从下文所引《旧唐书·代宗纪》,知韦由衡调潭,湖南军职不变,湖南军驻地,随之由衡迁潭,不得云"赴湖南"甚明。

⑥《过南岳入洞庭湖》,题意颇费解。南岳衡山在衡州附近,距洞庭湖远甚。黄鹤以为是"自岳阳过南岳而入洞庭",仇兆鳌将南岳解作长沙附近的岳麓山。浦起龙斥其说于"诗义图经,两俱背戾",而释为"过者,将然之事。入者,现在之事。题意盖谓将欲过彼,故入此湖也"(《读杜心解》)。据诗意揣题旨,比黄、仇为优,但杜诗中"过"字皆作"经过"解,不能解作"将欲过彼"。今按,"过"当是"适"字形近抄写之误,杜诗中如《登舟将适汉阳》、"将适江陵漂泊"、"江湖远适无前期"(《晓发公安》),都指"将然之事"。

⑦仇注数诗编入潭州以前,为不明地经致误。据1961年重印的《湖南省志·地理志》,凿石浦当在今株州南十五里湘江西岸;空灵岸,《通鉴》作空灵城,《梁书》作空灵滩,在今株州南三十五六里;花石戍在空灵岸南行四十五里处。津口不可考,据诗意,当在衡山附近。

⑧参见李白《上皇西巡南京歌》、《为宋中丞请都金陵表》,杜甫《江陵望幸》、《建都十二韵》等。

一九八〇

纪事

那时读学位没有发表论文的要求，但读了研究生总要写论文，并尽量达到发表水平。1979年见到孙望先生在《南京师大学报》1期发表《全唐诗补逸》六十四首，我通过查《佩文韵府》等工具书，发现其中八首颇有疑问，于是将所见写了三千多字。王运熙老师看后觉得尚可，替我寄给孙先生，还肯定了一句"写成这样就可以发表了"。不久孙先生工楷回复了三页纸，逐一说明采纳意见，在收入《全唐诗外编》时也引录了我的说法。可惜原文和孙信这次没有找到，不然可以存留一段佳话。

1979年下半年我先后写了《李白崔令钦交游发隐》、《李翱卒年考》、《温庭筠早年事迹考辨》等文，王运熙老师分别推荐给《复旦学报》和《中华文史论丛》，此后一两年陆续登出。

什么是学位论文？学位论文写什么？在研究生学习过半的时候，更显迫在眉睫。我感觉当时老师也不太清楚，毕竟研究生制度刚恢复。朱先生的态度，学位论文的题目应该自己在读书研究中寻找发现，遇到困难或没有把握时可以听取导师意见，但论文要自己完成。询问王运熙老师，他也没有特定的建议。去年末我写出《温庭筠早年事迹考辨》，他看后给予肯定，并表示学位论文写成这样也就可以了。这给了我很大的信心。

上半年想以南宋刘克庄为中心，做南宋江湖派的研究，翻了几个月的书，只看到许多的小作家，刘克庄的东西又太多太凌乱，不知从何处说起。其间大致勾勒了刘克庄年谱的长编，写了两三万字的《后村词编年》，但还没有写完就见到钱仲联《后村词笺注》的出版，失去了再做下去的勇气。这半年留下的文字只有一篇《姜夔卒年考》，结论比夏承焘先生《姜白石系年》早了十多年，且自信结论很可靠。因此熟悉南宋后期文献，也值得。

下半年决意做欧阳修研究。原因是见到朱先生新出版的《梅尧臣传》和《梅尧臣集编年校注》，对梅一生的朋友欧阳修有许多新的见解，值得系统研究。方法是老师教导的从他本人文集的阅读和第一手研究资料的搜集做起。为此，我翻遍了图书馆里能够找到的所有北宋史料，包括各家文集、《续通鉴长编》和各种诗话、笔记、杂史等。努力几个月，先写成《欧阳修著述考》，交给朱先生，先生的评价是如果这样做论文，仅用一年是完全不够的，要把研究生三年时间都做论文才够。

李白崔令钦交游发隐

署名李白的两首词——《菩萨蛮》和《忆秦娥》,具有极高的艺术成就,宋黄昇《唐宋诸贤绝妙词选》尊之为"百代词曲之祖"。由于两词不见于李白本集,北宋前没有记载(近人谓《尊前集》为明人顾梧芳所乱,不足为据),其真伪问题,长期纷争,悬而未决。近人证其确为李白所作,最有力的一条证据是:天宝末年崔令钦所著《教坊记》中,有"菩萨蛮"的曲名,李白已具备作词的条件。至于李白和崔令钦本人的交往,典籍中未有明确记载,所以一直不为人们注意。其实,从现存的零星材料中,两人的交往情况尚可探索出来。

《李太白文集》卷二八《赵公西侯新亭颂》,天宝十四载作。其中一段提到共建新亭的人有:"长史齐公光乂,人伦之师表;司马武公幼成,衣冠之髦彦;录事参军吴镇,宣城令崔钦,令德之后,良材间生。"这位"宣城令崔钦",应该就是《教坊记》的作者崔令钦。

宋周必大《二老堂杂志》提到:"秘阁画有小本《李白写真》,崔令钦题,苏轼书赞。"此画《宋中兴馆阁续录》中亦著录,但云"不知名氏",指作者而言。"苏轼书赞"见于《东坡后集》卷四,题作《书丹元子所示李太白真》,是北宋时此画犹未入秘阁。同时人饶节《倚松老人集》卷一《李太白画像歌》:"宣州长史粉黛工,谁令写此人中龙。"周昉曾任宣州长史。陈师道《后山集》卷三有《和饶节咏周昉画李白真》,可确信此画为周昉写真,崔令钦署题。

周昉是唐代杰出的人物画家。据《唐朝名画录》,他于大历中曾任越州长史、宣州长史,创作活动主要在大历、贞元年间,生卒年无可考。但他是张萱的学生,张萱于开元年间任史馆画直;其兄周晧天宝年间曾随哥舒翰出征吐蕃。因此,至迟到天宝末叶,他应已开始创作。从李白晚年行踪来看,作画像的时间,也以安史乱前为宜。《李太白文集》卷二八有《宣城吴录事画赞》,"吴录事"即前引《赵公西侯新亭颂》中的"录事参军吴镇"。吴镇画像是否周昉所作,无从稽考。但据此可知,李白与崔、吴同游之时,确有画师(极可能是周昉)在宣城,如同时为李、吴二人写真,李白为吴镇像作赞,崔令钦为李白像署题,实属情理中事。

崔令钦在《教坊记》序中自述作书过程:"开元中,余为左金吾,仓曹武官十二三是坊中人。每请禄俸,每加访问,尽为余说之。今中原有事,漂寓江表,追思旧游,不可复得;粗有所识,即复疏之,作《教坊记》。"任半塘先生《教坊记笺订》指出:"'今中原有事,漂寓江表',谓天宝末年,安禄山乱作,两京继陷,令钦避地江南,遂作此记。"前引李白《赵公西侯新亭颂》作于安史乱前夕。《李太白文集》中另有两处提到"崔宣城"：卷一二《经乱后将避地剡中留赠崔宣城》，卷一九《江上答崔宣城》。二诗写作时间稍晚，王琦《李太白年谱》和詹锳《李白诗文系年》均系为天宝十五载春作，可信。从诗题中可知，安史乱作，崔尚在宣城职。宣城地处江南，以任外职为"漂寓"，其例甚多。从时间、地点来看，"崔宣城"和崔令钦的经历，恰恰相合。

崔令钦的仕履，据任先生考证是：开元年间始官左金吾，天宝中迁著作佐郎，天宝十一载时任礼部员外郎（二职从六品上），肃宗时，改仓部郎中（从五品上），然后入蜀，刺万州，游绵州，入为国子司业（二职均四品），终。他的官阶逐渐迁升，中间并无离职之迹，安史初乱时所任职，似有空缺。宣城，唐为望县，县令的官阶，约为正六品下①，和上述崔令钦的官阶，恰好契合。《全唐文》卷三二〇李华《润州天乡寺故大德云禅师碑》："礼部员外郎崔令钦常（通尝）为丹徒，宗仰不怠。"丹徒为润州属县，碑文作于天宝十一载，比《赵公西侯新亭颂》早三年。崔令钦当系从丹徒令徙为宣城令。

李白在《经乱后将避地剡中留赠崔宣城》中，特地提到崔善吹笛："崔子贤主人，欢娱每相召。胡床紫玉笛，却坐青云叫。"崔令钦任左金吾时，了解到音乐机关教坊中许多珍闻，从《教坊记》看，他对音乐、舞蹈有很深造诣。诗中的描述，正反映了他的音乐特长。

宋吴曾《能改斋漫录》卷五"匡山非庐山"条引杜田《拾遗》云：李白"宅在清廉乡，后废为僧房，号陇西院。……院有太白像及唐绵州刺史高忱及崔令钦记。"任先生认为崔令钦作记在官万州后，时为游客。以游客而为李白旧居作记，或为景慕其人，或为曾与交游。此亦崔、李曾有交往的一个佐证。

《赵公西侯新亭颂》中的"宣城令崔钦"，可信就是崔令钦。原文作"崔钦"而不作"崔令钦"，应有脱误。疑编李白集的人以为既已称为"宣城令"，不应再称"崔令钦"，将"崔令钦"视为崔令名钦，误指"令"字为衍文而删去。

从李白赠崔令钦的两首诗来看，两人过往交谈十分投机。在《江上答崔宣城》中，李白记下了崔"问我将何事，湍波历几重"的关切询问，并明确地给以回答："貂裘非季子，鹤氅似王恭。谬忝燕台召，而陪郭隗纵。水流知入海，云去或从龙。树绕芦洲月，山鸣鹊镇钟。还期如可访，台岭荫长松。"说自己是神仙中人，不配当官，应诏供奉翰林是一大错误，现在终于明确了归宿，打算归隐名山茂松之下。从答语方式特别是"谬忝"两句看，两人可能在长安时已结识。在另一首诗中，李白向崔表露了对时局动乱的担心和苍生凌夷的感喟，并将避地隐居的私意告诉他。

可见,两人情怀相向,交谊甚笃。

  崔令钦熟谙教坊内幕,所著《教坊记》一书,记载教坊制度及乐舞盛况极详,著录教坊新声达三百多调,是研究盛唐艺术及词的起源的重要依据。崔、李交游,不仅间接指示了诗人李白和音乐机关教坊的联系,也提供了李白可能作词的新的佐证。两人交游,恰值崔令钦正在或即将撰写乐舞专书之际。燕乐新声,词调曲谱,自然会成为他们交谈的内容之一。曾努力钻研乐府民歌,探索诗歌发展的大诗人,获新的诗歌形式后,试作一二首,也属情理中事。

1979 年 12 月

(刊《复旦学报》1980 年第 4 期)

---

① 唐县分七等:赤、畿、望、紧、上、中、下。望县县令官阶,两《唐书·职官志》皆不载,此据畿县和上县县令官阶估计。

温庭筠生年新考*

30年代,夏承焘先生撰《温飞卿系年》①(以下简称《系年》),穷搜博引,钩幽发微,对其生平作了系统考察。嗣后,顾肇仓先生撰《温庭筠〈感旧陈情五十韵献淮南李仆射〉诗旧注辨误》(以下简称《辨误》)、《新旧唐书温庭筠传订补》(以下简称《补传》)等文②,作了进一步的发掘考证。两位先生的努力,纠正了旧史稗说的不少偏颇谬误,使温庭筠生平得以概见,功不可没。稍感不足的是,由于确定温庭筠生年有误,诸作对其早年事迹,未能展开考述。

庭筠生年,史籍失载。唯一可资稽考的,只有其《感旧陈情五十韵献淮南李仆射》(以下简称《感旧》,见顾嗣立等《温飞卿集笺注》卷六。后引温诗,均据此集,不再注出,仅标卷次于后)起首数句:"嵇绍垂髫日,山涛筮仕年,琴书陈上座,纨绮拜床前。"其年龄和这位"淮南李仆射"的仕历形成对照。

"淮南李仆射"是谁呢?清人顾嗣立注此诗,以为是李蔚。查《旧唐书·李蔚传》,李蔚任淮南节度使在咸通末年(约公元873年),其初仕年在开成末(约840年)。《系年》据此核以庭筠行实,揭出其大相径庭者三事。证据确凿,顾氏之误显然。

《系年》、《辨误》对此诗分别考察后,得出同样结论:庭筠赠诗对象"淮南李仆射",是李德裕。证据有以下几点:其一,《感旧》所叙李的仕历,与德裕大致契合。其二,《感旧》自注:"余尝忝京兆荐,名居其副。"庭筠为京兆荐名,在开成四年(839);德裕镇淮南,在开成二年至五年,时间上似亦吻合。其三,庭筠诗有《首春与丞相赞皇公游止》(卷五)、《题李相屏风二首》(卷五),是与德裕在开成、会昌间曾有交往。其四,元和末,德裕在太原任掌书记,而庭筠"隶籍太原,又为名公之后,温、李二族,定属通家。髫龄拜谒,或系记在太原时之事。二人年龄相悬且三十岁,则嵇绍、山涛之喻,自甚切合"(《辨误》)。《系年》按照德裕仕历,推算庭筠生年约在宪宗元和七年,即公元812年。

然而,细案《感旧》全诗,核以德裕、庭筠二人行事,可以看出以德裕为赠诗对象仍有很多牴牾不合之处。先看德裕仕历。《感旧》述其仕历为:"既矫排虚翅,将持造物权,万灵思鼓铸,群品待陶甄。视草丝纶出,持纲雨露悬,法行黄道内,居近翠华边。""耿介非持禄,优游是养贤。冰清临百粤,风靡化三川。委寄崇推毂,威仪压控弦。梁园提彀骑,淮水换戎旃。"《系年》、《辨误》列举与之契合的德裕仕历,两《唐书·李德裕传》所载甚详,以时间为序是:元和十一年(816),受张弘靖辟在太原为掌书记;穆宗即位,召入翰林充学士;长庆二年(822),第一次出为浙西观察使;大和三年(829)九月,除郑滑节度使;大和四年(830),授成都尹、剑南西川节度使兼云南招抚使;大和九年(835),授太子宾客,分司东都,当月再贬袁州长史。此后再镇浙西,始转淮南节度使。这些事迹虽有与诗中相合处,而明显不合者,至少有三:德裕分司东都,为时仅十余天,旋遭贬去,不能说"风靡化三川"。此其一。德裕兼云南招抚使,官廨驻成都,是为蜀地;三镇浙西,乃越地。汉以前自交趾至会稽一带,百粤杂处,确有其事,而唐人所谓百粤,皆指岭南,韩、柳诸人诗文中,其例甚多,罕有称越、蜀为百粤之例。德裕会昌前,未涉足岭南。"冰清临百粤"句,无从着落。此其二。诗中"梁园提毂骑,淮水换戎旃",谓李自梁宋一带调镇淮南。郑滑节度辖地与梁宋相接,只是很少用"梁园"指代。姑谓此处可代,而德裕自郑滑任到移镇淮南,相隔八年之久,用一"换"字,似嫌唐突。此其三。德裕时负盛名,庭筠如赠诗给他,不应错舛如是。

史称庭筠为太原祁人,系指郡望,并非家居所在。温氏先世在太原的封地,到庭筠时已"采地荒遗野,爰田失故都"(卷六《书怀百韵》)。故庭筠一生,从未涉足太原一带,所作诗文,也不以太原为乡土。他常提到的故乡,均在江南。《补传》考论及此,推测庭筠"恐幼时已随家客游江淮"。那么,太原谒德裕的假设,显然不能成立。长庆间,德裕仕临浙西。而庭筠游越时,自称为客,可证非幼居其地。其间二人似亦无缘相见。

尤应确定的,是《感旧》诗投赠的时间。诗中自注"余尝忝京兆荐,名居其副",即《开成五年秋以抱疾郊野不得与乡计偕至王府将议遐适隆冬自伤因书怀奉寄殿院徐侍御察院陈李二侍御回中苏端公鄠县韦少府兼呈袁郊苗绅李逸三友人一百韵》(简作《书怀百韵》,卷六)③自注"予去秋试京兆,荐名居其副"一事,在开成四年秋。《感旧》另一自注"二年抱疾,不赴乡荐试有司",指受荐名的当年和次年均未赴选。全诗主旨,在于向李陈述自己的遭遇,希望李顾及旧谊,援手汲引,故叙及失试原因。后段复云:"旅食逢春尽,羁游为事牵。"当为暮春客游淮南时作④。开成五年(840)春,庭筠无法预卜是年秋能否赴试,故此诗至早也应作于次年即会昌元年(841)春末。据《旧唐书·武宗纪》,开成五年九月,李德裕自淮南节度使入京为相。此时,庭筠尚卧疾郊野。及至赠诗时,德裕离淮南已逾半年。唐人重官称,尤尊京职。干谒诗绝不会用较低的旧衔称谓。

十分清楚,《感旧》诗不是投赠李德裕的。按其仕历推得的庭筠生年,也就失去了成立的依据。

检《旧唐书·武宗纪》，德裕淮南卸职后，"以宣武军节度使、检校吏部尚书、汴州刺史李绅代德裕镇淮南"。会昌二年（842）二月，李绅自淮南入相。同书卷一七三《李绅传》："武宗即位，加检校尚书右仆射、扬州大都督府长史，知淮南节度大使事。"是李绅也可称为"淮南李仆射"，其任职起讫时间，与庭筠赠诗时间，也可吻合。以李绅仕历和《感旧》中的叙述相参，确凿无疑地表明李绅为受赠诗者。试以两《唐书·李绅传》有关记载与《感旧》诗作一比证。《旧传》："能为歌诗。乡赋之年，讽诵多在人口。"《新传》："于诗最有名，时号短李。"正是《感旧》"赋成攒笔写，歌出满城传"的注脚。《旧传》："元和初（806），登进士第，释褐国子助教。"⑤"穆宗召为翰林学士，与李德裕、元稹同在禁署，时称三俊。""长庆元年（821）三月，改司勋员外郎、知制诰。三年二月，超拜中书舍人。"《感旧》自"既矫排虚翅"以下，即指李绅这段经历。《旧传》载，李绅在朝与李逢吉对立。逢吉勾结宦官王守澄，利用敬宗年幼，"言绅在内署时，尝不利于陛下"。敬宗"不能自执，乃贬绅端州司马"。《感旧》："耿介非持禄，优游是养贤，冰清临百粤。"谓李绅立朝耿直持正，遭权奸排挤而远贬。"冰清"，喻洁身无过。"百粤"，指岭南，唐为流黜地。端州当今广东肇庆，时属岭南道。《新传》："开成初，郑覃以绅为河南尹。河南多恶少，或危帽散衣，击大毬，户官道，车马不敢前。绅治刚严，皆望风遁去。""风靡化三川"即谓此。唐河南尹治洛阳，为秦三川郡故地。《旧传》：开成元年"六月，检校户部尚书、汴州刺史、宣武节度、宋亳汴颍观察等使"。至武宗即位，徙淮南节度。两地均带军职。《感旧》云："梁园提毂骑，淮水换戎旃。"地点、职衔均吻合无差。梁园，西汉梁孝王所筑兔园，在汴州附近，时归宣武军辖。

参照两《唐书·李绅传》及卞孝萱先生《李绅年谱》⑥，李绅初仕情况是：元和元年（806）登第后，旋即东归。途经润州，镇海军节度使李锜留为掌书记。次年十月，李锜谋反被杀。李绅以不附锜而免罪，归无锡县家居，直到元和四年，受召为校书郎入京。此后任国子助教等职，均在长安。庭筠家居江南，冲年拜谒李绅，不会远离乡土。李绅初仕数年间，在江浙一带留住甚久。从"琴书陈上座"看，时正赋闲。今姑定庭筠见李绅在元和三年（808），李绅时年三十七岁，辞掌书记职家居⑦。嵇康《与山巨源绝交书》："男（指嵇绍）年八岁，未及成人。"⑧庭筠《上令狐相公启》："嵇氏则男儿八岁，保在故人。"⑨庭筠以嵇绍自比，时年约八岁，比李绅年幼近三十岁。嵇绍、山涛之比，言年岁悬殊，甚为恰当。以此逆推庭筠生年，约在德宗贞元十七年，即公元801年。

《系年》定庭筠生于元和七年（812），现重订结果提前十二年，核以庭筠诗文及亲友年龄，尚无阻格。试举数证。《书怀百韵》自述"收迹异桑榆"，谓己未至暮年。

既发此言，当已届中年。诗作于开成五年(840)，时年约四十。《上封尚书启》⑩自谓："崇朝览镜，壮士成衰；暇日欹冠，玄鬓变白。"封尚书指封敖，《旧唐书》有传，大中四年至八年(850—853)为山南东道节度使时，加检校吏部尚书。庭筠时约五十初度，正值年衰发白之际。"温李"并称，庭筠仕宦与诗誉皆逊于商隐，疑以年长居前。庭筠与段成式、程修己为挚交，修己生于贞元二十一年(805)⑪，成式长庆间随父入川，约生于贞元末⑫，是友执年龄相近。庭筠为温彦博六世孙，温璋为温大雅六世孙，二人同辈。璋父温造，大和九年(835)卒时年七十⑬，比庭筠年长约三十五岁，是亲族年辈相仿。

庭筠的占籍和婚配时间，《系年》存疑未决，附考于次。

唐承南北朝门阀制度，极重郡望，称某地人，常非占籍所在，多指郡望，至有移住他处历十余世尚不改者⑭。史载庭筠太原祁人，即指温氏郡望。《补传》指出："庭筠诗中，言其故乡太原者绝少，而言江南者反甚多。恐幼时已随家客游江淮，为时且必甚长。"列举其以江南为故乡诗十余例，以为"庭筠在江南日久，俨以江南为故乡矣"。所见甚谛。自唐初温大雅、彦博"晋阳佐命，食采于并汾"后，其裔孙云居各地，族望所在则"采地荒遗野，爰田失故都"了(均见《书怀百韵》)。温造一系，自其祖景倩起，即移家河内⑮。庭筠一系，徙江南当亦历数世。当其拜谒李绅时，尚在鬓龄。《感旧》云："邻里才三徙，云霄已九迁。"其家居与李绅为比邻。《旧唐书·李绅传》谓其先世"本山东著姓"，"父晤，历金坛、乌程、晋陵三县令，因家无锡"。李绅入仕后，曾多次返回无锡故乡。据此，庭筠占籍应即在无锡附近。庭筠有两首诗，《寄裴生乞钓钩》(卷五)、《寄湘阴阎少府乞钓轮子》(卷四)，在太湖附近向千里外的友人乞渔具。如暂居一地，萍迹不定，是不能办到的。无锡，在太湖北滨。

《系年》因《感旧》云"婚乏阮修钱"，系庭筠子温宪生于会昌元年(841)。修订版改为会昌二年(842)。考虑到温宪名列"咸通十哲"，咸通四年(863)曾撰《程修己墓志》，龙纪元年(889)及第前赋诗："鬓毛如雪心如死，犹作长安下第人"⑯，已是皤然一叟，定其生会昌间，终觉未妥。今按：庭筠作《感旧》时年逾四十，早过了婚配之年。前一年作《书怀百韵》有云："妻试踏青蚨。"又云："危巢莫吓雏。""雏"非自喻，当指温宪。定庭筠婚配及宪生之年，在开成以前，与温宪经历正相称。"婚乏阮修钱"云云，或为《系年》推测的"尝丧妻再娶"，或系借喻无钱为进身之资。

---

* 本文为《温庭筠早年事迹考辨》之第一节。全文刊《中华文史论丛》1981年第2期。

① 收入《唐宋词人年谱》,1957年中华书局上海编辑所版,1979年上海古籍出版社修订版。
② 刊前西南联大师院《国文月刊》57、62期,1947年发行。《温飞卿系年》节录二文甚多。
③ 《系年》据诗题以为庭筠"此年不第后即归乡里",疑误。试京兆详本文第三节。"抱疾郊野"的"郊野",当即庭筠《郊居秋日有怀一二知己》(卷四)、《鄠杜郊居》(卷五)、《经李处士杜城别业》(卷七)诸诗所及的居处,在长安南郊鄠杜一带,为其友人李羽别业。题中所寄八人均在关中,可证。参见注⑤。
④ 此行《系年》失考。《书怀百韵》题中说"将议遐适",诗中说"行役议秦吴",意欲由秦适吴。《春日将欲东归寄新及第苗绅先辈》(卷四):"几年辛苦与君同,得丧悲欢尽是空。"苗绅为前诗受赠者之一,足证庭筠会昌元年春东归。
⑤ 《旧唐书》此处有误,详后文引《李绅年谱》。
⑥ 载《安徽史学》1960年第3期。
⑦ 《李绅年谱》据李绅《龙宫寺碑》:"元和三年,余罢金陵从事,河东薛公苹招游越中。"其子李浚《慧山寺家山记》载李锜败,"遂退归慧山寺僧房"考定。
⑧ 《嵇中散集》卷二。
⑨ 《文苑英华》卷六六二。
⑩ 《文苑英华》卷六六二。
⑪ 据温宪《程修己墓志》,见《文物》1963年第4期。
⑫ 见《新唐书》卷八九《段志玄传》附《段文昌传》。
⑬ 据《旧唐书》卷一六五《温造传》。
⑭ 参岑仲勉《唐史馀渖》卷四"唐史中之望与贯"条、《唐集质疑》"韩愈河南南阳人"条。
⑮ 据《旧唐书》卷一六五《温造传》。
⑯ 《全唐诗》卷六六七温宪《题崇庆寺壁》。

一九八一

纪事

上半年大约四五月间就完成了学位论文,可是迟迟没有安排答辩的消息,问导师也得不到回答。后来知道是因为等待国务院学位委员会制定学位条例,因而推迟半年毕业。到12月份通过答辩。我的答辩主席是华东师范大学徐中玉教授。

朱先生给我的毕业评语,我只记得有"能在纷繁复杂的古籍文献中作出清晰判断"一句,是对我基本能力的肯定。我与同班七位同学一起留校任教。在那两年里,中文系在78、79级研究生,77、78级本科生中,选拔二十九人留系任教,是很大的魄力。这批人成为此后三十年中文系的骨干。

年末系里的毕业座谈会上,有一段小插曲,应该述及。朱先生发言时,要给我一些警训,说记性好是做学问的有利条件,但能不能有所成就还要看自己的努力。他举例说他早年在武汉大学的时候,宿舍与陈登恪相邻,登恪学问好,书读得很多,就是不愿意做事,每晚都找人聊天,最后不能有大的成就。顺此就讲到刚出不久的陈寅恪《柳如是别传》,朱先生说陈氏看的书真多,许多书自己都没有听说过。赞佩之余,话锋转到为一个妓女写传,写到八十万字,似乎没有这个必要。同座的蒋天枢先生是陈寅恪的高足,接着发言时接了一句"朱先生刚才所谈,是别有所指",就转而谈他的高见。外间颇传蒋先生当场拂袖而去,纯属传误。那一时期两位先生私交甚好,蒋先生特请朱先生担任他学生的答辩主席,就可证明。

在等待答辩的漫长日子里,我和同舍束景南分别开始各自新领域的探索。束选的课题是朱熹,我则开始比对《全唐诗》的文本所出。我将唐宋各类典籍中引录的唐诗与《全唐诗》所收诗逐篇比对记录,希望知道这些诗是从哪里来的,原本的面貌和后来流传的面貌又有哪些变化,很大一部分误收或互见诗是如何造成的,现在应该如何鉴别。当时并没有明确的目标,只是积累文献。王运熙老师曾问我,你总应有一个工作的重点所在,我老实回答:没有。

欧阳修的文学成就*

北宋文学革新是依靠一大群作者的共同努力而实现,以文学实绩的巨大丰收而宣告胜利的。与欧阳修同时的重要作家,如梅尧臣、苏舜钦、范仲淹、石延年、晏殊等,分别在诗、词、文各方面取得了突出的成绩,对文学革新做出了重要的贡献。本节限于篇幅,不能一一介绍其成就及在当时的地位。仍以欧阳修为例,简略分析其文学成就及对文学革新所起的作用。

欧阳修反对学者耽心一艺,但对文学创作这一辛勤的艺术劳动从未掉以轻心。一生勤勉,在文学事业上倾注了巨大的精力。"余平生所作文章,多在三上,乃马上、枕上、厕上也。"(《归田录》)可见其在政事繁冗之余,潜心文学创作的不懈精神。他主张自然成文,为达目的,不惮反复修改。宋人有关记载很多,如谓其写成初稿后,悬于壁上,来回诵读修改,连小柬也不例外。晚年自理文集,彻夜修改,有"不畏先生嗔,却怕后生笑"的佳话。

以这样的态度从事文学活动,欧阳修一生著述十分丰富。学术文化方面,做了不少开风气先的工作。经学方面,开了破传、疑经、重实事之风。史学方面,《五代史记》是唐以后唯一的私修正史,在史学史上第一次实践了刘知幾的主张。主持《新唐书》编撰,恢复表谱,改进史志,对后代史学颇有影响。金石学方面,《集古录跋尾》是我国历史上第一部以金石证史的著作。另外,诗话、题跋两种文学样式,也由他作始。这些开创,与他在政治、文学上的突出地位有关,以致登高一呼,群起追随。对文学改革也有作用。如《唐书》、《五代史》的重修,很大程度上是出于文章方面的考虑。当然,欧阳修最突出的成就,还是在文学方面。

先谈欧阳修的诗。欧诗今存八百六十余首,在当时推为大家。他主张作诗应"发声通下情",反映国计民生,在诗中有所体现。如《食糟民》揭露官吏以租米酿酒、米农买酒糟充饥的不合理现象,《边户》抒发对边民处境的同情,都值得一读。《答杨子静祈雨长句》等诗,抒发对社会危机的忧虑,与政论一致。还有一些政治讽刺诗,如景祐三年的《猛虎》、庆历六年的《憎蚊》,均有所指。与苏、梅同类诗比较,欧诗反映现实之作数量不多,涉及面较狭窄。其原因在于他更多地希望通过政治改革解救民瘼,因而把这部分内容集中在政论奏议之中。欧诗主要表现的是个人生活经历和生活感受,其中以几次贬谪期间所作的诗成就最高。如贬夷陵时,有不少表现山城寂寞、山川秀丽以及谪居生活的闲愁苦闷的佳作。另外,赠友送人、论诗咏物之作中,也有不少较好的诗篇。

欧诗风格,前后有别,因体而异。近体诗中,五律多为早年在洛阳时作,格调不高,但平实工整,清新自然,无做作之态。重视景联,可看到晚唐诗风的影响。七绝有百馀首,多数明丽清朗,也有风流蕴藉之作。七律最多,音节和谐工整,句法流转多变,无艰阻拗涩之弊。以夷陵诸诗为佳,如《戏答元珍》一气呵成,情意毕出;《黄溪夜泊》状景如画,情在景中,均称佳构。不足处是常失于有佳句而全诗不称。总的来说,其近体仍属唐格,工整流畅,平易自然,议论和用事都不多。

欧阳修的古体诗,得力于韩愈为多,同时也受梅尧臣影响。五古用韵变化较少,多为叙事、议论、抒情之作。回环往复,逆转顺布,为梅、欧体的基本特色。欧阳修七古以抒情、咏物之作为多,历来称誉较高。王安石、方东树均推崇其气势、韵味。具体来说:其用韵多变,善于随着情感变化而调换韵脚;换韵时多用垫韵,讲究平仄互换,以造成抑扬之势;句型错落,常以五、七言交替,甚至插入九、十一、十三字长句或四、六字双音节句,以造成参差蹉跌的效果;主张"古诗时为一对,则体格峭健"①,多以近体诗句羼入;以古文的气势、结构作古诗,使全诗流走而不呆滞。这些是其长处。缺点是某些篇章议论太多,形同押韵的文章,比韩愈的以文为诗走得更远。《石林诗话》说:"学之者往往遂失于快直,倾囷倒廪,无复馀地。"宋诗的这一缺陷,欧阳修是不能辞咎的。

对欧诗的评价,分歧较大。苏轼以为近于李白;王安石认为功妙超过韩愈,列入《四家诗选》;后代尊唐派则认为其诗不甚当行,甚至是诗的一厄。其实好憎都有偏颇。就欧阳修本人的态度看,他赞赏韩愈"馀事作诗人"的态度(《诗话》),己亦如之。政事闲暇、友朋聚集时多作,政事烦冗时少作甚至不作。如任谏官时,几乎无诗。张戒说:"欧阳公诗,专以快意为主。"②这样,做到自然真切的同时,不免有失检点处。其诗无论艺术成就或社会内容,都不及同时的梅尧臣和稍后的王安石、苏轼。欧阳修极力推举苏、梅"主张风雅",确有自知之明。宋诗风格的开创,应归功于梅尧臣。欧阳修是梅诗的第一位评鉴者和追仿者,诗歌风格上二人基本保持一致。以欧阳修当时地位论,其本人创作和推重梅诗所起的作用,均不可低估。

其次谈欧阳修的词。今存《欧阳文忠公近体乐府》和《醉翁琴趣外编》,剔除他人之作,尚有二百五六十阕,数量上超过他以前的所有词人。其中约四分之三的歌词,以男女情爱、离别相思、流连光景、宴乐歌舞为主题,词调以小令为主,未能突破南唐词的范围。刘熙载、陈廷焯、王国维认为欧词与冯延巳词风格相近,即指这部分而言。注重心理刻画,情景交融,为其共同点。在这些词中,欧阳修描绘了众多的妇女形象,不局限于贵妇或歌伎。词中表现的感情,多深邃诚挚,委婉含蓄。常在清新明媚的气氛中,寄托纷繁复杂的感情。表现手法上比冯词有所进步。这类词对后来的婉约词人影响较大。

另外四分之一的欧词,则在词的题材方面做了有益的开拓。以词咏史,咏物,写都市风光、时令节俗,是前代文人词中较少见的,欧阳修则写得很多。尤其值得注意的是,欧词中有三十多阕直接抒写自己的游历和生活感慨,属于言志的范围。在花间、南唐词中,除了李煜有几首言志词外,一般较少见。这类词在欧词中所占比例虽不高,数量已很可观。词中表现的不再是曼舞轻歌间的愁思,而是作者豪迈坦荡的胸怀,意境往往是开阔雄放的。

欧词中有十多阕慢词,写作时间介于柳永、张先之间,对文人普遍制作有推动作用。联章词约有六七组,除了人们常提及的《采桑子·西湖》十首以及仿唐代民间俗曲形式的两组《渔家傲·十二月鼓子词》外,还应提及两组叙事词。《渔家傲·七夕》三阕,叙牛郎织女相会事;另一组《渔家傲》十首,记述了莲女从初恋到结合的完整故事。这些都是前代少有的,可看出向曲的过渡。语言方面,一是大量用前人成句入词,开后代用经史语的先例;一是俚俗语入词,其程度不下于柳永,当与他早年流寓下层、谙习俚歌有关。

宋词到苏轼、周邦彦出现,地位才大大提高。在欧阳修生活的时代,往往只是"吟咏之馀,溢为歌词"③。欧阳修填词甚多,其诗文中却无片语提及,其本人态度可知。然而,欧词对宋词两大派形成所起的作用,仍不应忽略。欧阳修同时的晏殊、柳永、范仲淹、苏舜钦、刘潜诸人的词,与欧词有不少共同点,是词风欲变未变的标志。但这些词人或"偶一染翰","虽足树帜,故非专家"④,如范、苏;或生活面狭窄,因袭太重,如晏殊;或过于俚俗,不能适应上层文士的艺术趣味,如柳词。因此,欧词得到了广泛的重视。南宋初曾慥选《乐府雅词》,以欧词为有宋之冠。序中说:"欧公一代儒宗,风流自命,词章幼眇,世所矜式。"反映了当时人的看法。清冯煦《宋六十一家词选例言》说欧阳修"即以词言,亦疏隽开子瞻,深婉开少游"。所见颇为精到。

最后谈欧阳修的文章。欧阳修多方面文学成就中,文章成就最高。存世欧文总数在两百卷以上,颇为可观。其中骈文有十多卷。早期之作沿杨、刘余习,富丽典雅;后期所作,多杂以古文排奡之调。宋人如陈师道、陈善等以为宋四六文从欧阳修开始变格,大致可信。从洛阳改作古文后,四十年间,欧阳修在散文写作中倾注了极大的力量,创造了平易流畅、应时适用的新型文体,改变了前代文章通弊,在当时影响极其巨大。欧文有不少名篇,如《秋声赋》、《苏氏文集序》、《上高司谏书》、《五代史·伶官传序》、《朋党论》、《醉翁亭记》、《泷冈阡表》等,都是历代盛传不衰之作,为人们所熟知。

欧阳修的各体文章,风格不尽相同。其奏议政论文多步法陆贽,内容充实,概念准确,善于在纡徐舒缓的述理中,提出犀利的见解,具有较强的说服力。史论则不同,多设疑,多感叹,曲折往复,情理具胜。史书纪传和墓铭碑状文字简略,止书大节,反对繁缛空言,多撷取典型事件以反映其面貌。其记叙文善于融叙事、抒情、议论于一体,注意谋篇立意,剪裁精当。欧文一般都有笔触多情的特点,而感情色彩最浓郁的当推其哀祭文,多是对文学知己、政治同志的哀悼,声泪俱下,情见于辞。

苏洵《上欧阳内翰第一书》对欧文风格做了较全面的概括:"执事之文纡馀委备,往复百折而条达疏畅,无所间断,气尽语极,急言竭论而容与闲易,无艰难劳苦之态。"并指出欧文吸取了韩愈文的气势、李翱文的平易和陆贽文的切实,融合三家长处而成一家之文。见解颇中肯,为历代研究欧文者重视。值得进一步探讨的是,欧文与前代的古文及骈文相比,究竟有哪些具体的特点,使其能为一代人所倾倒?

概括些说,其作文善于按照当时的语言表达习惯,吸取前代古文和骈文的优点,既避免了古文朴质单行容易造成的力孱气短、理胜于辞的缺点,又克服了骈文繁缛华丽、文不达意的弊病。具体分析有这样一些特点:

一、不用冷僻怪异的字,不生造词语。韩、柳为文,立意复古,有时不免因用僻字、造语而使文章艰涩。欧阳修一贯反对求奇造语,用字遣词皆力求明白准确。

二、多用语助词。与韩、柳文相比,欧文所用语助词较多,李如箎、王若虚曾提出批评。其实,多用语助词是增强文章气势、韵味的重要手段。《醉翁亭记》即连用二十一个也字,造成一唱三叹的艺术效果。欧文中一气贯穿的文势,常得力于语助词的运用。如删掉助词,文意虽可通,其韵味就要逊色得多了。

三、大量化用骈文语句。秦汉文章以单音节词为主,骈文兴起,双音节的四字、六字句占了主要位置。汉语从单音节向双音节发展,是历史的进步。但骈文一律以双音节行文,又要求对仗用事,反而成为表达思想的障碍。欧文是单行的古文,却大量运用骈文的双音节句型。骈散句型交互使用,比骈文自由,比单行浑厚,吸取了两方面的长处。

四、注意文章的声韵。一般来说,古文没有声韵上的规定。但欧阳修行文时对声韵的平仄互换极其注意。一是句中的平仄交替。以四字句为例,平平仄仄、仄仄平平、平仄平仄等句型所占比重很大。有时也借助虚词的调节。二是句与句之间在语气停顿处的平仄协调。这两方面的讲究是构成欧文内在韵味的主要原因。由于对此没有严格的规定,所以虽注意声韵,却不至于像骈文那样束缚于声韵而不能达意。

五、善于利用文句的长短变化、语气的停顿转换,以加强文句间联系,使文章文气流转、曲折多变而又条达畅快。

可以看到,欧文能超越时人,卓立一代,在很大程度上得力于他早年对骈文的深研,以及由此而获得的对声韵的特殊敏感。有意无意地把骈文的许多技巧运用到古文中去,从而能以平易寻常的语言,达到较高的艺术表现力量,使古文得以从"非繁缛则浅陋,非庸腐则怪奇"⑤的困境中解脱出来,找到合适的表现方式。

欧文的出现在社会上激起了巨大的反响。《醉翁亭记》在欧阳修生前曾数次刻石,流布盛况更是空前:"记成刻石,远近争传,疲于模打。山僧云:'寺库有毡,打碑用尽,至取僧堂卧毡给用。'凡商贸来供施者,亦多求其本。僧问何所用,皆云:'所过关征,以赠监官,可以免税。'"⑥曾巩庆历元年《上欧阳学士第一书》说:"巩自成童,闻执事之名,及长得执事之文章,口诵而心记之。"苏轼出川前,曾反复学习模仿欧文。保存在《东坡集》中的《后正统论》三首,《东坡续集》中的《续欧阳子〈朋党论〉》,都是他早年的习作。他们虽僻居南丰、眉山,尚得沾溉,欧文当时影响之深广,可以想见。

---

* 本文为学位论文《欧阳修与北宋文学革新的成功》之第七节。全文刊《研究生论文选集·中国古代文学分册》,江苏古籍出版社 1983 年出版。

① 《藏海诗话》引,上海医学书局《历代诗话续编》本。
② 《岁寒堂诗话》卷上,《历代诗话续编》本。
③ 《欧阳文忠公集·近体乐府》罗泌跋。
④ 周济《宋四家词选目录序论》,见《介存斋论词杂著》,人民文学出版社,1959 年,第 13 页。
⑤ 清张伯行《欧阳文引》,见正谊堂节本《唐宋八大家文抄》。
⑥ 宋朱熹《朱文公文集》卷七一《考欧阳文忠公事迹》引欧阳发等撰《先公事迹》初稿。

一九八二

纪事

担任教职第一年,没有开课,受委担任79级的辅导员。

我一直有广泛读书的兴趣,进入研究生阶段稍有收敛。非文科的比较喜欢地理和生物分类,记得看过不少关于地理大发现和昆虫分类的书。这些兴趣使我对古今中外地理始终有清楚的定位,也能将昆虫分类的原则自觉运用到古籍分类上。这时期触动最大的是在《天津师大学报》上读到王梓坤《科学发现纵横谈》,其中谈到德、识、才、学在科学发现上的意义,尤其印象深刻。我后来做全唐诗文辑佚,最初的决心其实是来源于局部钻探从而发现大油田的科学方法。讲到学者之德,也令我在学术规范上有严肃的自律。

杜甫说"转益多师是吾师",我有深切体会。70年代末至80年代初,复旦古典文学师资盛极一时,各具个性,而且特别鼓励学生自成面貌。朱先生就特别反对门户之见,多次对我们说,你们要努力在学术上追求发展,应该要超过我们这代人,不想超过老师的学生绝不是好学生。他说50年代初讲授《诗经》,有学生在课堂上站起来提出不同意见,他赞赏不已。我写杜甫晚年的经历,和他在《杜甫叙论》中看法不同,他也充分肯定。一些我没有直接师承的老师,也时闻高论。如束景南叙述蒋天枢先生讲读书必先校书、读书必先识字的见解,讲学问是生死以之的事情,骆玉明述章培恒先生认为如果一本书一切合理的解释都无法说通,就应该考虑其是否伪书,都让我印象深刻。

同时,我也注意广泛阅读古今学术大师的各类著作,其中印象较深且对我之为学有启发的有:钱大昕《廿二史考异序》中讲治学从做札记开始,即便是自己读书有得,如果前人已经道及,也一律删去不存;劳格的为学格言"实事求是,多闻阙疑";王国维的二重证据法以及其学术研究中尖锥直入、不枝不蔓的行文风格;陈垣对史源学、年代学的重视,以及"毋信人言,人皆诳汝也"之治学金言;陈寅恪善于从常见史料中抉发内蕴的史料运用能力;余嘉锡之掌握目录学以治学的方法,以及读书未遍不可妄下雌黄的科学态度。在我转治唐代后,则受岑仲勉和傅璇琮先生影响最大。本书2001年收《中国近二十年唐代文学研究方法的新变》一文对此已有说明。

广采诸家所长当然有助于自己读书眼光的提升,但自己的学术方向在哪里,毕竟还很迷茫。从1979年到1982年,按照那时一般的注重作家作品研究和思想艺术分析的套路,我也写过不少文章,或者自己不满意,或者投稿被退,越来越缺乏信心。

年内看到中华书局新出的《全唐诗外编》,收录王重民、孙望、童养年三位前辈的唐诗辑佚著作四种,补录唐诗两千多首。感到自己先前所见《翰林学士集》、《会稽掇英总集》等书中还有不少唐诗没有收录。这样引起进一步辑录的兴趣。我将以前王运熙老师所告目录学的知识,推衍为根据唐宋书志了解唐人著作之总貌,根据四库到《中国丛书综录》的公私藏书目录作出存世典籍目录,从而确知前人在唐诗辑录方面做了哪些工作,还有哪些工作值得继续做。在不到两年时间里,辑得唐诗超过两千首,以后又增补到四千六百首。虽然限于当时的检索条件,还有一些错误,但毕竟走出了属于自己的学术道路。

杜诗早期流传考

在北宋诗文革新推动下,杜诗受到世人普遍的推崇。王洙(原叔)校辑二十卷本《杜工部集》问世,适应了这一时尚。嗣后,以王本为基础,杜诗的补遗、增校、分类、系年、笺注、批点、集注、汇评等研究工作蓬勃兴起,蔚为洋洋大观。40年代初,洪业先生撰《〈杜诗引得〉序》;60年代初,万曼先生作《杜集叙录》(收入《杜甫研究论文集》第三辑及《唐集叙录》),分别对宋以后杜诗的版本流传及注解研究工作,作了较为系统的总结。从杜甫去世到王洙本结集近三百年间杜诗流传的情况,洪、万两先生虽曾论及,但因载籍零落,原本无存,均言之未详。由于这一缺憾,一些研究者只能依据存世的唐人选唐诗来考察唐人对杜诗的态度,对杜诗在唐代诗坛的崇高地位及给予中晚唐诗人的巨大影响,未有足够的认识。

本文试图钩稽各方面史料,考察王洙本结集前杜诗流传情况。为叙述方便,首先考察宋人所见唐至宋初各种杜集的面貌,其次考述杜甫手稿、早期碑刻及各种选本入选杜诗的情况,在此基础上,进一步探索六十卷本杜集的编次、散佚情况,考察杜诗在唐五代社会各阶层和各流派诗人间的流传和影响。传世各种杜集,历代著录较详,洪、万两先生已作系统介绍,本文不拟复述。

一

《旧唐书·杜甫传》谓"甫有文集六十卷",后《新唐书·艺文志》、《通志·艺文略》均据以著录。其实,不仅欧阳修、郑樵未亲见该集,《旧唐书》作者也无缘获见(详后),唯据他文迻录而已。北宋仁宗时编《崇文总目》,仅载"《杜甫集》二十卷"。王洙在崇文院编目期间,利用"秘府旧藏"和"通人家所有"的各种杜集,于宝元二年(1039)结集为《杜工部集》二十卷。此集后于嘉祐四年(1059)由王琪增订刊刻于苏州,成为宋以后各种杜集的祖本。此本存绍兴初年翻刻本十五卷(简称"二王本"),张元济先生以另一宋刻残本(张元济先生定为绍兴初年建康刊吴若本,元方先生《谈宋绍兴刻王原叔本〈杜工部集〉》定为翻刻吴若本。简称"吴本")相配景印,刊入《续古逸丛书》。

王洙《杜工部集记》记载所用杜集凡九种。试分别加以考察。

1. 古本二卷。列于各本杜集之首,当为唐时本。

2. 蜀本二十卷。王得臣《增注杜工部诗集序》(附见蔡梦弼《杜工部草堂诗笺》,《古逸丛书》本,简作《蔡笺》)谓仅十卷,疑误。严羽《沧浪诗话·考证》指出:"旧蜀本杜诗,并无注释,虽编年而不分古近二体,其间略有公自注而已。"南宋初有南海蜀本及镇江蜀本两种新蜀本杜集。陈振孙《直斋书录解题》谓"蜀本大略同(王琪本),而以遗文入正集中,则非其旧也"。严羽亦指出新旧蜀本之异。所谓旧蜀本,或即王洙所据本,疑出于五代时前后蜀所刊行。韦縠《才调集叙》:"暇日因阅李杜集。"是杜集蜀时流传之证。据严、陈二氏说,此本编年、不分体、诗文分刊。

3. 《集略》十五卷。列于樊晃《小集》前,时代较早。

4. 樊晃序《小集》六卷。《崇文总目》、《新唐书·艺文志》均著录。南宋初,胡仔尚有收藏。绍兴初,吴若在建康府学刊杜集;嘉泰中,蔡梦弼著《草堂诗笺》,均曾据以校刻。同时的晁、陈二家书目不载。宋末王应麟《玉海》、元修《宋史·艺文志》均著录,然前者系据《唐志》,后者系拼合宋代各种书目而成,不能证明此集入元尚存。

吴若刊杜集时,收入樊晃《杜工部小集序》。今存吴本残卷,无樊序。明末钱谦益得吴本全书,据以撰成《杜诗笺注》(康熙静思堂原刊本,简称《钱注》)。后吴本全书毁于绛云楼火灾,赖《钱注》保存了部分面貌,樊序亦得幸存(《全唐文》失收)。序署"唐润州刺史樊晃",前半述杜甫事迹,为今存记载其生平的最早文字;后半部分述编集过程:

> 文集六十卷,行于江汉之南。……属时方用武,斯文将坠,故不为东人之所知。江左词人所传诵者,皆公之戏题剧论耳,曾不知君有大雅之作,当今一人而已。今采其遗文凡二百九十篇,各以事类为六卷,且行于江左。君有子

宗文、宗武，近知所在，漂寓江陵。冀求其正集，续当论次云。

樊晃，两《唐书》无传。据岑仲勉先生《元和姓纂四校记》考证，晃为进士出身，历任汀州、润州刺史。其刺润时间，《宋高僧传》卷一五《金陵元崇传》载在大历五年(770)，柳识《琴会记》(《文苑英华》卷八三二)载大历七年正月，浙西观察使李栖筠路经润州，曾约"刺史樊公"饮咏。杜甫逝世于大历五年冬。《小集》编成，当即在其后二三年间。据序，杜甫晚年，江东一带仅传其"戏题剧论"之作，不足反映其全面成就。樊晃尊杜甫为"当今一人"，惜未见其全集。润州地当长江、运河交会处，为东南经济文化的中心之一。樊晃得以就地采撷到大量杜诗，编为《小集》。

《小集》虽已失传，宋人辑校杜集时，多次引用该集，记下了若干异文，保留了部分面貌。现存各种杜集校语有"樊作某"者，吴本有十五首，《蔡笺》二十首，黄鹤《集千家注杜工部诗史补遗》(《古逸丛书》本，简称《补注》)十首，《钱注》五十八首，仇兆鳌《杜少陵集详注》(康熙刻本，简作《仇注》)三十九首。去其重复，共得六十二首(以组诗计，共九十八首。)，相当于原集的五分之一强。今汇目于次：《城西陂泛舟》、《上韦左相二十韵》、《夏日李公见访》、《戏简郑广文兼呈苏司业》(《蔡笺》)、《自京赴奉先县咏怀五百字》(以上五首安史乱前作)、《悲青坂》、《哀王孙》、《送樊二十三侍御赴汉中判官》、《奉送郭中丞兼太仆卿充陇右节度使》(吴本)、《送李校书二十六韵》、《行次昭陵》、《送许八拾遗归江宁觐省甫昔时常客游此县于许生处乞瓦棺寺维摩图样志诸篇末》、《至德二载甫自金光门出间道归凤翔乾元初从左拾遗移华州掾与亲故别因出此门有悲往事》、《月夜忆舍弟》、《寄彭州高三十五使君适虢州岑二十七长史参三十韵》、《寄岳州贾司马六丈巴州严八使君两阁老五十韵》、《寄张十二山人彪三十韵》、《新婚别》、《遣兴三首》之一、《幽人》、《梦李白二首》之一、《有怀台州郑十八司户虔》、《后出塞五首》之三、《两当县吴十侍御江上宅》、《木皮岭》(《仇注》)。以上廿一首入蜀前作)、《江村》、《和裴迪登蜀州东亭送客逢早梅见寄》、《村夜》、《赠蜀僧闾丘师兄》、《病橘》、《入奏行》、《楠树为风雨所拔叹》、《喜雨》(春旱天地昏)、《陪章留后惠义寺饯嘉州崔都督赴州》、《将适吴楚留别章使君留后兼幕府诸公得柳字》、《寄题江外草堂》、《韦讽录事宅观曹将军画马图》、《丹青引》、《严氏溪放歌行》、《发阆中》、《莫相疑行》、《有感五首》之二、《送陵州路使君赴任》、《奉寄别马巴州》、《江亭王阆州筵饯萧遂州》(吴本。以上二十首在成都及东川时作)、《谒先主庙》、《入宅三首》之二、《秋兴八首》之四、《复愁十二首》之八(以上四首夔州作)、《秋日荆南述怀三十韵》、《山馆》(以上二首流寓江陵、公安时作)、《白凫行》、《上水遣怀》、《宿凿石浦》、《早行》、《铜官渚守风》、《岳麓山道林二寺行》《送重表侄王砯评事使南海》《人日寄杜二拾遗》(高适诗)《追酬故高蜀州人日见寄》《送魏二十四司直充岭南掌选崔郎中判官兼寄韦韶州》《暮秋将归秦留别湖南亲友》(以上十首湖南境内作。《小集》原为"以事类"编次,今改作分阶段编次,以便考述。凡见于《钱注》者一律不注出处)。虽非全貌,仍可看到樊编《小集》的若干特点:第一,包括了杜甫一生各时期的诗歌。以安史乱后到流寓成都、东川时期诗最多,湖南诗次之,安史乱前与夔州时期诗较少。值得注意的是,现存杜诗三分之一作于夔州,而已知该集所收仅四首,比例甚微。所收杜甫大历四、五年湖南所作诗,多达十首,以比例推测,数量当更多。樊晃编集时,去杜卒仅二三年,地在润州,距湖南有千里之隔。未睹正集,所获如此丰富,足见当日杜诗流布之速。第二,兼收各体,偏重古诗。所收各诗以体分,计五古廿三首、七古十三首、五排十一首、五律九首、七律五首、五绝一首。今存杜诗,古诗不及总数的十分之三,五律则占了将近一半。大历间诗人,也以五律为最擅长。已知诗数虽不完备,樊晃重古体、轻近体,借杜诗以扭转时风的意向仍十分清楚。第三,樊晃推崇杜甫"有大雅之作",从此集已知各诗看,有不少反映现实、忧民忧民之作,能够反映出杜诗沉郁顿挫的风格。与历代著名唐诗选本及近几十年来各种杜诗选本作一比较,可见多数属于历来传诵的名篇。樊晃别择之精,令人叹服。此集在唐、宋两代流传较广,对杜诗流布起过积极的作用。

5. 孙光宪序本二十卷。光宪,《宋史》《十国春秋》有传,唐末为陵州判官,天成初(约926年)避地江陵依高季兴,累官南平。卒于宋初。此本当为其在荆南时序行。

6. 郑文宝序《少陵集》二十卷。王得臣云:"郑文宝《少陵集》,张逸为之序。"疑王洙记有误。文宝,《宋史》有传,初仕南唐,廿四岁入宋,后仕宋近四十年。此集当成于宋初。万曼先生谓此本系南唐本,疑误。

7. 别题小集二卷,不详。

8. 孙仅一卷。与孙仅《读杜工部诗集序》(《蔡笺》附)所述,显非一种。疑为其别录本。孙仅仕宋太宗、真宗二朝。

9. 杂编三卷,亦不详。以上三种,从各本排列次序看,当均为宋初本。

王洙本行世前,整理搜辑杜诗者有苏舜钦、王安石、刘敞三家。舜钦《题杜子美别集后》(《苏学士集》卷一三)云:"天圣末,昌黎韩综官华下,于民间传得号《杜工部别集》者,凡五百篇。予参以旧集,削其同者,馀三百篇。"景祐中居长安,又于王纬处得一集,复增八十馀首,编为《老杜别集》,拟"俟寻购仅足,当与旧本重编次之"。后未果。安石皇祐二年(1050)《杜工部后集序》(《临川集》卷八四)云:"予之令鄞，客有授予古之诗世所不传者二百馀篇。"断为杜诗，编成《后集》。刘敞《寄王二十》(《公是集》卷二四)诗序："先借王《杜集外集》，会疾未及录。近从吴生借本，增多于王所收，因悉抄写，分为五卷。"诗称"近从雪上吴员外，复得遗文数百篇"。另有《编杜子美外集》纪此事。

三家所据各集，王洙均未取用，今存各种杜集，亦未引及三家所编(《蔡笺》、吴本、《钱注》所引"荆作某"，均指王安石元丰间编《四家诗选》。《四部丛刊》景宋本《分门集注杜工部诗》引"刘敞曰"、"安石曰"等，研究者多以为系书贾伪托，不足据)。王洙本以外，宋人得逸杜诗仅四十馀首，三家所记，各有数百首之多。其诗存佚，为杜诗研究长期未决之谜。今按，舜钦所编，早于王洙；安石稍迟，但其时王洙本编成而未刻印，无由获睹；刘敞所编，年代不明，疑亦在嘉祐前(刘敞卒于熙宁元年)。万曼先生推测早于苏、王(洙)，实误，敞年辈略后于二人。三家鉴别佚诗，所据均为当时的通行本，即所谓"旧集"。舜钦谓"今所存者才二十卷，又未经学者编辑，古律错乱，前后不伦"，疑即《崇文总目》所著录者及王洙所用蜀、孙、郑三本中的一种，所收诗数必然比王洙本要少得多。舜钦文中引集外诗《大历三年白帝城放船》及《追酬高蜀州见寄》，安石引《洗兵马》，今均见二王本，可证。元丰五年，宋谊为陈浩然《析类杜诗》作序(《蔡笺》附)述及："顷者，处士孙正之得所未传二百篇，而丞相荆公继得之，又增多焉。及观内相王公所校全集，比于二公，互有详略，皆从而为之序，故子美之诗，仅为完备。"正之名侔，为安石挚友。《析类杜诗》不传，吴若曾引及，《钱注》提到"浩然作某"二十多处，有王洙本未收诗，可知安石所收杜诗未佚。舜钦与王洙有诗文交往，又同因进奏院事件遭贬斥。削籍后，居苏州沧浪亭。既卒，妻杜氏抱其遗文归南京，由妻父故相杜衍及欧阳修哀序成集，见欧《苏氏文集序》及《宝真斋法书赞》卷九杜衍致欧诸帖。欧阳修亦曾董理杜集(见《蔡笺》跋)。嘉祐中，王琪在苏州聚古今诸集校理王洙本，又得吴江宰裴煜相助，并提供逸文四篇诗五首为补遗。其时苏集已编成，王琪、裴煜与欧阳修均有较好关系，苏州刻书时尚有书简来往。《别集》不被利用，是不太可能的。刘敞与上述诸人，也有较多的来往，所编湮没不传的可能性亦不大。韦骧《钱塘集》卷四有诗题作"简夫丈昔遗老杜别集而骧以外集当之久而亡去近承多本因以诗请"。骧，皇祐五年(1053)进士，徽宗时卒。可知苏、刘二编北宋中后期尚留存世间。

南宋初吴若刊杜集《后记》(《钱注》附)述引用书："称晋者，开运二年官书也。"后蔡梦弼《草堂诗笺跋》亦提及"晋开运二年官书本"。开运为后晋出帝年号，二年为公元945年。此本卷数不详，宋以后公私书志均未著录。吴、蔡突出其为"官本"，显然不同于私家辑抄传写本，其意当为官刊本。值得一提的是，印刷术在隋唐时期虽已开始应用,大规模刊刻书籍则始于五代时期,最著名例子是冯道主持刊刻九经,历时二十馀年(932—953)方蒇事。开运官本杜集,可列为我国最早刻印书籍之一。杜诗为时人重视,可以想见。

各本杜集校语有"晋作某"者,吴本有三十二首、《蔡笺》廿一首、《补注》十五首、《钱注》九十九首、《仇注》四十六首,去其重复,尚得一百十五首。以组诗计,共一百九十二首。虽非全数,尚可窥见该集面貌之一二。今辑诗目如次。《钱注》所引最多,不另注出处。原集编次不详,今分阶段排列,以便考察。

安史乱前诗二首:《冬日洛城北谒玄元皇帝庙》、《夜宴左氏庄》。

入蜀前诗廿四首:《送长孙九侍御赴武威判官》、《送韦十六评事充同谷郡防御判官》、《塞芦子》、《彭衙行》、《九成宫》、《垂老别》、《夏日叹》、《贻阮隐居昉》、《昔游》("昔谒华盖君")、《佳人》、《西枝村寻置草堂地夜宿赞公土室二首》、《有怀台州郑十八司户虔》、《忆幼子》、《一百五日夜对月》、《喜闻官军已临贼寇二十韵》、《郑驸马池台喜遇郑广文同饮》、《望岳》(西岳崚嶒竦处尊)、《日暮》、《曲江二首》之一(吴本)、《曲江对雨》(吴本)、《玉华宫》(《蔡笺》)、《遣兴五首》之三(同前)、《佐还山后寄三首》之二(吴本)。

成都、东川时期诗三十首:《杜鹃行》("君不见昔日蜀天子")、《赠蜀僧闾丘师兄》、《楠树为风雨所拔叹》、《观打鱼歌》、《相从歌赠严二别驾》、《陈拾遗故宅》、《谒文公上方》、《棕拂子》、《寄题江外草堂》、《送韦讽上阆州录事参军》、《丹青引》、《严氏溪放歌行》、《南池》、《释闷》、《太子张舍人遗织成锦段》、《西郊》、《徐步》、《寒食》、《范二员外邈吴十侍御郁特枉驾阙展待聊寄此作》、《赠别郑炼赴襄阳》、《绝句漫兴九首》之三、《江畔独步寻花七绝句》之五、《丽春》、《水槛遣兴二首》之二、《寄题杜二锦江野亭》(严武诗)、《春日梓州登楼二首》之二、《奉和严中丞西城晚眺》(吴本)、《寄李十四员外布十二韵》(吴本)、《大麦行》(《蔡笺》)、《草堂》(同前)、《望兜率寺》(吴本)。

夔州诗五十八首:《寄裴施州》、《柴门》、《贻华阳柳少府》、《课伐木》、《催宗文树鸡栅》、《种莴苣》、《忆昔二首》(其一见《补注》)、《八哀诗》之一、之二、之五、之六、之七、《园官送菜》、《写怀二首》之二、《往在》、《壮游》、《同元使君舂陵行》、《虎牙行》、《奉酬薛十二丈判官见赠》、《船下夔州郭宿雨湿不得上岸别王十二判官》、《雨不绝》、《阁夜》、《暮春题瀼西新赁草屋五首》之三、之四、之五、《自瀼西荆扉且移东屯茅屋四首》之四、《谒先主庙》、《夔州歌十绝句》之五、之十、《秋兴八首》之八、《秋日夔府咏怀奉寄郑监审李宾客之芳一百韵》、《复愁十二首》之一、《承闻河北诸道节度入朝欢喜口号绝句十二首》之三、《喜闻盗贼蕃寇总退口号五首》之一、之二、之三、之四,《能画》,《孟氏》,《远游》,《晴二首》之一、《热三首》、《九日五首》之二、《得舍弟观书自中都已达江陵今兹暮春月末行李合到夔州悲喜相兼团圆可待赋诗即事情见乎词》、《季秋苏五弟缨江楼夜宴崔十三评事韦少府侄三首》之二、《别崔潩因寄薛据孟云卿》、《送田四弟将军将夔州柏中丞命起居江陵节度阳城郡王卫公幕》、《见王监兵马使说近山有白黑二鹰罗者久取竟未能得王以为毛骨有异他鹰恐腊后春生骞避飞暖劲翮思秋之甚眇不可见请余赋诗》之一、《江雨有怀郑典设》(《补注》)、《园人送瓜》(《蔡笺》)、《牵牛织女》(同前)、《暇日小园散病》(同前)、《鸥》(《补注》)、《哭严仆射归榇》(吴本)、《树间》(《仇注》)。

出峡后诗一首:《别张十三建封》。

从中我们可看到该集的部分面貌。第一,各类体裁、题材诗皆备。其中虽有《垂老别》、《佳人》、《壮游》、《八哀》等名篇,只是比例不高,看不出曾经选择的痕迹,不似《小集》裁择精审。第二,仅有诗,无文、赋。第三,与《小集》互见诗仅七首,异文相同者仅一例。二集显非一线所传。第四,收有严武《寄题杜二锦江野亭》。《小集》已知有高适诗一首。可见他人诗附入杜集,自唐已然,与其他唐人文集同一体例。第五,该集收诗,始于天宝末。以安史乱后到夔州期间诗为多,达一百十三首。其中夔州诗最多,有五十八首,约占总数的一半。而安史乱前诗仅二首,出峡后诗仅一首。所收各期诗比例如此悬殊,值得注意。

《草堂诗笺跋》述校雠之例,又有"唐之顾陶本"。顾陶,大中校书郎,纂《唐诗类选》二十卷,见《唐志》。《蔡笺》所据为何,万曼先生存而未决,其实即指《类选》。证据为:吴曾《能改斋漫录》五处引及此书,或称"顾陶所编杜诗"(卷三、卷四),或称顾陶《类选》(卷一一);《钱注》亦五次引及,或称《类选》,或称"顾陶本",均与曾季貍《艇斋诗话》所引《类选》相合。曾氏引此集杜诗近三十首,实际收数当更多,南宋时或录其中杜诗单行,亦未可知。另详下节。

另外,见于记载的宋人所见唐五代杜诗抄本,尚有多种。苏轼《东坡题跋》卷二记他与刘斯立曾于管城人家叶子册中,得到古抄《杜员外诗集》;张耒《明道杂志》记王仲至(名钦臣,洙子)家有古写本杜诗;《诗说隽永》(《苕溪渔隐丛话后集》卷八引)谓王铚曾见唐人写本杜诗;同书及周紫芝《竹坡诗话》分别记载所见盛度收藏讳"流"字的吴越钱氏时写本杜诗;黄伯思《东观馀论》自述曾在洛阳上阳门外佛寺中得到旧抄杜诗册帙;龚颐正《芥庵随笔》谓王明清曾在宣城得到南唐李后主建邺文房藏澄心堂纸抄本杜甫诗三帙。这些写本,性质当与敦煌所出唐诗残卷相类似,是杜诗在民间辗转传抄的见证。古写本保留了不少逸诗,文字亦颇多歧异,宋人多已录出,值得重视。

王洙本收杜诗一千四百零五首。后人续搜逸诗,得五十馀首。对此,前人多疑有伪。甚者如金王若虚《滹南诗话》录其舅周昂语,以为仅三四首可信,"其馀皆非真本"。实因不明王洙编集时,并未能搜罗完备,不应以诸"集外诗"后出而遽谓为伪。如《蔡笺》附录朝奉大夫员安宇所收逸诗二十七首,为王洙本以后数量最大的一批逸诗。安宇,四川仁寿人,登进士第,累官朝奉大夫知眉州,事迹附见南宋初员兴宗《九华集》卷二一《员公(安舆)墓志铭》。安舆为其兄,皇祐进士,官至屯田员外郎,与苏洵、文同交甚厚。因知安宇亦为神宗朝人。诸诗北宋时已出。《李希声诗话》(《王直方诗话》引,《宋诗话辑佚》失收)谓存"老杜遗诗二十九首",周紫芝称收杜逸诗古律二十八首,均与员出相侔。李引《哭台州郑司户苏少监》、《柳边》,周引《巴西闻收京》二首,亦见员出。另《逃难》见陈浩然本(据《钱注》)、《遣忧》见顾陶《类选》(据《能改斋漫录》),亦可证。杜诗在长期流传中,有伪诗误入,是不可避免的,需审慎地加以鉴别。以"语似不类"(黄庭坚语)、"浅近"(胡仔语)、"凡浅"(邵宝语)、"词旨纤仄"(杨伦语)一类标准来考定伪诗,是不足为训的。

二

别集以外,杜诗在北宋前还以多种方式流布世间。试分别加以考述。

(一) 手稿

杜甫书迹,宋人所见有三:王洙曾得到《吹笛》诗稿(《钱注》引),释惠洪有《跋杜子美〈祭房太尉文〉稿》(《石门文字禅》卷二七),《漫叟诗话》载李彭云曾听徐俯说见到杜甫《曲江对酒》墨迹。记载均有可疑处,后皆无传。《蔡宽夫诗话》载:"杜子美云:'书贵瘦硬方通神。'予家有其父闲所书《豆卢府君德政碑》,简远精劲,多出于薛稷、魏华,此盖自其家法言之。"以此推测,杜甫书迹亦当以瘦硬精劲为特色。传为李白的《上阳台》帖近年自海外购回,使后人获见诗人风采。元陶宗仪《书史会要》卷五谓杜甫工于楷、隶、行草,但其手迹,虽经海内外学者多方寻访,迄未有得。现就所知,附辑几条记载,以供进一步查访。

《钱注》:明初胡俨自称"常于内阁见子美亲书《赠卫八处士》诗,字甚怪伟。'惊呼热中肠'作'呜呼热中肠'"。后未见收藏。近人邓之诚《骨董三记》录清初许志进《谨斋诗稿·丙申年稿》:"少陵《贺城阳王太夫人加寿邓国太夫人》诗卷,后有山谷跋尾,为宣城蒋氏珍藏物。卷中题广德元年冬十月,正史本集皆无之。"今杜诗有《奉贺阳城(按:各本杜集皆作"阳城",新旧《唐书》作"城阳")郡王太夫人恩命加邓国太夫人》,未佚,邓记误。城阳郡王为卫伯玉,《旧唐书·代宗纪》载其大历二年六月始封王,此卷显属后世伪造。又香港上海书局1963年版《杜甫》,卷首附影印石刻拓本《野望》与《冬到金华山观因得故拾遗陈公学堂遗迹》,行草书,署"杜甫",注出"四川省射洪县"。香港书谱出版社1976年2月出版的《书谱》总第八期亦影印二诗拓本,附梅萼华先生《杜甫和书法》一文,仅谓系四川省射洪县的题刻拓本。原刻今存何处,拓本传自何人,均未作说明。洪业先生《再说杜甫》(收入《洪业论学集》)据一字之异疑伪,证据尚不足。今按:《永乐大典》卷三一三四引宋人《潼川志》载牛峤光启三年(887)《登陈拾遗书台览杜工部留题慨然成咏》诗,有"工部曾刻石"句;王象之《蜀碑记》卷八载:"《图经》载杜甫题陈拾遗宅诗跋。"《图经》当指北宋真宗时所修的《梓州图经》。可见杜甫此诗在唐代确有题书勒石之举。《野望》有"金华山北涪水西"句,亦作于射洪。石刻书法浑熟流畅,受王羲之影响很深,接近怀仁集王书《圣教序》的风格,为唐代最流行的书体。杜甫曾云:"学书初学卫夫人,但恨无过王右军。"(《丹青引》)"凤凰池上应回首,为报笼随王右军。"(《得房公池鹤》)可见其对王书之景慕。他推重的薛稷、李邕,行书亦深受王书影响。他论书重瘦硬通神,亦在石刻中有所反映。经向射洪县委宣传部询问,承告知陈子昂故居"文革"间遭破坏,现正修复,但杜甫诗刻原石尚未发现,今后将组织人力寻访。因石刻宋以后不见著录,来历不明,尚难遽定真伪。如确系唐刻,将是现能看到的唯一的杜甫书迹。

(二) 碑刻

唐五代刻杜诗碑石,欧阳修《集古录》、赵明诚《金石录》未著录,但从唐宋人其他记载中,可考见的有十几处。列目如次:1.《岳麓山道林二寺行》。唐扶《使南海道长沙》(见《侯鲭录》卷一):"两祠物色采拾尽,壁间杜甫原少恩。"即指此诗。唐扶诗长庆末年作。米芾《书史》载裴度(《宝章待访录》作裴休)曾书此诗于松板,宋时尚存一"甫"字。2.《古柏行》,长庆四年段文昌刻于成都,见王象之《舆地碑目》卷四及田况《儒林公议》。3.《冬日洛城北谒玄元皇帝庙》,咸通十一年,陆肱刻于洛阳,见《宝刻类编》卷六。4.《万丈潭》,咸通十四年,西康州刺史赵鸿刻于同谷,见《钱注》。5.《冬到金华山观因得故拾遗陈公学堂遗迹》,见前引牛峤诗及王象之引《图经》。6.《游修觉寺》,见宋祁《景文集》卷八《题蜀州修觉寺》注及赵抃《清献集》卷八《留题修觉山》注。7.《闻惠子过东溪》,北宋中叶在凤翔出土,见《东坡题跋》卷二。8.《过洞庭湖》,北宋末发现于湖中,王直方、李希声、潘子真三家诗话均言及,见《舆地碑目》卷三。9.《送王十五判官扶侍还黔中》,见《苕溪渔隐丛话前集》卷九引《雪浪斋日记》。10.《宴戎州杨使君东楼》,见范成大《吴船录》卷下。11. 押天字韵的七言缺题诗,在夔峡道中,见《竹坡诗话》。杜甫峡中七言诗仅《十二月一日三首》之一押天字,未知然否。以上除一二例仅称石本、碑本,或出北宋时刻,多数为唐人所刻。刻石地域有洛阳、关中、秦州、两川、夔峡、湖南等地,是杜甫行迹所到处,均曾刻石。其诗为世人推重,并不限于一隅。诸石刻异文,前人有引录,因其离杜甫时代较近,最为近真。

《湖南通志》卷二六四《金石六》著录"唐怀素书杜诗《秋兴八首》"。称"石刻在绿天庵","此帖亦近人临摹,不知蓝本所出"。香港中外出版社1976年出版《中国书法大字典》亦收此帖。帖末署"壬辰三月二日怀素书"。壬辰为元和七年(812)。怀素生于开元末叶,贞元间尚在世。此帖真伪尚待鉴定。如非赝品,可视为存世最早的杜诗写本。

(三)选本中的杜诗

在完整存世的九种唐人选唐诗中,仅韦庄《又玄集》收有杜诗,论者多据以推论杜诗在唐代诗坛受到冷落,不为时人推重(冯至《论杜诗和它的遭遇》、曾枣庄《论唐人对杜诗的态度》等文均持此看法),其实未尽妥当。首先,见于唐宋各种书志的唐人自选诗(不包括同人倡和集),有四十六种之多,现能看到的完本仅九种,加上敦煌遗书中的四五种残卷,只及总数的很小一部分,不足以准确反映一代的认识。其次,选本除有一定的选诗标准外,还受时间、地域、人事诸方面限制。如《珠英学士集》、《搜玉小集》仅收初唐诗,元结《箧中集》仅收私箧所存七位友人诗作,殷璠《丹阳集》仅收润州人诗,当然都不录杜诗。姚合《极玄集》以闲淡幽远为宗,专选王维一派诗作,以致李、杜、高、岑、韩、柳、元、白皆不预选。令狐楚《御览诗》目的在于"集柔翰以对宸严",故只收贞元、元和间的"研艳短章"(毛晋跋)。韦縠《才调集》编选时曾阅李杜集,而杜诗竟不入选。冯舒《才调集评注》以为系"崇重老杜",《四库提要》驳其说,认为"实以杜诗高古,与其书体例不同",持论近是。细审该集选诗,以闲适艳情之作为多,标举"韵高"、"词丽",反映了西蜀小朝廷宴乐文学的欣赏趣味。杜诗鲜涉艳情,多言国事,韦縠只得割弃。再次,选本收诗情况与选者的认识有时并不一致。如顾陶《唐诗类选序》(《文苑英华》卷七一四)称元白"擅名一时","其家集浩大,不可雕摘,今共无所取";宋人曾慥《乐府雅词》不选苏轼词,则因另集有《东坡居士长短句》。姚铉《唐文粹》收唐诗近千首(九六九首),仅收杜诗十一首,比例甚微,而该集自序称"由是沈宋嗣兴,李杜杰出,六义四始,一变至道"。可见不能仅以入选诗数论定选者的态度。

《国秀集》等三种选本,不收杜诗,情况较复杂,有必要分别作一说明。

《国秀集》兼收初盛唐诗。据楼颖序,此集系芮挺章受"秘书监陈公"和国子司业苏预(后避代宗讳改名源明)嘱托而选,收诗止于天宝三载,后中途辍业,由楼颖续成,约成书于安史乱前后。其时杜甫诗名初起,未获入选,似可理解。需提及的是,此集所收樊晃、严维、郑审,年辈均晚于杜甫,而当时诗名籍甚的李白、岑参,皆弃而不取;芮、楼自作诗阑入,而指使编集的陈、苏诗却未编入,可见此集收罗未备,似仅据所见而编录。苏预与杜甫关系密切,开元末曾同游齐赵。

《河岳英灵集》收诗止于天宝十二载,不收杜诗,今人多以其诗名初起为解,似尚可商榷。岑参比杜年幼,王季友、薛据行年与杜相仿,均得入选,何以独缺杜甫?天宝中,杜甫与高、李同游梁宋齐鲁,与高、岑、储、薛同赋登慈恩寺塔诗,诗名盛极一时。殷璠不收,显然是有所缺失,不能说明杜诗其时未成熟或无人问津。失收原因,与殷氏所处地域有关。殷璠为丹阳人,曾集润州十八人诗为《丹阳集》,《河岳英灵集》亦编于丹阳(《全唐诗》卷六八四吴融《过丹阳》注:"殷文学于此集《英灵》"),故集中对在江南吟咏的诗人如常建、李白、刘眘虚、王昌龄、储光羲、王湾等,极致推崇。据樊晃说,直到大历年间,江东流传的杜诗仍多为戏题剧论之作。杜甫弱冠游吴越,后从未涉历。殷璠为条件所限,不可能全面占有材料,所见杜诗不合其"风律兼备"的标准,只能阙而不录。

高仲武《中兴间气集》自序称收诗"起自至德元首,终于大历暮年"。恰是杜诗创作的高峰时期。不收杜诗的原因,论者或认为此集收诗专取钱、郎为首的大历诗人,或认为因杜诗"很少歌颂肃、代中兴之作"。其实均未允当。高氏自称"朝野通取,格律兼收",立旨不似元结、姚合那样狭窄,虽推许钱、郎,也收孟云卿、苏涣等复古诗人之作。集中纯属歌颂中兴之作并不多,反叛者苏涣不满现实之作得收入,何况写过"君诚中兴主,经纬固密勿"(《北征》)一类颂功之作的杜甫呢?其真正原因在于,高氏此集,意在上承《河岳英灵集》,编次、分卷,均沿殷氏旧例,收诗起始时间,也与《英灵》相接。《英灵》所收诗人李白、王维、岑参、高適、张谓、王季友、薛据等,至德后吟咏不绝,有的活到大历中后期,高氏均不收录。入选者均为至德后崛起于诗界的青年诗人。杜甫年辈与高岑相仿,开元间已"声名颇挺出"(《赠韦左丞》),因而不在高氏选录之列。

今存唐人选诗,仅韦庄光化三年选《又玄集》收有杜诗。该集录诗三百首,一百四十三家,以杜甫、李白、王维置于卷首,显寓尊崇。其中杜诗列为第一,入选有七首之多,也是集中之最。韦庄显然视杜甫为有唐诗人之冠冕。入选诸诗,足以表现杜诗沉郁风格,鉴择尚不肤浅。唯仅选近体,不录古诗,不免遭后人指责。

已佚唐人选本,也有收录杜诗的记载。宋赵令畤《侯鲭录》卷三云:"刘路左车尝收唐人新编当时人诗册,有老杜数十首,其间用字皆与今本不同。有《送惠二过东溪》诗,集中无有。"此集性质当与敦煌残本唐人选唐诗相类。唯集名已佚,无从索考。尤应提出的,是唐宣宗时顾陶所编《唐诗类选》。据该集自序,收诗"起于唐初,迄于近殁",共一千二百馀首,二百馀家,分为二十卷,为唐人自选诗中规模最大的一种。此集宋代流传颇广,南宋后失传。《艇斋诗话》录该集所收杜诗异文卅四例,共廿七首。(同书录逸诗《风凉原上作》,各本杜集均不收,洪业先生据诗中既云"余忝南台人",又云"海内方晏然",疑非杜诗。今按此诗《全唐诗》卷一四一收王昌龄名下,"南台"作"兰台"。唐高宗曾改秘书省为兰台,王昌龄开元间任秘书省校书郎。此诗可断为王作,今不录。)录目如次:《重过何氏五首》之三、《冬日洛城北谒玄元皇帝庙》、《一百五日夜对月》、《孟冬》、《和裴迪登新津寺寄王侍郎》、《天河》、《遣兴》(骥子好男儿)、《寄高三十五詹事適》、《酬高使君相赠》、《送梓州李使君之任》、《遣兴》(干戈犹未定)、《不见》、《秦州杂诗》之二、《哭李尚书之芳》、《病马》、《田舍》、《倦夜》、《题新津北桥楼》、《上白帝城二首》之一、《九日蓝田崔氏庄》、《至日遣兴奉寄两院补遗二首》之二、《奉和早朝大明宫》、《少年行》、《赠献纳使起居田舍人》、《送韩十四江东觐省》、《同诸公登慈恩寺塔》、《梦李白二首》之一。另《能改斋漫录》卷一一录《遣忧》一首。同书及《钱注》录异文五条,与《艇斋诗话》重出。已知廿八首诗,仅是有异文及文集不收者,《类选》实际收杜诗,当远不止此。廿八首诗中,有五律十六首、七律五首、五排四首、七绝一首、五古三首,可看出顾陶的选诗倾向。大中以后,姚、贾诗风靡衍,以致晚唐多数诗人均重律诗,轻古诗,重五言,轻七言,五律尤为时人钟尚。顾陶大中间为校书郎,无诗传世,选诗显然受到时风影响。所选杜诗,虽有不少忧国忧民的佳作,但如三吏三别、《秋兴八首》及七言歌行均不收入,顾陶的鉴赏力似远不及樊晃。

宋初选本,以《文苑英华》、《唐文粹》最著名。《文粹》成于真宗时,前已述及。《英华》为太宗时编。录杜文十二篇,诗二百四十六首。收诗数仅次于白居易(二百七十二首),超过李白(二百三十二首)。入选诗五律最多,达八十四首;五古、七古次之,各五十八首,其馀各体较少。虽收入佳作颇多,而三吏、三别未收,《秋兴八首》仅录一首,终为缺憾。其中《瞿唐怀古》、《呀鹘行》、《狂歌行》等诗,王洙本未收,是李昉等所据本,有为王洙未及采者。

(四)唐五代其他著作引杜诗

唐五代人著作提及杜诗者甚众,引及原文者尚有二十馀种之多,其中有正史如《旧唐书》,笔记如《摭言》、《剧谈录》、《刘宾客嘉话录》、《苏氏演义》等,小说如《明皇杂录》、《云溪友议》等,诗评如《诗式》、《风骚旨格》等,画论如《唐朝名画录》等,文繁语长,在此不一一引录。

(五) 杜诗在唐时传至日本

日僧圆仁《入唐新求圣教目录》中有《杜员外集》二卷,应即杜甫诗集。日人大江维时(887—963)所编《千载佳句》中,收有杜诗六联,即《清明》"秦城楼阁烟花里,汉王山川锦绣中",《蓝田崔氏庄》"蓝水远从千涧落,玉山高对两峰寒",《曲江遇雨》"林家着雨燕脂落,水荇牵风翠带长",《早朝大明宫》"五夜漏声催晓箭,九天春色醉山桃",《城西泛舟》"鱼吹细浪摇歌扇,燕蹴飞花落舞筵",《陪阳传贺兰长史会乐游原》"数茎白发那抛得,百罚深杯也不辞"。与通行本文字稍有不同。

三

最早记载六十卷本杜集的,是大历中樊晃的《杜工部小集序》:"文集六十卷,行于江汉之南。属时方用武,斯文将坠,故不为东人所知。……君有子宗文、宗武,近知所在,漂寓江陵,冀求其正集,续当论次云。"可知杜甫卒后二三年间,其集已出,因世乱仅传于其晚年寄寓的江汉一带。樊晃身处江东,未获亲见,就地搜集,编成《小集》。"冀求其正集"之举,未存下文。宗文后重返成都,其后裔宋时颇蕃衍,未有家集传世记载(参吕陶《净德集》卷二四《杜敏求墓志铭》、《琬琰集删存》卷二查龠《杜御史莘老行状》)。宗武子嗣业奉父遗命于元和八年归葬杜甫于首阳山,经江陵请元稹作《唐检校工部员外郎杜君墓系铭》,文中竟未提到有集传世,似非元稹失书,而是其时宗文、宗武所持正集已不存。元和七年,元稹作《叙诗寄乐天书》称"又久之,得杜甫诗数百首"。指早年所得。白居易元和十年作《与元九书》谓"杜诗最多,可传者千馀首"。元白频通声气,元稹所得不会超过此数,而千馀首尚不及现存数。唐人读过杜集者很多,韩愈、杜牧、罗隐、贯休等均在诗中提及,惜未有具体记载。晚唐苏鹗《苏氏演义》卷下云:"杜诗'畏人千里井'注:'谚云:千里井,不反唾。'"引诗见《风疾舟中伏枕书怀三十六韵》。宋以后各种杜集均无此自注,注家多引《玉台新咏》、《资暇集》、《金陵记》以作释。可知唐时杜集的点滴情况。《旧唐书·杜甫传》载:"甫有文集六十卷。"系从他处移录,并非后晋时尚存。晋开运官本杜集南宋治杜者尚引用,绝非六十卷本,可证。以后苏舜钦、王洙、欧阳修、郑樵提到六十卷本,又系转录《旧唐书》和樊晃的记载。

杜甫全集的失传,是中国文学史上的一项重大损失。应该感谢宋代学者在搜集整理杜集上所做的巨大努力,使"亡逸之馀"的一千四百五十馀首杜诗尚能存留后世。在唐代诗人中,杜诗存世数仅次于自编全集存世的白居易,确实显示了其本身潜在的巨大生命力。然而,要研究杜甫一生诗歌创作的全貌和思想艺术发展的完整过程,研究者不能不因全集失传和记载阙如而感到遗憾。

以下试图综合前两节的一些结论,利用有关的零星材料,对杜甫原集的诗数、编次及散佚状况,作几点推测,以供杜诗研究者参考。

苏舜钦以为宋初杜诗已"坠逸过半",王观《芍药谱·后论》、黄庭坚《题韩忠献诗杜正献草书》(《豫章黄先生文集》卷二八)谓杜甫一生作诗"数千首",其实均是未见六十卷本的推测之词。唐时书籍多凭抄写流传,卷次分合有一定的限度,卷数与诗数的多少有一定的联系。六十卷杜集中当然有一定数量的辞赋杂文,但杜甫不以文名世,卷数不会很多。今以五十卷为诗推算。樊晃编《小集》六卷,收诗二百九十首。以此推测,杜甫全集收诗约二千五百。以现存的白居易《白氏长庆集》、杜牧《樊川集》、张九龄《曲江集》、陈子昂《陈伯玉集》、李贺《歌诗编》、权德舆《权载之集》等六种基本保持原状的唐集为例,平均每卷收诗数在四十首到七十首之间。每卷诗数近体诗较多,长篇古诗及排律则少些。今存杜诗中五七言律绝诗超过三分之二。据此推测,六十卷集收诗当在二千五百首至三千首之间。综合以上两方面估计,已亡杜诗数在一千首以上,是不成问题的。

亡佚杜诗情况如何呢?天宝十一载,杜甫《进雕赋表》称:"自七岁所作诗笔,向四十载矣,约千有馀篇。"今存此前作杜诗,仅三十馀首。我们虽不能肯定早年所作千馀首诗笔(笔指文)皆收入六十卷集,但可以断定早期杜诗亡逸数量相当巨大。见于记载的亡篇有:《壮游》:"七龄思即壮,开口咏凤凰。九龄书大字,有作成一囊。"此幼作而失传者。天宝初,杜甫与李白、高适同游梁宋齐鲁,历时一年多,仅存《赠李白》二首。李白存《沙丘城下寄杜甫》、《鲁郡东石门送杜二甫》及《戏赠杜甫》等诗,高适存《同群公题郑少府田家》、《同群公题中山寺》、《同群公出猎海上》、《同群公十月朝宴李太守家》、《同群公题张处士菜园》、《同群公登濮阳圣佛寺阁》等,所赋无同题之作。杜甫《昔游》忆及与二人同游单父台,《遣怀》述同游吹台,有"两公壮藻思,得我色敷腴"句,是凡登览皆有赋咏。晚唐吴融《题兖州泗河中石床》(《全唐诗》卷六八六)注:"李白、杜甫皆此饮咏"。仅此次同游逸诗目已在十首以上。安史乱后杜诗,也有亡佚记录。如赵鸿《栗亭》宋人注:"赵鸿刻石同谷曰:'工部题栗亭十韵,不复见。'盖鸿时已无公诗矣。"(《古逸丛书》本《集注草堂杜工部诗外集》附)鸿,咸通间人。栗亭在同谷,杜甫《木皮岭》有"首路栗亭西"句,可证。仇兆鳌据郭受《杜员外兄垂示诗因作此寄上》及杜甫酬谢诗意分析,以为"公必先有诗寄郭,故受作此以答,但原诗未载集中。"可信。仇氏从《合璧事类》等书辑杜逸句,因原书题名多误,未必可靠,但如《杨文公谈苑》载杜句"狄掷寒条马见惊",当可信。《增修诗话总龟前集》卷一六引陶岳《零陵总记》录杜陵《朝阳岩歌》,仇兆鳌因杜甫游迹未尝至永州而疑为后人所托。今按,余嘉锡先生《四库提要辨证》卷五《五代史补》考证,陶岳为祁阳人,雍熙二年进士,约仁宗初年卒。岳时代较王洙为早,所录当别有所据,尚难遽断为伪。杜甫是否到过永州,其诗是否一定作于永州,均有待考证。宋初杜诗抄本较多,必有秘而不宣以至亡佚的。

  从现存各时期杜诗中,也可窥见佚诗情况。早年诗大量亡失,已见前述。《峡中览物》诗自述:"曾为掾吏趋三辅,忆在潼关诗兴多。"追忆华州司功任上诗作较多。但他从乾元元年六月初赴华州,至次年秋弃官,在华州一年有馀(中间曾赴洛阳),存诗仅三十二首。弃官后往秦州,复经同谷入川,三月有余,存诗达百余首。这种内在牴牾说明,华州诗已大量失传。再如,杜甫在夔州近两年,存诗四百馀首;进入湖南后,亦近两年,存诗仅九十馀首,悬殊甚明显。从存世各阶段诗精杂情况看,存诗较多阶段,如立朝时及成都、东川、夔州时诗,均显得精杂并存。而存诗较少的华州诗,则多数为名篇。早期诗尚未成熟,存诗除投赠干谒之作(此类诗颇受时人器重)外,也颇多佳作。另如安史乱起到陷贼居长安约一年半,存诗仅三十三首,数量较少,名篇却超过半数。这些阶段的诗作都可看到曾经审择的迹象。杜诗存佚的这一状况,与其原集的编次与散佚,有着必然的联系。

  万曼认为,杜甫年谱创始于北宋中期的吕大防,杜诗编年则始于北宋末叶的蔡兴宗、黄伯思(万曼系黄本于1136年,即绍兴六年,误将李纲作序之年作为黄本成书之年。据李序,绍兴六年黄氏殁已十七年,成书当在北宋末),至南宋鲁訔、黄鹤等人始蔚为大观。蔡、黄(伯思)二本失传,鲁訔本虽不存,《蔡笺》及南宋坊刻《王状元集百家注编年杜陵诗史》(贵池刘氏景宋本)均据鲁氏编年。其实,黄、鲁二人并非杜诗编年的创始者。据李纲序,黄伯思有感于"杜诗旧集,古律异卷,编次失序","乃用东坡之说,随年编纂,以古律相参,先后始末,皆有次第。"(《梁溪集》卷一三八)鲁訔《编次杜工部诗序》(《蔡笺》附)说:"余因旧集略加编次,古诗近体,一其后先。摘诸家之善,有考于当时事实及地理、岁月,与古语之的然者,聊注其下。"可见二人所做编次工作,只是打破旧集古律诗分列的次第,完全按年次排列。而今存二王本、吴本及稍晚的郭知达《九家集注杜工部诗》虽分成古体、近体两大类,每体又分别按写作年代排列。王洙、王琪、吴若、郭知达均未做杜诗编年工作,那么,各本杜诗编年的依据何在呢?

  从以下几方面证据推测,六十卷本杜甫原集曾经过杜甫本人的整理,编次方式应是以写作时间为序或分体后再以写作时间为序的。

  证据之一是,樊晃在杜甫死后二三年间,即获悉六十卷正集流行于江汉一带,可知杜集编成行世与其去世差不多同时。如待其死后方由他人裒理成集,不会如此迅速。因此,杜甫生前已将诗文董理成帙,死后由宗文、宗武结集传世的可能性是很大的。

证据之二是,现存杜诗自注中,有不少重加整理的痕迹。试举若干条如下(均据二王本、吴本,后世杜集刊落较多):

《同诸公登慈恩寺塔》:"时高适、薛据先有此作。"

《大云寺赞公房》:"时西郊官军拒逆贼未已。"

《官定后戏赠》:"时免河西尉,为右卫率府参军。"

《早秋苦热堆案相仍》:"时任华州司功。"

《奉寄别马巴州》:"时甫除京兆功曹,在东川。"

《忆弟二首》:"时归在南陆浑庄。"

《奉寄别章梓州》:"时初罢梓州刺史东川留后,将赴朝廷。"

这类句式的自注,共有十九例,均为追述口气,恐后人不明诗旨而加。

《新安吏》:"收京后作。虽收两京,贼犹充斥。"

《寄题江外草堂》:"梓州作,寄成都故居。"

《倚杖》:"盐亭县作。"

《舟前小鹅儿》:"汉州城西北角官池作。"

《闻高常侍亡》:"忠州作。"

此类注共有十三处,也是后来追加的。

《伤春五首》:"巴阆僻远,伤春罢,始知春前已收宫阙。"

《说旱》:"初,中丞严公节制剑南日,奉此说。"

《苦雨奉寄陇西公兼呈王处士》:"陇西公即汉中王瑀。"

前二条甚为明显。据《旧唐书·睿宗诸子传》,李瑀为玄宗长兄李宪之子,初为陇西郡公,安史乱起随玄宗入蜀,始封汉中王。《苦雨……》作于天宝间,注为杜甫晚年所加。今存杜诗中,在夔州有小胥抄诗的记载,湖南有整理书帙的纪事,没有留下自编文集的记录。上引诸自注说明杜甫晚年曾自理过诗文,具体年代已不可考。

证据之三是,若干杜诗自注有准确的记时。如《自京赴奉先县咏怀五百字》:"天宝十四载十一月初作。"《白水县崔少府十九翁高斋三十韵》:"天宝十五载五月作。"《三川观水涨二十韵》:"天宝十五年七月中避寇时作。"《发秦州》:"乾元二年自秦州赴同谷县纪行十二首。"《发同谷县》:"乾元二年十二月一日自陇右赴剑南纪行。"诸注叙时间准确到月日,王洙、王琪是不可能臆加的,显然出于杜甫之手。从中可看出杜甫对诗篇写作年代极其重视,自编诗集,是可能按年次编排的。从秦州到同谷、从同谷到成都的各十二首纪行诗,从自注和二王本编次来看,在原集中显然是按写作先后排列在一起的。

证据之四是,王洙《杜工部集记》谓所编杜集分古近二体,"起太平时,终湖南所作,视居行之次,若岁时为先后,分十八卷"。今存二王本,古近二体都依写作先后为序,虽在具体篇章的先后次第上,远不及清人考证之绵密,但总的来说,编排处理是恰当的。王洙曾参考杜诗及《唐实录》,考索杜甫生平,驳正《旧唐书》的错误,并未详细考证每一首杜诗的年代。王琪仅在王洙本基础上,用三个月时间做了些增补校理工作。二王本的编次,显然有所承继。据前文考证,王洙所据本之一的蜀本,已为编年本,是杜诗编年唐时已然。二王本卷二《述怀》下注:"此已下自贼中窜归凤翔作。"同卷《北征》注:"归至凤翔,墨制放往鄜州作。"两诗间仅隔并非凤翔作的《偪仄行》一首。从抵凤翔到归鄜州间杜诗,今存十馀首。王本的编次方式,与某些北宋人文集如王禹偁《小畜集》、苏舜钦《苏学士集》、欧阳修《居士集》、司马光《温国文正司马公集》等是一致的,与编年的蜀本不同。《述怀》注与二王本的编次不合,显然不是二王所加,而是从编年本杜集中移录下来的自注。今存唐人旧集,尚存唐时编年旧规的,有白居易、韦庄、韩偓三人诗集。《白氏长庆集》系白居易晚年手定,诗分四门,每门下又不同程度地按年编排。编年方法或明注:"自此后诗,为畿尉时作。""自此后诗,江州路上作。"或注年岁:"元和十二年作。""时年十五。"或仅注官守:"时尉盩厔。""时为校书郎。"或注时事:"时淮寇初破。"(引文分别见该集卷一二至一七)韦庄《浣花集》为其弟韦蔼编。据夏承焘先生《韦端己年谱》考证,全书按作诗年代编次。今本虽经后人析为十卷,原序未变。如卷二首诗注:"庚子季冬大驾幸蜀后作。"卷四首诗注:"浙西作。"卷五首诗注:"时在婺州寄居作。"卷九首诗注:"及第后出关作。"均统括每卷作诗时地。韩偓集较复杂。胡震亨《唐音戊签》卷七五谓其离朝入闽后诗"皆手自写成帙"。嘉祐中其裔孙韩奕取其早年诗附后,故仅其自定本为编年本。《戊签》分体编次,已非旧观。《四部丛刊》影印旧抄本《玉山樵人集》分体后复刊落多数自注。唯《全唐诗》所据本尚存初貌。其编次或直书:"此后庚午年。""此后在桃林场。"或仅记时间:"丙寅年作。"或仅记地点:"在湖南。""在醴陵,时闻家在登州。"或年次地点并述。各集编年记写作时地的自注,与上引各例杜诗自注体例基本一致。孟启《本事诗》谓杜诗"当时号为诗史",恐不仅因杜诗善纪时事,而且其集以年系诗,天宝、大历间史事,历历可睹,故有此称。

王洙编杜集时说:"甫集初六十卷。今秘府旧藏、通人家所有称大小集者,皆亡逸之馀,人自编摭,非当时第叙矣。"所谓"亡逸之馀,人自编摭"的各种杜集,最早依据应包括两部分,一是杜甫生前已流传于世的作品,一是六十卷本原集的散存部分。后者虽无存世的记录,绝不至于完全湮灭,否则一千四百馀首诗能在二百七十年后重新结集,是难以想象的。现知部分面貌的唐五代杜集,仅樊编《小集》及晋开运官本两种。前者曾经樊晃以"大雅之作"的标准加以裁择,兼收各阶段诗,唯夔州诗较少。后者则不同,安史乱前和出峡后诗都只有一两首,夔州时期诗独详,约占半数,所收诗看不出别裁的痕迹。这一现象提供了前述杜诗存佚状况形成原因的重要线索。如前考证,六十卷本杜集是经过杜甫本人整理的,收诗按写作时间为序的文集。全集散出后,如果部分卷次得以较完整地保存下来,部分卷次则散逸不存,势必出现某些阶段所作诗保存较多、某些阶段存诗甚少的现象。宋人重辑杜集时所能得到的杜诗包括两部分。一部分是未经选择的杜集残帙,晋本收诗较多阶段与今存诗较多阶段基本一致,可能即属此种。王洙所取用蜀本及其他几种卷帙较大的杜集,可能也属此种。王洙所编本在年次上错误较多,是因他重加编次又综合各集造成的,但其所据有早期本为据,仍有值得重视之处。另一部分则经过前人的选择,其中有樊编《小集》一类经过精择的别集,有唐至宋初各种选本收录的诗篇,有宋人所见的各种"人自编摭"的传抄本,以及杜甫手稿、碑刻、法帖等。这部分诗数量虽较少,但经多次鉴择,反复流传,保存了较多佳作。前述存诗较少而较精的几个阶段的杜诗,当因原集有关卷次失传,仅靠各种选本得以部分留存。这一点,对于研究杜诗创作发展过程和分阶段的成就,是值得注意的。

本节所述,多为推测疑似之词。杜甫原集久湮,文献无征,而要深入研究,不能不追溯本源。故不揣浅陋,略陈管见,以期引起进一步的探讨。

四

作为盛唐诗歌集大成者的杜诗,在唐人心目中究竟处于怎样的位置?对唐代中后期诗产生过什么影响?长期以来,由于杜诗在唐五代流传情况不明,研究者仅仅根据同时人称述和唐人选杜诗的数量,认为杜诗在唐代中后期大部分诗人中受到了冷遇,因而对杜诗给予中晚唐诗歌的巨大影响缺乏应有的认识。有流布才能产生影响。本节拟综合前文考述的结论,考察杜诗在杜甫生前和死后近三百年间,在社会各阶层和各流派诗人间的流传情况,作为进一步研究杜诗给予宋以前诗歌影响的基础。

　　杜甫作诗始于少年时代。青年时期锋颖崭露，得到前辈作者崔尚、魏启心、李邕、王翰的推许，他自己也认为已逼近屈原、贾谊、扬雄、曹植等历史上伟大作家的墙垒。天宝年间，所作诗笔已逾千首，自谓"虽不足以鼓吹六经，先鸣数子，至于沉郁顿挫，随时敏捷，而扬雄、枚皋之徒，庶可跂及也"（《进雕赋表》）。自期虽有夸大，多数仍应属实。这一时期，他曾与北海太守李邕酬唱论诗，得到太常卿张垍的提携，尚书左丞韦济常在僚属中称赏他的诗篇，更重要的是与盛唐第一流大诗人李白、王维、高适、岑参等人缔结了诗交。从盛唐诗人的几次盛会，可看出杜甫当时在诗界的地位。一是天宝初年与李白、高适同游梁宋及往北海访李邕，历时一年多；二是天宝十一载秋与高适、岑参、储光羲、薛据诸人同赋《登慈恩寺塔》诗；三是乾元元年与王维、岑参同和贾至《早朝大明宫》诗。这三次盛会与著名的旗亭唱诗故事，是盛唐文学史上值得纪念的大事，后人多以此鉴定一时诗人的高下。与杜甫同时吟咏的七人，有六人诗收入《河岳英灵集》。杜甫跻身其间，诗作并不逊色，其当时地位并不因殷璠失收而有所贬损。有的研究者根据时人赠杜诗篇中很少赞扬其诗作的现象，认为杜甫生前在诗坛受到冷遇，显然忽视了杜甫获交众多大诗人，首先是确立在诗歌交往的基础上。杜甫在诗中给予前代和同时诗人以中肯批评和高度评价，开了以诗论诗风气。杜甫以前，以诗品诗、相互推许的风气尚未盛行，李白和王孟高岑诗作中对杜诗很少称誉，相互间称赏诗作的例子也不多。杜甫不持文人相轻的陋习，提供了文学批评的新方式。不能因此而得出相反看法，忽视了杜甫当时的诗誉。

　　安史乱后，杜诗沉郁顿挫的艺术风格逐渐成熟，并取得与李白齐名的地位。入蜀后，其诗受到的称誉日高。任华《杂言寄杜拾遗》（《又玄集》卷上）谓："昔在帝城中，盛名君一个，诸人见所作，无不心胆破。"系述杜甫客居长安时诗声。又说："昨日有人诵得数篇黄绢词，吾怪异奇特相问，果然称是杜二之所为。"可知杜甫入蜀，其诗在长安仍有流传。任华又盛称杜诗风格雄伟，足使"曹刘俯仰惭大敌，沈谢逡巡称小儿"。任诗仅存三首，另二首为《杂言寄李白》、《怀素上人草书歌》，赠咏三人正为唐人称许的"文星酒星草书星"（裴说诗），可谓卓识。其赠李杜二诗，题同，体同，遣词造语亦相类，为一时之作，可视作《旧唐书·杜甫传》"天宝末诗人李白与甫齐名"的佐证。同时，杜甫的几位友人也留下了推许其诗的作品。在西川，严武称杜甫"最能诗"（《巴岭答杜二见忆》）。在湖南，韦迢称他"大名诗独步"（《潭州留别杜员外院长》），郭受称道其"春兴不知凡几首，衡阳纸价顿能高"（《杜员外兄垂示诗因作此寄上》，三诗均见杜集附录）。这一阶段，杜诗在社会上流布已较广泛。郭受同诗谓杜甫"新诗海内流传遍",今人或疑夸大不实,恐不然。杜甫《公安送韦二少府匡赞》叮嘱:"念我能书数字至,将诗不必万人传。"《泛舟送魏十八仓曹还京》时关照:"将诗莫浪传。"杜甫不愿诗作流传,应有所顾虑,从中可知杜诗当时确已"万人传"、"浪传"了,否则何必反复叮咛呢?

杜甫死后不久,六十卷集行世,因战乱频起,在江汉流传未远,即散佚不传。同时的大历十才子热衷举业,奔走权门,杜诗似未引起他们注意。元结、沈千运为首的复古派诗人,吟咏持续到大历以后。其中孟云卿、王季友、张彪与杜甫有诗歌往还;元结天宝六载与杜甫同应诏试被黜,但两人直接交往却不见记载。杜甫在夔州作《同元使君舂陵行》,可能因孟云卿得见元诗。云卿旋离荆州赴南海,元结在道州有诗文送之,有可能获见杜诗。僻处江东的樊晃,为杜甫身后第一个知音,收集杜诗,细加审择,编成《杜工部小集》,为杜诗保存和流传做了有益的工作。所收偏重古体,与元结一派看法接近。

贞元以后,李杜齐名,为举世推崇和师法。从有关记载看,杜诗在中晚唐社会各阶层都有流传,产生了积极的影响。朝廷中,得到不少著名政治家称赏。宪宗时名相裴度曾为杜诗书板,残迹宋时犹存。封疆大员唐扶、沈传师曾追和其《岳麓山道林二寺行》。韩愈《顺宗实录》卷五载,永贞革新首脑王叔文当革新垂败时,反复吟诵杜诗"出师未捷身先死,长使英雄泪满襟",以抒悲愤。皇帝中也有杜诗爱好者。《旧唐书·文宗纪》载,文宗好作诗,常吟诵杜甫的《曲江行》(即《哀江头》),从中了解到开天盛世曲江一带的繁华。社会下层也能看到杜诗的传布。高彦休《唐阙史》有潞妓铅正残阙杜诗事,即一例。佛门缁流中宗杜者亦不乏其人。怀素书《秋兴八首》,其真伪尚待考证。晚唐诗僧贯休有《读杜工部集》二首,齐己凭吊杜坟诗多达三首,皆可证。宋人整理杜集时可找到十多种古本,见于记载的唐五代杜诗碑刻也达十多处,均可见其流传之盛。

更值得注意的是,杜诗在中晚唐诗人中流传殆遍,影响巨大。

韩愈贞元十四年作《醉留东野》(《昌黎先生集》卷五)追述:"昔年因读李白杜甫诗,常恨二人不相从。"所谓"昔年",当指其宣城读书或京兆应试时,已熟谙杜诗。时距杜卒仅十余年。韩愈诗文多次以李杜并称,至有"光焰万丈"之比,其诗力学李杜,于二人成就之外另辟蹊径。宋人每以杜韩为法,由学韩而溯杜,可见其间关系。与韩并称的孟郊,一生贫苦,经历吟咏,与杜甫相近。宋初孙仅《读杜工部诗集序》谓"孟郊得其气焰"。其存诗仅一处以李杜并提,未留下更多记载。

稍晚于韩孟崛起于诗坛的元稹、白居易,从思想深度和艺术发展方面,给予杜诗以超过李白的评价,并在一定范围内搜集了较多数量的杜诗。元稹认为杜诗

"上薄风骚,下该沈宋,古傍苏李,气夺曹刘,掩颜谢之孤高,杂徐庾之流丽,尽得古今之体势,而兼人人所独专矣"(《唐检校工部员外郎杜君墓系铭》)。是集古今大成之作。白居易《与元九书》推重杜甫的"《新安》、《石壕》、《潼关吏》、《芦子》、《花门》之章,'朱门酒肉臭,路有冻死骨'之句"。元稹《乐府古题序》(《元氏长庆集》卷二三)也认为:"近代唯诗人杜甫《悲陈陶》、《哀江头》、《兵车》、《丽人》等,凡所歌行,率皆即事名篇,无复倚傍。"他们的新乐府创作,从体例到内容,都受到杜诗的启发和滋养。元好问诟责元稹推崇杜甫的排比声韵之作,有"可惜微之识斑珉"之叹,实为片面之词。

韩、白两派以外的中唐诗人,也程度不等地受到杜诗熏育。刘禹锡刺夔数年,《竹枝词》和一些古律诗风格神近杜诗,而集中无一语及杜。幸其门人韦绚撰《刘宾客嘉话录》中,记录有他平日研讨杜诗的见解,如谓杜甫、王维、朱放所作九日诗,均用茱萸,"杜公为最优也"。又谓自作《秋水咏》、《石头城下作》"有愧"于杜甫的《过洞庭》(今题《清明二首》之二)。可见其学杜之勤。张籍乐府诗关心民瘼,浑成简朴,逼近杜垒。五代冯贽《云仙杂记》云:"张籍取杜甫诗一帙,焚取灰烬,副以膏蜜,频饮之曰:'令吾肝肠从此改易!'"语固诞妄,其对杜诗之推崇尚可窥见。今人方管《读杜琐记》(载《杜甫研究论文集》第三辑)揭示了李贺诗歌在遣词造语及意境提取方面学杜的隐脉,见解颇允。李贺虽从未言及杜甫,而杜诗有《公安送李二十九弟晋肃入蜀余下沔鄂》,晋肃为贺父,则其间本有脉络可寻。

会昌、大中间诗人以后世称为"小李杜"的李商隐、杜牧最著名。二人诗风均近杜甫。杜牧《冬至日寄小侄阿宜》(《樊川文集》卷一)云:"李杜泛浩浩,韩柳摩苍苍。"在历史上最早把李杜韩柳并提,视为唐代诗文的最高成就。其《读韩杜集》(同前卷二)对二人推崇备至:"天外凤凰谁得髓?无人解合续弦胶。"商隐《樊南甲集序》(《李义山文集》卷四)称时人目其所作为"韩文杜诗",都已开了苏轼以杜诗韩文颜书为古今"集大成"说的先声。商隐虽主张"李杜操持事略齐"(《漫成五章》,《李义山诗集》卷六),而善以诗言时事,寄慨寓愤,似更近杜甫。其诗拟杜之作甚多,七律尤得杜律精神。

晚唐诗人几乎无人不谈杜甫,只是学杜的着眼点各有不同。罗隐、杜荀鹤、顾云等颇师杜诗刺时忧民处(罗有《题杜甫集》,顾诗有"杜甫歌诗吟不足"句),皮日休、陆龟蒙除这点外,还在长律、吴体等诗体上有所发展。韦庄编《又玄集》以杜为冠,入蜀卜居杜甫浣花故居,诗集称《浣花集》,有祖述之意。所作丧乱诗,多受杜甫影响。闲适诗人司空图、吴融、郑谷等人,似更服膺杜诗的韵律,所作亦间有杜诗的遗风逸响。晚唐影响最大的是姚合、贾岛一派诗人。孙仅《读杜工部诗集序》

以为"姚合得其清雅,贾岛得其奇僻"。这是宋初姚贾诗盛行时的认识,可惜今存姚贾诗未留下明确记载。晚唐姚贾后劲李洞、曹松等,均有诗述及杜甫。杜甫五律闲适诗状物抒情的细致精微,对扩大他们幽微细碎情趣的表现,也能产生一定的作用。

五代诗风只是晚唐的延续。其时,中原的后晋有官本杜集行世;吴越的杜诗写本入宋仍为人收藏;荆南的孙光宪曾序行杜诗;西蜀的韦縠曾得阅杜集;蜀本杜集二十卷王洙尝据以辑校;南唐抄本杜诗一直保存到南宋;自南唐入宋的郑文宝有刊《少陵集》之举。可见即使在战乱的年代,杜诗仍在全国相传不衰。其间未出现杰出的大诗人,故杜诗的具体影响可不予赘述。

宋初七十年间,以浅俗为特征的白乐天体、以姚贾诗为代表的晚唐体和标举学李商隐、以富丽典雅含蓄为特征的西昆体,相继为时所尚。除少数有识者外,杜诗不大为世人重视。苏舜钦所说"不为近世所尚",即指这一时期。仁宗初年欧梅倡导诗文革新后,杜诗的价值重新为世人认识。学习、整理、研究杜诗的风气勃然兴起,形成前所未有的盛况。杜甫很快就被推尊为"诗圣",以后历元、明、清各朝都未动摇其地位。

王禹偁《日长简仲咸》(《小畜集》卷九)诗说:"子美集开诗世界。"这是时距唐代不久的宋初人对杜诗的评价,他清楚地看到了杜诗在唐诗发展中承先启后的伟大影响。当然,我们无须讳言以下事实:杜诗在唐代的流传,远不及宋代的广泛;杜诗为唐人推尊,也未达到宋代举世尊为极则的程度。这是由于两个时代的不同特点造成的。唐代印刷术的运用,远不及宋代的普遍。书籍靠抄写流传,必然有很大的局限性。唐代诗人思想自由,多主张博采兼收,不像宋人那样有意识地形成宗派,推尊盟主,以一两个诗人为追仿的宗主。从本文提供的大量史料出发,我们可以清楚地看到,杜诗在唐五代的流传极其广泛,受到唐代有成就诗人的普遍推重,并对中晚唐诗歌发展产生了深远的影响。研究杜诗对中晚唐诗歌的影响,是一个很大的论题。本文只是在考察杜诗流传情况时简略述及,不可能展开论述,这是需要说明的。

1980年1月初稿
1982年5月三稿

(原刊《中国古典文学丛考》第一辑,复旦大学出版社1985年7月出版)

一九八三
姜夔卒年考

南宋著名词人姜夔死后不久，他的门人张辑曾撰《白石小传》，惜在明初失传。传世最早的姜夔传记，系明初洪武年间人张羽根据姜夔八世孙福四所辑遗事写的《白石道人传》。清代以来，研究姜夔生平的学者甚多，所撰补传、年谱有十多种。多方努力，集腋成裘，姜夔生平事迹已渐昭明。夏承焘先生《白石道人行实考》(收入《姜白石词编年笺校》。其中《系年》及《生卒考》，又载《唐宋词人年谱》，文字略异)，为这一研究的集大成著作。

然而，由于记载缺乏，姜夔生平的重要关键——卒年，虽经多方稽求，迄今仍无定论。近人陈思《白石年谱》定姜夔卒于宋理宗绍定二年己丑(1229)后，证据为宋末吴潜《履斋先生诗馀别集》卷一《暗香疏影序》："犹记己卯、庚辰之间，初识尧章于维扬。至己丑嘉兴再会，自此契阔。闻尧章死江湖，尝助诸文为殡之。"吴潜与姜夔时代相接，又曾四和姜词，所述交游始末，似确凿可据。夏先生《行实考·生卒考》列举洪咨夔《平斋文集》卷三一《提举俞大中(灏)墓志》及韩淲《涧泉集》卷十二《盖稀之作乌程县》诗注，经详密考证，指出己丑之游，应属吴潜晚年误记。参酌唐兰先生意见，考定姜夔之卒，至迟当在宁宗嘉定十四年(1221)间。对此，夏先生虽识疑于文末，但仍为解放后各种文学史著作所接受。

定嘉定十四年为姜夔生活的最后极限，确可见夏先生治学的谨严，但与其确切卒年，相去似稍宽泛。试举一例。姜夔友人周文璞《方泉先生诗集》(知不足斋景宋本)卷一《吊尧章》诗云："相逢萧寺已累然，自咏《离骚》讲《太玄》。极目旧游惟白石，伤心孤冢只苍烟。儿从外舍收残稿，客向空山泣断弦。帝所修文与张乐，魂兮应是到钧天。"显然是姜夔就葬后凭吊坟冢时作，而非初卒临哭之诗。文璞与姜夔过从甚密，集中另有《尧章金铜佛塔歌》、《题尧章新成山堂》等，可信《吊尧章》不诬，姜夔必死于文璞前较长时间。文璞卒年不见史籍记载，但可从刘克庄《后村大全集》卷三《哭周晋仙》一诗考见(文璞字晋仙)。《后村大全集》收诗四十八卷，除卷一《南岳旧稿》系少作删馀，不编年，其他各卷均按年编列。《哭周晋仙》同卷前数首《平床岭》注："以下十二首辛巳游山作。"游山诗皆为春景。辛巳即嘉定十四年，时克庄领南岳祠在福建家居，知文璞卒于此年春前。据此知姜夔不可能卒于该年。

韩淲诗注是夏、唐二先生考定姜夔卒年的主要依据。今本《涧泉集》辑自《永乐大典》，夏先生曾举出大量证据，确定《盖稀之作乌程县》无误，此处不再转引。唐先生认为该诗"朝家更化"，指理宗即位改元，定为嘉定十七年（1224）诗，似有欠妥处。韩淲诗云：

　　　　十年重入长安市，常把西林倒载人。少为弦歌看抚字，莫须杯酒话酸辛。
　　　　三贤久觉两无有，千首何如一已真。秃发顾予皆老矣，朝家更化孰知津。

诗末自注："己未秋，潘德久、盖希（原文如此）之、姜尧章同往西林看木犀。潘、姜已下世三年矣。"诗中"长安"，指南宋行都临安，己未为庆元五年（1199），乌程距临安甚近，故有"十年重入"之语。嘉定十七年距己未已二十六年，"十年"云云及注语均难以着落。"朝家更化孰知津"，谓朝中执政者更换，时局多变，莫识津途，不必指当时事。韩淲卒于嘉定十七年八月，恰是理宗即位之时。据戴复古《石屏集》卷三《挽韩仲止》自注："时事惊心，得疾而卒"。是韩淲闻史弥远废立事后，旋惊悸而卒。理宗改元在次年，为韩淲不及见。因"更化"而迷津，更非当日之事。今按"朝家更化"，当指史弥远开禧三年（1207）杀韩侂胄事。方回《瀛奎律髓》注韩淲《梅花》诗谓淲"嘉定初即休官不仕"，正与诗中忧时之情相合。从己未后推十馀年，正在嘉定初。尤其值得注意的是，从诗注中"潘、姜已下世三年矣"一句可知，姜夔与潘德久同年谢世。夏先生已注意及此，惜未加深究。

《瀛奎律髓》卷三潘德久《题钓台》注记潘事迹较详："转庵潘柽，字德久，永嘉人。叶水心快称其诗，竟谓永嘉四灵之徒，凡言诗皆本德久。"未言其卒年。潘柽与姜夔交游甚密，《白石道人诗集》卷上有诗题云："予居苕溪上，与白石洞天为邻，潘德久字余曰白石道人，且以诗见畀。"可见一斑。潘柽有《转庵集》，元韦居安《梅磵诗话》谓叶适曾为作序，此序《水心集》不收。宋陈思编《两宋名贤小集》收有《转庵集》一卷，仅有抄本传世，未见。夏先生据《水心集》卷八《诗悼路钤舍人潘公德久》，知潘柽卒于嘉定十六年叶适卒前，亦太宽。今按，潘柽为四灵所景从，在四灵诗中可考定潘的卒年。

清末南陵徐乃昌影毛氏抄残宋本《永嘉四灵诗》，存甲乙丙丁四卷，其中徐照上中下三卷，徐玑上一卷。孙诒让跋称"此集为宋刊全集之旧"。核以陈振孙《直斋书录解题》所载各集卷数，孙说可信。其中徐照上中二卷，虽未编年，但保存了各诗写作次第（下卷为乐府诗）。徐照中卷有《哭潘德久》："不得身为郡，归来两鬓青。方言营隐地，岂拟落文星。字有佳人学，琴无野鹤听。伤心共吟处，残墨在窗櫺。"此诗通行本《芳兰轩集》及补遗均未收。徐玑上卷亦有《潘德久挽词》："只为吟成癖,官闲乐有馀。病惟亲笔墨,贫亦卖琴书。别奥临西野,春风入故庐。悠悠想精魄,如赋钓台初。"《二薇亭集》及补遗亦未收。上引二诗,足证潘柽之卒,在二徐前。叶适《水心集》卷二一《徐文渊墓志铭》:"君名玑,字文渊……嘉定七年(1214)十月二十日卒。"同书卷十七《徐道晖墓志铭》:"徐照,字道晖",葬于"嘉定四年(1211)闰月二十三日,距卒四十五日"。查陈垣《二十史朔闰表》,此年闰三月,是徐照之卒,在三月上旬。《永嘉四灵诗》徐照中卷在《哭潘德久》后,还有十馀首诗。可知潘柽之卒当在徐照卒前一两年,即嘉定二、三年间(1209或1210)。

潘柽卒年既已考知,姜夔当也卒于嘉定二、三年间。这一时期比夏先生考定的时间早十多年,我们可从以下两条旁证中得到支持。

张羽《白石道人传》据姜夔后人辑遗事写成,虽有失误,但仍基本可信。其中谓姜夔"晚年倦于津梁,常僦居西湖……参政张岩欲辟为属官,夔不就,曰:'昔张平甫早欲为夔营之,夔辞不愿。今老又病矣,不能官也。'卒殁于湖上"。张岩曾两任参知政事,后一次在嘉泰四年(1204)至开禧二年(1206),见《宋史·宰辅表四》。此后至嘉定初年卒,约四五年,与《白石道人传》记事契合。

周文璞《方泉先生诗集》三卷,前二卷皆有赋冠于前,当为分次刊刻,未及划一体例。卷二有几首再游诗,初游诗均载卷一,亦一证。卷一有二诗纪年:《壬戌(1202)春日》,《戊辰(1208)感事》。卷二仅一诗纪年,为嘉定四年(1211)作。《吊尧章》收入卷一,显然为嘉定初年诗。

夏先生《姜白石系年》在嘉定三年后,尚列有姜夔事迹三则,须继续加以辨析。

嘉定四年,"作《春诗》二首"。据姜虬绿《白石道人诗词年谱》转录。夏先生指出:"今集中无此题,唯外集有《春诗》二首,引自《武林旧事》卷一,亦无年月,姜谱未详何据。"二诗又见元初陈世崇《随隐漫录》卷三,与《武林旧事》所叙均为三岁一次的郊祭后所行恭谢之礼,不拘何年典礼。于文末引姜诗为据。姜谱证,既未举《宋史·宁宗纪》及其他史书,亦无此年春祭记载,可断属误系。

嘉定五年,"游金陵,晤苏泂,约在此时"。此事夏先生详述于《行实考·行迹考》"金陵"条下,所据为苏泂《泠然斋诗集》卷六《金陵杂咏二百首》其三三:"白石鄱姜病更贫,几年白下往来频。歌词蔚就能哀怨,未必刘郎是后身。"夏先生考订组诗作年,列举数证皆嘉定二、三年间事,结论却认为"苏氏《杂咏》当作于嘉定四、五年之春",推之似过迟。《杂咏》其八九:"四十之年又过一"。夏先生已考知开禧元年苏泂年三十六,此诗当作于嘉定三年。二百首必非一时之作。如各诗保留原作次第,"白石鄱姜"首尤应在前。系嘉定五年,显然不确。开禧年间,姜夔作《永遇乐·次稼轩北固楼词韵》,北固楼在镇江府,疑即往来金陵途中作。苏泂诗称姜夔"病更贫",元陆友《砚北杂志》称"尧章后以末疾故",张羽《白石道人传》谓姜夔殁前自言"老又病",疑姜夔在金陵与苏泂交游时已染疾,返临安不久即亡故。

嘉定十二年,"客扬州,初识吴潜"。所据为前引吴潜《暗香疏影序》:"犹记己卯、庚辰之间,初识尧章于维扬。"己卯、庚辰为嘉定十二、十三年(1219、1220)。夏先生曾列举铁证,指出此序"己丑嘉兴再会"的讹误,疑为晚年误记。而于维扬交游,仍笃信不疑。今检《宋史·吴潜传》,绍定己丑确曾官于嘉兴,并未误记。吴潜另一《暗香疏影序》称嘉定庚辰、辛巳之交,曾歌酒于仪真东园。仪真毗邻扬州,则其客维扬时间,亦未误记。姜夔生前交游极广,如苏泂、敖陶孙等,活到理宗绍定间,且有集传世,均未提及嘉定三年后事迹。今传姜诗、姜词,也没有嘉定间的作品。吴潜一人,岂能在此后二十年间,多次与姜夔交游?吴庠致夏先生函中,曾揭发吴潜奏疏,多有夸诞之处(见夏书引录)。有理由认为,吴潜与姜夔交游,纯属子虚乌有,《履斋先生诗馀别集》为吴潜晚年所作,时已仕至宰相。他嗜词终生,制作虽多,苦不甚高。姜夔诗词享一代盛名。吴序编造与姜夔交往的谎言,可能包含着借此提高词誉的目的。"助诸丈为殡",看来也不可信。

传世姜夔诗词中,可考定年代的最晚作品,为开禧三年(1207)的《卜算子·吏部梅花八咏夔次韵》。此后当即因染疾而辍业。桑世昌《兰亭考》卷七录姜夔藏《兰亭》四本,第四本注:"嘉定二年长至日题。"世昌为陆游甥,与姜夔同时。夏先生引众家说定此注为姜夔手书,当是其绝笔。

综上考,姜夔之卒当在嘉定二年(1209)夏至后到嘉定三年(1210)间。从徐照诗推测,嘉定二年的可能大些,只是确切的时间已无从考知了。

(原载《复旦学报》1983年第2期)

一九八四
《全唐诗》误收诗考(节选)*

《全唐诗》收录范围规定为唐五代的诗作。有唐立国以前及五代入宋以后诗作羼入,即为误收。本文即拟对《全唐诗》中误收之诗作一考证。

一、**杜常** 《全唐诗》卷七三一录其《华清宫》七绝一首,小传云:"唐末人。"按此诗最早见载于北宋末蔡絛著《西清诗话》卷下:"世有才藻擅名而辞间不工者,有不以文艺称而诗或惊人者。近传《留题华清宫》一绝云(诗略),乃杜常也。又《武昌阻风》一绝云(见《全唐诗》卷七七四,略),乃方泽矣。二人不以文艺名世,而诗语惊人如此,殆不可知矣。"(据清钞本,"二人"以下十五字据《苕溪渔隐丛话前集》卷二四补)胡仔《苕溪渔隐丛话前集》卷二四录此条入"唐人杂记"。后宋末周弼《三体唐诗》卷一、明初高棅《唐诗品汇》卷五五、清沈德潜《唐诗别裁集》卷二〇均收杜、方二诗,当均沿胡书而定为唐人。元释圆至注《三体唐诗》,已指出唐无杜常其人,"惟《孙公谈圃》以杜常为宋人",又谓《西清诗话》称"世有"、"近传","则杜常、方泽皆宋人"。明胡应麟《诗薮·外编四》沿其说,今人富寿荪校《唐诗别裁集》,亦据《宋诗纪事》订其失。所说甚是。常,《宋史》卷三三〇有传,字正甫,卫州人,昭宪皇后族孙,登进士第,元符元年知青州,二年改郓州,崇宁二年自徐州移镇州,崇宁末以龙图阁学士知河阳军,卒,年七十九(参吴廷燮《北宋经抚年表》)。明隆庆进士朱孟震著《河上楮谈》据华清宫宋代刻石,录杜常诗四首,《华清宫》亦在其间,谓诗前题:"权发遣秦凤等路提点刑狱公事太常寺杜常。"后跋云:"正甫大寺自河北移使秦凤,元丰三年九月二十七日过华清宫,有诗四首。词意高远,气格清古。邑人曹端仪既亲且旧,因请附本,勒诸方石,以垂不朽。闰九月初一日,颍川杜诩记。"(转引自《宋诗纪事》卷三〇)常为宋人可无疑。

二、**王周** 《全唐诗》卷七六五收其诗一卷,凡六十首,小传云:"王周,登进士第,曾官巴蜀。"附注引胡震亨语,出《唐音戊签馀》六一(《统签》卷八一六)。胡氏原文为:"唐宋《艺文志》并无其人,惟《文献通考》载入唐人集目中。今考《峡船诗序》内,引陆鲁望《茶具诗》,其人盖在鲁望之后。而诗题纪年有戊寅、己卯两岁,近则梁之祯(当作贞)明,远则宋之太平兴国也。而自注地名,又有汉阳军、兴国军,为宋郡号。周殆为宋人无疑。以前人收入唐人内,不敢删去,姑列五代末,示存其旧。"态度尚属审慎。《全唐诗》改末二句为"殆五代人而入宋者",未免武断。《全

《五代诗》卷七径云"梁贞明间人",更显得鲁莽。《全唐文》卷八五五录周《蚋子赋》(收入书棚本《王周诗集》)一篇,小传谓:"周,魏州人。事后唐明宗,以战功拜刺史。晋天福中,历贝州、泾州节度使,迁武胜、保义、义武、成德四镇。杜重威降契丹,欲自引决,家人迫以出降,授武胜军节度使、检校太师。汉祖入立,徙镇武宁,加同平章事,乾祐二年卒,赠中书令。"系节录《旧五代史》卷一〇六传文。核以诗集,多有不合。其一,胡氏列举二地名,汉阳军始建于后周,兴国军则为宋太平兴国二年析鄂州三县置(见《文献通考·舆地考》),而此人卒于后汉,未入宋。戊寅、己卯,据胡氏所推,一在梁时,一已入宋,亦无关系。其二,周诗有《下瞿塘寄时同年》。同榜进士称同年,诗人王周显然为进士出身,而此人则系以武功入仕,数历大镇。其三,《全唐诗》所收周诗,均源出宋刻《王周诗集》(江标影宋书棚本《唐五十家小集》尚存此集),诸诗保持原次第。《志峡船具诗序》云:"予祗命宪局,沿泝巴赛,抵瞿塘。"诗中所记地名依次为姑熟口、湖口县、岳州、兴国军、汉阳军、巫山、夔州、武宁县、巴东等,为自江东至巴蜀沿江地名。可知诸诗为王周奉刑部或江东刑使命,溯江西上巴蜀沿途纪行之作。武夫王周历事三朝,皆官于中原、河北。其时江南至蜀中之地分属南唐、荆南、马楚、孟蜀诸小朝廷所有,必无奉使泝江之可能。《全唐文》误以同姓名者为《蚋子赋》作者。今按,诗人王周应为宋真宗、仁宗朝人,方志中尚有事迹可考。据《乾道四明图经》卷一二"选举",大中祥符五年(1012)徐奭(当作奭)榜进士,有王周,知为明州人。嘉庆《浙江通志》卷一二三"选举"同,注:"奉化人。"《咸淳毗陵志》卷一〇载,王周曾二任无锡知县,第一次在乾兴元年(1022),以大理寺丞知,第二次在宝元二年(1039),以尚书虞部员外郎知。《乾道四明图经》卷一二、《宝庆四明志》卷一"知州",均载:"王周,司封郎中,庆历年知,土人也。"王周前任为陆轸,据《嘉泰会稽志》卷二载,轸为庆历二年自越州移知明州。以此可知王周知明州,约始于庆历四、五年间。王安石知鄞县时作《上明州王司封启》(《王文公文集》卷三三),王司封即王周,知其庆历七年(1047)尚在明州任。陆心源《宋诗纪事小传补正》卷一谓王周官至知明州,未详何据。胡宿《文恭集》卷一九有《虞部员外郎致仕王周男某可试将作监主簿制》,时代亦合。胡震亨以诗中戊寅、己卯二纪年为梁贞明或宋太平兴国时,均嫌过早。以前考事迹推算,当为仁宗宝元元年、二年。王周奉使巴蜀归,即改知无锡县。其奉使时之职务,尚待稽考。自南宋始,王周时代已不为人所知。陈振孙《直斋书录解题》卷一九收《王周集》一卷,云"未详何人",《文献通考·经籍考》引陈书,附于唐人集末,均未深考地方史乘。今存南宋陈氏书棚本《王周诗集》,似即作唐集刊行,《笺注唐贤三体诗法》卷一七收周诗,知传误甚早。明清间不少唐诗汇集、总集均录周诗,皆失考,当改正。

三、曹修古 《全唐诗》卷七七〇收《池上》一首,列世次爵里无考作者。按此诗最早见收于宋吴处厚《青箱杂记》卷八:"又曹修古立朝最号刚方謇谔。常见池上有所似者,亦作小诗寓意曰(诗略)。"同条复录张咏、韩琦、司马光等诗,以说明文章艳丽不害其为正臣,诸人皆北宋名臣。修古,《宋史》卷二九七有传,字述之,建安人。大中祥符元年(1008)进士。"所至以直气闻。天圣中以御史知杂司事,立朝慷慨有风节。当刘太后临朝,权幸用事,修古遇事辄言,忤太后,出知兴化军。会赦复官。明道二年(1033)卒。"《渑水燕谈录》卷四记修古因请太后还政而遭贬。另罗愿《新安志》卷九、嘉靖《延平府志》卷九亦有修古传。诸书载其事迹,与处厚所记相合,修古可信为宋真宗、仁宗时人。《宋诗纪事》卷八已收修古诗。《增修诗话总龟前集》卷二三引《青箱杂记》,仅录修古诗,不注时代,置唐僖宗条前,当即因此而误为唐人。明刻本《总龟》是明及清初学者辑唐诗的渊薮之一,不少失误均与其有关。

四、李谨言 《全唐诗》卷七七〇收其《水殿抛球曲二首》,列为世次爵里无考作者。按二诗均录自洪迈编《万首唐人绝句》卷六九。《唐音癸签》卷三一批评洪书:"宋人诗如李九龄、李慎言……之属,皆浑入。"慎言即指谨言,洪迈因其名犯宋孝宗讳而改。此二诗宋代有两种大同小异的传说。沈括《梦溪笔谈》卷五云:"海州士人李慎言,尝梦至一处水殿中,观宫女戏球。山阳蔡绳为之传,叙其事甚详。有《抛球曲》十余阕,词皆清丽。今独记两阕(略)。"系录自蔡传,诗二首似为慎言感梦而作。沈括至和间曾任海州沭阳县主簿,所记或为当时见闻。后彭乘《墨客挥犀》卷七、李颀《古今诗话》、《增修诗话总龟前集》卷三三、何汶《竹庄诗话》卷二二(误注出《刘贡甫诗话》)所引,均本沈书。赵令畤《侯鲭录》卷二载:"余少从李慎言希古学,自言昔梦中至一宫殿,有仪卫,中数百妓抛球,人唱一诗,觉而记得三首云(略)。"此出梦者自言,诗为诸妓所唱,存三首。后《苕溪渔隐丛话前集》卷五八、《诗人玉屑》卷二一引录。惟名作真言,误。综二说可知慎言字希古,海州人,曾为赵令畤之师。令畤,字德麟,宋宗室,元祐中签书颍州公事,从苏轼为诗,有唱和。后因累入党籍,卒于南渡初(据《四库全书总目》卷一四一)。以此推之,慎言应为仁宗、神宗时人。诗云梦中作,恐系其托词。

五、王揆 《全唐诗》卷七七〇收其《长沙六快诗》,列为世次爵里无考作者。按此诗最早见收于北宋释文莹《湘山野录》卷上:"《六快活诗》,长沙致仕王屯田揆讥六君子而作也。六人者,即帅周公沆、漕赵公良规、宪李公硕、刘公舜臣、倅朱景阳、许立是也。其诗略曰(略)。馀几联,皆呫呫猥驳,固不足纪。愚后至长沙,访故老,皆云:'岂有兹事!'"文莹,熙宁间人。周沆,字子真,益都人,《宋史》卷三三一有传。其帅潭州时间,《北宋经抚年表》定在庆历八年(1048)至皇祐三年(1051)间。赵良规,字元甫,曾任荆湖南路转运使,年代待考,事迹附见《宋史》卷二八七《赵安仁传》。李硕等四人未详。王揆,《宋史》无传。隆兴《临江府志》卷五宋知军州有王揆,列庞籍后,时约在景祐、庆历间。《欧阳文忠公文集》卷七九有《虞部员外郎卢士宏太常博士王揆祠部员外郎秘阁校理张瓖丁忧服阕复旧官制》,庆历四年(1044)初作。《全唐诗》所录,系据《增修诗话总龟前集》卷三七,诗题均缺"活"字。诗与文莹所录同,亦未完。唐有王揆,大和六年(832)任宁都县令,详嘉靖《赣州府志》卷五、卷七,但非此诗作者。

六、廖融　《全唐诗》卷七六二小传云:"廖融,字元素,隐居衡山。诗七首。"列马楚时。实收诗仅六首,又零句三联。《增修诗话总龟前集》卷一〇云:"廖融字元素,隐于衡山,与逸人任鹄、王正己、凌(当作陆,详后)蟾、王元,皆一时名士,为诗相善。湘守杨徽之代归阙,枉道出南岳,宿融山斋留诗曰:'清和春尚在……'融《赠天台逸人》云:'移桧托禅子……'又《题古桧》云:'何人见植初……'《梦仙谣》云:'琪木扶疏系辟邪……'《退宫妓》云:'神仙风格本难俦……'左司谏张观过衡山留诗曰:'未向漆园为傲吏……'融卒,刺史何承矩葬之,进士郑铉表其墓。"这是关于廖融生平最早且较完备的记载,原书未注出处,疑出潘若冲《郡阁雅谈》。融今存诗除上引四首外,另二首见《雅言系述》(同前书卷一一引)。廖融是当时以南岳为中心的一群湖南隐逸诗人的核心人物,同游诗人有王元(有《赠廖融》、《怀翁宏》、《哭李韶》等诗)、王正己(有《赠廖融》)、任鹄(有《送王正己归山》)、翁宏(有《送廖融处士南游》)、陆蟾、李韶、狄涣、曾弼等人。胡震亨《唐音戊签》不收诸人诗。《全唐诗》以诸人为马楚时作者,疑系据《诗话总龟》参《十国春秋》而定。今考诸人事迹,均已入宋,属之五代实误。试述如次:其一,杨徽之为后周进士,未仕马楚。其守湘确年已难考详,约在宋太宗时,详第七节杨徽之条。其二,张观为左司谏经衡山的时间,在太平兴国末至雍熙间。详第七节张观条。其三,何承矩,传附《宋史》卷二七三《何继筠传》,字正规,河南人,太平兴国五年(980)知河南府,"徙知潭州,凡六年,囹圄屡空,诏嘉奖之"。入为六宅使,端拱元年领潘州刺史。景德三年(1006)卒,年六十一。据其知潭时间推测,廖融约卒于雍熙(984—987)间。其四,《雅言杂载》(《增修诗话总龟前集》卷二六引)云:"兴国中,潘若冲罢桂林,经南岳,留鹤一只与廖融。……若冲到京授维扬通理,复有诗寄融。……后至维扬,闻融与鹤相继而亡。"若冲即《郡阁雅谈》作者。其仕维扬确年不可考,以前后时间推算,与《郡阁雅谈》合。其五,《雅言系述》(同前书卷一一引)云:"开宝中,衡山处士廖融南游,(翁)宏有诗云:'病卧瘴云间……'宏以百篇示融,融谢宏云:'高奇一百篇……'王元怀云:'独夜思君切……'皆佳句也。"开宝(968—975),宋太祖年号。其六,伍彬辞官居隐时,廖融曾作诗题其屋壁,详第七节伍彬条,其事至早在乾德以后。其七,陆蟾"雍熙中服毒卒",见《增修诗话总龟前集》卷一五引《雅言杂载》及宋契嵩《镡津文集》卷一四《陆蟾传》。其八,周本淳校点五十卷本《诗话总龟前集》卷二八引《雅言系述》云:"王正己寓衡州,不以仕进为意,介起一室,不与尘俗往来,四十未娶,随行唯筇竹杖、鹤羽扇而已。与廖融、任鹄、王元交游。虽诗笔不及鹄,而辞藻亦擅一时。"下录正己二诗,又录潘若冲、廖融赠正己诗,又录廖融赠狄涣诗。其九,宋夏竦《文庄集》卷二八《朱昂行状》云:"先有廖图者,与弟凝、侄融居南岳,皆工诗,有名于代,世有家法。"杨亿《武夷新集》卷二《阁门廖舍人知袁州》注则谓融为凝弟,陈田夫《南岳总胜集》卷中"兜率寺"条云:"廖处士书斋据湘江之滨,图、凝、融数世能诗,自唐天祐末居此。"以上差不多是廖融等人今存的全部有年代可考的事迹。湖南之地在建隆四年(963)即入宋版图,上列诸事,分别在其后几年、十几年,甚至二十多年后。诸人在马楚时无事迹可考。以情理揆之,显然均应视作宋初人为是。《崇文总目》卷五(原卷六三)收《廖融诗集》二卷,列宋初。《宋艺圃集》、《宋诗纪事补遗》收其诗,甚是。王士禛《香祖笔记》指责李袭误收廖诗,《四库全书总目》因之,均失于未详考。

七、刘兼 《全唐诗》卷七六六收其诗一卷,凡八十一首,小传云:"长安人,官荣州刺史。"胡震亨《唐音戊签馀》六二(《唐音统签》卷八一七)云:"兼集诸志不载,各选亦无之。近云间朱氏得宋本,刻《唐百家诗》中。今详其诗句,似是关中人仕为蜀守者。有《初至郡界》一篇诗云:'锦字莫嫌归路远,华夷一统太平年。'而集中又有《长春节》诗,为宋太祖诞节。其人盖五代入宋者,姑存五代之末云。"其说甚是,惜未尽。《刘兼集》,宋代各种书志未见著录,但《万首唐人绝句》卷三九已录其七绝三首,《分门纂类唐歌诗》残本尚有其七律三首,知宋时已有视其为唐人者。江标影南宋书棚本《唐五十家小集》有《刘兼诗集》一种,有错页,比《全唐诗》多出八首,为唐刘威诗误入。《渑水燕谈录》卷七载受诏修《五代史》诸臣中,有刘兼。时在宋太祖开宝六、七年,详前李九龄条。又开宝七年为盐铁判官,见《续资治通鉴长编》卷一五。胡氏列举刘兼入宋二证,甚有力。另如《蜀都春晚感怀》云:"梦断云空事莫追。""宫阙一城荒作草。"《蜀都道中作》云:"千载龟城终失守,一堆鬼录漫留名。"显然作于蜀亡后。《到郡后寄西川从弟舍人……》(此据影宋书棚本,《全唐诗》注为别本)、《……寄呈成都府从弟舍人》("呈成都府"四字据《唐音戊签馀》补),称西川、称成都府,亦为入宋后作。从"一承兑泽莅方州"(《春晚寓怀》)、

"去年今日到荣州,五骑红尘入郡楼。貔虎只知迎太守,蛮夷不信是儒流"(《去年今日》)、"依稀樊川似旭川,郡楼风物尽萧然"(《郡斋寓兴》)、"郡印已分炎瘴地,朝衣犹惹御炉香"(《初至郡界》)等诗看,作者是长安人,从京城改(贬?)官知荣州。全集凡有事迹可考之诗,均系在蜀、在荣州任内作。诸诗排列虽不及《王周集》中纪行诗那样井然有序,但为一时一地之作则可论定。民国《荣县志·秩官第十》定刘兼莅荣在宋初,是。疑即为修《五代史》后之事。兼在五代未见有事迹记载。

八、安鸿渐　《全唐诗》卷七七〇收《题杨少卿书后》一首,列世次爵里无考作者。按此诗最早见载于宋初张齐贤《洛阳缙绅旧闻记》卷一《少师佯狂》条。杨少卿(疑当作少师)指杨凝式,诗作于凝式卒后。张世南《游宦纪闻》卷一〇转引凝式年谱,谓凝式卒于周显德元年(954)冬。鸿渐,五代及宋各种史书均无传,事迹散见于宋元人笔记中。欧阳修《六一诗话》记国初安鸿渐与僧赞宁相嘲事。吴处厚《青箱杂记》卷二载世传有潘阆安鸿渐八才子图。释文莹《湘山野录》卷中谓鸿渐畏内。同人《玉壶清话》卷八载凌策童年被鸿渐嘲辱,"后长立,颇衔之。鸿渐老为教坊判官,凌公判宣徽院,乐籍隶焉,亦微憾之"。斥鸿渐"偶免一烹焉"。元盛如梓《庶斋老学丛谈》卷下载宋初有"洛阳才子安鸿渐,天下文章李庆孙"之语。核诸事皆在宋初四五十年间。赞宁为宋初著名僧传作者,潘阆为太宗时著名诗人,均为世人熟知。凌策(957—1018),《宋史》卷三〇七有传,为雍熙二年进士。以其仕历考之,判宣徽院约在咸平(998—1003)前后。李庆孙,泉州惠安人。宋太宗时尝作诗吊钱熙,谒翰林学士宋白。咸平元年登孙仅榜进士,授江州推官,官至水部郎中。犹子处讷,仕神宗朝(据嘉靖《惠安县志》卷一二、《玉壶清话》卷七、《庶斋老学丛谈》卷下、《宋诗纪事》卷七、《宋诗纪事补遗》卷二六)。鸿渐应为宋初人。《全唐诗》同卷冯少吉《山寺见杨少卿书壁因题其尾》,与鸿渐诗出处同。作者姓名当作冯吉,疑因原文"冯少卿吉"夺"卿"字而致误。吉为冯道少子,《宋史》卷四三九有传,诗为其在后周末年作。

九、尚能　《全唐诗》卷八五〇收其诗一首:《中秋旅怀》,又句二,云见《万花谷》。《中秋旅怀》出《唐诗纪事》卷七四,句见《锦绣万花谷前集》卷三,均未录事迹。《皇朝事实类苑》卷三七引《杨文公谈苑》,载杨亿所称赏的"近世释子工诗者",中有浙右僧尚能,并摘录其诗五联。其中有《全唐诗》所收二句,题作《送僧归天台》。《杨文公谈苑》为杨亿同乡门人黄鉴记录杨晚年(约大中祥符末至天禧初)言论的笔记,后由宋庠整理作序刊行(详原本《说郛》卷二一)。前引条末载:"公又言,因集当代名公诗为《笔苑》。辇下江吴僧闻之,竞以诗为贽。择其善者,多写入《笔苑》中。"《笔苑》当即《杨氏笔苑句图》,《直斋书录解题》卷二〇著录,已佚。可知尚能于宋真宗时居汴京,曾以诗谒杨亿。所录另有《孙大谏知永兴》,孙指孙仅,《宋史》卷三〇六有传,大中祥符初为陕西(即永兴军路)转运使(参欧阳修《归田录》卷一)。《大正新修大藏经》四六册《四明尊者教行录》卷六,收东京僧职赠法智诗二十三首,其中有"《五言四十字奉寄四明礼师道人》,东京左街讲经文章应制同注御集赐紫尚能上"。赞宁等同作。法智卒于雍熙四年(987)。《宋诗纪事》卷九一据《宋高僧诗选》录尚能《送简长师陪黄使君归江左》。简长,宋初九僧之一,《圣宋九僧诗》录其诗有《寄丁学士》,丁即丁谓,为学士在真宗时。据上考,尚能应为宋太宗、真宗时东京诗僧。《唐诗纪事》系沿袭宋绶《岁时杂咏》之误(见《古今岁时杂咏》卷三〇),以尚能《中秋旅怀》列唐人间。

十、贺公 《全唐诗》卷七九五录其诗二句:"但存方寸地,留与子孙耕。"名下注:"石晋兵部。"按《增修诗话总龟前集》卷一九引《王直方诗话》云:"张嘉甫云,余少年见人诵一诗,所谓'但存方寸地,留与子孙耕',不知何人语。元符三年(1100)过毗陵汪迪家,出所藏水部贺公手书,乃知此诗贺所作。世俗以为他人,非也。贺天圣(1023—1031)中为郎。真宗东封,谒于道左。元祐(1086—1094)初,其二弟逾乔者来京师,云贺尝于泰山望见东坡,意甚喜之……"《苕溪渔隐丛话前集》卷五八所引较略,"水部"二字上多"晋"字。自石晋至真宗东封,中间约八十年;自真宗东封至元祐初,又近八十年,以一人之享寿,似难存活如此长久。当从"天圣中为郎"之说为是(原叙事颠倒,东封在天圣前)。元于钦《齐乘》卷六谓贺为琅邪人,"真宗东封,谒于道左,自言晋水部员外郎,盖仙人也"。则称晋人实出贺之狡黠。《全唐诗》作"兵部",未详何本,当因传误而致。新旧《五代史》无贺事迹。项楚《敦煌文学杂考》(收入《敦煌文学丛考》)谓二句又有贺知章、冯道、王梵夫作三说,并以为最初可能是王梵志诗,然所据仅为《施注苏诗》卷二〇引《鉴戒录》,今本《鉴诫录》并无此二句,显属传误。

十一、后蜀嗣主孟昶 《全唐诗》卷八收《避暑摩诃池上作》:"冰肌玉骨清无汗,水殿风来暗香暖(一作满)。帘开明月独窥人,欹枕钗横云鬓乱。起来琼(一作庭)户寂无声,时见疏星渡河汉。屈指西风几时来,只恐流年暗中换。"卷八八九又收作同人《木兰花》词,并注云:"苏轼《洞仙歌》即檃括此词。"按此篇最早见北宋杨绘《本事曲》(《苕溪渔隐丛话前集》卷六〇引《漫叟诗话》引),云为一士人所诵。然其句意几全同苏轼《洞仙歌》词,苏序云见眉州老尼诵孟昶词,后仅记首两句"冰肌玉骨,自清凉无汗","乃为足之"成篇,即除首二句外,皆为苏补作。后人对二词关系,或以为系苏轼檃括孟词,宋张邦基、周紫芝、王明清,清朱彝尊、李调元、陈廷焯皆主此说;或谓孟诗乃有人檃括苏词而托名孟昶,清宋翔凤、沈雄、邓廷桢皆有论列。近人浦江清《花蕊夫人宫词考证》(收入《浦江清文录》)于此考订尤翔,王水照先生《苏轼选集》于《洞仙歌》附录中备列各说,亦以为后说见长。南宋赵闻礼《阳春白雪》卷二录摩诃池出土石刻,孟作确为《洞仙歌》,首二句同苏轼所记,馀均不同。上录七言一篇,为宋人櫽括苏词,可无疑问。

十二、吕岩 《全唐诗》卷八五六至卷八五九收其诗四卷,凡二五二首又二句,同书卷九〇〇另收其词三十首。按,吕岩即吕洞宾,俗传八仙之一。今人浦江清尝作《八仙考》(收入《浦江清文录》),考吕洞宾事甚详。结论是:吕洞宾传说起于北宋庆历年间,发源地在岳阳一带。唐代有没有这样一个人,很难说。浦文举证甚富,所言较可信。今仅就浦文未决的问题略作考证。其一,吕洞宾传说的最早出现,应在宋太宗、真宗时。《皇朝事实类苑》卷四三引《杨文公谈苑》云:"吕洞宾者,多游人间,颇有见之者。丁谓通判饶州日,洞宾往见之。……谓咸平初与余言其事。谓今已执政。张洎家居,忽外有一隐士通谒,乃洞宾名姓,洎倒屣见之。……(吕诗)世所传者百馀篇,人多诵之。"《杨文公谈苑》为黄鉴所记杨亿晚年议论,已详本文第五节尚能条。杨、丁二人,咸平、景德间在朝,有诗酬和,见《西昆酬唱集》。所言诸人事迹均可与史传印证。又张齐贤《洛阳缙绅旧闻记》卷三载,宋太宗时田重进移镇永兴,诣泾州,遇道士张花项,张告"昨日街市,偶见仙人……即吕洞宾"。重进信之,半夜候吕降,终未遇。《旧闻记》并云:"时人皆知吕洞宾为神仙。"又云:"余授右仆射,判永兴军,备知其事。"田重进(929—997),《宋史》卷二六〇有传,任永兴军节度约为淳化四年(993)事。张齐贤(943—1014),《宋史》卷二六五有传,以右仆射判永兴军为咸平四年(1001)事。据其所云,吕洞宾仙事自宋太宗时已在泾州、长安流传。其二,唐代记载未见吕岩其人。《杨文公谈苑》云:"洞宾自言吕渭之后。渭四子:温、恭、俭、让,让终海州刺史。洞宾系出海州房。让所任官,《唐书》不载。"此处仅云为吕渭后人,出吕让一系,未云即渭之孙,让之子,亦不云唐时事迹。吕渭,《旧唐书》卷一三七、《新唐书》卷一六〇有传,四子事迹亦附见。吕温有子安衡,见《刘宾客集》卷一九《唐故衡州刺史吕君集纪》。恭有三子,"曰环、曰鸾、曰偠",见《柳河东集》卷一〇《吕侍御恭墓志》。吕让(793—855),墓志已出土,见《唐代墓志汇编·大中一〇七》,刺海州约在文宗时,后累转十馀职。有五子,为焕、烓、煜、炫、烜,无岩,然向达云《新安吕氏家乘》载洞宾行三,原名煜,与墓志适合(见《唐代长安与西域文明》附《鳌屋大秦寺略记》)。似岩为让子,亦非全出道士虚构。但宋太宗时编《太平广记》,首六十卷网罗上古至五代数百名神仙事迹,不及吕岩,知当时其传说尚流布未广。其三,吕岩仙事因宋太宗、真宗时道士纷传而益炽。北宋末赵令畤《侯鲭录》卷六云:"传逸人名岩,真庙时人。"《能改斋漫录》卷一八"吕先生字元圭"条,谓世传吕先生《黄鹤楼》诗,乃吕元圭所作。诗后原记岁月:"乙丑七月二十六日。"吴曾推测"当元丰间"。另记异说:"或曰元圭乃先生之别字也。"颇疑乙丑应为天圣三年(1025)。同书同卷"吕洞宾唐末人"条又载当时有谓洞宾即《枕中记》中吕翁之异说。前引《杨文公谈苑》亦仅云为吕让后人,未必曾生唐代。《宋史·陈抟传》云:"关西逸人吕洞宾,有剑术,百馀岁而童颜……世以为神仙,皆数来抟斋中,人咸异之。"成书虽较迟,所据则为北宋修国史。就以上各条看,在洞宾仙事始创时期,大约尚有实在之人,可能是太宗、真宗时道士。在真宗朝举朝奉道求仙的政治气氛下,很快完成了从人到仙的过程,但异说较多。自《吕洞宾传》、《回仙录》、岳州石刻出,宋人笔记、小说、诗话不断出现他的行迹。南宋以后,全真教奉为纯阳祖师,尊为吕祖、吕帝,于是广传民间,以致家绘图像,谨事供奉,传说亦日趋诞妄。

《全唐诗》所录吕诗,出处有二,一为传为吕著的《金丹诗诀》、《纯阳真人浑成集》、《吕帝诗集》等书,一为宋以后各种笔记、诗话、小说。其实皆出后人伪托。《金丹诗诀》之妄,《四库全书总目》卷一四七已考及,所举证有:一、"其诗殊不类唐格,下卷歌行尤鄙俚"。二、诗中提及棋路与《棋经》所述唐人棋路不合。三、诗中提到的富郑公、赵阅道皆宋人。四、诸诗"皆言坎离交媾、婴儿姹女、道家修养之术",为宋末道士夏元鼎所编,或即为元鼎杜撰。所言甚是。近人编《伪书通考》,已采入。今检《全唐诗》所录诸诗,多载宋代人、事。如卷八五八《徽宗庙会》,乃宋徽宗时诗。《七夕》注:"元丰中,吕惠卿守单州天庆观……"惠卿,神宗时参政,曾佐王安石行新政,《宋史》有传。《牧童》,一作《令牧童答钟弱翁》。诗出《西清诗话》(《皇朝事实类苑》卷四三、《苕溪渔隐丛话前集》卷五八引),作于钟帅平凉时。弱翁,名传,《宋史》卷三四六有传。《北宋经抚年表》定其帅平凉在崇宁三、四年间。《海上相逢赵同》,苏颂《魏公集》卷三二有赵同改官制。《题凤翔府天庆观》,天庆观名为真宗大中祥符初诏各州县所改。《赠滕宗谅》,出魏泰《东轩笔录》卷一〇,为宗谅守巴陵时事。宗谅守巴陵(岳州)在庆历四年。《宋朝张天觉为相之日……》,天觉,徽宗时宰相张商英之字。《赠陈处士》、《哭陈先生》,《全五代诗》卷一四所录,诗末均多"抟"字。抟,宋太宗时隐士,《宋史》有传。《化江南简寂观道士侯生晦磨剑》、《答僧见》,均出《增修诗话总龟前集》卷四四引《摭遗》,《摭遗》为北宋末刘斧所撰小说。《熙宁元年八月十九日过湖州……》,出陆元光《回仙录》(《增修诗话总龟后集》卷三九引),熙宁为神宗年号。《宿州天庆观殿门留赠符离道士》,出《古今诗话》(《增修诗话总龟前集》卷四四引),为宋太宗至道间卖墨人题。《题黄鹤楼石照》,《能改斋漫录》卷一八以为元丰间道士吕元圭诗。《为贾师雄发明古铁镜》，见《青琐高议前集》卷八，为英宗治平中贾任邵州通判时事。《谒石守道》，守道名介，庆历六年卒，事详《欧阳文忠公文集》卷三四《徂徕石先生墓志铭》。《崔中举进士游岳阳遇真人……》，《青琐高议前集》卷八称"故人季郎"所得，约为神宗时事。《摇头坯歌》，中云："君不见洛阳富郑公"，"君不见九江张尚书"，"君不见三衢赵阅道"。富为富弼，仁宗时相。张不详。赵为赵抃，神宗时相。又如卷九〇〇所收词，《沁园春》（七返还丹）、《西江月》、《步蟾宫》、《六幺令》等出《金丹诗决》，其馀又见《吕帝诗集》。所用词牌，如《西江月》、《酹江月》、《水龙吟》等均至宋时始出现。《梧桐影》，《竹坡诗话》、《苕溪渔隐丛话后集》卷三八均谓回仙题于景德寺，末句与柳永《倾杯》词意同。胡仔以为柳用吕语，恐非，应为作伪者袭用柳词。《促拍满路花》，《苕溪渔隐丛话前集》卷三八引山谷语，谓十年前醉道士所歌。《汉宫春》，元盛如梓《庶斋老学丛谈》卷上谓系宋亡前三年某人题于武昌黄鹤楼上。

今存吕诗，从其事迹全出宋及宋以后人附会，可断定皆为宋及宋以后人伪撰。这些诗是研究宋元明道教史的珍贵资料，但绝不能视作唐诗。附带提及一下，据我所知，在各种地方文献及《道藏》所存的题为吕岩所作诗，不见收于《全唐诗》及《全唐诗外编》的尚约有二千首左右。其中仅《道藏辑要》本《吕帝诗集》就收有约一千五百首之多。补辑唐诗者没有必要再收这些作品，而《全宋诗》、《全金诗》、《全元诗》等则应考虑酌情收入。

---

* 本文初稿于1983年初，以《全唐诗》收诗前后为序。友人孙猛为投稿《文史》，责编盛冬铃建议按错误类型分为十类，并代写文首数句。1984年改写后，于《文史》24辑（中华书局1985年出版）刊出，凡考及99人诗632首又38句，词31首。1997年收入《唐代文学丛考》时，增写20则，凡考及115人。今节录12则，个别部分保存了1997年增入的内容。盛冬铃先生去世已逾二十年，谨述此以为纪念。

一九八五
欧阳修著述考(节选)*

本文拟对欧阳修撰著、编述、提举、预修的所有著作,作以下几方面的考察:一、记录存佚;二、辨别真伪;三、考定写作年代;四、考查结集过程及卷次分合、同书异名情况。对各书内容,不作具体介绍。各书版本源流及明清二代著录情况,亦从略。明清二代抽出单行之著作及选节本,概不阑入。各书先后次第,谨依《四库全书》之序例。为节省篇幅,凡前人已有结论者从简,征引较多的典籍用简称,在第一次征引时出注。《欧阳文忠公文集》(简称《欧集》)所收各书,仅称各书名,不另注全集之卷次。

一、《诗本义》十四卷 存。有景宋本及明刻本多种。

《欧集》附录欧阳发等撰《事迹》、吴充《欧阳公行状》、韩琦《欧阳公墓志铭》(收《安阳集》卷五〇)、苏辙《欧阳文忠公神道碑》(收《栾城后集》卷二三)、《神宗实录本传》(以上五文简作《事迹》、《行状》、《墓志》、《神道碑》、《实录》)均作十四卷,当为其生前所定。晁公武《郡斋读书志》(衢本,简作《晁志》)卷二作十五卷,已将《诗解》附入。陈振孙《直斋书录解题》(简作《陈录》)卷二作十六卷,谓"图谱附"。《文献通考·经籍考》(简作《通考》)、《宋史·艺文志》(简作《宋志》)同。《四部丛刊三编》景宋本,前十四卷为《本义》,卷十五为《诗解》,末附《郑谱补亡》一卷。《居士外集》卷一〇周必大附按云江浙闽本皆十四卷,唯蜀本作十六卷,与景宋本合,可知此书初本仅十四卷,后人以《诗解》及《诗谱补亡》皆论《诗》之作,遂附入。梅尧臣宝元二年(1039)诗称欧"言诗诋郑笺"(详后),知欧治《诗》始于贬夷陵时。清华孳享《增订欧阳文忠公年谱》(收入《昭代丛书丙集补》)据卷首题衔定为嘉祐四年(1059)作。然景宋本并无题衔,嘉祐四年欧正因于修《唐书》,华说恐非。

二、《新唐书》二二五卷 存。刊本甚多。

重修《唐书》之举,始于盛度建议。明道二年(1033)十一月,"诏崇文院募唐遗事",见《续资治通鉴长编》(简作《长编》)卷一一三。至庆历四年(1044)因贾昌朝建议,次年五月正式开局修书。欧阳修至和元年(1054)八月始入唐书局,距始修书已十年。但据宋敏求《春明退朝录》卷下载,其间出入书局者虽有十数人之众,仅宋祁"独下笔",故久而未就。至欧入局,又召吕夏卿、刘羲叟、梅尧臣等同修,历六年有馀,始告藏事。《新唐书》的修成,欧阳修当推首功。然全书毕竟成于众手,何为欧撰,尚需甄别。《事迹》载,书成后,欧推许宋祁修书之功,"于是纪、志、表书公名,而列传书宋公"。后人对此或盛许欧之谦让,或以为欧实不欲负宋文艰涩之责。无论原因为何,列传一百五十卷欧未预其事,则可论定。其他部分较复杂。《行状》称"尝被诏撰《唐书》纪十卷、志五十卷、表十五卷",凡七十五卷。但欧于书成转官辞札中自称:"接续零残,进撰纪志六十卷。"(《表奏书启四六集》卷二《辞转礼部侍郎札子》)则表十五卷未曾预撰。《宋史·吕夏卿传》谓:"夏卿学长于史……通谱学,创为世系诸表,于《新唐书》最有功。"可知《宗室世系表》、《宰相世系表》皆出其手。《春明退朝录》卷下云:"将卒业,而梅圣俞入局,修《方镇》、《百官表》。"《永乐大典》卷一〇一三六《唐书》条引《姓氏遥华》亦谓"梅尧臣修《方镇》、《百官表》"。《百官表》疑即《宰相表》。均可证。本纪十卷,未见他人预修。《集古录跋尾》卷五《跋颜师古等慈寺碑》云:"余于本纪讥其(指唐太宗)牵于多爱者,谓此也。"卷九《跋会昌投龙文》有"余修唐本纪至武宗"云云。故宫藏《宋诸名家墨迹》有欧《附书局帖》二则,其一云"本纪弟四、五定本、净本,并分付。弟六已下,如未取得,速取之,恐妨点对"。可证皆由欧笔削手撰。志五十卷最复杂。《云麓漫抄》卷四谓"志、表乃范镇、王畴、宋敏求、吕夏卿、刘羲叟分撰"。《春明退朝录》卷下谓"刘仲更(羲叟)始修《天文》、《历志》,后充编修官"。《名臣碑传琬琰集》中集卷三八范镇《刘检讨羲叟墓志铭》云:"预修《唐书·律历》、《天文》、《五行志》。"《姓氏遥华》及《宋史》本传同。羲叟精通大衍诸历,《新唐书·历志》详载僧一行《大衍历》,可证。三志共十卷。其馀难以确指。《春明退朝录》云王畴"分《礼》、《仪》与《兵志》,探讨唐事甚详,而卒不用"。《晁志》卷六录吕夏卿《兵志》三卷,云为修史时别撰,自秘家中。今人或以为新创之《选举志》、《仪卫志》、《兵志》为欧创例,恐非。王、吕所著不获用之原因及定本三志是否欧自撰,似已无从推定。《事迹》云:"其于《唐书·礼乐志》发明礼乐之本,言前世礼乐为空名;《五行志》不书事应,悉坏汉儒灾异附会之说。"引文见二志序。从文章风格和思想倾向看,各志序无疑皆为欧手撰。各志正文,可能经过欧笔削定稿。

三、《五代史记》七十四卷　存。刊本甚多。

《晁志》、《通志》、《通考》作七十五卷,当以目录计为一卷。此书初名《五代史记》,宋人多称为《欧史》,《陈录》、《通考》皆称为《新五代史记》。清列薛史为正史,遂以《新五代史》之名为正。此书撰写过程甚长,试详述之。《奏议集》卷一六《免进〈五代史〉状》云:"往者曾任夷陵县令,及知滁州,以罪谪官,闲僻无事,因将五代史试加补辑。"所言较简略,且有讳避。其始实早在景祐初任馆阁校勘时。《居士外集》卷一八《答李淑内翰书》(宝元元年作)云:"五代纪传,修曩在京师,不能自闲,辄欲妄作。"卷一七《与尹师鲁书》(景祐四年春夷陵作)陈述较详:"开正以来,始似无事,治旧史。前岁所作《十国志》,盖是进本,务要卷多,今若便为正史,尽宜删削。……数日检旧本,因尽删去矣,十亦去其三四。师鲁所撰,在京师时不曾细看。路中昨来细读,乃大好。""前岁",指景祐二年(1035),欧时在馆阁校理崇文图书。利用校书之暇,与尹洙合撰《十国志》,本拟奏进,因贬官中辍,遂改弦更张,欲作正史。删存的《十国志》史文,当即《十国世家》的雏形。同书复云:"正史更不分五史,而通为纪传。今欲将梁纪并汉、周,修且试撰;次唐、晋,师鲁为之,如前岁之议。其他列传,约略且将逐代功臣,随纪各自撰传。待续次尽将五代列传姓名写出,分而为二,分手作传。不知如此,于师鲁意如何?"其当时分工及所定体例如此,与欧所作大致相合。只是尹洙同撰事,此后再未提及。尹洙《河南先生文集》中,无只字提及。尹作《五代春秋》二卷,仅寥寥数纸,疑即初草之提纲。欧平生不没他人之功,与尹洙交谊甚笃,晚作《尹师鲁墓志铭》,不提此事,范仲淹、韩琦诸人亦未言,尹氏诸子后指责欧《志》于尹洙评价未允,亦不及修史事。由此观之,尹洙后当因倥偬边事,累蒙冤屈,未能如约,欧遂独力撰作。朱彝尊《曝书亭集》卷三五《五代史记注序》以为欧作诸帝纪实取材于《五代春秋》,似属可能。欧贬夷陵、滁州的五六年间,为其作史的主要时间。《书简》卷六皇祐五年(1053)《与梅圣俞》云:"闲中不曾作文字,只整顿了《五代史》,成七十四卷,不敢多令人知。"并嘱"书成之语,惟道意于君谟(蔡襄)"。欧于皇祐四年三月去职守母丧,按例其间不得作诗文,当即利用此段时间集中精力撰史。中华书局标点本《出版说明》据此以为至该年全书已告完成,实未允。刘敞《公是集》卷九有《观永叔〈五代史〉》诗,嘉祐初作。《书简》卷七至和元年(1054)《与渑池徐宰》云:"《五代史》,昨见曾子固议,今却从头改换,未有了期。"知曾巩、刘敞不久即获睹其书稿,并提出修改意见,欧亦决意改写。嘉祐五年(1060)作《免进〈五代史〉状》云:"外方难得文字检阅,所以铨次未成,昨日还朝,便蒙差在唐书局,因之无暇更及私书,是致全然未成次第。欲候得外任差遣,庶因公事之暇,渐次整辑成书。"所述谅非托词。此书最后属稿,当在治平四年(1067)去政府后。其证有二:《晁志》云:"其晋出帝论,以为因濮园之议而发也。"濮议始于治平二年。此其一。《长编》卷二○二载,治平元年六月,"驾部郎中路纶献其父振所撰《九国志》五十卷"。《书简》卷五《与宋龙图(敏求)》云:"今先欲借《九国史》。"《十国世家》注中多次引及路书。此其二。欧殁后数日,诏求《五代史记》,与薛史并行,元吴师道《敬乡录》卷二引洪兴祖云:"《五代史》,欧阳公未及考正而薨。其家遽以进御,后人传刻,舛谬增多。"清周中孚《郑堂读书记》卷一五訾此书"《梁末帝纪》竟无论赞,《冯道传》前忽有序引,使史体欹侧偏枯,成何体制？"此类未及划一处尚多，当皆为未最后定稿所致。

附考：《五代史记》有注，《宋志》及景宋本皆作徐无党注。《两浙名贤传·文苑传》载："徐无党，永康人，从欧阳修学古文词，尝注《五代史》，妙得良史笔意。皇祐中以南省第一人登进士第，仕至郡教授而卒。"曾任渑池尉，见《欧集》。其注殊简略，本纪注文尚多，列传多半不注。后人讥其浅陋，重注者始于南宋姚宽，见王明清《挥麈后录》卷八，不传。清代作注者有朱彝尊《五代史记注》、彭元瑞《新五代史补注》等，均依裴注《三国志》例。关于旧注的注者，前人多以为皆出无党，间有异辞。《敬乡录》卷二引吴缜《五代史纂误》，以为系"公（指欧）以授徐子为注"（今本辑自《大典》，无此语）。清俞正燮《癸巳类稿》卷八《书〈五代史纂误〉》以为："其注于新史隐义，以一二语抉之，甚精到，但未整理文词耳。疑欧自注而署徐名耳。"今按，原注可分三类。第一类为本纪注，多阐发全书义例及行文间微言奥义；第二类为列传、考及四夷附录注，五十一卷仅存二十九条注，类型不一；第三类为《十国世家》注，记诸书异同及正文取舍之据，与司马光《通鉴考异》相似。徐无党随欧受学，在庆历末至皇祐间，恰值欧修史时。《书简》卷七《与渑池徐宰（无党）》（至和元年作）云："《五代史》……仍作注，有难传之处，盖传本固未可，不传本则下注尤难，此须相见可论。"是所注初出欧意，师生切磋而定。古代注书，罕见此例，大约欧因仿《春秋》笔法，于史文寓褒贬，不加注其旨不明，故嘱无党为之。前述三类注，第一类显然为无党注，第三类可肯定非无党注，为欧自注。第二类部分出无党手，但如《死事传》注言不能立传者五人，《义儿传》注释李存审不入传之故，《吴峦传》、《药彦稠传》注言二人不列《死事传》之因，则显然出自著者之笔。

四、《集古录》一千卷　佚。其目多数仍存。

《居士集》卷四四《六一居士传》云："吾……集录三代以来遗文一千卷。"《居士外集》卷一九《与蔡君谟求书〈集古录序〉书》云："曩在河朔，不能自闲，尝集录前世金石之遗文，自三代以来古文奇字，莫不皆有。……自庆历乙酉逮嘉祐壬寅，十有八年而得千卷。"乙酉为庆历五年（1045），时在河北。欧所藏碑拓有早年所得者，但决意搜罗辑录，则始于是年，其跋《魏刘熹学生冢碑》、《唐孔子庙堂碑》等文有较详交代。壬寅为嘉祐七年（1062），序同年作。周必大曾得见千卷之目，分注《跋尾》各卷后。如《华岳题名》，一碑编为十卷，《何进滔德政碑》编为六卷，而《古敦铭》等四铭仅占一卷，可知千卷并非共得千种。此书于嘉祐七年结集后续有所得，或未编卷次，如《王质神道碑》、《鹡鸰颂》等，或附入他卷，如《千文后虞世南书》等。总其所得，在千卷以上。欧殁后，此书藏于其家。其散出时间，南宋人多以为在南渡后，然故宫旧藏《汉西岳华山庙碑》、《汉杨君碑》、《陆文学传》、《平泉山居草木记》四跋真迹，拖尾有赵明诚崇宁五年及政和丙申、戊戌、宣和壬寅四次题名，知南渡前已有散出者。周必大尝获睹多卷，《省斋文稿》、《平园续稿》存题跋多篇，《集古录后序》亦备记原卷帙之形制，兹不备引。千卷之中，今存跋尾者凡三百八十三卷。后人辑本欧阳棐《集古录目》，其中《跋尾》不载之碑约四百馀。二者合计今存目者当在八百卷之上。

五、《集古录跋尾》十卷　存。收入《欧集》。

《书简》卷五《与刘侍读原父》第二函（嘉祐四年作）述作跋尾缘起甚详："愚家所藏《集古录》，尝得故许子春（元）为余言，集聚多且久，无不散亡，此物理也。不若举其要著为一书，谓可传久。余深以其言为然。昨在汝阴居闲，遂为《集古录目》，方得八九十篇，不徒如许之说，又因得与史传相参验，证见史家阙失甚多。其后来京师，遂不复作。"与许元相见，为庆历八年（1048）在扬州事。"汝阴居闲"，指皇祐末守丧居颍州。此书初名应作《集古录目》，欧自序即题作《集古录目序》。《跋尾》为后改名。现存诸跋，以卷十《跋郭忠恕书〈阴符经〉》最早，署为"嘉祐六年（1061）九月"。无署皇祐间作者。卷一《跋前汉雁足灯铭》最迟，熙宁五年（1072）四月作，距其卒仅四个月。多数则为嘉祐八年（1063）夏至次年即治平元年秋之间作。今本经周必大等校定，分注"集本"、"真迹"于其下。《事迹》、《行状》等录《集古录跋尾》十卷，《晁志》、《陈录》皆著录，当即所谓"集本"。南宋方崧卿取欧阳修亲书《集古录》跋二百四十馀篇刻于吉州，赵希弁《郡斋读书附志》法帖类著录，周必大《集古录后序》亦言及，即所谓"真迹"。周氏刊定时，多取真迹，无真迹时始取集本，差异较大者则并录，周必大谓"疑真迹一时所书，集本后或改定"。所说是。以并录诸本看，真迹文字似未经整理，皆署明书写年月日，集本皆削去书写年月，显然经过增删润饰，故多较真迹为优。综前述，欧阳修于皇祐间所作八九十篇，当为最初稿，今多不存，嘉祐、治平间所作，尚非定稿；集本各篇，为最后写定本，写定的时间，当在治平以后。

欧阳修所作跋尾篇数，周必大谓其自云有四百馀篇，欧阳棐熙宁二年作《集古录目记》录其父自述则为二百九十六篇，《陈录》卷八则云为三百五十馀跋，历来著录者未能确断。今检《欧集》所存，共有跋尾四百二十篇，计真迹二百六十二篇，集本一百二十五篇，得自绵本《拾遗》者二十一篇，别本附出者十一篇，来历不明一篇。其中异文并录者三十五篇，一碑二跋者四篇。现存跋尾，分属三百八十一篇碑铭。周必大疑欧阳棐所述"二百"为"三百"之误，当得其实。故宫旧藏四跋真迹，有三跋为周必大未曾参考者。欧跋可能有所阙失，但数量不会很多。

附考：《集古录目》十卷，修子欧阳棐撰。序附《集古录跋尾》卷首，称承父嘱而撰,"各取其书撰之人、事迹之始终、所立之时世而著之文,为一十卷,以附于跋尾之后"。《陈录》卷八作二十卷,原书久佚。宋季陈思《宝刻丛编》几全部收入,清人黄本骥据以辑得五百馀篇,编为五卷,然阙漏尚多。民初缪荃荪重辑为十卷,并附原目一卷,刊入《云自在龛丛书》,最为完备。

六、《归田录》二卷　　存。收入《欧集》。

其序,治平四年九月作。书中称英宗为"今上"、"上",记事止于治平三年,当成于四年初神宗即位前。《四库全书总目提要》以为致仕归颍后作,实误。其序明言为"录之以备闲居之览也",并藉以申归田之志,可证。至南宋时,有关此书的异说纷起。朱弁《曲洧旧闻》卷九谓此书"初成未出而序先传,神宗见之,遽命中使宣取。时公已致仕在颍州,以其间记事有未欲广者,因尽删去之,又恶其太少,则杂记戏笑不急之事以充其卷帙"。又谓传本即进本,原书未出,存其后人手中。王明清《挥麈后录》卷一所载大致相同,周煇《清波杂志》卷八、《陈录》卷一一所载较略,大抵皆祖袭朱弁之说。民初夏敬观校《宋人小说》本《归田录》,自宋椠朱熹《五朝名臣言行录》中辑出两条佚文,并据以推测欧阳修初稿后行世,《宋志》著录八卷即初稿。近年中华书局刊李伟国先生校本《归田录》,复从《皇朝事实类苑》、《诗话总龟》、《事文类聚》、《锦绣万花谷》、《职官分纪》、《续湘山野录》、《合璧事类备要》、《密斋笔记》等书中辑出大量佚文,经过鉴别,录出四十条,又重新提出《归田录》原本问题。夏、李二位对于《归田录》原本及佚文的探讨,用力甚勤,功不可没。只是检点之下,似尚有疑点,试述如次。首先,欧阳修本人未言及所谓原本事,在北宋时期的公私文献中,既无此书进奏的记录,亦从无人提及进本与原本不同事。此传闻最早导源于朱弁,而王明清、周煇、陈振孙皆祖述其意,无所增益。(《四库提要》引《清波杂志》云"元本亦尝出",殆所见本误。《四部丛刊续编》影宋本此句作"元本未尝出"。)周必大校理《欧集》时,搜罗甚广并兼载异说,亦未言及原本事。衢本《晁志》卷一三载"《归田录》六卷",孙猛先生《郡斋读书志校笺》已证定为李畋《该闻录》六卷之脱冒,并重新作了刊正,《宋志》错漏最多,其录为"八卷"的原因虽然难以确解,但断为即初本,显属臆断。而录有所谓佚文的诸书作者,生活时代从北宋后期到南宋末年者皆有,原本能让他们如此充分地利用,周必大等则无所闻,晁、陈二家亦未见,情理上似难说通。其次,已辑出的佚文亦多有疑点。夏补二则,李伟国先生已指出另见于《渑水燕谈录》与《玉壶清话》。李补之三十八则,已注出互见他书者多达二十二则,今查出者尚有数则:郑文宝条见《六一诗话》、杨玢条见《杨文公谈苑》(《增修诗话总龟》卷一引)、寇莱公条见《渑水燕谈录》卷六。佚文中有与欧阳修生平扞格者,如称"予尝在福州见山僧有朋",欧平生从未入闽。

亦有与全书不相称者,如"熙宁初魏公罢相",今知《归田录》作于治平间。古人著书,虽有互相因袭者,但互见、误收之例如是之多(李先生定误删去者在十条以上),对这些佚文的可靠性不能不存疑。笔者查检了辑佚者所据的部分原著如《皇朝事实类苑》、《职官分纪》等,发现有较大一部分佚文在原书中并未注明出处,但因其前条为《归田录》文字,遂视为佚文辑出。应该指出,宋人编类书,目的是分类提供资料,所注出处多较草率,脱漏尤多。以《皇朝事实类苑》为例,通行之董康刊本,源出宋绍兴本,脱误已甚多。上海古籍出版社校排本补注出处达数百条之多。这类附见于他条后而又见于他书之文字,可靠性颇可怀疑。前文已指出,今存之《笔说》、《试笔》,实皆为荟萃欧阳修平日杂书帖而成。《归田录》及《诗话》,其性质亦近似,只是编录者为欧阳修本人而已。《诗话》详后。《试笔·谢希深论诗》条,即互见于《归田录》。从宋人记载可知,欧杂书随笔文字相当多,有不少已亡佚。这一状况,可能是导致初稿与进本异同说产生的最初原因。宋人如江少虞等人,似习惯将欧阳修之随笔文字称为《归田录》,如《皇朝事实类苑》将《诗话》皆题作《归田录》或《庐陵归田录》。这一情况对传说的产生亦可能产生影响。当然还有其他原因,如朱定国著《续归田录》,亦有讹为《归田录》之例。有少数佚文原书明确注出《归田录》,又不见他书,尚待进一步的研究。

七、《近体乐府》三卷 存。收入《欧集》。

所收共一百八十阕。末附罗泌跋云:"吟咏之余,溢为歌词,有《平山集》盛传于世,曾慥《雅词》不尽收也。今定为三卷,且载乐语于首,其甚浅近者,前辈多谓刘辉伪作,故削之。"其所据为《平山集》,复有增删。其删削之是非,另详后,以下考其中与他人互见之词。罗泌编词时,以"疑以传疑"态度,收入与他人互见词甚多,互见而未注出者亦不少。今所检得者,多达五十二阕。据现有资料考察,可分为三种情况。第一类,可确定为欧词而误作他人者,约十三阕,包括与杜安世、黄庭坚、秦观、朱淑真等互见词。《生查子》"去年元夜时"最著名,一作朱淑真作,况周颐《蕙风词话》卷四考之甚详,可作定论。其馀详唐圭璋先生《宋词互见考》,兹不赘。第二类,可确定为他人诗词误作欧词者,约八阕,《应天长》"绿槐荫里黄莺语"一阕,见《花间集》卷二,皇甫松作;《蝶恋花》"六曲栏干倚碧树"一阕,见《尊前集》,李煜作;《长相思》"深画眉"一阕,《尊前集》作唐无名氏,《唐宋诸贤绝妙词选》卷一、《全唐诗》卷八九〇作白居易词,但据《吟窗杂录》卷四三及白居易《赠殷协律》诗自注引此词,可确定为中唐江南名妓吴二娘作,详见吴企明先生《吴门质疑录》及拙纂《全唐诗续拾》卷二八;《玉楼春》"雪云乍变春云簇"一阕,见《尊前集》,冯延巳作;《一丛花》"伤春怀远几时穷"一阕,张先词,范公偁《过庭录》谓欧颇喜此词,尝以词中语称张先为"桃杏嫁东风郎中";《行香子》"舞雪歌云"一阕,时人以此词中语称张先为"张三中",见《苕溪渔隐丛话前集》卷三七引《古今诗话》;《玉楼春》"池塘水绿春微暖"一阕,刘攽《中山诗话》以为晏殊作,刘与晏、欧同时,且有过往,当可信;《瑞鹧鸪》"楚王台上一神仙"一阕,唐吴融诗,见《才调集》卷二、《全唐诗》卷六八七,前人已指出欧尝书此诗于扇,称可入此调歌之,遂误入(见《国学基本丛书》本原注,影元本无)。第三类,尚难确定者,约三十馀阕。其中与柳永互见的,有《蝶恋花》二阕,柳作的可能性较大;与张先互见的九阕中,六阕难以确指;与晏殊重见的十三阕中,十一阕不能确指。以上三人词,均以同时相传而混杂,已无从甄别。另与冯延巳《阳春集》互见之词多达十六阕,除前举《应天长》为皇甫松作,与冯、欧皆无涉外,尚馀十五阕(一阕又作李煜作),唐圭璋先生《全宋词》以《阳春集》为铁证,将诸词剔出欧名下。从以下几点考察,似尚难论定。第一,互见诸词,宋人多视为欧词。李清照《临江仙》序,谓"欧阳公作《蝶恋花》,有'深深深几许'之句,予酷爱之"。曾慥《乐府雅词》卷二收七阕,《唐宋诸贤绝妙词选》收三阕,皆录欧名下,后书亦收冯词。第二,罗泌跋《近体乐府》谓"元丰中崔公度跋《阳春录》,谓皆延巳亲笔"。今本冯词名《阳春集》,无崔跋。《陈录》卷二一《阳春录》解题引其语云:"高邮崔公度伯易题其后,称其家所藏最为详确,而《尊前》、《花间》诸集往往谬其姓氏,近传欧阳永叔词亦多有之,皆失其真也。"罗愿《新安志》卷十所录较详:"冯相国乐府号《阳春录》者,冯氏子孙泗州推官璪尝以示晏元献公,公以为真赏。至元丰中高邮崔公度伯易跋,以为李氏既有江左,文物甲天下,而冯公才华风流,又为江左第一。其家所藏集乃光禄公手抄,最为详确。而《尊前》、《花间》诸集中,往往谬其姓氏,近时所镂欧阳永叔词,亦多有之,皆传失其真本也。"二书均为摘引。公度,《宋史》有传,曾以《感山赋》受知于欧阳修,其言似确凿可从,细案实不然。《花间集》有后蜀广政三年(940)欧阳炯跋,未经后人窜乱,最为可信。然《阳春集》中互见于《花间集》之词,多达十三阕,分别为温庭筠、韦庄、牛希济、李珣等八人作。公度所言,实有悖常识。以此推之,应为欧词误入冯集。冯璪示晏殊之集,当为未窜乱之本,惜不传。公度所见,恐亦即陈世修所辑本。第三,陈世修嘉祐三年(1058)序《阳春集》时,距冯卒已近百年。其自称延巳为外舍祖,夏承焘先生《冯正中年谱》以为年代实差殊不合,世修于延巳事迹,亦多误记,如"李昇天祐元年为昇州刺史,时正中才十岁,武义元年参知政事,正中十七岁。而世修序称正中'与李江南有布衣旧',语殊失实"。世修序述结集始末云:"公薨之后,吴王纳土,旧帙散失,十无一二。今采获所有,勒成一帙,藏之于家。"既为当时采获,非据延巳亲笔,焉能必其无误?我以为欧、冯互见词,在别无确证情况下,只能存疑,不应轻易否定欧的著作权。

附考：双照楼影宋吉州本《欧阳文忠公近体乐府》三卷，续添入《渔家傲·十二月词》及《水调歌头·和苏子美沧浪亭词》，共十三阕。前者云自《京本时贤曲子后集》增入，题注谓："前已有十二月鼓子词，此未知公作否？"尚可存疑。后者录自《兰畹集》。龚鼎臣《东原录》引"吴王去后"一句，以为尹洙作，《全宋词》据此定为尹作。检讨之下，似未妥。《兰畹集》，据王灼《碧鸡漫志》及影宋本《阳春集》校记引，知为孔夷纂。夷，字方平，元祐中隐士，所作词皆托名鲁逸仲。其父旼，事迹详王安石《王文公文集》卷九六《孔处士墓志铭》，嘉祐五年六月卒。夷与龚鼎臣为同时人。尹洙几不能诗，更无词名，与苏舜钦交谊颇疏。舜钦于庆历五年春削籍归吴，至秋始营沧浪之居。据《东轩笔录》卷一五云，《水调歌头》为其憾潘师旦阻游丹阳作，约作于次年夏。时尹洙远在南阳，七年初染病卧床，旋卒，恐不及和词。欧阳修时在滁州，相去不远，与舜钦多次诗简来往。故此词仍当以欧作为是。

八、《醉翁琴趣外篇》六卷　存。有双照楼景宋本及四印斋刊本。

此书宋时未见著录。元吴师道《吴礼部诗话》云："近有《醉翁琴趣外篇》，凡六卷，二百馀首，所谓鄙亵之语，往往而是，不止一二也。前题东坡居士序，近八九语，所云散落尊酒间，盛为人所爱尚，犹小技，其上有取焉者。词气卑陋，不类坡作，益可以证词之伪。"晚近宋本出，无序，是伪序不足证词为伪。其中所收词，较《近体乐府》多七十二阕。其中有四阕可确定为他人作：《贺明朝》"忆昔花间初识面"、《浣溪沙》"天碧罗衣拂地垂"二阕，见《花间集》，为欧阳炯作；《一斛珠》见《尊前集》，李煜作；《江神子》收入《花间集》、《尊前集》，张泌作。另有与冯延巳、谢绛、张先互见词各一阕，尚难确定。罗泌编《近体乐府》时称："其甚浅近者，前辈多谓刘辉伪作，故削之。"其删馀部分，具载此书。此书于清季行世后，仍有人沿旧说斥为伪作，如沈曾植《海日楼札丛》卷七引《菌阁琐谈》即以俚俗定其伪。1949年以来的多数研究者虽承认诸词为欧阳修作，但只是指斥言伪者是以士大夫的封建意识来判断真伪，未作翔实考证。

宋人论欧词之伪的议论，有如下几条：一、蔡絛《西清诗话》云："欧阳之浅近者，谓是刘辉伪作。"（《四库全书总目提要》卷一九八引）二、《名臣录》云："修知贡举，为下第举子刘辉等所忌，以《醉蓬莱》、《望江南》诬之。"（同前引）三、曾慥《乐府雅词序》云："当时小人或作艳曲，谬为公词，今悉删除。"四、《古今说海》本《钱氏私志》云："欧知贡举时，落第举人作《醉蓬莱》词以讥之，词极丑诋。"（《说郛》本引同条无此数句）五、王灼《碧鸡漫志》卷二云："欧阳永叔所集歌词，自作者三之一耳。其间他人数章，群小因指为永叔，起暧昧之谤。"六、罗泌所述，前已录。

七、《陈录》卷二一云："亦有鄙亵之语一二厕其中，当是仇人无名子所为也。"八、俞文豹《吹剑续录》云："时刘辉挟省闱见黜，赋《醉蓬莱》以丑之。"值得注意的是八条中只有《钱氏私志》及《西清诗话》为北宋末人作，馀皆南宋人。所述多为传闻疑似之词，主要证据一是俚俗浅近，一是鄙亵浮艳，并由此推断为仇人所作。检讨之下，可疑之处甚多。北宋人记载嘉祐二年举人哄闹场屋事甚详，如江休复《江邻几杂志》、沈括《梦溪笔谈》、叶梦得《石林燕语》及欧阳发等撰《事迹》、吴充等撰《行状》等，皆不言有作词诬陷事，仅云"送祭文"、"惊怒怨谤"、"怨怒骂讥"及拦骑闹事等。欧阳修一生最重名节，晚遭蒋之奇以帷箔事相困，累上七表自白，亦未提及仇人造词诬陷事。此其一。罗泌编定《近体乐府》，以浅近为伪作，显然是任意删削，毫无定准。即其入录诸词，亦云"或甚浮艳者，殆非（疑当作"为"）公之少作"。然即如前录诸家所云，亦仅《醉蓬莱》等数首而已，岂可删却七十首之多。《碧鸡漫志》卷五引江休复《嘉祐杂志》云："梅圣俞云：始教坊家人市盐，于纸角中得一曲谱，翻之，遂以名，今双调《盐角儿令》是也，欧阳永叔尝制词。"休复与梅、欧过从甚密，其言必不误。今《盐角儿》二阕仅见《琴趣外篇》。此其二。刘辉，《宋史》无传，事详杨杰《无为集》卷一三《故刘之道状元墓志铭》，字之道，信州铅山人，皇祐嘉祐间"一试冠国胄，再试冠天府士"。时"场屋文章以搜奇抉怪雕镂相尚"，欧阳修思革文风，遂将刘辉首黜落之。两年后，欧为殿试考官，激赏刘辉之文，亲擢为第一名。辉后以大理评事签书建康府判官，解官为祖母服丧，治平二年（1065）卒，年三十六。对于刘辉的为人，杨杰在《墓志》中或有过誉处，但在《渑水燕谈录》、《青琐高议》、《翰府名谈》等书中亦颇多推许。其与欧阳修关系，在初遭黜落时，恐有私憾，但以后且有恩遇。其得选为状元，亦赖欧阳修相助。此事最早载于江休复当时所作的《江邻几杂志》（《漷南遗老集》卷三三引），后《梦溪笔谈》卷九所载尤详，并谓欧亲为其考试，以成就其名。杨杰谓："由是场屋传诵，辞格一变，议者既推欧阳公有力于斯文，而又服之道能精敏于变也。"刘辉既如此勇于改过，恐不至有作词丑诋事。斥名刘辉恐只是后人的主观臆断。此其三。

其实，从欧阳修的生活经历与生活态度来看，写作诸词是完全可能的。先释俚俗浅近之疑。《欧集》附录谢绛《游嵩山寄梅殿丞书》谓游嵩归途中，"永叔、子聪歌俚调"。为明道元年（1032）事。《归田录》中记俚语如"打"字各种用法、京师食物俗名及"末厥"、"赵老送灯台"一类俗语，《笔说·驷不及舌说》甚至认为俗语之理较《论语》为是，均可见对俚俗语言的熟谙和肯定。他早年生长民间，从十七岁赴州解至廿四岁释褐，在下层盘桓多年。时值柳永大量创作俚词慢调之际，他既能"歌俚调"，从事写作也当然可能。其次言其生活态度。欧阳修一生中，两次受诬劾，一为盗张氏甥事，一为与吴氏媳事，大致可肯定为出他人之诬陷，但他生活上不拘小节、风流蕴藉也是事实。赵令畤《侯鲭录》记其在颍州曾与一妓相约，范正敏《遁斋闲览》记其与官妓相狎，《钱氏私志》谓其在河南时亲一妓，尝作《临江仙》词代妓受罚，孔平仲《孔氏谈苑》亦载其在滁州时携妓游历山水事。其中或有传闻不实之事，如《钱氏私志》为钱世昭录其父钱愐语，愐从祖钱明逸尝助夏竦兴欧阳修狱事，其所言不免有挟嫌泄怨处，但亦非全出捏造，主要部分应可信。欧在洛阳，友人称为"逸老"，或亦寓此意。大抵北宋士大夫多不谨细行，至道学兴起，始视为大不然。再次，《琴趣外篇》所录言情之作，并非皆为狎妓之作。欧阳修早娶胥氏，继娶杨氏，情感均甚笃，皆不幸早逝，所作悼亡诗赋皆极缠绵悱恻。今存诸词中，亦有可印证者。最后，就《琴趣外篇》所收词本身考察。词牌多存旧名，如《蝶恋花》作《凤栖梧》、《鹊踏枝》，《玉楼春》作《木兰花》，《阮郎归》作《醉桃源》等皆是。所选调以《渔家傲》、《木兰花》、《鹊踏枝》为最多，与《近体乐府》同。其中《定风波》一组五阕，首句皆作"把酒花前欲问□"，四阕收《近体乐府》，一阕见《琴趣外篇》。《渔家傲》咏采莲女一组十阕，《近体乐府》存六阕，《琴趣外篇》存其余四阕。至二书诸词所用之俚语俗字，亦颇多相同者。综上考，《琴趣外篇》虽有少量他人以至仇人词羼入，多数应肯定为欧阳修所作。

---

* 全文刊《复旦学报》1985 年第 3 期，共考及欧阳修五十一种著作。本书节录其中八种著作考证。

一九八六
何谓西昆体

北宋真宗景德二年(1005)到大中祥符元年(1008)间,在秘阁编纂大型类书《册府元龟》的一群文学家,利用空闲时间,写了不少酬唱诗篇。这些诗后由杨亿裒聚成集,因为写作于皇帝藏书的秘阁,就借用《山海经》和《穆天子传》所载天子藏书之处玉山,在昆仑之西的传说,命名为《西昆酬唱集》。集分上、下二卷,共收入杨亿、刘筠、钱惟演、李宗谔、陈越、李维、刘骘、丁谓、刁衎、任随、张咏、钱惟济、舒雅、晁迥、崔遵度、薛映、刘秉等十七人诗二百五十首。其中杨、刘、钱三人诗共二百零二首,超过五分之四。杨亿(974—1020),字大年,福建浦城人。刘筠,字子仪,河北大名人。钱惟演,字希圣,吴越降王钱俶之子。三人为西昆酬唱的领袖人物。

《西昆酬唱集》刊布后,激起巨大社会反响。欧阳修《六一诗话》说:"自杨刘唱和,《西昆集》行,后进学者争效之,风雅一变,谓'西昆体'。由是唐贤诸诗集几废而不行。"其原因,当与宋初诗风及杨亿等人论诗主张有关。

自唐末到宋初的一百多年间,诗坛影响最大的两派,一派以白居易诗为宗,一派专师贾岛、姚合诗。两派诗作虽有自然明白和锻炼精巧的优点,出现了一些有成就的作者,但由他们主盟诗坛,诗风日趋浅薄衰微,所作诗多浅切轻率,诗意枯寂,缺少变化。对此,不少有识者表示不满。在这种情况下,杨亿提出向李商隐诗学习。他认为李诗的优点在于"富于才调,兼极雅丽,包蕴密致,演绎平畅,味无穷而炙愈出,钻弥坚而酌不竭,曲尽难言之要"(《皇朝事实类苑》引)。结合其他记载,可以归纳为三点:一是寓意深邃,含蕴丰富,而又能错综变化,用平畅的方式来表现;二是辞章艳丽,不作枯瘠语;三是用事精巧,对偶亲切,都属于艺术形式方面。他的主张,显然是希望以提倡李诗的深厚富丽来改变浅薄枯寂诗风。但他的看法有一定片面性。李诗的成就不仅在于形式,主要在于其感情深挚,讽喻犀利;诗风的转变也不能局限于形式,还必须表现丰富的生活。杨亿顾此失彼,将"研味前作,挹其芳润"视为创作手段,在他指导下的创作,不可避免地造成新的偏颇。

《西昆酬唱集》中诗,不足之处很多。首先,集中诗题材贫乏,缺少社会内容,多数写内廷侍臣的优游生活和日常琐事,咏物、咏史也有相当比例。这是由酬唱诸人狭隘的生活环境决定的。其次,在一人首唱、他人继和的唱酬方式下,不少诗作纯为唱和而作,没有真实的生活感受,不得不撷拾前人诗意,重加编组,靠堆积华丽的辞章和晦僻的典故来取胜。"翠幄"、"蕙风"、"绮槛"、"华灯"一类词语,触目皆是。甚至为了显示博学,多用僻典,成为诗谜。如杨、刘等人以《泪》为题的一组诗,列举了历史上众多悲愁的事件、人物,拼凑成篇,缺乏内在联系。卞和抱璞、荆轲辞燕一类典故,一用再用,并无新意。再次是刻意模仿李商隐《无题》诗,集中《无题》、《代意》、《洞户》等均是。李商隐写《无题》诗时,或怀寄托,或寓情思,难以直抒衷曲,只得发为迷离恍惚之言。模仿者缺乏挚情深意,只在形式上模仿,不免流为诗意晦涩的无病呻吟之作。

指出以上不足,并不意味着集中诗一无可取之处。与宋初诗相比,杨、刘之作有其新的特色。试以杨亿《汉武》为例:

蓬莱银阙浪漫漫,弱水回风欲到难。光照竹宫劳夜拜,露溥金掌费朝餐。力通青海求龙种,死讳文成食马肝。待诏先生齿编贝,那教索米向长安!

这首诗每句用典,但除第五句外,均见《史记》、《汉书》,不算僻典。前四句说仙境虚无缥缈,难以到达。汉武帝夜拜竹宫神光,朝饮铜盘承露,孜孜求仙,实为徒劳无益。后四句指责其伐大宛以求天马,用方士求长生术,明知受骗仍不悔悟,而像东方朔这样的才学之士,只能乞米求活。全诗不加议论,而讽意自见。当时,宋真宗热衷于求仙祀神,伪造天书,封禅泰山,又大兴土木,广造宫观。杨亿提出"不求神仙,不为奢侈"的意见,反对这样举动。他久任学士,家境贫困,自述"方朔之饥欲死"(见《梦溪笔谈》)。可知此诗为有感而发。全诗对仗工稳整齐,声韵和谐铿锵,时人认为"义山不能过也"(《中山诗话》)并非过誉。此外,咏史诗如刘筠《明皇》云:"梨园法部兼胡部,玉辇长亭复短亭。"指斥耽乐致乱,寓意颇深。咏物诗如刘筠《再赋荷花》云:"溅裙无限水,障袂几多风。"杨亿《梨》:"九秋青女霜添味,五夜方诸月溜津。"钱惟演《荷花》:"水阔风萧萧,风微影自摇。"也都很有特色。在诗歌形式方面,《酬唱集》中诗讲究声韵谐和、格律严整、对仗工稳、用典准确、句型多变。与同时诗作相比,有很大的不同。

《西昆酬唱集》行世后,风靡一时,在青年士人中影响较大,但也遭到不少人的反对。耽习于白体、晚唐体诗的"先生老辈,患其多用故事,至于语僻难晓"(《六一诗话》)。以石介为代表的道学家,则指责其"唱淫词哇声,变天下正音"(《与君贶学士书》),没有表述儒家经典的内容。这些批评,均有所偏执。北宋诗文革新主帅欧阳修的看法比较公允,他既肯定西昆体的出现,使"诗体一变",所作也颇多佳句(《六一诗话》);又指出因其过于偏重形式,造成不良影响,使一时以"言语声偶摘裂"相夸尚(《苏氏文集序》)。

从宋诗发展的角度看,西昆体的出现,曾导致真宗后期到仁宗初年的二十多年间诗歌片面追求形式的风气,西昆作者对此是有责任的。但在此同时,宋诗开始出现有意义的转变。田况《儒林公议》认为西昆诗"虽颇伤于雕摘,然五代以来芜鄙之气由兹尽矣!"大致符合史实。西昆体盛行后,白派诗即逐渐消退,继承姚、贾风格的作者,诗风也有所改变,真宗末年甚至出现了与西昆诗合流的倾向。西昆作者后期诗作,晦涩、雕摘的弊病也略有改变。这些转机,在一定意义上说,为梅尧臣、欧阳修开创宋诗风格作了准备。有必要提到的是,北宋诗文革新的主要作者,与西昆作者关系十分密切,其前期领袖谢绛,是杨亿赏识后成名的,对欧阳修早年影响很大的胥偃、晏殊、黄鉴,都是颇著时名的西昆后劲,梅尧臣叔父梅询为杨亿、刘筠的诗友,所以他们早年所作诗,均深受西昆体影响。他们开始从事诗文改革,就是在西昆巨子钱惟演幕府中开始的。这些与他们后来摆脱西昆体的影响,走出自己的文学道路,并不矛盾。

(收入《古典文学三百题》,上海古籍出版社1986年12月出版)

一九八七
韩柳交游之始*

《四部丛刊》影元本《朱文公校昌黎先生集》末附《长安慈恩塔题名》："韩愈退之、李翱翔之、孟郊东野、柳宗元子厚、石洪濬川同登。"注云"已下并方本所载"，但检方崧卿《韩集举正》却未见。按此题名当出慈恩寺石刻，宋人曾磨拓为《雁塔唐贤题名》帖，方氏当即据以征录。此帖今仅存残卷，上列题名不存。由于题名中无确切的纪年文字，故各家年谱皆未考及。今按，检诸人行实，可大致推定五人同登的年代。《李文公集》卷一《感知己赋》："贞元九年，翱始就州府之贡举人事。"知翱至贞元九年始入京。此可据为上限。孟郊卒于元和九年。柳宗元自永贞元年南贬，至元和十年方得返京，是同登之事，不在元和之际。韩愈贞元十九年南迁阳山，元和初始放回，时柳已贬永，因可更向前推。据今人华忱之《孟郊年谱》考证，孟郊于贞元十二年进士登第后即东归，曾小住和州，寄寓汴州，于洛阳选尉溧阳，即迎母南下，至元和元年始回长安。韩愈于贞元十二年起，入佐汴、徐军幕，中间虽曾数次入京，但为时甚暂。据此推测，五人同登的下限当不迟于贞元十二年。在九年至十二年的三年间，又以九年的可能性最大。此年李翱贡举入京，柳宗元登第，韩愈方应宏词试，孟郊试而未第，正月五日有独游雁塔题名。以上推测，对这几位文学家的研究颇有意义。韩柳相交，今人各家著作均以为贞元末事，据此可提前。柳与孟、李相交记载较少，据此可获得新的线索。李翱初字翔之，习之为后改，也可获得证明。而中唐文学集团的活动，这次雁塔同登也应是较早而且颇具规模的一次盛会，只可惜未留下更具体的记录。

又柳宗元《先君石表阴先友记》以韩愈为其父友。前人多仅及柳镇与韩会关系，而对韩愈则未作解释。今按：柳宗元《先侍御史府君神道表》云："吏部命为太常博士，先君固曰：'有尊老孤弱在吴，愿为宣城令。'三辞而后获，徙为宣城。四年，作阌乡令。"据前后文意考察，此中的"四年"，即指建中四年，知其令宣城约在建中二、三、四年间。韩愈十二岁时兄丧南方，归葬河阳后，适逢世乱，即旅食江南，寄家宣城，其时约在建中初。以此推测，柳镇作令之时，适为韩愈已移家宣城之际。柳镇给予故友的遗孀孤弟以较多的关怀照顾，当是情理中事。今知宗元在父官鄂岳时随侍，而柳镇既以"尊老孤弱在吴"为理由求选宣城,宗元随侍的可能性较大。如有他证佐定之,则韩、柳尚得为孩提之交。

* 本文为《石刻所见唐代诗人资料零札》中的一节,全文刊《唐代文学论丛》第一辑,山西人民出版社 1988 年出版。

一九八八

纪事

2月10日,导师朱东润先生逝世,享年九十二岁。当晚《文汇报》记者来电话询问,第二天要发消息,应该怎样表达他的成就。我建议用"我国著名的传记文学家、文学史家、教育家、书法家"的称呼,这是我对先生一生成就的认识。

先生在30年代,在文学批评史、《诗经》和古史研究方面,已经很有成就,但并不满足,从40年代初开始转而做传记文学。他对中国从马班史传、魏晋别传、唐宋碑状到近代评传都有系统考察,认为都不足与西洋传记并雄。他尝试采用英国传记的作法,即以繁重文献考据为依凭,重点揭示在错综复杂社会纠葛中的人物命运,并用文学笔法作真实而生动的叙述,来开创中国传记文学的道路,先后写作了《张居正大传》《陆游传》《陈子龙及其时代》等十来部传记。先生曾表示,能被后人称为传记文学家,就很满足了。我在2006年曾以《梅尧臣传》为例,撰文谈他的治学方法和我的感受,本书已经收录。

先生在30年代初就在武汉大学开设文学批评史课程,有《中国文学批评史讲义》(后来改名《大纲》),同时在《学术季刊》上发了系列文学批评论文。他主张对中国文学要从上古读到现在,因此曾对做现代文学研究的老师要求从《史记》开始读书。他的研究也贯穿古今,纵横各代,堪称通人。他主编的《中国古代文学作品选》至今仍在各高校通用。

先生从1917年任教广西二中始,从教七十二年,平生以"教师死于教席"自勉。八十岁时还担任系主任,每次全系大会,他都很洪亮地讲话,每以大家共同努力,这个系总要前进来规诫。陈思和曾说他经常晚上打着电筒到宿舍看望本科同学。我记得1986年4月,他因十二指肠溃疡住院,我与骆玉明去看他,他躺在手术床上十分虚弱,仍强撑起来,告诫我们要认真做人,争取学术上的发展,多为系里工作出力。先生逝世前一月,我们去医院看他,他反复说在需要负起责任的时候,要敢于承担责任,举到他在中央大学抗战结束返回南京途中,处理学生与伙夫冲突的事情。还说到当时流行《济公》主题歌,我认为反映了一些社会情绪,先生说以前英国经济萧条时,也流行一些歌,等到状况好转,就没人唱了,可以感觉他对时事的忧虑。手术后,先生病情迅速恶化。2月5日我与吴中杰老师去看他,他已极度衰弱,时而昏迷,时而清醒,当认出我们时,挣扎着说了一些话,多数已经分辨不清,只听清楚他对吴中杰说："以前我们吵过架,虽然我们吵过架,但我认为我还是对的。"吴中杰当时忙解释我们没有吵过架,离开后才想起,他曾为一些不愉快的事想离开学校,朱先生将他叫去,说:"现在中文系师资水平已在下降,你一定不能走。你要想走,就不要离开我家,什么时候不想走了,我再让你回去。"吴中杰感慨:"没想到朱老弥留之际,还在惦记这件事。"这是我听到先生最后的留言。

先生从二十多岁发誓练书法,从篆书开始,再隶书、楷书、行书,每体用十年时间练习,持续七十年不懈,终于各体兼擅,自成风格。2006年,泰兴市政府和中国书法家协会曾为纪念他诞辰一百一十周年,举办全国书法征集大展,规模空前。

我虽然在先生那里学习数年,学习为学和为人的基本道理和努力方向,但可惜天资驽钝,未能将先生的学术发扬光大,很感惭愧。

唐宋诗词札记*

一、杜甫佚诗

杜甫的原集六十卷,在唐代已散失。到北宋仁宗时,始由王洙搜辑残零,编成《杜工部集》二十卷,为后世各种杜集的祖本。宋人续有补辑,得诗一千四百五十七首(其中有四首伪诗)。后人虽屡有补录,均颇可怀疑。仇兆鳌《杜诗详注》录七首五联又一句,可视为明清两代杜诗补辑的总结。但其中可信的,似只有《杨文公谈苑》所引"狖掷寒条马见惊"一句。其余大多为伪诗,其中有宋人郑獬、秦观、狄遵度诗,有唐人戎昱诗,前人均已指出。另外《瑞鹧鸪》为五代后蜀周某作,《秋雨吟》为陆龟蒙作,"三月雪连夜"一首,为温庭筠《嘲三月十八日雪》诗。《石文诗》、《朝阳岩歌》则显然为唐五代人依托。另外几联残句,虽不详为谁作,大致亦不可信。近年来,周采泉、童养年同志分别录出一些佚诗,但细审之下,均不可靠。

最近,笔者在阅读南宋人蒲积中所编《古今岁时杂咏》(上海图书馆藏明抄本)时,在该书卷十一,意外地发现了一首佚诗:《寒食夜苏二宅》。全诗如下:

寒食明堪坐,春参夕已垂。好风经柳叶,清月照花枝。客泪闻歌掩,归心畏酒知。佳辰邀赏遍,忽忽更何为?

《古今岁时杂咏》作者蒲积中为南宋初人,书前有其绍兴丁卯(1147)自序,称据宋绶《岁时杂咏》原书,又增加了北宋人诗而编成。宋绶为北宋前期人,卒于庆历年间。据晁公武《郡斋读书志》载,《岁时杂咏》二十卷,是宋绶在中书任职时编,成书于庆历前,共收入魏晋至唐人岁时诗歌一千五百多首。《岁时杂咏》已失传,但其书均靠《古今岁时杂咏》保存下来。该书按时令节日为类,每类下各标出"古诗"、"今诗"。"古诗"即宋绶原编,"今诗"则为蒲积中所增益。《岁时杂咏》编成于王洙本《杜工部集》刊刻以前,因此这首佚诗是比较可靠的。此书篇幅较大,流传又不广,以致这首佚诗长期湮没而未受到应有的重视。苏二不详为谁。从诗意看,似为杜甫漂泊西南以后的作品。这些都还有待于进一步的研究。

二、杜诗唐代传至日本

杜甫的诗歌,在唐代已传入日本。唐宣宗大中初年,日僧圆仁自唐归国后所作的《入唐新求圣教目录》中,有《杜员外集》二卷,应该就是杜甫的诗集。最近,王水照教授赴日本讲学归来,带回旧钞本《千载佳句》复印件二册。这个抄本,原为日本近代著名文学家森鸥外的藏书,现已归东京大学。《千载佳句》共二卷,收入唐代一百五十位诗人的诗作一千又八十三首,大多仅取一联,按内容分为十五部二百五十八门。以白居易诗最多,凡五百零七首。编者大江维时,生于887年,卒于963年,是日本平安中期的文学侍臣。《千载佳句》结集年代不详,大致可确定约相当于中国的五代中后期。该书所收诗,可据以了解当时在日本流传的唐诗的面貌。集中收入杜甫诗六首,均仅摘取一联,全录如次:

卷上《四时部·春兴门》:"秦城楼阁烟花里,汉王山川锦绣中。"注:"杜甫《清明》。"按,即《清明二首》之二,大历五年长沙作,今本"汉王"作"汉主"。

卷上《四时部·春兴门》:"林家着雨燕脂落,水荇牵风翠带长。"注:"杜甫《曲江遇雨》。"按,此诗为乾元元年长安作。今本"林家"作"林花"。

卷上《地理部·山水门》:"蓝水远从千涧落,玉山高对两峰寒。"注:"杜甫《蓝田崔氏庄》。"按,今本题作《九日蓝田崔氏庄》,"高对"作"高并",天宝末年长安作。

卷下《宫省部·禁中门》:"五夜漏声催晓箭,九天春色醉山桃。"注:"杜甫《早朝大明宫》。"按,今题作《奉和贾至舍人早朝大明宫》,乾元元年长安作。

卷下《居处部·泛舟门》:"鱼吹细浪摇歌扇,燕蹴飞花落舞筵。"注:"杜甫《城西泛舟》。"按,今本题作《城西陂泛舟》,"摇"作"摇",天宝间作。

卷下《宴喜部·酒门》:"数茎白发那抛得,百罚深杯也不辞。"注:"杜甫《陪阳传贺兰长史会乐游原》"。按,今本题作《乐游园歌》,自注:"晦日贺兰杨长史筵醉中作。"天宝中诗。

以上诸诗,使我们知道了晚唐五代期间在日本流传的杜诗的具体篇章。诸诗以清新流丽者为主,与白居易诗风较为接近,表现出当日日本诗界的欣赏趣味。《千载佳句》仅收七言近体诗,不能据以认为杜甫的古体诗、五言诗在当时未传至日本,只是具体篇目我们无从获知。

三、杜牧所到赤壁即东坡赤壁

杜牧的这首《赤壁》诗,是唐诗中脍炙人口的名篇,前人已作了众多的评析与注释。但是一问题尚须探讨:此诗为作者登临怀古之作,还是借题发挥之作?从诗的首二句看,作者写在古战场上拾得沉埋沙中的折戟,擦去锈迹,认出是当年赤壁鏖兵时的遗物,并由此引起无限感慨。由此看来,应为登临之作。历史学家已经考定,三国古赤壁遗址在今湖北省蒲圻县境内。从杜牧一生的行踪来考察,他并没有到过当时属于鄂州的蒲圻,因此这首诗似不可能为登临故地之作。据我推测,这首诗应为作者会昌二年七月至会昌四年九月任黄州刺史期间所作,其所到之处为黄州之赤壁,也就是后来苏轼登临感兴,作《赤壁赋》、《念奴娇·赤壁怀古》的地方。他又有《齐安郡晚秋》七律一首,末二句说:"可怜赤壁争雄渡,唯有蓑翁坐钓鱼。"齐安郡即黄州,可见他确把黄州的赤鼻矶误作三国鏖兵的赤壁。如果这一推测可以成立,我们可以得到两点结论:其一,黄州赤壁之误传,不始于苏轼,唐时已然;其二,杜牧既未亲到古战场遗址,"折戟沉沙"、"自将磨洗"云云,为诗人虚拟发兴之辞,并非实有其事。

四、墓志中所引唐诗

中国的古人,不朽的愿望十分强烈。然而生命的存在毕竟是短暂的,只得借助金石来记录一生的功德,以期传诸永久。从汉碑到魏志,石刻的规模体制发生了许多的变化,但内容则大致相同:对死者功德的颂扬和生者对死者的哀挽。唐人碑志,现在能看到的约有五六千方,其内容与前代大致相同。但同中也有不同,举一点来说,唐代诗人林立,诗作辉煌,其光芒也折射入幽圹的埋石中。已出土的王之涣、王泠然、杨牢等诗人墓志,详尽记录了其诗歌成就,在其他一些墓志中,也常能看到相似的内容。其中有的借同时人诗句表示对死者的赞扬,如《杜颙墓志》录崔岐诗:"贾马死来生杜颙,中间寥落一千年。"(《樊川文集》卷九)《王叔雅墓志》录严维诗:"万里天连水,孤舟弟与兄。"(《古刻丛抄》)有的录民歌以显示死者的政绩,如《郑知贤墓志》录蜀州民歌:"州有长史,一隅欢喜,调吏如琴,养民如子。"(《千唐志斋藏志》)有的录诗以显示死者的生活态度,如《韦温墓志》记韦温临终诵其父诗"在室愧屋漏"(《樊川文集》卷八),表现其善理家事的苦心;《张诚碑》录其《咏怀》诗"论成方辩命,赋罢即归田"(《白氏长庆集》卷四一),以见其知命安穷的态度。有的纪事诗以表现死者生前的荣耀,如《程修已墓志》记唐文宗题诗于其所画竹障事(《唐文拾遗》卷三二)。有的则摘录死者生前得意篇章,以见其才学诗名,如:

《赋城上乌》:"灵台自可依,爰止竟何归?只由城上冷,故向日轮飞。"(《张敬之墓志》,见《襄阳冢墓遗文》)

《和蔡孚偃松篇》:"大厦已成无所用,唯将献寿答尧心。"(《韦希损墓志》,《唐文续拾》卷一八)

尤其值得一提的是《千唐志斋藏志》所收的《张晔墓志》,志主张晔是一位屡试不第的落魄文人,死时五十五岁,尚未沾一第。《墓志》称他"著古律诗千余篇,风雅其采,莫之能上",又录时人卢庠赠诗、杨戴赠叙以见其诗名之盛。杨叙尤为精彩,全录如次:

张氏子用古调诗应进士举。大中十三年,余为监察御史,自台暮归,门者执一轴曰:"张某文也。"阅于灯下,第二篇云《寄征衣》:"开箱整霞绮,欲制万里衣。愁剪鸳鸯破,恐为相背飞。"余遂矍然掩卷,不知所以,为激叹之词,乃自疚曰:"余为诗未尝有此一句,中第二纪,为明时御史,张子尚困于尘垒,犹是相校,得无愧于心乎!"

杨戴推贤之诚和张晔诗声之重,均可获见。记录行卷、阅卷过程,亦甚具体。顺便说及,杨戴即"逢人说项"的杨敬之的儿子。

墓志录诗,不仅保存了诸多佚诗,同时也可见诗歌在唐人心目中具有何等重要的地位。

五、唐代铜镜与瓷器上的题诗

唐代诗歌繁荣,诗歌遍及社会生活各个方面,诗歌作者也下及市氓村妇、工匠仆佣。随着时间的推移,社会下层流传和创作的诗歌,大多已散佚不存了,这是十分可惜的。在出土的唐代铜镜、陶瓷器皿等日用品上,我们却有幸读到了众多诗歌,看到了下层流传、创作诗歌的实证。

唐代铸镜业十分发达,传世和出土的铜镜数量甚多。其体制以正面磨光为镜,背面饰以精美的图案和铭文。铭文多数为四言韵语,也有简单的赞美祈福文字,用五七言绝句或律诗为铭文的,也不在少数。诗铭中,有的为前人的诗作,如《水光镜铭》:"玉匣邪开盖,轻灰拭夜尘。光如一片水,影照两边人。"(《金石萃编》卷一一八)即是截取庾信《镜诗》的前四句。多数则为无名氏所作,五言者如:"花发无冬夏,临台晓夜明。偏识秦楼意,能照美妆成。"(《浙江出土铜镜选集》)"独有幽栖地,山亭随女萝。涧清长低篠,池开半卷荷。野花朝暝落,盘根岁月多。停杯无尝慰,峡鸟自经过。"(沈从文《唐宋铜镜》)七言者如:"月样团圆水样清,好将香阁伴闲身。青鸾不用羞孤影,开匣当如见故人。"(《续古文苑》卷十四)都是十分优美的篇章。清人林昌彝在所著《海天琴思续录》中记明末名妓柳如是藏一唐镜,背有铭云:"照日菱花出,临池满月生。官看巾帽整,妾映点妆成。"这些诗或赞美铜镜的晶莹,或表现妇女的临妆姿态神采,或与镜背图案相配合,以求与用镜者生活取得和谐。从中可以了解到唐代工匠、商贾的良苦用心和社会日常生活中诗歌的普及程度。

70年代在长沙市郊铜官镇唐代窑址中,出土了大批中晚唐时期的瓷器,其中有五十多件上有题诗。其中少数为唐诗中的名篇,如:"鸟飞平芜远近,人随水流东西。白云千里万里,明月前溪后溪。"为刘长卿《苕溪酬梁耿别后见寄》中的四句。"万里人南去,三秋雁北飞。不知何岁月,得与汝同归。"为韦承庆《南中咏雁》诗。可知这些诗在唐代民间就广为传诵。多数为无名氏作,内容涉及社会生活各方面,语言均较通俗。试举三首为例:"一别行万里,来时未有期。月中三十日,无夜不相思。""春水春池满,春时春草生。春人饮春酒,春鸟弄春声。""男儿大丈夫,何用本乡居。明月家家有,黄金何处无?"这批诗歌,是研究唐代民间诗歌的极其珍贵的资料,应予充分重视。

六、唐科举试诗之始

唐代科举试诗始于何时，学术界争议颇多。我近年读书时，见到两条尚不为人们所注意的史料，颇有价值，或有助于这一问题的解决。

复旦大学图书馆藏明嘉靖刊本《休宁浯田程氏族谱》卷二载，六十四世，"南锐，睿宗先天二年考功裴庭昭下擢进士第，（原注：《出师赋》，又《拟洞箫赋》，《长安早春诗》，状头李日用。）再登宏词科，授万年尉。"该书有称宋朝为"本朝"、"大宋"的文字，知虽为明刻，实源出宋时族谱。上列文字中，"考功裴庭昭"有误，可能是传抄所致，但所载诗赋试题，则是可靠的。《文苑英华》卷一八一《省试诗》中，有张子容和无名氏的《长安早春》诗，而据《唐诗纪事》和《唐才子传》的记载，张子容恰为先天二年（713）进士。清人徐松《登科记考》载唐代进士科试诗的最早试题，为开元二十二年（734）的《武库诗》。据上考，可提前二十一年。

《千唐志斋藏志》收有开元二十一年刊刻的《大唐故亳州谯县令梁府君墓志》一种，志主梁屿，卒于开元二十年（732），终年七十三岁，生前历任州县官职，仕途并不亨达，政绩也甚平常。有价值的是墓志中以下一段记载："逮乎冠稔，博通经史，□□著述，众推清奇。制试杂文《朝野多欢娱诗》、《君臣同德赋》及第，编在史馆。对策又入甲科。还居学，间岁举进士至省，莺迁于乔，鸿渐于陆。属皇家有事，拜洛明堂，简充斋郎，邃奔执豆。"

以梁屿的享年推算，冠年（即二十岁）在唐高宗仪凤四年（679）。从墓志行文看，梁屿制举及第并不在冠年当年，而应在其后数年，即高宗末年至武后初年这段时间内。其后梁屿又应进士科及第。"皇家有事，拜洛明堂"，指永昌元年（689）武则天亲享明堂事。这段记载可以说是迄今为止所能见到的唐人科举试诗赋的最早记载，比前举张子容《长安早春》诗要早三十年左右。所试虽非进士科题，仍可见到当时对诗赋已极重视。调露二年（680）刘思立建议"进士加试杂文两首"，次年即实行。但"杂文"是否包含诗赋，因记载缺乏，学术界意见纷纭，莫衷一是。《梁屿墓志》为这一疑案提供了明确的答案。

七、杨亿学李商隐诗的自叙

南宋江少虞《皇朝事实类苑》卷三十四中，有杨亿提倡西昆体的一段十分详细

的自述,但至今未引起研究者的注意,现抄录如下,并略附考释:

> 公尝言:至道中,偶得玉溪生诗百余篇,意甚爱之,而未得其深趣。咸平、景德间,因演纶之暇,遍寻前代名公诗集,观富于才调,兼极雅丽,包蕴密致,演绎平畅,味无穷而久愈出,钻弥坚而酌不竭,曲尽万态之变,精索雅言之要,使学者少窥其一斑,略得其余光,若涤肠而换骨矣。由是孜孜求访,凡得五七言长短韵歌行杂言共五百八十二首。唐末浙右多得其本,故钱邓师若水未尝留意捃拾,才得四百余首。钱君举《贾谊》两句云:"可怜夜半虚前席,不问苍生问鬼神。"钱云:"其措意如此,后人何以企及?"余闻其所云,遂爱其诗弥笃,乃专辑缀。鹿门先生唐彦谦慕玉溪,得意清峭感怆,盖圣人之一体也。然警之之句亦多。予数年类集,后求得薛廷珪所作序,凡得百八十二首。世俗见予爱慕二君诗,夸传于书林文苑,浅拙之徒,相非者甚众。噫!大声不入于俚耳,岂足论哉!

原书未注出处。据文意、行文格式,参以他书,可确定出自《杨文公谈苑》,是杨亿弟子黄鉴搜集杨亿言论编集而成。这段记述,提供了许多不见于他书的史实:

一、杨亿提倡学李商隐诗,现一般认为以《西昆酬唱集》为标志。今知实始于至道年间,在西昆酬唱前十多年。同时亦与钱若水的嗜爱提倡有关。

二、杨亿为学李诗,曾花了极大气力搜辑、整理李商隐及其后继者唐彦谦的诗集,这在他书中记载皆未详。

三、杨亿学李诗的着眼点,在于李诗辞采雅丽而富于才调,措意深邃而能出以平畅,善于变化而余味无穷,这比《西昆酬唱集序》中所述,要具体得多。《韵语阳秋》卷二曾节引这一小节文字,但未说明出处。

四、记述了杨亿倡作昆体后社会上的反应:在盛传文苑的同时,也受到了"浅拙之徒"的众多非议。这段话可与《六一诗话》"先生老辈患其多用故事,至于语僻难晓"相参读。反对者应主要是指习惯按白体、晚唐体风格作诗的人们。"大声不入于俚耳,岂足论哉!"可以看到杨亿对反对者的态度。

宋初西昆体风靡一时,原因极复杂,值得深入研究。而上录杨亿自述,尤应引起注意。

八、苏舜钦《淮中晚泊犊头》的寓意

《淮中晚泊犊头》:"春阴垂野草青青,时有幽花一树明。晚泊孤舟古祠下,满川风雨看潮生。"是苏舜钦的优秀诗作,南宋刘克庄《后村诗话》认为此诗"极似韦苏州",现代的宋诗选注本,大多选入了这一首。此诗究为何年所作,是否有所寓意,未见有论及者。

此诗本身并无系年的佐证,但它收入文集的位置,却可资考证。《苏学士集》十六卷,为欧阳修据苏舜钦妻杜氏提供的苏氏遗稿编成。传本卷次已为后人重析,但次第仍保留了原编的面貌。集中诗占八卷,分为古诗、律诗两类,古诗占五卷,律诗占三卷,两类诗又分别大致按写作年代的先后排列。《淮中晚泊犊头》收入卷七,其后为《韩忠献公挽词二首》、《诏狱中怀兰田高先生》、《湘公院冬夕有怀》,均为庆历四年(1044)秋冬间作,因知此诗当作于该年春间。今人沈文倬编《苏舜钦年谱》考定,苏舜钦于庆历三年下半年旅居山阳(今江苏淮安),次年被范仲淹荐为集贤校理、监进奏院,春间自山阳入汴京,此诗即为这次旅途中作。

范仲淹于庆历三年八月任参知政事,十月应诏言事,开始新政。以此为触发点,朝廷中展开了激烈的党争。苏舜钦此时虽身处山阳,对朝中情况则是非常清楚的。他入京后给范仲淹上书,即谈到了在入京途中听到的种种对新政的非议,认为是"怨恶之人煽成此谤"。就职不久,就建议范仲淹当机立断,力排众议,实行进一步的改革。他很快卷入党争的漩涡中心,首当其冲地受到反对派诬陷,被削籍为民,几年后即抑郁而死。

《淮中晚泊犊头》写作者旅中所见景致,描写如画。联系当时的政治形势及作者的心境来分析,应该说作者在描写即景所见的同时,也在一定程度上寄寓了对形势的关心和忧虑。"满川风雨看潮生",面对多变的政局,诗人此时还是个旁观者,冷静地观察着潮起潮落的变化,但同时,应该说也正在做着搏击风雨的准备。

九、张先词多作于晚年

《白雨斋词话》称张先词为"古今一大转移",通行的各种文学史,多将张先与柳永并举为宋初较多地创作慢词,对慢词的发展颇有贡献。揆以事实,此说实难成立。

张先词今存一百六十五首,其中可视为慢词的共十八首,约占全部词作的九分之一。这十八首词中,可考定或大致推定写作年代的凡十三首,具体是:

《塞垣春》"寄子山"　约明道元年(1032)作。
《山亭宴慢》"有美堂赠彦献主人"　嘉祐五年(1060)作。

《宴春台慢》"东都春日李阁使席上" 约嘉祐六年(1061)作。

《归朝欢》约嘉祐间作。

《喜朝天》"清暑堂赠蔡君谟" 治平三年(1066)作。

《破阵乐》"钱塘" 嘉祐以后作。

《熙州慢》"赠述古" 熙宁七年(1074)作。

《泛清苕》"正月十四日与公择吴兴泛舟" 熙宁八年(1075)作。

《倾杯》"吴兴"

《倾杯》"碧澜堂席上有感"

《卜算子慢》

《山亭宴》"湖亭宴别" 以上四首皆为其退归后作。

《沁园春》"寄都城赵阅道" 约为熙宁十年(1077),亦即张先逝世前一年作。

综上所列,十三首中有十二首为张先七十岁(1059)以后所作,即为其晚年所作,仅有一首为早年作。

张先是耆寿之人,他的生年虽与柳永相近,去世却比柳永晚了近三十年。他的慢词,可考知的均为晚年所作,其时苏轼、秦观、周邦彦都已陆续步入词坛,慢词的创作已逐渐成为风气。张先在这种风气下写作慢词,虽有一定成就,但将他与柳永并提,显然是不妥当的。

顺便可以说及的是,比张先年轻近二十岁的欧阳修,也作有约二十首慢词,而其创作时间,则大多可推定在庆历(1041—1048)以前,比张先要早。其时,正是柳永创作的高峰时期。

十、欧阳修《踏莎行》本事推测

"候馆梅残,溪桥柳细,草薰风暖摇征辔。离愁渐远渐无穷,迢迢不断如春水。　　寸寸柔肠,盈盈粉泪,楼高莫近危栏倚。平芜尽处是春山,行人更在春山外。"欧阳修这首词,写的是初春时节,一位行旅在外的男子,对在家中的妻子深切绵邈的思念之情。由于原词无题,前人均以为此词只是泛述男女情思,并无具体的本事。但据我考察,此词应为作者的夫子自道。

欧阳修于天圣九年(1031)与恩师胥偃之女成婚,时年二十五岁,胥氏十五岁,婚后情爱甚笃。时欧阳修任西京(今河南洛阳)留守推官,迎胥氏同居洛阳。第三年即明道元年(1033)初春正月间,欧阳修因公务赴汴京,后又绕道随州探视叔父。

当他离洛时,胥氏已有孕在身,即将临产。欧阳修离开后,胥氏生下一女,但因产后得疾,旋即病逝。待到三月间欧阳修归洛时,胥氏已病死多日。其后,欧阳修曾作《绿竹堂独饮》诗抒写悲怀:

> ……人生暂别客秦楚,尚欲泣泪相攀邀。况兹一诀乃永已,独使幽梦恨蓬蒿。忆予驱马别家去,去时柳陌东风高。楚乡留滞一千里,归来落尽李与桃。残花不共一日看,东风送客声嗷嗷。洛池不见青春色,白杨但有风萧萧。

《踏莎行》所写正是正月的行旅之情,而诗中"忆予驱马别家去,去时柳陌东风高",与词中"草薰风暖摇征辔"的叙述,也完全契合。因此,可以推测此词即欧阳修此行途中所作。大约因胥氏将临产,故相思之情尤为急切。而此行竟成永诀,则是他作词时所意料不到的。

十一、欧阳修的联章词

在欧阳修词集中,联章词占有相当的数量。如《采桑子》"西湖念语"十三阕、《渔家傲》"十二月鼓子词"两组、《渔家傲》咏七夕三阕,前人均已有较多称述。但他另一组艺术上很有特色的咏莲女恋爱故事的《渔家傲》组词十阕,因通行本的《欧阳文忠公近体乐府》中仅收六阕,另四首仅见于《醉翁琴趣外编》,故以往一直不为人们所注意。

组词第一首,写莲女与女伴饮酒共乐,表现少女纯朴天真的生活情趣。第二至第五首,则着力描写了莲女青春的萌发:她看到鸳鸯双栖,因妒忌而"惊飞不许长相聚",但到日暮雨起时,又后悔"枉教水里分飞去"。采莲时,她感慨"莲子与人长厮类","年年苦在中心里"。这些细致的描写,表现出莲女心情的变化。接着,作者用"天与多情丝一把,谁厮惹,千条万缕萦心下"的自白,表现了她对爱情的率直追求。第六至第九首,写她对爱情的追求。她私恋上了一位男子,但这位男子却未曾察觉,她为"烟水隔,无人说似长相忆"而苦恼,看到白鹭、双鱼,为其不能传递消息而烦闷,看到并蒂的荷花,又感慨"花却有情人薄倖"。八、九两首写两次与情郎邂逅相遇,尤有情趣;因为相思至深,以致闻其声而急于回避,睹其人而羞于见面,刻画十分细致。"归来剩把胭脂衬"、"回身急打船头转",贴切地显现了怀春女子的形象。最后一首写到她和他的结合,以"愿妾身为红菡萏,年年生在秋江上。重愿郎为花底浪,无隔障,随风逐雨长来往"的歌唱,表现了莲女对爱情长存的执著信念。

　　词和近体诗一样，由于篇幅限制，一般只宜于抒情而不宜叙事，要表达复杂曲折的感情，也受到一定的限制。联章诗、联章词的出现，即是为了弥补这一缺憾。在欧阳修以前，联章词的创作已有较多数量，但用以叙述故事，尚属罕见。因此，上举《渔家傲》组词就显得特别地值得注意。

十二、刘克庄《后村别调》皆其早年作

　　刘克庄的词，主要有两种版本系统。一为《后村别调》一卷，为作者生前结集；一为《后村长短句》五卷，为其卒后由其后人搜罗成集。前者收词仅一百二十二首，后者收词共二百五十八首，存词数量较多。

　　《后村别调》收词数量虽然不多，但却是划分后村词前后期创作的重要依据。原书无结集的具体年代。刘克庄同时人黄升(花庵)选编的《中兴以来绝妙词选》卷七收其词四十二首，评语中提到刘克庄"有《后村别调》一卷"，而据黄升该书淳祐己酉(1249)自序，因知《后村别调》的编成，当不迟于此年。另外，《四库全书》收五十卷本《后村集》，中有词二卷，篇目与《别调》大致相同，该集前有林希逸淳祐九年(1249)序，可证。

　　收入《别调》中的词，钱仲联先生予以考订系年的仅五十七首，占全书的将近一半。现可确知剩下的五十余首，亦均为淳祐九年前作。从刘克庄词风发展情况来看，淳祐九年亦可作为一个分界线，前期词亢奋激昂，充满磊落不平之气，但从淳祐末年以后，叹老求闲之意逐渐增多，词中的用典亦比前更为讲究，而为贾似道祝寿诸词，也均为晚年所作。《后村别调》之所以值得重视，原因即在于此。

＊本文各节均为1989年5月四川文艺出版社《百家唐宋诗新话》、《百家唐宋词新话》所撰。题目为本书新拟。

一九八九
明铜活字本《唐五十家诗集》印行者考

明铜活字本唐人诗集,今存五十种,1981年上海古籍出版社汇集影印出版,题作《唐五十家诗集》,受到学术研究者的普遍欢迎。由于这批诗集没有印行者姓名和印书牌记,历代藏书家多以"明铜活字本"著录,未能确定其印行年代,有的还误以为宋代印本。《中国版刻图录》根据其字体和纸墨,推测为弘治、正德年间苏州地区的印本,比前人进了一步。徐鹏先生为《唐五十家诗集》影印本所作《前言》中,根据诸集的版式、编排形式及明人汇刻唐集的风气,推测"这部大型丛书的产生年代似不应早于弘治以前,而可能印行于稍后的正德年间"。并从"此书采用的字体、版式等各种特征"考察,认为应产生于"现在江苏南部的无锡、苏州、常州、南京一带",比前说更为细密,但可惜仍未能考定印行者为何人。

今检明人何良俊《四友斋丛说》卷二四引杨慎(升庵)语云:

> 李端《古别离》诗云:"水国叶黄时,洞庭霜落夜。行舟问商贾,宿在枫林下。此地送君还,茫茫似梦间。后期知几日,前路转多山。巫峡通湘浦,迢迢隔云雨。天晴见海峤,月落闻津鼓。人老自多秋,水深滩急流。清宵歌一曲,白首对汀洲。与君桂阳别,今君桂阳待。后事忽差池,前期日空在。木落雁嗷嗷,洞庭波浪高。远山云似盖,极浦树如毫。朝发能几里,暮来风又起。如何两处愁,皆在孤舟里。昨夜天月明,长川寒且清。菊花开欲尽,荠菜拍来生。下江帆势速,五两遥相逐。欲问去时人,知投何处宿?空令猿啸时,泣对湘潭竹。"杨升庵云:此诗端集不载,《古乐府》有之,但题曰二首,非也。其诗真景实情,婉转惆怅,求之徐、庾之间且罕,况晚唐乎?大历已后,五言古诗可选,唯端此篇与刘禹锡《捣衣曲》、陆龟蒙"茱萸匣中镜"、温飞卿"悠悠复悠悠"耳。

所录出《升庵诗话》卷五《李端古别离诗》。紧接其后,何良俊云:

> 今徐崦西家印五十家唐诗活字本《李端集》,亦有此诗,仍分作二首耳。

杨慎据诗意推测李端《古别离》二首应为一首,可成一说,但追溯宋代记载,《唐文粹》卷一三、《唐诗纪事》卷三〇均仅录"白首对汀洲"以上为一首,《乐府诗集》卷七一、江标《唐五十家诗小集》影宋书棚本《李端诗集》卷上均收作二首,杨说似尚可存疑。此为另一问题,在此不拟讨论。值得注意的是何良俊所云"徐崦西家印五十家唐诗活字本"一语,为确定明铜活字本《唐五十家诗集》的印行者提供了重要的线索。

今存明铜活字本《李端集》,编次卷数均不同于影宋书棚本,其卷一收《古别离》二首,分别列第三、第五首,与何良俊所言相合。就今所知,明代以活字印唐人诗集者,除无锡华坚兰雪堂正德八年印《白氏文集》、《元氏长庆集》及《颜鲁公集》、仁和卓明卿万历十四年印《唐诗类苑》等外,大规模汇印则仅一次,即今存之五十种(参《史学史资料》1980年第1期刊张秀民《明代的活字印刷》一文)。何良俊所云"五十家",亦与今存集数相合。因此,可以确定徐崦西所印之"五十家唐诗活字本",即今存之明铜活字本《唐五十家诗集》。

徐崦西是谁?检明皇甫汸《皇甫司勋集》(复旦大学古籍所藏胶卷)卷四七《徐文敏公祠碑》云:

> 公讳缙,字子容,吴洞庭西山人也,故号崦西。

可知徐崦西即徐缙,因其所居在苏州吴县洞庭西山崦里之西,故自号崦西。

徐缙,《明史》无传。《徐文敏公祠碑》云"登乙丑上第",乙丑为弘治十八年(1505),《明清进士题名碑录》载为此年二甲十六名。其终官,《徐文敏公祠碑》载为"吏部左侍郎兼翰林学士",并云世宗嗣位后,曾以少宰摄铨衡,不久被权相使人诬告而被劾,罢官东归。其被劾事,《明史》卷一八六《许进传》附《许赞传》载之甚详,为嘉靖八年(1529)间事,因被诬行贿而除名。徐缙卒年,据《徐文敏公集》(复旦大学古籍所藏胶卷)卷首载皇甫汸隆庆二年(1568)序云为其卒后二十三年左右作,逆推约为嘉靖二十四年(1545)。

徐缙印行铜活字本的时间难以确考,就其生平言,当不会早于登第之年,即应在正德至嘉靖前期,而以晚年退归后的可能性为大。《徐文敏公祠碑》云:"公在史馆,……与何景明、徐祯卿定交。"何、徐皆列名前七子,力倡唐音,徐缙印唐集,显然受到他们的影响,而所印仅初、盛唐及中唐前期人诗集,也与前七子"诗必盛唐"的主张相合。此外,还可以举出两条旁证。其一,《四部丛刊续编》收有明刊本《宋之问集》二卷,其版心题"崦西精舍"四字,张元济跋谓"不知何人所刻",《明代版刻综录》卷四云为正德四年(1509)刻,刻者疑为朱良育,所举证实不足为据。今考此集应亦徐缙所刻。铜活字本收初唐人诗集颇为周备,独缺宋之问集,似乎并非缺漏,而是先已刻有此集,故活字本不复重收。其二,据徐鹏先生说,明铜活字本《曹子建集》行款版式与《唐五十家诗集》十分接近,《中国版刻图录》据正德五年

(1510)舒贞刻《陈思王集》田澜序,疑该书为长洲徐氏印本。此长洲徐氏很可能即是徐缙或其亲属。

综上所考,明铜活字本《唐五十家诗集》应为正德、嘉靖间苏州吴县人徐缙所印行。当时所印之总数即为五十家,与上海古籍出版社影印时从全国各大图书馆搜集所得的总集数相合,并无佚失。这一结论,与《中国版刻图录》及徐鹏先生《前言》推定的意见,是比较接近的。

1989年3月

(刊《中华文史论丛》1990年第1辑)

一九九〇
张碧生活时代考

张碧诗存二十首(《全唐诗》卷四六九收十六首、卷八八三收三首,另《文房四谱》卷二存一首,《全唐诗续补遗》卷八据以收入),其中无纪年文字,甚至连涉及时事、交游而可资考索的痕迹也没有。不过这似无碍于对其生活时代的确定,因为作为正史的《新唐书·艺文志》中,已明确记载:"《张碧歌行集》二卷,贞元人。"对此还可以找到一个很有力的支持。孟郊《孟东野诗集》卷九有《读张碧集》云:

> 天宝太白殁,六艺已消歇。大哉国风本,丧而王泽竭。先生今复生,斯文信难缺。下笔证兴亡,陈词备风骨。高秋数奏琴,澄潭一轮月。谁作采诗官,忍之不挥发。

《韩昌黎集》卷二九《贞曜先生墓志铭》载,孟郊卒于宪宗元和九年。孟郊既已读到张碧的诗集,张碧生活时代应与孟郊同时或稍早,为德宗贞元(785—805)间人,似无可疑。后《唐诗纪事》卷四五、《直斋书录解题》卷一九、《唐才子传》卷五、《全唐诗》卷四六九,皆沿《新唐书·艺文志》之说。然而,张碧为贞元之间人之说,实是大可怀疑的。

疑点之一,《唐诗纪事》卷四五谓张碧自序其诗云:

> 碧尝读李长吉集,谓春拆红翠,霹开蛰户,其奇峭者不可攻也。及览李太白词,天与俱高,青且无际,鹏触巨海,澜涛怒翻,则观长吉之篇,若陟嵩之巅视诸阜者耶。余尝锐志狂勇心魄,恨不得摊文阵以交锋,睹拔戟挟辀而比矣。

此即《张碧歌诗集》之序,因原集不传,序仅存此。李贺(长吉)卒于宪宗元和十一年(816),年二十七。其诗集生前未行,临终方以遗稿交友人沈子明。沈至文宗大和五年,持以求序于杜牧,其刊布行世,当更在此以后(详《樊川文集》卷一〇《李贺集序》)。张碧如为贞元间人,即不可能见到李贺集。当然也不能排除以下两种可能性:其一,张碧贞元间已成名,文宗时尚存活;其二,张碧所见李贺集,并非杜牧所序之遗集,而为李贺生前已传之诗卷。后一可能性我们无从找到别的佐证,但从张碧自序看,显为后人读前人之作,而非读同时人且比自己年辈为低者之诗集,因为序中仅有评骘,并无相识愿交之意。前一可能性虽不乏可举之例,如白居易、刘禹锡、李绅等皆然,但却与孟郊得读张碧集显然矛盾,孟郊比李贺尚早死两年,不可能见到张碧于大和后自序的诗集。

疑点之二,《诗话总龟》卷一一引《雅言系述》云:

> 张瀛,碧之子也。事广南刘氏,官至曹郎。尝为歌赠琴棋僧,同列见之,曰:"非其父,不生其子。"

"广南刘氏"即五代时期占据岭南,建立南汉政权的刘隐、刘龑兄弟及其后人。即以刘隐封南海王之年,即后梁太祖乾化元年(911)计,距贞元末年也已一百又六年。张碧如为贞元间人,其子不可能仕南汉,反之,其子既仕南汉,张碧则不可能为贞元间人。《雅言系述》为北宋人王举所撰的一部诗话,多记五代十国诗事,颇为翔实可信。原书不存,《诗话总龟》引录较多。《十国春秋》卷六三《张瀛传》,即据此。

疑点之三,《直斋书录解题》卷一九《张碧歌诗集》解题云:

> 唐张碧太碧撰。《艺文志》云贞元时人。集中有《览贯休上人诗》,或剿入之也。

《览贯休上人诗》,今不存,但陈振孙所见张碧集中,显然是有这首诗的。陈振孙既信《新唐书·艺文志》之说,因疑该诗或伪,其实并无别证。张碧今存二十首诗,分别源出于《唐百家诗选》卷一四、《乐府诗集》卷九四、《唐诗纪事》卷四五、《万首唐人绝句》卷六九、卷九一、《分门纂类唐歌诗》卷三二、卷九一、卷九五、《韵语阳秋》卷三及《文房四谱》卷二,皆为宋人自《张碧歌诗集》中录出,除《山居雨霁即事》一诗曾或误为长孙佐辅诗外,均可信为张碧作,并无伪诗。《览贯休上人诗》既见其集,应为其所作,不容怀疑。贯休生卒年略有异说,陈垣先生《释氏疑年录》卷五考定生于文宗大和六年(832),卒于前蜀太祖永平二年(912)。张碧既曾见贯休诗,其生活时代应在懿宗咸通以后。

就以上三点提供的线索,张碧生活时代应在晚唐时期,曾得读文宗后行世之李贺集,得览懿宗后方成名之贯休诗,有子仕南汉,也都顺理成章。

问题又回到本文开头所提出的两条似无可疑的史料。以张碧为贞元间人的所有记载,都源自《新唐书·艺文志》,能支持其说的,仅题为孟郊作的《读张碧集》一诗。进一步探究,不难发现此二条材料实同出一人之手。

《新唐书》纪、表、志署为欧阳修撰,但实际执笔者,据《春明退朝录》卷下、《云麓漫抄》卷四载,乃范镇、王畴、宋敏求、吕夏卿、刘羲叟、梅尧臣分撰。其中王畴长于礼仪,分领《礼》、《仪》、《兵志》,吕夏卿长于谱学,撰《世系表》,梅尧臣修《方镇表》等,刘羲叟撰《天文》、《律历》、《五行志》(详《复旦学报》1985年3期拙作《欧阳修著述考》)。宋敏求家富藏书,本人又长于目录校勘之学,从上述可考知之诸人分工情况看,《艺文志》应由其执笔,而经欧阳修最后笔削而成。《琬琰集删存》卷二范镇《宋谏议敏求墓志》云:

> 三馆、秘阁书,类多讹舛,所藏虽博,而往往无稽考。公请先以《前汉艺文志》据所有,用校七史例,下诸路购求善本,重复校正,然后自后汉以来至于唐,依逐书志目,以次雠对,取其堪者,馀悉置之,使秘府文集得以完善也。

此虽非专言修《新唐志》事,而其对目录校雠之专精,足证《艺文志》必出于其手。又王安石《唐百家诗选》是据宋敏求家藏唐集编选而成的,其中收录张碧诗,亦可知敏求藏有张碧集。

而今存之孟郊《孟东野诗集》,亦出自宋敏求所编。敏求为该集所作序,称所据为汴吴镂本、周安惠本、别本、蜀人蹇浚编《咸池集》本及"自余不为编帙"者,"总括遗逸,摘去重复",分类编次而成。该集收罗孟诗,甚为完备,自问世以后,其馀诸本皆废而不传。但因曾网罗遗逸,鉴别上不能必定无误,如今本有与贯休、聂夷中及《韵补》引《道藏》歌诗相重见者,即有待进一步之甄定。

我们有理由相信,《新唐书·艺文志》中称张碧为"贞元人"一句,出自宋敏求之手笔,而宋氏之依据,当即因孟郊有诗涉及张碧,据以推知其时代。

如果《读张碧集》非孟郊所作,即《孟东野诗集》中该诗为宋敏求误收他人之作,则以张碧为贞元间人的说法,也就不能成立了。

而如前文已列举的诸多例证,张碧生活时代显然迟于孟郊、李贺,孟郊不可能写出《读张碧集》这首诗。

《读张碧集》的作者应是谁呢?

由于该诗最早仅见于孟集,在传世文献中也无别一人所作之记载,本文只能提出一种推测:此诗作者应为五代马楚时人徐仲雅。

徐仲雅,字东野,其先秦中人,徙居长沙。事湖南马氏,文昭王时为天策府学士。生平事迹散见于《五代史补》卷三、《三楚新录》卷二、《诗话总龟》卷二一引《零陵总记》,又卷二一、卷二二引《湖湘故事》、卷三八引《雅言杂载》。《十国春秋》卷七三有传,即据上列诸书。《雅言杂载》云:"湖南徐仲雅与李宏皋、刘昭禹齐名,所业百馀卷并行于世。"可知其所作颇丰。但至北宋时,其集似已不甚传,仅靠各种笔记、杂史、诗话引录,得以保存少量篇什及残句。宋人对其姓名,或称徐仲雅,或称徐东野,甚或径称东野,以致明胡震亨收罗唐诗时,对其为一人抑二人,颇费了一番考证(详《唐音戊签徐》四七)。

徐仲雅与孟郊皆字东野,多诗作,但至北宋时名已不甚显。其诗传为孟郊之作,可能性应是很大的。从徐仲雅存世诗作看,其诗风与《读张碧集》也甚近似。抄录二首,以资比对:

  张绪呈风流,王衍事轻薄。出门逢耕夫,颜色必不乐。肥肤如玉洁,力拗丝不折。半日无耕夫,此辈总饿杀。(《耕夫谣》,出《诗话总龟》卷三八引《雅言杂载》)

  半已化为石,有灵通碧湘。生逢尧雨露,老直汉风霜。月滴蟾心水,龙遗脑骨香。粗于毫末后,曾见几兴亡。(《东华观偃松》,出《诗话总龟》卷二一引《零陵总记》)

如这一推测得以成立,张碧之生活时代,可断非中唐,而应为唐末,甚至可能存活至五代初。种种之疑点,也皆可迎刃而解。

1990 年 6 月

(刊《文学遗产》1992 年第 3 期)

一九九一
述复旦大学图书馆藏明钞本《元和三舍人集》*

《元和三舍人集》，不见唐宋两代公私书目著录，惟南宋计有功《唐诗纪事》卷四二云："右王涯、令狐楚、张仲素五言七言绝句共作一集，号《三舍人集》，今尽录于此。"明清藏书志亦未著录，今人多以为此集已佚，如吴企明先生撰《唐人选唐诗传流、散佚考》（收入《唐音质疑录》）即认为"赖计氏录存，今天我们还能见到《三舍人集》的全貌"。

然此集并未亡佚。复旦大学图书馆藏明钞本《唐人诗集八种》，即包括《元和三舍人集》①。《中国丛书综录》及《补正》皆未收此书，故不为世人所知。集中"洛"或写作"雒"，有可能传写于明泰昌、天启间。各集前后收藏印有"槜李曹溶"、"姜实节印"、"彝尊私印"、"锡鬯"、"徐旭龄印"、"李以镕氏七略为宗"等，知自明末以来，先后为曹溶②、姜实节③、朱彝尊④、徐旭龄⑤、李以镕⑥等所收存。

《元和三舍人集》卷首有署名"汉老"者所作序一篇，在叙述三舍人事迹后，仅云："岁丙子，予从京邑，言首西路，息驾道傍村舍，有老书生出是书相质，予因为道所忆如此，并停一日校之而去。"因仅记干支，未言朝代、年号，不详汉老为何时人⑦。

三舍人指王涯、令狐楚、张仲素，在《元和三舍人集》中分署广津、壳士、绘之。王涯、令狐楚，两《唐书》均有传，张仲素生平可详《郎官石柱题名考》卷五、《唐才子传校笺》卷五，此不详叙。汉老仅据《唐书》考三人官舍人之年月，尚未尽允当。唐丁居晦《重修承旨学士壁记》所叙甚具体：

  令狐楚，元和九年七月二十五日自职方员外郎知制诰充（翰林学士）。……十二年三月，迁中书舍人。八月四日，出守本官。

  王涯，元和十一年正月十八日自中书舍人入充（翰林学士）承旨。……十二月十六日，守中书侍郎平章事。

  张仲素，元和十一年八月十五日自礼部郎中充（翰林学士）。……十四年三月二十八日，迁中书舍人。卒官，赠礼部侍郎。

参岑仲勉先生《翰林学士壁记注补》所考，三人任中书舍人的时间，王涯为元和九年至十一年十二月，令狐楚为十二年三月至十三年，张仲素为十四年三月至是年底去世，是三人未曾同时任舍人。据此可以认为《元和三舍人集》并非此集原名，而为唐末至北宋时人改题。

此集原名为何？我以为即是《新唐书·艺文志》所载之《翰林歌词》一卷。根据有四：此集所载皆为歌词，此其一；三人于元和十一年八月至十二月间，同为翰林学士，已见前引，此其二；此集三人诗，一般均以王、令狐、张为序，时王涯为承旨，张仲素方入院，此集成于上述数月间，正合三人官次，此其三；《遂初堂书目》有张仲素《歌词》，《宋史·艺文志》有王涯《翰林歌词》一卷，知《翰林歌词》收王涯、张仲素之作，此其四。此点虽可证定，但为示对旧题之尊重，本书仍题原集名。

《元和三舍人集》明钞本目录尚完，而正编已有残缺。据目录，知全书共收诗一百六十九首，其中王涯六十一首，令狐楚五十首，张仲素五十八首。正编中缺令狐楚《春闺思》一首，后半"败糜不存"，所缺皆《宫中行乐辞》，为王涯三首，令狐楚二十首，张仲素二十六首。故存诗为一百十九首，即王涯五十八、令狐楚二十九首、张仲素三十二首。

此集中诗，北宋中叶前似不甚流行，今仅见杨亿引过"写望临香阁，登高下砌台。林间见青使，意上直钱来"一首（见《说郛》卷二一引《杨文公谈苑》）。北宋中叶后，大量引录此集中诗者，今知有郭茂倩《乐府诗集》（其中王涯诗皆误署王维）、计有功《唐诗纪事》、洪迈《万首唐人绝句》及宋蜀刻本《王摩诘文集》（见卷一附录，署"翰林学士知制诰王涯"）。各书收诗多寡不一，有两点值得注意：其一，凡明钞本所缺之诗，宋代诸书亦皆不载，足证此集之残，当在北宋中叶以前，即宋人所见该集，亦仅如今存本之规模。其二，诸书引诗在作者、诗题及文字方面，均有相当大的差异，当因此集混编三人诗，又一直以钞本流传，各家所见本不一，故致传讹。经以明钞与诸书逐篇对校后，我以为凡作者、诗题有出入者，一般均应以明钞本原集为是，诗中文字，则互有长短，应比勘而定。清编《全唐诗》录三人诗，多与明钞同，而于宋代各书则多有不取，知即以原集写定。兹将上述各书存诗数，列表如次：

书名 诗数 作者	《元和三舍人集》	《乐府诗集》	《唐诗纪事》	《万首唐人绝句》	《王摩诘文集》	《全唐诗》
王　涯	58	19	29	57	30	58
令狐楚	29	30	29	30	0	29
张仲素	32	24	30	29	0	32
总　计	119	73	88	116	30	119

汉老序云:"《元和三舍人诗》者,盖一时倡和之作也。"其实,此集与《元白继和集》、《彭阳唱和集》等此唱彼和的唱和集有所不同,与一般所说的唐人选唐诗也有所区别。如前所考,此集原名《翰林歌词》,为三位作者同任翰林学士时,用当时流行或新制诗题,共同写成的歌辞总集。其编者可能为三人中之一人,也可能即由三人合编,今已无从详究。考虑到此集已为国内孤本[8],且尚存唐时原貌,编例也较特殊,又多可订正宋代以来各书所收诗人讹误,特予以校订整理,附存于《唐人选唐诗新编》之末,以供唐诗研究者和爱好者参考。

此次整理,即以明钞本为底本,主要参校《乐府诗集》(文学古籍刊行社影宋本)、《唐诗纪事》(《四部丛刊》影明本,均见卷四十二)、《万首唐人绝句》(文学古籍刊行社影明嘉靖本,五言见卷十二,七言见卷十八),校记中后二书皆不另注卷数。《王摩诘文集》及《全唐诗》中异文,已见前三书者,一般不入校,以避冗费。除《乐府诗集》误以王涯诗为王维作外,其馀作者、诗题之不同,均出注而不作按断。明钞本有不少歧写字,如"惯"作"贯"、"早"作"蚤"、"照"作"炤"、"眠"作"瞑"、"暮"作"莫"、"花"作"华"、"雪"作"雪"等,皆径予改正,不作校记。其馀误字改动处,均说明所据。

---

* 本文为傅璇琮主编《唐人选唐诗新编》所作整理本之前言,后因故未收入。后增订改写为《唐代与翰林学士有关的两种诗歌总集考释》之第二节,收入《唐代诗学会探——陈允吉教授退休纪念论文集》,复旦大学出版社,2006年5月。

① 另七种为《高氏三宴诗集》、《香山九老会集》、《薛涛诗集》、《澈上人诗集》、《灵一诗集》、《清塞诗集》、《常达诗集》。

② 曹溶(1613—1685),字洁躬,浙江秀水人。明崇祯十年进士,降清后,累迁广东布政使。《清史稿》卷四八九有传。

③ 姜实节,字学在,莱阳人,侨吴县,所居号谏草楼。康熙间在世。《国朝耆献类徵初编》卷三有传。

④ 朱彝尊(1629—1709),字锡鬯,清初著名学者。《清史稿》卷四八九有传。

⑤ 徐旭龄,字元文,钱塘人,顺治进士,康熙中累官山东巡抚。《清史列传》卷八有传。

⑥ 李以鎔,不详。

⑦ 宋李邴(1085—1146),字汉老,南宋初官至参知政事。但丙子岁(1096)仅十二岁,必非其人。

⑧ 友人告日本尚存一本,未见。

一九九二
《诗渊》全编求原

北京图书馆藏明代无名氏编《诗渊》,是一部规模宏大的历代诗歌总集。全书久佚,今存残本分订二十五册,收诗即超过五万首,且其中十之二三不见于他书,弥足珍贵。数年前,书目文献出版社将此书影印出版,引起国内外学术界广泛的重视。孔凡礼先生辑《全宋词补辑》,主要援据该书。北京大学编《全宋诗》,于此书采掇亦多。笔者于1988年为纂辑《全唐诗补编》,曾将全书通检一过,录出唐人佚诗一百多首。

《诗渊》在明清书目中,仅《文渊阁书目》有著录,且极简单,无资考证。今存本无序跋,无总目,各册前后次序也较混乱。孔凡礼先生为影印本所作《前言》中,根据今存本一至五册书根上有"地五"至"地九"字样,六至九册有"人七"至"人十"字样,认为"《诗渊》是一部规模相当宏大的类书,它分天、地、人等几大部,大部之下又分许多细目","是百科全书性质的类书"。又云:"现存《诗渊》远远不是足本。天部不见,地部、人部也不全。"并列举了一些已缺佚部分的细目。

《前言》认为今本"远远不是足本",甚是。但仅据书根上的题字来推测全书面貌,则有失允当。书根有字的诸册,内容与题字并无关系。《前言》虽注意及此,但解释认为:"编纂者原定上述各该册为'地五'、'地六'等等,在编纂过程中,有了改变,书根上的字未及涂抹,留下了痕迹。"这一解释不符合古人之著作习惯。一般来说,古人总是积稿成书,装订成册后,再于书根上写出序次,而不是相反。且从全书看,次第已全失编写者的原貌(详后所考),而书根所记仍存一定程度的序列,有理由认为书根题字为明中叶以后某收藏者所题,其性质约相当于千字文编号,与全书之内容与编次无关。此外,《前言》认为《诗渊》是一部类书,亦未允。由于全书仅收诗词,不及文章及四部群书,按传统分类法,自应归于总集。

要了解《诗渊》全书的编次,还应以原书内容为准。笔者通检全书后认为,该书是一部沿袭南宋以来流行的"分门纂类"体例编次的诗歌总集。全书分若干门,门下再分类,类下再有若干细目,各目下收诗多寡不一。今存本所见诸门有:《身体门》(影印本页1,以下引该书仅记页数)、《衣服门》(页35)、《珍宝门》(页64)、《饮食门》(页80)、《花木门》(页1116)、《器用门》(页1301)、《道宫室门》(页1566)、《地理门》(页1915)、《鸟兽门》(页2601)、《宫室门》(页2867)、《宫室门释》(页

3679)、《文史门》(页3870)。其中《道宫室门》和《宫室门释》,显为《宫室门》下的两个分门。故今本所存仅十门为原题。今本中尚有若干部分,不属于上述诸门。如页178至页997、页4264至4634所收诸诗。页1667至页1715有《祠庙》一目,可能也是《宫室门》的分门。

《诗渊》全书共分多少门?各门前后次第如何?各门存佚情况如何?这些问题,是每一个阅读和利用《诗渊》的学者都希望了解的。不解决这些问题,多达四千六百三十四页的《诗渊》只能给人以混沌一片、编次无序的印象,很难利用。因该书几无著录,又无序跋总目,要解决这些问题极为不易。当笔者初次接触这一问题时,曾设想据宋、明间现存之分门类总集,推测该书已失部分,但总感缺少说服力。在进一步研究后,终于在该书中找到了解决上述问题的线索。

从今存《诗渊》看,这位没有传下姓名的编者所见之书很多,编诗录诗也很认真,但文学素养似乎并不太高。他分门类编钞古今诗,几乎全照各诗诗题之字面意思来判断归属,有不少地方将题意完全理解错了。他将全部所得诗歌分为若干门,各门下再分类。分类情况似有二种。一是将该门下诗歌按其具体内容分类,如《祭祀类》(页296)、《赠类》(页306)、《疾病类》(页4471)、《杂兴类》(页4483)。这种分类法在全书中所占比例并不大。二是在每一门下,按全书各门之内容,再行分类,一般是先列本门本类,再按全书各门次第分类。举例来说,在《地理门》下,先为《地理类》,收诗题中州郡山川名较为单纯之诗,其后各类,则收涉及某一方面名称的地名之诗,如《花木类》下,收有《柏乡》、《槐里》(页1769)、《槟榔寨》、《青松路》(页1771),《鸟兽类》下则收《虎丘》、《老鼠关》(页1764)、《回雁峰》、《金鸡岩》(页1788)。在《花木门》下,有《地理类》,收《蜀桐》、《凤州柳》、《陌上桑》(页1023)等,《鸟兽类》收《鸳鸯菊》、《龙脑菊》、《碧蝉儿花》(页1044)等。其他各门类可依此类推,不一一列举。这一编次方法显然有其欠妥当处,如《花木门》下《菊》一目,因诗题不同,在各类下此目多次出现,很不便寻检,且有一诗多次钞录者。但这一编例,为探寻全书门数编次提供了极有价值的线索。以下将今存各门中,按上列第二类情况分类之类目,表列如下(表见下页)。

表中横列各门,按影印本之前后顺序;纵列各类,则按各门各类之前后排比而得。"顺序和页数"一栏,包括两组数字,在上者为各门中各类出现的序数,在下者为该类在影印本中所见之页数,一般均据各门目录,目录缺而据正文补者,加方括号以示区别,应为一类而原文失载者,则加圆括号为记。

门类\顺序和页数	身体	衣服	珍宝	饮食	花木	器用	道宫室	地理	鸟兽	宫室	宫室释	文史
天 文				2 80	2 1018	2 1235	2 (1581)	2 1752	2 2619	2 2879	2 (3696)	2 3845
地 理				3 80	3 1021	3 1238	3 (1586)	1 (1915)	3 2622	3 2886	3 3643	3 3846
时 令				4 80	4 1036	4 1247	4 1544	3 1759	4 2631	4 2909	4 3648	4 3847
花 木				5 80	1 (1116)	5 1251	5 1545	4 1769	5 2635	5 2916	5 3652	5 3849
鸟 兽				6 81	5 1042	6 1255	6 1546	5 1783	1 (2671)	6 2926	6 3654	
宫 室					6 1046	7 1258	1 (1566)	6 1794	6 2639	1 (2994)	1 (3679)	6 3851
器 用				7 81	7 1059	1 (1301)	7 (1607)	7 1800	7 2641	7 2930	7 3655	7 3853
人 物				8 85	8 1062	8 1263	8 (1807)	8 1807	8 2644	8 2933	8 3656	8 3853
身 体	1 1				9 1066			9 1819	9 2646	9 2946	10 3674	
声 色					10 1068		13 1564	10 1823	10 2647		12 3676	
衣 服		1 (40)					10 1563	11 1827		10 2947	11 3675	
珍 宝			1 (68)		11 1077	9 1269	14 1565	12 1828	11 2650	11 2951	13 3676	
饮 食				1 (96)	12 1079	10 1273	11 1564	13 1833		12 2952		
文 史						11 1274	12 1564	16 1846	12 2651	13 2953	16 3678	1 (3807)
数 目						13 1080		15 1841	13 2652	14 2958	15 3678	
方 隅								15 1565	14 1834	15 2959	14 3677	
人 事		2 3	2 37	2 66		14 1082	12 1276	9 1556	17 1848	14 2655	16 2963	9 3664	9 3855

各门中有些特殊情况,表中无法表示,在此略作说明。其一,各门皆以本类列为第一,有几门未用本门名作类名,如《花木门》首为《柏类》、《松类》等,《器用门》首为《音乐类》,《宫室门》首为《宫类》、《殿类》等,《文史门》首为《书史类》。凡此皆归并于本类,列第一,有多类者亦仅算一类。其二,有二类类名有异。《声色类》,《鸟兽门》、《地理门》、《宫室门释》作《彩色类》,应为一类,因这三门所收诗有色而无声,故以"彩色"为目。另《方隅类》、《地理门》、《道宫室门》、《宫室门释》均作《方舆类》。此类收诗题中有东西南北字样者,作"方隅"是,仅《宫室门》不误,若作"方舆",显与"地理"类相重。其三,《饮食门》之《人物类》,据内容似应作《人事类》。

据前表所列,对《诗渊》全书之构成,可以得出两点结论。

第一点,《诗渊》全书之门数,与各门之类目(各门特殊情况除外)是一致的。今本所存十门,在各门中都首列为类目。各门中另有七类,即《天文》、《时令》、《人物》、《声色》、《数目》、《方隅》、《人事》,在原书中应各为一门,今本未见门名,应已佚去。今本中不属十门之页178至页997、页4264至页4634,从内容看,与各门中《人事类》较接近,应即《人事门》之残存部分。

第二点,全书十七门之前后次序,也可从各门各类排列先后中,得到确定。从前表所列,可以看出前八类,各门排列次序全同。后九类中,前后差别较大者为《道宫室门》和《宫室门释》两个分门。如将这两个分门除外,则第九至第十三类为《身体》、《声色》、《衣服》、《珍宝》、《饮食》,第十七类为《人事》,也可确定。第十四、十五、十六这三类,十门中仅《地理》、《宫室》二门全存,前后不同,《鸟兽门》存二类,与《宫室门》同,今姑从《宫室门》。

上列十七门,是否即《诗渊》全书内容?回答应是肯定的。除上举今存各门类目的一致可以佐证,还可与宋、明间同类选本作一比较。这里以南宋赵孟奎《分门纂类唐歌诗》、署刘克庄《分门纂类唐宋时贤千家诗选》、明张之象《唐诗类苑》所分门类与《诗渊》诸门,列表比较如下。

《诗渊》	《分门纂类唐歌诗》	《分门纂类唐宋时贤千家诗选》	《唐诗类苑》
天文门	天地山川类	天文门	天部
地理门	天地山川、城郭园庐、兵师边塞类	地理门	地、山、水、京都、州郡、边塞部
时令门	天地山川类	时令、节候、气候、昼夜门	岁时部
花木门	草木虫鱼类	百花、竹林门	花、草、果、木部
鸟兽门	草木虫鱼类	禽兽、昆虫门	鸟、兽、鳞介、虫豸部

(续表)

《诗渊》	《分门纂类唐歌诗》	《分门纂类唐宋时贤千家诗选》	《唐诗类苑》
宫室门	朝会宫阙、城郭园庐、仙释观寺类	宫室门	居处、寺观、祠庙部
器用门	服食器用类	器用、音乐门	器用、乐、文、武部
人物门		人品门	帝王、帝戚、职官、人、儒、释、道部
身体门			
声色门			
衣服门	服食器用类		服食部
珍宝门			玉帛部
饮食门	服食器用类		服食部
文史门	经史诗集类		礼、乐、文部
数目门			
方隅门			
人事门			治政、文、武、人部

南宋二书门类，已尽收表中。《唐诗类苑》中尚有《产业》、《巧艺》、《方术》、《祥异》等部未列入。因各书分门类之标准不一，故此有彼无，在所不免。据此表所列，可知《诗渊》十七门，已将各类诗歌全部收入，且各门之分列及命名，也与同类书相似。

今本《诗渊》，已全失原编次第。窜乱之原因，当因原稿散出后，藏家将残稿分订成册，未及细考原书次第。影印本仍按各册之序，未及董理先后，记录存佚，重编编目，读者仍不便使用。

今据前文所考，将该书全编各门及存佚情况，重理如次，以供读该书者参考。

一、《天文门》 全佚。

二、《地理门》 残。正文前半存，见页 1915 至页 2295。目录首残，缺正文前四十页之目。自页 1716 至页 1914，篇目尚完。目录页 1794 以下，共一二○页所载诗目，正文皆不存。

三、《时令门》 全佚。

四、《花木门》 存。正文分为二截，前半见页 1116 至页 1223，后半见页 2296 至页 2601。目录见页 993 至页 1116，首残，缺正文前十五页之目。

五、《鸟兽门》 存。目录及正文皆全,见页2602至页2866。

六、《宫室门》 存。目录见2867至页2994,正文自页2994至页3642,皆全。此门下似有三个分门,一为《宫室门释》,正文见页3679至页3831,全。目录见页3643至页3678,首残,缺正文前二十五页之目。二为《道宫室门》,正文见页1566至页1677,全。目录见页1542至页1565,首残,缺正文前二十六页之目。三为《祠庙》,目录及正文皆全,见页1668至页1715。

七、《器用门》 存。正文全,见页1301至页1541。目录见页1224至页1301,首残,缺正文前二十页之目。

八、《人物门》 全佚。

九、《身体门》 存。目录及正文见页1至页34,皆全。

一〇、《声色门》 全佚。

一一、《衣服门》 存。目录及正文并见页35至页63,皆全。

一二、《珍宝门》 存。目录及正文见页64至页79,皆全。

一三、《饮食门》 存。目录及正文见80至页177,皆全。

一四、《文史门》 存。正文全,见页3870至页4263。目录见页3832至页3869,前半缺,正文前九十四页诗目不存。

一五、《数目门》 全佚。

一六、《方隅门》 全佚。

一七、《人事门》 从各门类目看,凡以动词领起之诗,皆归入此类。今本中,有五个残段,均当属本门。其一,页4459至页4488,存目录三十页,有《巡幸》、《应令》、《应教》、《寓直》、《试》至《书怀》、《咏怀》、《兴》、《书感》等三十六目,诗皆不存。其二,页178至页244,存目录六十七页,首为《归》、《怀忆人》等目,似与前一部分相接。目录首一页半,诗不存。其馀诗皆存,见页245至页803,以《赠》、《寄》、《和寄》三目存诗最多。其三,页804至页858,存目录五十五页,始于《酬》、《答》,讫于《歌舞》、《谏诤》等。似与前一部分相接。页859至页997所存诗,仅相当于目录页804之后半至页818。目录首半页及后四十页之诗皆不传。其四,页4264至页4305,存目录四十二页,全为送行诗。页4306至页4458所存诗,仅相当于目录之前二十页,目录后二十二页诸诗不存。其五,页4489至页4634,以《东宫寿》等为目,录各类寿诗,均无目录。此门为全书分量最大之一门,所存残文即占今本约四分之一,无诗之目录尚有近百页,已佚部分约在三分之一至一半之间。

综上所考,《诗渊》十七门中,全存者九门,全佚者六门,残者二门(今存均仅半数左右)。已佚六门中,《声乐》、《数目》、《方隅》皆为小门,《天文》、《时令》、《人物》收诗应较多。据此估计,该书今存部分,约占全书三分之二左右。

1992 年 5 月

(刊《咸宁师专学报》1993 年第 3 期)

我作《全唐诗补编》

我生也晚,刚进初中即碰上"文革",后来去农村种了八年田,二十岁方见到《唐诗三百首》。对古典文学能有系统的了解,还是1978年师从朱东润先生研究唐宋文学以后的事。

朱先生为学博大精深,他要求学生一是读书面要广,古今中外都应了解;二是尽量读古人原著,读全集,不要仅读选本;三是用自己眼光读书,要能入木三分,力透纸背。第一年讲唐代文学,除了读正史,读《通鉴》,即将唐名家别集逐一读过。当时发现《唐诗纪事》所存高适《赠任华》诗,《全唐诗》不收,以为仅属特殊之例。后来见《南京师大学报》刊孙望先生《全唐诗补逸》,始知唐诗辑逸尚有可为。只是当时觉得唐代文学前人研究已多,难以拓新,故毕业论文决定作宋代,先拟写刘克庄,后改写欧阳修。在大量阅读两宋典籍时,意外地发现宋人所著《会稽掇英总集》、《庐山记》、《严陵集》、《天台集》等书中,存有不少唐人逸诗。我将这些发现告知孙望先生,孙先生亦应允补入其大著,后因《全唐诗外编》已付印而未果。

1983年初,读到新出的《全唐诗外编》,发现我所知逸诗,尚有200多首未收。这引起了我的兴趣,是否有可能另做一本唐诗辑逸专著呢?

做辑逸不同于做选本。选本虽有眼光高下之分,但有《全唐诗》和各家别集在,总能选得出来。辑逸则只能录《全唐诗》及前人补遗未收之篇。然书海茫茫,坠绪何寻,各名家先鞭已着,菁华毕呈,我再作大海捞针,能否有得,颇费斟酌。

当着手之初,我首先对《全唐诗》作了较全面的考察。此书存在问题,刘师培、岑仲勉、李嘉言均有所揭示。周勋初先生撰《述〈全唐诗〉成书经过》,揭出康熙中编此书时,系以季振宜《全唐诗》为基础,参取胡震亨《唐音统签》,略加补订而成,而季书初盛唐部分,则几乎全用吴琯《唐诗纪》。我受以上诸家启发,参据《唐诗纪》、《唐音戊签》、《癸签》等书,对《全唐诗》用书情况,作了大致的调查,发现其用书虽涉及别集、总集、笔记、诗话、方志、石刻等诸多方面,但除去自他书转引及小传、校订所引书,作为录诗所据,仅三四百种,其中且多用《唐诗品汇》、《唐诗类苑》等后出书。胡震亨、季振宜等为辑录唐诗虽尽了终生之力,且注重校订征实,识见也迥绝时流,但他们以私家之力,所见毕竟有限,且生于明清之际,朴学未盛,不免受时风影响。康熙中开馆编修,但馆臣迫于时限,仅能稍作补罅,未曾广事搜罗。而作补遗诸前辈,市河世宁仅取日本文献,王重民专据敦煌遗书,孙、童二家所取较宽,且各有侧重,但亦仅就所见甄录,未事全面网罗。

同时,我选取若干种前人已用书和未用书,作初步的考察,发现前人已用之书,仍有遗漏未收之作,特别是一些部帙较大、引诗较多的书,尤易疏漏。而前人未用之书,凡有引录,则多为逸篇。存世唐宋文献,前人仅用了比例并不大的一部分。自清中叶以降,新出典籍尤多,如海外遗书的回传,孤本秘籍的面世,敦煌遗书的发现,石刻文献的出土,佛道二藏的流布,尤为荦荦大端者,皆胡、季等人所不及见。

有鉴于此,我决心程功数年,尽可能全面充分地利用存世文献,对传世唐诗作竭泽而渔式的网罗。这一想法,得到了中华书局编辑部的支持。

辑逸务先明流传。唐诗人有别集者逾千家,未结集者亦数以千计,确如满天星斗,灿烂辉煌。流传千余载,别集原编存者仅百余种,其余均如流星般亡失,仅有零章断句,因他书转引或其他途径而得存。这一过程,我通过历代书志作了详细的考稽,即据唐宋书目以了解唐人创作的总貌,据宋元书目以了解宋元人得见唐集的情况,据《四库提要》以降各书目以了解今存古籍概况。在这一基础上,我确定了辑录逸诗用书的范围和原则,即以唐宋典籍为主要依据,以前人未用及近世新出典籍为重点,对元明清著述则严加甄别,除金石、方志类著作,其他凡不具备第一手史料价值者,尽量少用。而凡有征引,则尽可能地追溯最早出处;原书存者,尽量不据他书转引。于宋元类书、方志等所存诗,则以宋时其集尚存而今已逸者为重点。

要全面网罗,所涉书数量之大,远远超出最初的估计。回想起来,先后检及之书,总数超过五千种,其中仅方志一类,即达二千几百种(其中宋元方志四十多种、明方志三百多,清及民国方志近两千种)。所涉遍及四部群书、佛道二藏、石刻碑拓、敦煌文献等各个方面。其中许多书,为一般治文学者较少引用,如医书、农书、相书等,均有所得。对所用之书,也尽量有所讲求。一是用善本、足本。如宋陈舜俞《庐山记》,初见《守山阁丛书》三卷本,无逸诗,后检《大正藏》和《殷礼在斯堂丛书》所存五卷本,得逸诗二十多首,但稍有误字,复得《吉石庵丛书》影宋钞本,始获写定。二是注意作者和年代的考定。如《灯下闲谈》,传本伪题宋江洵撰,我考定为五代中期人作,洪迈已据以录诗,我又录出十多首。《道藏》中许多书,均要推定年代方能用,为此花了不少气力。如《大还丹照鉴》,我考出即《通志·艺文略》所载《大还丹照鉴登仙集》,后蜀广政中成书,得以援引,录诗三十多首。三是不用后山伪托之书。如《唐人说荟》、《龙威秘书》、《唐代丛书》等所收书,一概不用。但对早出而有伪作之嫌者,如《清异录》、《云仙杂记》、《嫏嬛记》等,因其存录大量原始资料,仍有区别地加以对待。四是于散逸之书而与唐诗关系密切者,注意辑录逸文,以寻绎线索,如《景龙文馆记》、《集贤注记》、《洞微志》、《该闻录》等,均作有辑本。五是凡有线索可循者,即于相关书中广泛搜寻。如《金陵诗徵》云明刊《六合县志》中存唐末县令郏滂《六合怀古》诗三十二首,因此而遍检今存明清各种六合、仪真二县志,仅得二十一首。又如宋人集句诗,颇存唐人残句,即对宋元至明初的集句,作了广泛的调查,除《梅花衲》、《剪绡集》、《梅花字字香》等专书外,还利用了散见各书的单篇之作。凡此虽皆已竭尽心力,但为条件所限,仍有一些散存各地的孤籍善本未获得见,颇以为憾。

群书披检,又谈何容易。据说有人能将全部唐诗倒背如流,若然,读书见诗时,是否逸诗一目了然,自极便利,可惜从唐到今,尚未见承此任者。我自知生性弩钝,记忆又逊,只能花死气力,用笨功夫,每检一书,皆将引诗与《全唐诗》逐条对检,有则记出处于诗下,以备查考;无则录出,暂以逸诗视之;疑则存案,以备他时考知。虽费时费力极多,但也只有如此,方能将前人遗漏之作检出,如心存侥幸,终不免网漏吞舟。如《文苑英华》、《唐诗纪事》,均曾对检数千次,而所得各仅数首,《册府元龟》逾一千万字,所得不足千字。最难披检的是《锦绣万花谷》、《舆地纪胜》、《记纂渊海》、《合璧事类》等十馀种南宋类书和地志,部帙既大,编次又乱,所存丰富而又芜杂,且唐宋混编,引诗作者多不言时代,前人虽用过,遗漏仍多。读此类书时,我均将《唐五代人物传记资料综合索引》和《宋人传记资料索引》置于手边,遇不熟悉者,随时检索,反复推求,得到不少新发现。但即便如此,仍有数百人时代不明,只能不取。

数年检书,殚尽心力,但所得逸诗达四千六百多首,新见作者六百多人,大大超过我最初的估计,也超过前人辑逸诗的总和,这是我在劳累之余,极感欣慰的。特别是为许多名家补录了遗篇,久逸不传之作一旦发现,残句居然补出完篇,所得遗诗可补史阙或有裨研究,则尤感兴奋。

某书收某人诗而《全唐诗》其人名下不收,未必即属逸诗。唐诗流传千载,互见、传误、依托之作层见迭出,仅《全唐诗》所收者,即多达六千八百多首,涉及作者九百六十多人。致误原因,极为复杂。佟培基撰《全唐诗重出举正》,列出二十二种类型,还不包括六朝及宋元诗误为唐诗者。如果说重出互见诗尚可推知原委,而依托疑伪诗则更难究诘。辑录逸诗而不加甄辨,势必错伪迭见,不便读者。我于1984年写《〈全唐诗〉误收诗考》、《〈全唐诗〉补遗六种札记》,即希望通过清理前人工作,吸取经验教训。辑纂之时,于此尤加留心。见有重出,尽量考辨,凡《全唐诗》是而他书非者,一概不取。如《唐集叙录》记北图存明正德刊卢纶诗集中,有十多首逸诗，我请友人代为钞出，但细审全为项斯诗，虽得来不易，也只能全部舍弃。有时去取之间，极费斟酌，在证据不足时，仍予兼存，以求稳妥。

但要完全避免重收误收，实在很难。《全唐诗》每句或每字索引，近年已编成，只是还无法利用。唐诗与六朝及宋明诗相混者，则根本无从检索。在缺乏科学系统的检索手段时，我只能利用现有条件来解决，缺漏在所难免。在《全唐诗补编》同时完成的两部分中，《外编》修订本的错误相对来说较少些，除了学界同仁已有考订外，此部分已有成书，存疑未决诸端于读书间较为留心，故得多获解决。而《续拾》情况则与此不同，诗为陆续辑得，后得于定稿时尚无充分馀裕以推敲考定。

与辨伪相比较而言，断限、编次、辨体、小传等项，似较简单些，其实也不尽然。就辨体来说，要区分诗、文，中学生即能胜任，但全面处理文献，就不一样了。在诗、文之间，有铭、赞、颂、箴等一大批韵文，按传统分类法，均应属文。前人或将《全唐文》已收的此类作品编为逸诗，显然不妥。但唐人歌诗，又确有以铭、赞等为题的。镜铭为文，而唐镜有以庾信诗为铭的，其馀五、七言铭，也应视为诗。这些都应区分对待。再如释氏偈颂，道家章咒，《全唐诗·凡例》谓"本非歌诗之流"而不取，其实仅着眼于教化，将胡震亨已辑出的王梵志诗也一齐删却。我在读释典时发现，自盛唐以降，僧人偈颂已渐趋诗律化，唐人于诗、偈有区别，也常混用，更何况许多弘法之作，本即以歌诗为题。道教歌诗，包括托名神仙之经颂、斋醮祝咒之赞辞、修仙炼丹之歌诀等，不能统称章咒。这些方面，拙辑在体例上均略有变通。对此，学界近年看法已渐趋一致。

作者事迹，如正史有传，或已编有索引者，考寻较易。但无传记资料者，钩稽要困难得多，有时只能偶然得之。如敦煌残卷存萧沼边塞诗一首，事迹遍寻无着，只能收入无世次卷。偶检《唐诗纪事》，岑参有《天山雪送萧沼归京》，始知其为岑参北庭同僚，而《全唐诗》及各本岑集，皆误作"萧治"。再如《会稽掇英总集》收薛苹、崔词同题诗，崔词事迹无考，拙辑推其与薛苹同为元和中人。近读《嘉泰会稽志》，始知为开元中人。似此有待推敲者必还有。

断限包括时、空两方面，《补编》于此均严加把握。由隋入唐或由五代入宋者，仅取在唐五代之作，特别是后者，为数较多，已有《全宋诗》，不必兼收。而日本、新罗人，仅存在唐所作诗。《外编》原录日本人诗五十多首，为日本君臣与渤海使唱和而作，修订时全部删去。日本奈良、平安时期汉诗，今存数千首，虽受唐诗沾溉，与唐诗毕竟有别。

拙辑编次采取以卒年为序排列，此法为杨守敬所倡，逯钦立已用。唐诗人卒年可考者较生年可考者为多，且作品存者也以中晚年为多，这样编次较能反映唐诗创作的过程，不足之处是年辈晚而享龄短者，不免要排在年辈高而耆寿者之前。

拙辑经始于1983年，至1985年完成初稿，1988年修订定稿，并与修订后的《外编》合为《全唐诗补编》，1992年由中华书局出版。这十多年，是国内唐代文学研究空前繁荣、取得举世瞩目成就的时期。拙著得以完成，是与充分利用这些成就分不开的，我也希望自己的努力对唐诗研究的继续深入有所裨益。

前人说校勘如扫落叶，无有竟时。辑逸更难于校勘。而为一代诗歌补遗，实在是一件吃力而不易讨好之事，要想全无错误，几无可能。因这一工作有两条标准，即求全和求是。求全则要网罗无遗，但必致泥沙俱下；求是务必审核无误，但文献复杂，大量疑似之作必难臻此。二者显然难以共容。虽然，尽量臻于完善，一直为我所向往。《补编》定稿后，我曾三番五次地补订，给责编带来很多的麻烦。书出版后，仍时见有不足处，友人也频有见告者。我想，今后仍会有更多的新得。现在，《全唐五代诗》已开始编纂。《补编》未臻完备处，希望《全唐五代诗》能有妥善的处理。

我向学虽已十多年，但至今不知门径何在。研究之课题和程度，虽较初时广泛深入得多，但常不免有为学愈进，所知愈少之感，如行十里雾中，只能摸索前行。《古典文学知识》编辑部约我谈治学门径，我只能将《全唐诗补编》成书的过程写出，希望有助于读者利用该书。如读者能从中读到一些于治学有用的内容，我也就感到释然了。

（刊《古典文学知识》1994年第3期）

一九九三
《永乐大典》残卷校《旧五代史》札记

清辑《旧五代史》，以《永乐大典》为主，参取《册府元龟》等书，纂录而成。据陈垣先生统计，全书凡引《大典》八百十六条，《册府》三百条。今《册府》具在，覆校较易，《大典》所存仅约八百卷，不足全书之百分之四，其中引及《旧五代史》者，凡一百十六条。另《大典》目录有连筠簃刻本。以之与中华书局标点本《旧五代史》对校，发现问题尚多。谨录所见如次。

一、《大典》引《旧五代史》释例

残存《大典》中，引《旧五代史》较完整传记者有三处，即卷二七四〇崔姓，卷六八五〇至六八五一王姓，卷八九八〇周太祖条，其馀均较零散。我将上述引文与今本《旧史》作了逐条比勘，又将《旧史》所引《大典》出处，按卷数先后排列出来，与《大典》目录对读，发现《大典》引录《旧史》，有一定的规律性。

《大典》于两种《五代史》均摘引较多，一般称《旧史》为"五代薛史"，称《新史》为"五代欧史"，但也多有仅称《五代史》者，则二者均有，《新史》具在，区别较易。

《大典》引诸帝纪，多并数卷为一卷，而于原书分卷处，则空一格以示区别。如引《周太祖纪》，于广顺元年(951)二月、广顺元年十月、广顺三年三月前均空一格，知原为四卷。《唐明宗纪》在《大典》中占三卷，清辑本分为十卷，当即据此。

《大典》收人物传记，在姓氏和职官两种韵目中，引录较为完整，而在其他事目中，则多仅摘引片断以存事。如卷六八五一王姓下收王瑜、王廷胤等十馀人传，而卷一八一三〇至一八一三三"将"下，收五代军将传记多达四十多篇。在职官韵目中，于此职前仕历，多有删节。如录自卷一七九一〇"相"下的卢文纪、马裔孙二传，于其早年经历均删去。录自卷一八一二七"将"下的安彦威传，仅存其仕历，删去其与晋高祖议政之一节，后者于卷一二〇四三"酒"韵下以"赐上尊酒"列目摘引，辑本失收。

《大典》于姓氏韵目下收传记，似以存一生事迹为主，于旧、新二史皆有传者，一般仅取一端。如王姓下，王檀、王都、王缄、王正言、王瓒、王建及、王思同、王令温、王清等据《旧史》，而王虔裕、王彦章、王晏球、王处直、王建立、王弘贽等则据《新史》，其中王彦章、王建立、王弘贽下又据《旧史》补充《新史》不载或有异说之事。上述诸人，《旧史》皆有传，辑本据"将"韵录王虔裕、王彦章、王晏球传，王建立传注出处有误，不知据何韵，王处直传立目而未有传文，王弘贽传则全缺。

《大典》录《旧史》原本各卷末之传，多连该卷总赞一并录下，卷六八五〇王檀传末尚存此迹。辑本凡存史臣赞六十三篇半（卷二〇仅存一半），所缺者约三十九篇。史臣赞一般均综议该卷各传，清辑本在卷次归分时充分参考了这一线索。

《大典》引文注出"薛史"者，颇有误录。如卷一八八一一录郑玄素传，似出马令《南唐书》；卷一二一四八录陈安、刘灵二传，实出唐修《晋书》；卷八八四二收游简言传，实出陆游《南唐书》；卷一四九一二录辅超传，实出《宋史》。

清辑《旧史》缺完整纪传者，主要有《梁太祖纪》、各代后妃传之全部及宗室传之大半，臣工传数十篇，世袭、僭伪、外国传中的一半，志中的《历志》仅存序，《郡县志》仅存总目。造成这一情况的原因，推测有以下诸端：甲、《大典》于有关部分仅存《新史》。乙、部分内容在《大典》中无合适位置而不录。丙、乾隆间《大典》已有残缺。丁、馆臣披检有漏，少数如淳于晏、张砺传在殿本中已补出。

二、清辑《旧五代史》对《大典》之利用及存在问题

陈垣先生在《影印明本册府元龟序》中提出："乾隆中四库馆辑薛《五代史》，大部分本可由《册府》辑出，乃以《册府》习见，外间多有，《永乐大典》孤本，为内府所藏，遂标榜采用《大典》，而《册府》只可为辅。"此说实未允。《大典》收录者，多较完整，且注明所出，而《册府》不注所出，据《实录》抑据《旧史》，每不易区分，且分类隶事，各传均拆碎摘录，拼合难还原貌。故清辑以《大典》为主，以《册府》为辅，是完全恰当的。

问题恐在于清辑者过于强调以《大典》为主，于其他典籍利用不够。如《太平御览》编成于《旧史》成书后十多年，引录该书近百条，而清辑仅引录三四条，以致未为何泽、徐台符立传。再如《五代史阙文》全录《梁史》中的司空图传，即《旧史》原文，清辑以此段摘附李敬义传，而未立为正传。再如以《册府》为辅，一般是《大典》有某传残文者，始据《册府》补充传文，很少有《大典》无传文，仅据《册府》立传者。仅此一端，即使清辑本漏收数十篇史传。而《大典》存传相对完整或略有残缺者，也多未以《册府》校补。据《大典》、《册府》拼合成传者，于《册府》亦多有漏取。

邵晋涵辑《旧史》时，从《大典》中刺取史文，恐非全由己承其事，当多有赖于助手或钞胥。于《大典》有引者，多有漏取。今人张凡作《〈旧五代史〉辑补》（刊《历史研究》1983年第4期），据中华书局1960年影印本《大典》七百三十卷，检出引录《旧史》凡八十六条，其中失辑二十三条（有五条为误注出处），已辑但有严重脱漏的七条。另在后印的七十卷中，至少失收王弘贽一条。

清辑本《旧史》之写定，似即据钞胥自《大典》录出之文，未及与《大典》原书覆校。如《周太祖纪》，录诏有"籸子面"，影库本粘签云："原本作'糀子'，今俱从《通鉴》所引《薛史》改正。"《大典》原作"籸子面"；广顺元年五月"相州张彦成移镇邓州"，邵氏《考异》云："原本作彦威，今据列传改正。"《大典》原作"彦成"；广顺元年十月诏"粗经阅历"，粘签云："原本脱'阅'字，今从《册府元龟》增入。"《大典》原作"粗尝经历"；二年十一月，"符彦卿移镇郓州"，粘签云："原本作'均州'，今从《通鉴》改正。"《大典》原作"郓州"；《王庭胤传》"其先安人也"。馆臣案："'安'字上有脱文，……疑是长安。"《大典》正作"长安"。凡此皆手民误录，足证馆臣未覆校《大典》。

今存《大典》文字，与清辑《旧史》相异者多达数百处，一部分属钞胥录误，大部分则为馆臣校录时改动，其改动处，有是有误，情况不一，试分述之。

甲、明显误字径改，固定官名径补，例多不枚举。

乙、显有脱字，馆臣以意补之。如《王继弘传》"及汉祖征杜重威"，《大典》缺"征"字，辑本补入；《王正言传》"早孤贫，从沙门学"，《大典》缺"从"字，辑本补。

丙、避忌胡、虏等字而改。此陈垣先生言之已详。以《大典》覆校，其迹犹明。举其较突出者三例：《王瑜传》"会契丹据有中夏"，《大典》作"会北戎盗据中夏"；"当属契丹矣"，《大典》作"当为左衽矣"。《王饶传》"契丹据中原"，《大典》作"虏陷中原"。

丁、原文可通不必加者。如《王瓒传》"时瓒为开封府尹"，《大典》无"府"字。《周太祖纪》"时淮南饥故也"，《大典》无"淮"字；"凡三上章"，《大典》无"上"字。均可不加字。

戊、姓名改误者。如《大典》录王廷胤传，辑本均改为王庭胤。廷胤墓志近世已出，拓片收入《唐宋墓志》，苏畋撰文，其名不作庭胤。

己、不明语意而误改者。如《大典》载王敏"繇是连坐，遂逸其官"，影库本《旧史》"逸"改"贬"，殿本作"免"，标点本从之，皆误。辑本《周太祖纪》云"宰臣李穀以臂伤未愈"，《大典》作"臂伤未损"，"未损"指臂伤未减，不必改。也有因文意不明而改者。如《大典》引《王都传》云"处直信重日隆，将校相虑，变在朝夕，言既先其祸",辑本改末句为"欲先事为难",语似可通,但终非原传文字。

庚、原文不误而改后语意有异者。如《大典》记王守恩"以掊敛为务,虽病坊残癃者"亦不免,辑本改为"病废残癃者",有失原意。《大典》云王继弘"配流义州",辑本改为"出配义州军",亦未允。《大典》云王饶"卒于京都之私第",辑本改为"京东",殿本又讹作"东京",亦皆不必改。

辛、录文多有缺漏处。有些因不明文义故意删去。如《大典》录《王都传》有"契丹将奚首秃馁",指秃馁以奚族首领而为契丹将,辑本不明所指,遂将"奚首"二字删去。多数则恐因校录时疏忽而致缺,如《大典》引《周太祖纪》"紫气起于幡竿龙首之上",辑本脱"之上"二字;"则当为水潦所溺矣",辑本脱"水"字;"辍视朝一日",辑本脱"视"字;"无宜迟久",辑本缺"宜"字;"自帝之始也",辑本脱"之"字;"亦勍敌也",辑本脱"也"字。这类情况很多,虽不影响文意,但总失《旧史》原貌。

其他尚有可举者,不具列。《旧五代史》辑成于乾嘉朴学极盛之时,又由邵晋涵这样的史学大家担纲领其事,使失传数百年,多达一百五十卷的大书顿复旧观,程功之巨,用思之细,确实堪称清代辑佚书的代表作。但为当时条件所限,不免仍有许多缺憾。上举诸项中,甲、乙两项自是校辑古籍时应做之工作;丙项则为馆臣慑于当时政治环境所改,丁、戊、己、庚、辛诸项,则见校勘诸臣之工作尚多随意改动、未尽严谨处。

三、校点本《旧五代史》未能充分利用《大典》

二十四史校点工作,始于"文革"前,大多完成于"文革"期间。当时确定之原则,为尽量保存底本文字,凡有改动处,均应有所交待。从全部二十四史来说,这无疑是正确的。但对《旧五代史》这样一部清人辑本来说,恐就未必妥当了。如该书《梁太祖纪》,系据《大典》残文及《册府元龟·闰位部》诸卷拼合而成。当时漏辑者多达三十余条,又有已辑入而其中有缺漏者,校点本均未予补入,不能不使人感到遗憾。

《旧五代史》校点工作先由陈垣、刘乃和先生在北京进行,后由复旦大学组织力量完成。从各卷校勘记来看,当时不仅充分利用了已出版的《大典》残卷,而且对校了尚未公开出版的六八五〇、六八五一等卷的胶卷,并用以改动了个别文字。但以《大典》残卷与校点本逐一对校后,笔者深感到校点本于《大典》残卷尚未能充分利用。本文前两节所举诸例,都是在校点本中仍未能予以改正者。分析其中原因，恐一是因前后在京、沪分别进行，不免有所脱节；二是为二十四史总体例所限，尽量不作改动。

《旧五代史》清辑本所据《大典》多已不存，只能以辑本作依据。残卷存原文较完整的《周太祖纪》及王姓、崔姓诸卷，应以《大典》原文为据。因清人当时所见即此，未别有所据。辑本与《大典》文字之不同，多属清人改动，除《大典》确误处外，都应恢复原文之面貌。

《文史》十六辑刊程弘先生《读〈旧五代史〉札记》，认为该书"恐怕也不是完全没有重新整理的价值的"，笔者深有同感。

1993 年 5 月

（刊《书品》1994 年第 3 期）

一九九四
文史考据应有所阙疑

从70年代末以来,古典文学研究有一种可喜的现象,即一般研究者都较重视史料考据工作,并以此为研究的基础,提出了大量卓有见地的新说,使研究水平达到了新的高度。议论应以实证为基础,实证研究也有待于理论的提高,已成为许多研究者的共识。

在大量的考据文章中,也不难发现一些倾向性的问题,如同一课题的重复研究颇多,所考结论并非新见;或仅凭后出材料,即据以立说,如据南宋的《全芳备祖》以否定《悯农二首》为李绅作,置唐五代多则记载于不顾;或误读文献,即创为新说,如将李德裕为妻所撰墓志,误读为其自撰,据以谓其晚年改姓名入道,又如某方志载阙名之《去思碑》,附卢照邻文后,论者即谓此碑亦卢撰,并据以将卢卒年推后十多年。但最为普遍的一种倾向,则为在史料不足的情况下,强为立说,不免牵强附会,甚至引起不必要的争论。从研究的需要来说,当然希望作者之生卒、里贯、仕历、交游及著作之系年、真伪,均能有所落实,但事实上很难做到,如所求过于深细,必有所偏失。极端的例子,如《金瓶梅》作者,至今已考出三十多人,许多仅凭揣测,能成一说者恐尚不多。

我由此而想到孔子所云"多闻阙疑"的训诫。孔子生当春秋后期,去殷商不远,已感"文献不足",而于殷礼难以尽言。他对弟子训诫说:"多闻阙疑,慎言其馀,则寡尤。"(《论语·为政》)此虽就子张问干禄而言,后世学者,多以之为治学格言。如南宋长于校勘且能述其方法的彭叔夏,即以"实事是正,多闻阙疑"而自勉,钱锺书先生所称"清代那位细心而短命的学者"劳格,也以"实事求是,多闻阙疑"为座右铭。学者应多闻博识,厚积薄发,较易为大家所接受,而要能阙所不知,疑而不按,许多人恐不能苟同。然而,这确为文史研究者所不应忽视的治学金言,也是前代无数学者所恪守的考据原则。

现存的文献典籍,仅是古代文献中的很少一部分,且其本身情况也极其复杂。何况古今研究兴趣,已发生很大变化,今人所欲了解者,古书中常语焉不详。今人希望将古代作家、作品的一切都弄清楚,当然是很好的愿望,但事实上却很难做到,有不少问题,恐只能阙疑,或在结论中,保留一相当之尺度,不必强定于一端。我十分赞同傅璇琮先生在《唐代诗人丛考》中所持的态度,即在充分占有材料并作细致考证后,结论常仅云某人当生于某年前数年间,卒年当在某年以后,看似未作结论,但却是最冷静而可信从的。

我以为,援据某些特殊史料而考出之结论,尤应以阙疑的态度对待之:一、诗中语。如高适、岑参的生年,均据其诗中自述而推得,但各诗中颇有抵牾,诗中所云三十、四十之类年岁,亦仅为约数,并非确指。二、典故。诗文中所用典实,仅是借用某方面意项,并不能涵盖一切,任意延伸。今人如据李商隐用典而推其隐事,据温庭筠用典而推其年岁,均难作结论。至有据张翰思鲈典,推某人为吴地人,则更属不经了。三、记载过于后出者。如据南宋僧史推刘翱卒年,虽可备一说,但毕竟为后出孤证,无以定谳。四、记载歧异含混者。如李白对自己家世的叙述,前后有别;南宋笔记对说书四家之记载,语意欠明。

我还想举一些特殊的例子来说明上述意见。杜甫享年,因元稹有记载而可确知,但如元稹《杜君墓系铭》不存,据杜甫《进雕赋表》所记"自七岁所缀诗笔,向四十载矣",考其生年可推前五六年。王之涣夫妇墓志均已出,但二志所载之涣卒年差一岁,如之涣墓志不出,今人无以订其妻志所载之误。于鹄有《送李潜归绵州觐省》诗,唐诗人李潜为绵州人,似得确证,但据《千唐志斋藏志》所收潜父李正卿墓志,正卿时为绵州刺史,则潜实赴其任所觐省,并非绵州人。嘉庆《浙江通志》收张说题嵊县金庭观诗,张说平生未至江南,此诗似可证伪,但据宋方志《剡录》,诗为观成日张说自京寄题之作。我们对这些问题能有正确的认识,是因第一手史料尚存。若相反,不免会因似是而非的记载而致误,或引起争论。相比较而言,以上所列几条不尽准确的记载,比上节所列各项,要直接明确得多,尚且如此,上节各项以存疑为妥,自不须多作说明。

因文献不足而存疑的问题,随着新材料的发现,或间接材料的发明,得以疑雾尽释,一朝明朗。如卢纶生年、李颀卒年,多年前均有异议。近年在陕西蓝田出土了卢纶之弟卢绶的墓志,卢纶生于天宝八载,得到有力的佐证,而河南洛阳出土李颀天宝十载所撰墓志,也可知其必卒于此年以后。再如姜夔行事,迄于1209年。夏承焘先生考知姜与潘柽卒后三年,韩淲有诗哭之,暂定其1221年卒,是据韩淲卒年推前三年而定,为最后极限。我十年前撰文,据叶适、徐照、徐玑诗文,考知姜夔卒于1209—1211年间。近年苏州大学束景南先生复据许及之诗,确定姜即卒于1209年,新版《辞海》已据以采录。

有些问题,如无新史料发现,似仍以存疑为好,不必作进一步的深求。如《金瓶梅》作者,已有三十多种推测了,如再考出几十个,似也非绝无可能,但意义实在并不大。有些问题众说纷纭,各有长短,有的即便较接近事实,也以慎作定论为妥。如温庭筠生年,仅有的记载是他诗中自述幼年曾谒见初仕的"淮南李仆射",夏承焘先生认为指李德裕,并据以定为812年生;我考定为李绅,并据以推其801年生;各家还有别的说法。现在李绅说已为多数学者所接受,似可作定论。但据以推知的生年,仅能备一说,温诗用典,何年谒李,时年若干,皆难确知。我在修订新版《辞海》时,曾反复推敲,最后决定包括已说在内之各说都不用,暂付阙如。这样的冷处理很可能不为人赞同,但我觉得较存疑不实之推测,实要谨慎得多。

近十年来,学术界谈论得较多的是方法,而学术研究所必须遵守的一些基本原则反倒鲜为人提起。现在似乎到要强调一些规范的时候了。

(刊《文学遗产》1994年第4期)

齐己佚文《龙牙和尚偈颂序》考述

唐末五代间诗僧齐己,存诗多达八百一十五首,在唐代两千多位诗人中,存诗数居第六位(仅次于白居易、杜甫、李白、贯休、元稹),可谓洋洋大观,但存文则甚少,《全唐文》卷九二一则仅二篇,颇不相称。笔者近检日本藏经书院刊《续藏经》第二编第二十一函第五册收南宋五老峰僧子昇、如祐辑录的《禅门诸祖师偈颂》四卷,于该书卷上之上中有幸辑到齐己的一篇佚文——《龙牙和尚偈颂序》,对齐己的生平、交游及诗学、佛学思想研究,皆有一定的参考价值。先录全文如次:

龙牙和尚偈颂并序
南岳齐己序

禅门所传偈颂,自二十八祖止于六祖,已降则亡。厥后诸方老宿,亦多为之,盖以吟畅玄旨也,非格外之学,莫将以名句拟议矣。洎咸通初,有新丰、白崖二大师所作,多流散于禅林,虽体同于诗,厥旨非诗也。迷者见之,而为抚掌乎?近有升龙牙之门者,编集师偈,乞余序之。龙牙之嗣新丰也,凡托像寄妙,必含大意,犹夫骊颔蚌胎,煜耀波底,试捧玩味,但觉神虑澄荡,如游寥廓,皆不若文字之状矣。且曰:鲁仲尼与温伯雪子扬眉瞬目,示其道而何妨言语哉!乃为之序云耳。偈颂凡九十五首。

其后即录龙牙和尚之偈颂九十五首。

《禅门诸祖师偈颂》一书,国内所传诸释藏不收,仅见于日本《续藏经》,所据底本不详,当为日本或朝鲜所传本。该书前后无序跋。前两卷署"五老峰释子昇录",后两卷署"五峰释如祐录"。"五峰"即五老峰,为庐山著名山峰。两僧生平不详。从所收作品看,前两卷以唐五代为主,兼收北宋人之作,最迟为无尽居士(即张商英)于宋哲宗元祐中所作《永安僧堂记》;后两卷则兼收唐宋人之作,时间最迟者为陈提刑贵谦《答真侍郎德秀书》,约当南宋宁宗时。据此判断,该书当为两僧相继编成,前两卷可能成于南北宋之际,后两卷则已近南宋末了。该书所收偈颂,一部分来自《景德传灯录》等禅门灯录僧传,相当一部分已不详所自,仅赖本书收录以传。如同安常察《搜玄吟》、法灯泰钦《拟寒山》、禅月禅师《训童行》等,即仅见于本书。高城法藏之弘法长歌,如非《祖堂集》之发现,除本书外,仅永明延寿《宗镜录》引有残文。同安常察《十玄谈》,宋本《景德传灯录》卷二九仅存八首,明本存十首，但无序及总题。本书则完整无缺。举这些例子，足见本书所存资料之珍贵和可靠。由于该书在国内长期不传，日本于本世纪初入藏印行后，流传尚少，故长期不为学界所注意。

龙牙和尚名居遁，生平见于五代至宋初的几部僧传中，摘引如次：

> 龙牙和尚，嗣洞山，在潭州妙济。师讳居遁，俗姓郭，抚州南城人也。年十四，于吉州满田寺出家，依年具戒于嵩岳。初参翠微、香严、德山、白马，虽请益已劳，而机缘未契。后闻洞山言玄格外，语峻时机，遂乃策筇而造其席。……师于言下顿承玄旨，隐众栖息，七八年间，日斫精妙。楚王殿下请赴妙济禅林，玄徒五百馀人，爰奏章服，师号证空大师。……师出世近四十年，凡歌行偈颂，并广行于世，此不尽彰。至龙德三年癸未岁九月十三日归寂矣。（南唐静、筠二德《祖堂集》卷八）

> 次龙牙山释居遁，姓郭氏，临川南城人也。年殆十四，警世无常而守恬淡，白亲往求出家于庐陵满田寺。于嵩山受具戒，已思其择木。乃参翠微禅会，迷复未归，莫知投诣。闻洞上（疑当作山）言玄格峻，而躬造之。遁少进问曰："何谓祖意？"答曰："若洞水逆流，即当为说。"而于言下体解玄微。隐众栖息，七八年间孜孜戢曜，时不我知，久则通矣。天策府楚王马氏素藉芳音，奉之若孝悌之门禀昆长矣。乃请居龙牙山妙济禅院，侁侁徒侣，常聚半千。爰奏举，诏赐紫袈裟并师号证空焉，则梁贞明初也。方岳之下，号为禅窟，窥其室得其门者亦相继矣。至龙德三年癸未岁八月遘疾弥留，九月十三日归寂。遁出世近四十馀龄，语详别录。（宋释赞宁《宋高僧传》卷一三）

> 湖南龙牙山居遁禅师，抚州南城人也。姓郭氏。年十四，于吉州满田寺出家，后往嵩山受戒。乃杖锡游诸禅会，因参翠微，……又谒德山，……从此始悟厥旨。复抠衣八稔，受湖南马氏请，住龙牙山妙济禅苑，号证空大师，有徒五百馀众，法无虚席。……龙德三年癸未八月示有微疾，九月十三日夜半，大星陨于方丈前，诘旦端坐而逝，寿八十有九。（宋释道原《景德传灯录》卷一七）

三书均据僧录作传，故虽详略有异，而内容则大致相同。综合三书记载，居遁生平可归纳如次：俗姓郭，抚州南城人。生于唐文宗大和九年（835）。宣宗大中二年（848）年十四，于吉州出家。于嵩山受戒后，历游丛林，先后参谒了翠微无学、香严智闲、德山圆鉴、白马遁儒诸禅师，皆未契禅机。终谒洞山良价而得契法印。良价为曹洞宗之开创者，卒于唐懿宗咸通十年（869）。居遁谒良价，当在大中、咸通间。

其后三十年左右，居遁事迹不详。三书均云隐息七八年，其说不确。马殷自昭宗乾宁三年(896)始奄有潭州，梁太祖开平元年(907)封楚王，居遁约于唐末梁初间，为马殷请住龙牙山，赐紫及师号。梁末帝龙德三年(923)卒，年八十九。龙牙山在潭州，当近长沙，确址俟考。

《祖堂集》云居遁"凡歌行偈颂，并广行于世"，并非虚语。在《禅门诸祖师偈颂》以前，已有多种著作引及其作。如《祖堂集》卷八引录六首，《景德传灯录》卷二九引十八首，吴越僧延寿著《宗镜录》也引录多次。连远在西陲的敦煌，也有流传，敦煌遗书斯2165号即有《龙牙祖偈》二首。拙著《全唐诗续拾》卷四八据诸书所引，详加校勘，共得九十六首。

在现存的齐己诗歌中，没有与居遁交往的线索。但从齐己的生平经历来说，应该是有可能的。齐己为潭州益阳人，生于懿宗咸通初，七岁即于长沙大沩同庆寺牧牛，其年辈较居遁为迟。而当居遁住持龙牙山时，齐己曾住于长沙道林寺。其时湖南潭、衡之间，诗僧禅客，来往甚频，二僧所住相邻，当是有可能的。《龙牙和尚偈颂序》作年不详。文云："近有升龙牙之门者，编集师偈，乞余序之。"可知为居遁门人编次其偈。推其时间，应有几种可能。一种是在龙德三年居遁卒后。人死而结集虽较合一般情理，但序中并未述及龙牙之逝及哀伤之意，且据《宋高僧传》卷三〇所载，齐己于龙德元年已受荆南高氏之请，住江陵龙兴寺，龙牙门人未必远赴荆州求序。另一种可能即为居遁生前之事。序署"南岳齐己"，似即透露了其间消息，应为齐己居湘期间所作，其时应早于居庐山东林寺，更早于受荆南之留。此外，齐己曾居庐山甚久，而《龙牙和尚偈颂》至宋代始由庐山僧人录出全帙，此间是否有某种联系，还很难作出判断。

其次，应释及序中所及之有关典实。序首云二十八祖至六祖"所传偈颂"，今存于《祖堂集》首二卷及《景德传灯录》前五卷，《禅门诸祖师偈颂》卷上之上也收，自菩提达摩以上，大致均出后世禅僧依托。"新丰、白崖二大师"，"新丰"即指洞山良价。《景德传灯录》卷一五云良价"大中末于新丰山接诱学徒"，另良价作有《新丰吟》，见《筠州洞山悟本禅师语录》，可证。良价偈传世亦颇多，拙辑《全唐诗续拾》卷三一据群书辑得三十六首，可证齐己序云"多流散于禅林"之为实录。白崖之名，禅籍中不习见，俟续考。"温伯雪子"事见《庄子·田子方》，温伯雪子为楚贤人，迁齐鲁，仲尼见而不言。子路问其故，仲尼曰："若夫人者，目击而道存矣，亦不可以容声矣。"齐己引此以称誉居遁为有道之高僧，故其偈颂能妙传禅旨，意在言外。

值得注意的是序中所述对禅宗偈颂之态度。梵文Gatha，意译为颂，音译为偈，指颂佛陀之美辞。自汉末以来译经中，多存偈颂，虽句式整齐，而并无押韵之规则。自唐初以来，这一情况发生了变化，尤其是禅宗僧人，多喜作偈颂以阐释佛理，弘扬禅法。这类作品，自中唐后日趋诗律化，在称指时常与诗混同，如拾得诗云："我诗也是诗，有人唤作偈，诗偈总一般，读者须仔细。"（影宋本《寒山诗集》附）正可见一般人之态度。齐己对诗偈判体的论述，在唐人中应该说是最明确的了，他认为诸禅师所作，以"吟畅玄旨"为目的，即以诗来表现佛理。这些作品"体同于诗"，即在体式上，与诗相同，"厥旨非诗"，即以弘法为目的，与诗人之吟咏性情有别。他认为居遁之作，"托像寄妙，必含大意"，读后"神虚澄荡，如游寥廓"，概括了这类禅理诗的美学特征。在唐代诗坛上，禅僧偈颂是十分值得注意的一种特殊诗体，其内容虽多言佛理，但体式、格律常与诗无别，又多用村言俚语，十分值得重视。明末胡震亨编《唐音统签》时，曾于《庚签》中编此类作品为二十馀卷，至清编《全唐诗》时，于《凡例》中斥偈颂"本非歌诗之流"，全部删刈（连王梵志诗也全删），故长期不为世人注意。齐己的论述，为此类作品的判体提供了强有力的依据。据笔者所知，唐五代禅僧中，如居遁、良价、义存、文益、文偃等，存世偈颂均达数十首之多，庞蕴则存二百馀首，十分值得研究者注意。

（刊《益阳师专学报》1994年第4期）

一九九五
述《全唐文》成书经过

  清代官修的两部大书——《全唐诗》和《全唐文》，为唐代文学研究提供了一代基本文献，因而备受学者欢迎，但二书舛误之多，也颇遭后人讥评。前书成于康熙间，时朴学未盛，主要利用明末清初胡震亨、季振宜二人的成果，由十位在籍翰林用一年半时间匆遽拼合而成。其中原委，周勋初先生已撰文作了详尽考察。后者则成书于乾嘉朴学鼎盛时期，历时五年半，又有一大批著名学者参预其事，何以仍沿前失，未能臻于善备呢？其中原因颇为复杂。考察该书的成书过程，对于读者利用该书，当不无裨益。

一、编修《全唐文》的起因

  嘉庆十三年十月，清仁宗下诏编修《全唐文》："己亥，谕内阁：内府旧藏《全唐文》卷帙闳富，于有唐一代帝王以迄士庶所著各体文，采辑大备，洵为艺苑巨观。敬思圣祖仁皇帝《钦定全唐诗》风行海寓，操觚家获睹初、盛、中、晚源流，有裨诗教甚大。兹《全唐文》弆藏中秘，外间承学之士无由与窥美备，允宜颁示寰瀛，以昭盛轨。着将此书交文颖馆，通行钞录，并详稽载籍有应补入者，一体编辑，校勘完善，进呈乙览后，刊刻颁行，用副朕崇文讲学嘉惠士林至意。"（《仁宗皇帝实录》卷二〇二）清廷实行右文崇儒之国策，重视文献编纂，既藉以羁縻士人，又可示文治昌明之绩。乾隆间编修《四库全书》，世称盛举。清仁宗亲政已十年，戡乱肃政颇有可称，而于文化方面尚罕建树。其倡修《全唐文》，自是沿承父、祖之"圣轨"，而其曾祖康熙帝编修《全唐诗》在士林中产生的巨大影响，尤为其所乐于追仿。只是这些尚非最直接的原因，直接起因还是那部"采辑大备"但还未臻尽善的"内府旧本《全唐文》"。其《读全唐文》自注云："惟唐文未有全书，操觚家无由博观美备。内府旧有缮本唐文一百六十册，予几馀披阅，觉其体例未协，选择不精，乃命儒臣重加厘定。"（见《全唐文纪事》卷首）说得较明白。

二、"内府旧本《全唐文》"的考察

清仁宗在《御制全唐文序》及上引两段文字中,均未说明"内府旧本《全唐文》"的作者和来源。惟接受编书工作的总纂官之一法式善《校全唐文记》(《存素堂文续集》卷二)于此记载较详:

> 内府《全唐文》,钞本十六函,每函十册,约计其篇盖万有几千矣。前无序例,亦无编纂者姓氏,首钤"梅谷"二字私印。相传海宁陈氏遗书,或云玲珑山馆所藏,或云传是楼中物,大约抄非一手,藏非一家,辑而未成,仅就人所习见常行采撷为卷,唐人各集亦皆录从近代坊本。

于所见书叙述尤详,而于其来源则仅属传闻。同人稍后所作《陶庐杂录》卷一,于此已较明确:

> 内府所藏唐文原本十六函,每函十册,得人一千七百馀,第一页有"梅谷"图记,为海宁陈氏裒辑未完之书,苏大司空官两淮盐政时,以重价购得,进呈乙览。

葛兆光据陈其元《庸闲斋笔记》和《海宁州志稿》、《海宁渤海陈氏宗谱》的记载,考定海宁陈氏指陈邦彦(见《学林漫录》九辑《关于〈全唐文〉的底本》)。邦彦(1678—1752),字世南,海宁人,康熙四十二年(1703)中进士,乾隆间官至礼部侍郎。其辑唐文,当在雍正至乾隆初期。

此书散出情况不详。传是楼主人昆山徐乾学较陈邦彦早卒五十多年,不可能归其所藏。小琳珑山馆主人马曰璐年幼于邦彦二十多岁,但无其他证据说明此书曾入其手。"梅谷"是乾隆后期平湖藏书家陆烜的印记。平湖为海宁邻县,此书或因此而归陆氏。陆烜《藏书纪事诗》卷五录其题跋,有乾隆三十一年至五十二年的纪年,陈稿在其箧中,当在这一期间。

"苏大司空"为苏楞额(?—1820),正白旗人,《盐法志》卷一○一、卷一五三载其于乾隆六十年(1795)任两淮盐政。陈书当于乾隆五十二年后自陆家传出,为书贾售于扬州。苏楞额进书,可能是嘉庆初年事。

陈辑唐文内容编次,仅可从上引文献及《全唐文·凡例》、《进〈全唐文〉表》中,知道以下几点:一、原本十六函,每函十册,共一百六十册。二、前无序例,似亦未分卷,钞非一手,当辑而未成。三、收唐五代文章一万几千,作者一千七百馀。

四、所采皆人所习见者,唐人各集录从近代坊本,《文苑英华》据明刻闽本,讹脱极多。五、体例未协,制诰别立一门,帝王批答附各集本文后。六、辨体不严,如唐太宗文内载《晋书》传赞,误以《唐书》两人问答之辞为其人之文,又收《会真记》、《柳毅传》、《霍小玉传》等传奇。七、误收唐前文有后汉马严疏、魏鱼豢《魏略》、北周宇文逌《庾信集序》、北齐尹义尚《与齐仆射书》、梁徐勉赋、陈韦琳《鲲表》等,宋元文有王珪《除郝质制》、冯志亨《普天黄箓大醮碑》等。八、作者姓名多缺讹,将毋㷒误为毋婴,蒋防讹成蒋访,唐元度、殷盈孙缺姓,又以崔鹏、崔元翰及张鹭、张文成分列,不知本为一人。

陈辑为未定稿,有种种不足在所不免。清仁宗及馆臣为显示新辑本的优长处,对陈辑不免多有贬抑。其实,仅从收录篇数来说,陈辑当已不少于钦定《全唐文》的四分之三。称其"卷帙闳富","采辑大备",为钦定《全唐文》奠定基础,当是恰当的评价。

三、《全唐文》的主要撰修者

康熙间修《全唐诗》由彭定求等十人承其责,较为清楚。《全唐文》则不然,仅书前具名者即有正总裁官三人、副总裁官七人、总阅官五人、提调官三人、提调兼总纂官三人、总纂官六人、纂修官二十一人、协修官及收掌官各二十人。自提调官以上诸臣多为内阁学士或部院大臣,当均属领衔务虚而已,并不负责具体的编纂。如总阅官阮元,为乾嘉间名儒,于嘉庆十四年秋以徇隐夺职后,居京三年,清仁宗以其学问素优,"给编修在文颖官行走",因而在《全唐文》上具名,但在其口授的年谱《雷塘庵主弟子记》中,记在京著述亟详,但于《全唐文》只字不提,知其程力甚微。这些高官对此书承担责任,间或发表些意见,偶然或亦参预一些编务,如陈希曾曾同至白云观翻《道藏》,英和曾与馆臣同至万寿殿检佛书,但承担主要编撰责任的,还是总纂以下诸臣。

分析一下《全唐文》总纂、纂修、协修官共五十人的履历,不难发现其中除法式善为乾隆四十五年进士,其馀全为嘉庆四年至十四年进士,尤以十年、十三年两科人数最多,分别为十六人、十四人。其中总纂官九人,其中五人为十年进士(徐松、孙尔准、胡敬、谢崧、陈鸿墀)。这样组成纂修班子的原因有二:一是清沿明制,以新进士中文学优长者为庶吉士,分入诸馆修习,然后分发任用。清仁宗在诏修《全唐文》后不久,即有诏谓"庶吉士分派各馆充当纂校等官,并非始自近年,原以庶吉士初入词垣,正须究心学问,于馆书得效编摩,乃其本业"。"而增修《全唐文》卷轴繁富,均可藉资探讨,用广见闻。"(《仁宗皇帝实录》卷一二三)故馆臣人数虽众,多以此为读书待选之所,在修撰过程中多有外放离京者。二是总裁董诰自嘉庆帝亲政后,即任文华殿大学士,主持历科殿试,修书之事自委其门人承担。如徐松,"十三年授编修,入直南书房。时总司书房者大学士董诰,以松淹雅俊才,心重之,一切应奉文字,皆出松手。明年,奉诏纂辑唐文"(《畿辅先哲传》卷二五),总纂官以徐松为首,自出董诰推荐。同科数人为总纂官,也当与此有关。

总纂官九人,在馆时间与所承责任,应各有不同,谨就今存文献略作考说。

徐松(1781—1848),字星伯,直隶大兴人。嘉庆十年进士。入馆当在十四年初。是年撰《唐两京城坊考序》,称"余嗜读《旧唐书》及唐人小说",于唐代文献、史事最为谙熟,所撰《登科记考》、《两京城坊考》均为格局闳大、考订细致之著。《全唐文》前期编修及体例匡定,应由其主要负责。十五年,除湖南学政。十六年,被劾罢,籍家,远戍伊犁。其在馆约一年馀。

孙尔准(1772—1832),字平叔,江苏金坛人,亦十年进士。入馆当不迟于十四年初,至书成前夕方出知汀州府。所撰《泰云堂诗集》五、六两卷中,有在馆时诗作数十首,与徐松、胡敬、陈鸿墀过从较多。其所长在词曲骈文,参与修书始终,徐松外放后殆由其承总纂之职。

胡敬,字以庄,号书农,浙江仁和人。亦十年进士,始终参与修书。《清史列传》卷七三云其任"《全唐文》、《治河方略》、《明鉴》总纂官,所辑皆精审,《唐文》小传出其手者为多。其《进唐文表》凡数千言,典赡斋皇,尤称杰作"。敬为骈文名家,其《崇雅堂应制存稿》中收入《恭进〈全唐文〉表》,小传多出其手应亦可信。

以上三人为"提调兼总纂官",为主要负责者。

杜堮,字次崖,号石樵,山东滨州人。嘉庆六年进士,官至礼部侍郎。其所著《遂初草庐诗集》中,存己巳至壬申间诗甚多,无涉修《全唐文》者,诸馆臣唱酬诗中,亦无提及者。

法式善(1753—1813),字开文,号时帆,蒙古人。乾隆四十五年进士,曾任四库馆提调,为著名诗人,又长于史学及掌故,在诸纂修官中年齿最长。前此已为侍讲学士,因修书不谨而贬秩。十三年末有《奉校唐人文集寄示芸台渊如蓉裳琴士诸朋好》(《存素堂诗二集》卷一),为最早预修者之一。大约于次年十月后因病离开文馆,嘉庆十八年卒,未及见到全书完成。法式善撰《校全唐文记》及《陶庐杂录》中,叙修书事较详。其在馆一年,"力疾阅《永乐大典》六千馀卷,复于万善殿、大高殿等处阅释、道藏二千八百馀种。"(《国朝耆献类征初编》卷一三二)

席煜,生平资料较少,仅知其字子远,号紫苑、松野,江苏常熟人,嘉庆六年进士,以散馆授编修(《词林辑略》卷五)。十四年五月在南书房行走(《仁宗皇帝实录》卷二一一)。喜画山水,工诗,善南北曲(《墨林今话》卷一一)。卒年五十馀(《清代画史增编》卷三五)。进表署衔称其为"原任翰林院编修",知未及成书即罢去。其馀不详。

邓廷桢(1775—1846),字嶰筠,江苏江宁人。嘉庆六年进士。十四年为编修,十五年五月外任。后为抗英名臣。其各种传记及《双砚楼诗钞》中皆不载预修唐文事,孙尔准《泰云堂文集》卷六有《雨中偕邓嶰筠徐星伯饮陈小孟寓斋》,为修书期间诗,但不及修书事。

谢崧,生平资料尤少,仅知其字骏生,号引乔,安徽祁门人,散馆授编修,官至云南迤西道(《词林辑略》卷五)。工行楷书(《皇清书史》卷二九)。从进表署衔看,成书时仍在馆。

陈鸿墀(?—1837),字万宁,号范川,浙江嘉善人。嘉庆十年进士。散馆授编修。据法式善、孙尔准诗,知其至迟在十四年初已入馆。从其所撰《独坐馆中校阅〈全唐文〉制诰类迟平叔不至作诗简寄且促其到馆》长诗看,其用力至勤,且颇有想法(详后),其退归后据在馆积稿撰成的《全唐文纪事》,亦可证明其为出力最多者之一。但从进表署衔看,书成时已罢馆。钱仪吉《抱箫山道人传》云:"道人性伉直,职文馆,巨公总其事,气焰赫然,道人意不合,辄振袂去。"知其得罪权臣,程功虽巨,署名反居末。其晚年挽孙尔准诗自注云:"予以书案就狱,公辩论解纷甚力。"不知是否与此有关(引文均见《抱箫山道人遗稿》)。

据以上所考,总纂九人中,程功最多的应为徐松、孙尔准、胡敬、陈鸿墀四人,法式善于前期普查用力颇勤,其馀四人不详。

附带述及,预修者尚有屠倬,进表中漏列。法式善《存素堂诗集》卷四《题交游尺牍后》云:"去年,琴坞佐余勘释典于万善殿之后廊,搜唐文也。"可证。

四、《全唐文》编修工作的展开(上)——用书

《全唐文》编修处设在文颖馆。时人或亦称《全唐文》馆,其实并无正式的命名,故预修者称"文颖馆行走"。文颖馆在西华门内,康熙时为编修《皇清文颖》而设,这部收录"御制诗文"及"臣工赋颂及诸体诗文"的大书虽在乾隆间已编竣(据《御制皇清文颖序》),但文馆并未撤销。编修工作开展后,清仁宗除发给陈辑《全

唐文》稿本,还将近万册的《永乐大典》全部调往文颖馆,并为馆臣提供检阅内府各种图书的方便。

　　清仁宗要求新修唐文应"详稽载籍,有应补入者,一体编辑校勘完善",故编修工作首先从普查群籍开始。所检之书,《御制全唐文序》云有"《四库全书》及《永乐大典》、《古文苑》、《文苑英华》、《唐文粹》诸书",《凡例》则云有"唐人别集"九十馀种,"文集外总集如《古文苑》、《文苑英华》、《唐文粹》、《崇古文诀》、《文章辨体汇选》等书"、"总集外文之见于史子杂家记载志乘金石碑板者"及《永乐大典》和释道两藏。所云较详,但错误亦不少。如《古文苑》仅收唐以前文,无唐文,《崇古文诀》所收均唐宋名篇,无裨辑佚。较为可靠的是几位预修者当时的记载。法式善《校全唐文记》云翻检了"《四库全书》若干部、天下府厅州县志若干部、金石碑版文字若干纸,而又阅《永乐大典》二万卷、释藏八千二百卷、道藏四千六百卷"。协修官刘嗣绾《文颖馆校全唐文作》云:"骈罗四库列甲乙,插架颠倒皆唐文。《英华》、《文粹》皆常选,首恃《大典》搜殷勤。浩如烟海道释藏,过眼拨雾真披尘。遗编不在画三教,青词黄诰陈陈因。唐时金石亦渊薮,碑版所萃尤纷纶。"(《尚絅堂诗集》卷四一)与法式善所云一致。陈鸿墀《全唐文纪事》首列引书目五百八十一种,其中虽有相当部分为其晚年增订时所补,但大多应为编修时曾检之书。

　　上述各类典籍的利用情况,也可考知一二。

　　甲、四部书。唐人别集多据《四库》本,其馀各部当亦如此。部分书得另检善本,如《文苑英华》即用影宋钞本,文字上较陈辑据明闽刻本优长。但《四库》未收书,未用者较多。已用诸书,翻检也较粗疏。如《册府元龟》、《唐会要》、《五代会要》三书,似仅剌取一些较长文章,缺漏尤多。后陆心源辑《唐文拾遗》,据三书录出千馀篇,笔者发现尚有数百篇可补。另如《唐大诏令集》,也漏收数十篇。有些最常见之书如《资治通鉴》及《考异》皆未检,真可谓网漏吞舟了。

　　乙、《永乐大典》。因其久秘内府,外臣难以见到,馆臣最为倚重。原书二万二千八百七十七卷,至康熙间已缺"几二千册"(全祖望《鲒崎亭外编》卷一七《钞永乐大典记》),法式善云"二万卷",实恐仅一万八九千卷。《陶庐杂录》卷三云"于《永乐大典》暨各州县志内采录,皆世所未见之篇",仅四库已收各唐集,即有五十五家可补遗文。如《全唐文》所收李商隐文,较《樊南文集》多出二百馀篇,即全出《大典》。再如陈致雍,《全唐文》存文九十四篇,当皆录自《大典》(残本卷六八五一尚可复按)。馆臣矜其为"人间未见书"(法式善《奉校唐人文集》),有"我今拥秘册"(同人《苏叔党斜川集》)之感,故于此检阅较细。除法式善阅六千馀卷外,徐松、胡敬、孙尔准、陈鸿墀等均曾检阅,并各有所得。但偶亦有所疏忽,如《全唐文纪事》卷三三收皇甫松《醉乡日月序》，云"从《永乐大典》补录"，殆在馆时录副者，《全唐文》漏而失收。

丙、方志。法式善云"天下府厅州县志若干部"，具体不详。即如四库本各省通志，也似未通检，如《山西通志》、《山东通志》皆有唐文未取。方志中可补各唐集者，也颇可疑。《凡例》云："文出谱牒私录，无可证信者，不滥登。"其例颇善。但如白鸿儒《莫孝肃公诗集序》、刘汾《大赦庵记》之类伪文，显出家谱，疑自方志转引。

丁、石刻。法式善云检"金石碑版文字若干纸"，《凡例》云"碑碣以石本为据"，又云"金石之文……据现在拓本以存其真"。知于内府石刻拓本，曾充分利用。法式善入馆之初，还曾寄诗给赵绍祖、阮元、孙星衍等友人，请代为搜访碑石。笔者曾以各种金石书所收碑志录文，与《全唐文》收录者逐篇对校，发现《全唐文》所收多有各家金石书所未收者。录文也有增出于他书或较为优长者，殆因得据内府善拓之故。但《全唐文》录石刻多据一拓，未能尽收善拓，录文虽据石本，但不能辨识者多注阙文，录出者也多误字。时金石学研究虽尚未臻极盛，但前此已有赵绍祖《金石文钞》、王昶《金石萃编》、阮元《山左金石志》、武亿《安阳县金石录》、孙星衍《续古文苑》（以石刻为主）的纂辑，作者或曾入馆，或与馆臣熟谙，但全未征及，诚不可思议。

戊、释藏。法式善《陶庐杂录》卷一云："嘉庆十四年七月，因校《全唐文》，奉检释藏于万善殿之西配房，凡两阅月事竣。释藏刻于雍正十三年……兹得唐文若干篇。"知所据释藏即雍正间开雕，乾隆初刻竣的乾隆版《大藏经》（俗称《龙藏》）。此藏收书一千六百十二部，七千一百六十八卷（法式善统计数不同），是各藏中存书较少的一种。当时能见到的《径山藏》，即较此多五千馀卷。当时似已注意及此，曾参取他藏。英和《恩福堂笔记》卷下云："开《全唐文》馆时，余奉诏偕馆臣诣西苑之万善殿检阅佛书，既于释藏经律论疏中采出唐人序论若干篇，又于旧《清凉山志》得王子安文一篇，唐《西域记》得元奘表启十馀篇。惟慧苑《华严经音义》无之，复购得旧时北藏本，录其原序。""北藏"指明刊《永乐北藏》，似未曾通检。往检释典者，除英和、法式善外，尚有孙尔准、陈希曾、陈鸿墀、屠倬等人，当时释藏流布不广，一些馆臣于此似并不熟悉，如胡敬即自陈"余于释氏书寓目者少"（《崇雅堂文钞》卷一《候选同知芝塘沈君传》）。前引英和所云《西域记》，应作《大慈恩寺三藏法师传》。故于释典漏检者尤多，录出者也错误迭出，如将隋彦琮与唐彦悰合为一人，将辽人陈觉误为南唐陈觉，将《宋高僧传》中的皎然传误归附传福琳之名下，皆是。近世宋藏、房山石经及日本、朝鲜、敦煌所存佛典大量刊布，其数超过清馆臣所见之数倍。

己、《道藏》。《陶庐杂录》卷一云："十月，复检《道藏》于大高殿西配房，阅月事竣。《道藏》刻于前明嘉靖年，兹得唐文若干篇。"大高殿在神武门西北，为清皇家道庙。法式善又有《约陈钟溪侍郎赴白云观访道藏诸书》(《存素堂诗二集》卷二)，知又往白云观访书。但两处所藏《道藏》，应为同一种书，即今所习见的《正统道藏》(法式善误记为嘉靖刊)。《道藏》因著书年代不详，素称难读，即便现代学者研究有年，仍多不可解者。馆臣仅阅月而检毕，其粗疏可知。前引法式善诗云："神仙施狡狯，我自安痴愚。"即可见当时之态度，即于道士狡狯处，尽量回避，仅取可确知作者和时代者。

从上述用书情况，知《全唐文》馆臣为搜访唐文，涉猎确已十分广泛，在当时可说已极其难得，程功远远超过《全唐诗》之编校者。但因种种原因，仍多不足。

五、《全唐文》编修工作的展开（下）——体例

《全唐文》为追仿《全唐诗》而作，故"悉遵圣祖仁皇帝《御定全唐诗》体例"。如全书序次，仍然"首诸帝、次后妃……次臣工、次释道、次闺秀"，今人对此虽多有批评，但在当时是只能如此的。于陈辑《全唐文》的原体例，也作了很多的调整，如将批答和制诰之作者不明者，统归于各帝名下，删去误收、疑伪及专书中文字。然而，唐文在辨体、完残、作者归属及校录诸方面，均较唐诗更繁复。对此，馆臣所知甚明，如刘嗣绾《文颖馆校全唐文作》云：

> 两收姓氏或舛异，贵核作者存其真。最初四杰固专集，馀皆百种堪前陈。书中互校扫叶似，要择善本期精淳。文章体例忌割裂，诏令画一当先遵。一书下手有成局，如跻要路临通津。洞开门户设家弄，笔所到处无荒榛。

即提出择善本以校录文、核作者以防两收、文求全而忌割裂等问题。陈鸿墀《独坐馆中校阅全唐文》长诗亦云："唐贤著作稿盈屋，制诰一体尤乖离。王言首辑冠众集，治水先冀徐梁岐。编排鳞次苦芜秽，乱发未斩犹梦丝。割裂苦碎百衲锦，合并强集千羊皮。缺文颇疑石鼓古，误字恐受金根嗤。参以众书见同异，核以正史无纷歧。删除肯使禾莠杂，选择要辨熊蛙肥。……麻沙百过目生眩，铁摘三绝手尽胝。"也多为心得之言。制诰由词臣代笔而以皇帝名义发布，各史籍征引时繁简不一，或录原文，或撮大义，尤易致纷歧。而如刊刻粗疏的麻沙本之类，缺文误字更难校定。陈鸿墀主张会聚众书善本，合校以定去取，较有见地。

从《全唐文·凡例》所见全书体例,较陈辑本虽有不少改进,但可议处仍复不少,好的体例在实际执行时也未必能始终如一。

甲、不注出处。明人为学随意,辑录古书多不注所出,颇为清代学者所鄙。乾嘉间一般著作,皆注所出,成为通例。《全唐文》不注所出,最为世人诟病。陈垣先生云:"且《全上古文》注出处,《全唐文》不注出处,殊可笑也。"(《陈垣来往书信集》页 670)正指此。迹其原因,当因所据陈辑本未注所出,馆臣无以逐一补出,故沿《全唐诗》之先例,一律不注。如此既不便读者,录文也无以会校。

乙、不收专书。此例甚善,但执行则不尽如人意。韩愈下收《顺宗实录》、杜光庭下收《历代崇道记》皆属专著。前者著录于唐宋各种书志,南宋人以其附入韩集,因此而收,显然不当。而不收皇甫松《大隐赋》,或因《新唐书·艺文志》曾著录之故,其实仅为单文。再如太宗为《晋书》所作传赞,以出专书而删,但杜佑名下诸文,多为《通典》之附论,亦当删。

丙、以内容定去取。《全唐文》既求全备,则凡唐五代单文应一律收存。但《御制全唐文序》又谓:"予辑《全唐文》之本意,屏斥邪言,昌明正学……以防流弊,以正人心。"不免自相矛盾。如释道偈颂章咒,《全唐诗》以其"本非歌诗之流"而删,而《全唐文》仍不取,纯为教化考虑。将陈辑本中所收《会真记》、《柳毅传》、《霍小玉传》等小说体文章删去,原因也仅是其"事关风化",有"猥琐"、"诞妄"之嫌。再如不取录自《古今事通》的刘朝霞《驾幸温泉赋》,仅因其语"涉俳优",其实此文出《开天传信记》,敦煌遗书中也有写本,不容怀疑。至于唐人小说,本有专著与单文之别,划一收录,于学者最为方便。当开馆之初,金匮杨芳灿致书法式善,劝广收唐人小说,"或当置之外篇,或竟列之别录"(《梁溪文钞》卷三五《复法梧门书》),不失为有识的见解。

丁、兼收零残。《凡例》既云"单篇断简,搜缉无遗",又云"单词只句,见于后人援引,无首尾可编次者"不录,显有牴牾。唐文零残,有几类情况。一是见于石刻者,因漫漶而仅可识其零残文句,《全唐文》于此虽不可卒读者,也多录存。二是史传所引,或节录断章,尚为原文,或撮述大意,已为史家语气,二者之间又多难区分。三是见于笔记、类书、地志等杂书所引,仅引录警句。严可均辑《全上古三代两汉三国六朝文》,凡存一句或篇名者,全予登录,最称完备。《全唐文》因难划一,除收录少数零残文字,多未存载。陈鸿墀《全唐文纪事》广收残句,似有补此缺憾之意。

戊、校勘。一书之各种版本,文字容有不同,唐文常一篇而见各书全引或摘引,摘引又有节抄及改写之别,校勘至难。此种难处,前引陈鸿墀、刘嗣绾诗均已言及,为心得之谈。《全唐文·凡例》云"文字异同,碑碣以石本为据,馀则择其文义优者从之。若文义两可,则著明一作某字存证。"回避了征校善本,异文存校也多落空。杨芳灿谈及石刻文字时,以为"惟是吉金乐石,历年既久,剥蚀寖多,志金石者或可以阙文存疑,若采入《全唐文》,则当旁引曲证,以期完善,是则搜访非难,而考证实难,任其断烂,既难入于简编,妄下雌黄,又恐滋其附会"(上引《复法梧门书》)。所见至为允当。馆臣编修时,既未广征善拓,连同时人已有著作亦未充分参考,以致石刻录文多尚不及《金石萃编》等书,如昭陵诸碑,残缺尤甚。

六、《全唐文》编修不孚众望的原因

陈垣先生曾以宋拓《麓山寺碑》与《全唐文》相校,发现脱去四百字,因而感慨:"官僚所编之书,如此其不可靠也。"(《陈垣来往书信集》页 670)诚为诛心之说。中华书局影印本《出版说明》归纳为作者张冠李戴、姓名舛误、题目夺误、正文讹脱、重出和互见、误收唐前后文及小传错误等七类错误,劳格和岑仲勉已指出三百多例,拙文《再续劳格读〈全唐文〉札记》(刊《选堂文史论苑》)又指出六百馀例,在此不一一重述。

平心而论,《全唐文》在搜文范围、文字校勘、甄辨互见误收、小传撰写诸方面,均较《全唐诗》为优胜,但与严可均以个人之力编成的《全上古三代两汉三国六朝文》相较,这部历时五年,有数十名馆臣参与(其中不乏著名学者),靡费无数人力物力的大书,实不足以反映乾嘉时期的学术水平。其中原因,本文前已谈及数点,即清仁宗倡编书着眼于显文治、广教化,不以全备文献为首要目标;纂修者人数虽多,似无一人总司其责,预修者多为新进士,以修书求进学,所作难臻老成;而书成众手,互相牴牾而未及划一处必难避免;体例未尽善,实行又多有出入;未能充分利用已有文献,用书也未尽为善本。除此之外,尚有两点似亦应叙及。

其一,编修诸臣多假公济私,不能专心于修书。馆臣因得利用《永乐大典》的方便,乘便作自己的研究课题,或辑录佚书,或积累资料。今知徐松录出《宋会要》"无虑五六百卷"(《癸巳类稿》卷一二附徐松语)、《宋中兴礼书》一百五十卷、《河南志》三卷、《秘书省续编到四库阙书目》二卷(《艺风堂续集》卷四《永乐大典考》)、《宋元马政考》一册(《畿辅先哲传》卷二五)、《伪齐录》二卷(有《藕香零拾》本),又为撰《登科记考》积累了大量资料;孙尔准辑有《无弦琴谱》(《泰云堂文集》卷一《无弦琴谱叙》)、仇远《山村词》(上引《永乐大典考》)和尤袤《梁溪集》(见《存素堂诗二集》卷三《尤延之梁溪集》,不传);胡敬辑有《淳祐临安志》十六卷、《大元海运记》一卷(上引《永乐大典考》);法式善辑有《斜川集补遗》、《稼轩集》(《存素堂诗二集》卷三),又编唐六十名贤小集而未果(同前卷四《题唐名贤小集诗》)。这些著作,在学术史上均有相当的价值,如非诸臣及时辑出,必已亡佚,诚为功德无量之举。但就《全唐文》修纂来说,则不能不受到影响。就徐松来说,所辑诸书均极重要,其识力诚极高,但其在馆仅一年有馀,录出文献几近一千万字,相当《全唐文》全书,其不能专心修书,于此可知。陈鸿墀罢官去都时,有《出都》诗云:"岂有聪明过宰相,断无笔札费钞胥。"自注云:"予偶有所作辄弃其稿,阅书一过而已,未尝有所抄录也。"(《抱箫山道人遗稿》卷上)似对同僚略有微词。

其二,官僚主其事,不追求学术质量。清仁宗《读全唐文》诗注云:"乃命儒臣重加厘定,每得数卷,亲定去留。"对修书颇为关切。日常修书虽由各纂修官负责,而众多的正副总裁虽不参与修书之细务,但于编书之事,不免常作武断之干预。前引陈鸿墀长诗《独坐馆中校阅全唐文》,在陈述修书难端及自己的见解后云:"胡为宋五惯坦率,张目不见千珠玑。有时强作解事语,武断若判公堂词。古人饮泣后人笑,餐钱月给真虚縻。鲰生持论少同调,赖有孙楚堪我师。纠谬时时恕吴缜,列衔往往容臣祁。""鲰生"、"吴缜"、"臣祁"皆自指,"孙楚"指孙尔准,自云执著求是之论,仅孙尔准能赞同和谅解,并在具名上有所谦让。宋五坦率,语出《国史补》,此处似代指权臣,强作解事、武断判案云云,均可证。而分歧之原因,显在修书之方略方面。所谓"古人饮泣后人笑",即指所编书错误迭出,不免使古之作者饮泣,而遭后之读者耻笑。前引《抱箫山道人传》云:"道人性伉直,职文馆,巨公总其事,气焰赫然,道人意不合,辄振袂去。"两相联系,知鸿墀为修书事与"巨公"发生激烈冲突,终至引去。"巨公"不能确知是否即董诰,姑以为是董诰,其受皇命总裁馆事,迫于期程,不能不求成书而放弃质量,而鸿墀作为一位严肃的学者,对修书之是非利钝所知至明,不愿委曲而改变态度,其心迹可鉴。冲突的结果必是按"巨公"的决断成书,留下长久的遗憾。

七、《全唐文》的刊刻与补遗

《全唐文》于嘉庆十九年闰二月修成奏进,清仁宗序称全书收录"文万有八千四百八十篇","撰文者三千四十二人"。据日本学者平冈武夫《唐代的散文作品》逐篇统计,凡存文20 025篇,作者3 035人。后者相差不大,前者则清代统计显然有误。

　　书成当年,即发往扬州,开馆刊校,由督理两淮盐政阿克当阿监刊。列衔刊校者有十五人,多为在籍翰林或退闲官员,其中如孙星衍、秦恩复、吴鼒、吴锡麒、石韫玉等,均为其时著名学者。实际参与校订者不止此十五人,今知尚有唐仲冕(《陶山文录》卷一〇《校全唐文三条》)、梅曾亮(《柏枧山房诗集》卷二《扬州唐文馆即事二首》)、钮树玉(同前卷三《暑甚与钮非石顾千里夜坐》)、刘凤诰、顾千里(李庆《新订顾千里年谱》)、顾立诚(《读骚楼诗二集》卷二)等,皆颇享时名。欲入馆而为当事所拒者尚有江藩(《雪桥诗话余集》卷六)、严可均等。入馆者之众,极一时之盛。梅曾亮诗云:"唐文开馆昔扬州,簪笔西园忆旧游。几辈名公天禄阁,良宵高会月灯毬。"(《柏枧山房诗集》卷九《题王梦兰校书图》)可见当时盛况。

　　《全唐文》刊校约历时三年,曾据部分善本参校,部分录文尚有所改动。顾千里《思适斋集》卷六所收《与刘金门宫保书》、《与吴山尊学士书》,即为其与刘凤诰、吴鼒讨论刊校事之书信。顾千里发现《全唐文》卷二五收玄宗《上圣祖及诸庙帝后尊号推恩制》,因馆臣所据《唐大诏令集》有错叶,后半误接《谒五陵赦》。顾千里改动后,刘、吴持不同意见,因复驰书讨论。从刊定本看,已接受了顾的意见。顾千里其间曾校《唐大诏令集》,秦恩复曾校《骆宾王文集》、《李元宾文集》,均与校《全唐文》有关。经过这些学者的努力,刊定的《全唐文》文字上较初定稿必得减少许多讹误。

　　《全唐文》刊布后,受到广泛欢迎,但其所录未全,也为许多学者所关注。劳格于咸丰间作《读全唐文札记》,录佚文存目百馀篇,陆心源于光绪中辑《唐文拾遗》、《唐文续拾》,存文约三千篇,均为世人所熟知。其实在劳、陆以前,尚有二人作唐文补遗。一是参与编修的陈鸿墀。陈澧《全唐文纪事序》云:"先生又尝撰《全唐文年表》及《全唐文补遗》,皆未成。"稿均不传。《全唐文纪事》中附存佚文十馀篇,即所补辑之一部分。二是曾任总阅官的阮元。北京图书馆存其辑《全唐文补遗》钞本一卷,末有跋云:"戊寅十月初三日,自武林买棹至蓬窗旅舍,忽忽二十馀年。阅二十六昼夜,成此书一册,计文壹佰肆拾壹首。扬州阮元记。"戊寅为嘉庆二十三年(1818),时距《全唐文》编成仅四年。此卷仅存一百二十八篇,与跋语所云少十馀篇。笔者曾与中华书局徐俊先生对此卷作了反复检核,知其中重收二篇,三十八篇已见《全唐文》,十二篇诗序已见《全唐诗》,六十八篇已见《唐文拾遗》,四篇宋文,一篇六朝文,一篇高丽文,所馀贾公彦《周礼废兴序》为《周礼注疏》卷首之一段,薛收《元经序》恐出依托,阙名《修养杂诀气铭》当出《太平御览》卷七二〇,时代不明。中华书局影印《全唐文》时,不收此卷,甚是。

自清季以来,秘籍善本之面世,海外遗书之回归,敦煌遗书之刊布,石刻碑版之出土,各种释藏之印行,《道藏》研究之深入,加上方志谱牒中的材料,今可获见而为《全唐文》失收的唐人文章,当不下万品。将这些遗文汇录成书,于唐代文学研究必然大有裨益。

(《复旦学报(社会科学版)》1995年第3期)

《二十四诗品》辨伪答客问

问：司空图的《二十四诗品》是中国学术史上很有名的著作，不仅文辞流丽，而且义理深邃，开像喻式文学批评的先河，历来为学者所重视，迄今为止的各种文学史、文学批评史以及美学史著作，都列出专节加以论述。听说你认为这是一部伪书，不是司空图所作，很令人感到惊讶。不知大作在何处发表，主要观点是什么？

答：《司空图〈二十四诗品〉辨伪》一文，是去年夏天我与汪涌豪博士合作完成的，全文约有三万三千字。已交国家古籍规划小组新创办的大型学术刊物《中国古籍研究》发表，估计今年稍晚些时候即能刊出。此文的主要看法是，《诗品》的论诗旨趣，与司空图其他著作有很大不同。此书直到明末方行世，在此前的七百多年时间里，从不为人所知，也从未有人说到司空图作有此书。而明前期浙江嘉兴人怀悦所著的《诗家一指》一书第三节《二十四品》，与《诗品》文字完全相同。经仔细比对研究，我们确认《诗品》作者为明人怀悦，本是《诗家一指》中的一节，到明末天启、崇祯年间，才被人移植到司空图名下。后经毛晋、王夫之、王士禛等人的鼓吹，方受到学界的广泛重视。

问：这确实是令人耳目一新的见解。就我所知，从清代中期到现在，研究《诗品》的专著已有近二十种之多，似乎从未有人对此书作者问题提出诘疑。请问你们是如何注意到这一问题的？

答：在本文以前，公开发表的论著确未论述及此，但私下提出怀疑还是有的。本文完成后，我将主要看法告知厦门大学周祖𧵣教授，周先生来信说，1990年在南京大学召开的唐代文学国际讨论会上，他在讨论韩国学者论文时发言，认为《诗品》的独特表达方式，与晚唐人的著作形式很不一致，当时能否产生这样的作品，很可怀疑。周先生只是凭直觉提出这一看法，可惜未作进一步的研究。

我对这一问题引起关注，始于十多年前读郭绍虞先生的《诗品集解》。这确实是一部花大气力的著作，会校各种版本，综录前人笺说，详尽解说文意，裒聚有关资料，应有尽有，堪称集大成。但有一点引起我的疑问，此书末所附"序跋题记"中，最早的只是明末人郑鄤、毛晋的题跋，绝无宋元书目的著录之迹。以郭先生的博学，这绝非粗疏所致。此前曾听王运熙先生讲文献学课，说到目录学的功用，最重要的一条即是据书目著录之有无以定古书之真伪。梁启超、余嘉锡的著作中，对此有充分论述,已成为文史考据的一条公认的规则。《诗品》的这一特殊情况,不能不使我感到怀疑。

以后因做《全唐诗补编》和《全唐文补编》,将存世的唐及宋元典籍作了较广泛的翻检,确信从公元908年司空图去世,直到明末的七百年时间里,从无人提到或见过司空图的《诗品》。此书的现存版本,都在明末崇祯年间以后,为人称道,也是那以后的事。

问:这一怀疑确实很有道理,但我仍有一些不明白的地方。说某时代有某书,只要那时代有一种书提到即可证明,较容易。而从唐末到明末,存世典籍浩如烟海,一个人的一生很难通读,你能否把你证明的办法,作进一步说明。另外,近代以来,从汉唐古墓、敦煌藏经洞以及日本、韩国发现的许多典籍,在传世文献里从未提到,但其成书年代绝无可疑。那么,又怎么能因《诗品》明末才出世而疑伪呢?

答:这两点都问得很好,容我作进一步的说明。首先,应坦白承认,我确实没能通读宋、元、明的存世典籍。宋代还看得多一些,元、明两代看得较少,大约仅存世数的百分之二三而已。上述结论,是通过以下几种途径得出的。其一,通检清代以降学者研究《诗品》的论著,除一些牵强比附、似是而非的记载外,确信前人未提供这一时期《诗品》为人称道的确凿证据。其二,明中叶以前的各种司空图传记,都不说他作有此书。宋元至明代的公私书目,也不著录此书。宋人的诗话、笔记、类书、地志,我均曾很仔细地通检,确信无一点痕迹可寻。这一点最不可思议。你有兴趣可翻检一下郭绍虞先生的《宋诗话辑佚》和张伯伟先生的《全唐五代诗格汇校》(即出)二书,许多见解平平的宋人诗话,也常见诸十多种典籍称引,即便如《二南密旨》、《金针诗格》这样公认的伪书,也有多位学者辨其是非。《诗品》的寂无声响,合适的解释只能是当时并无此书。其三,明代中后期学者杨慎、胡应麟、许学夷、胡震亨,均是学识渊博的鸿儒,于唐诗研究用力尤勤,在他们的著作中,既谈到司空图的诗论,也曾详列唐人诗评类著作的总目,但均未提到司空图作有《诗品》,说明他们仍不知有此书。我所做的这些论证,不知道可否使你感到信服。

至于你所提第二点问题,情况则有所不同。汉唐古墓一般均有绝对年代,有同出的文物可为佐证。敦煌藏经洞封闭于北宋前期。日本、韩国所出古籍,大多也有其抄录、庋藏的记载。《诗品》则异于是,明末出现时,没有任何文字记载交待此书来自何处,所据为何本,更何况那一时期正是伪造古书最为风行的时期。

问:你所述确实足以令人信服。但还有一点你未提及,苏轼曾说到司空图"自列其诗有得于文字之表者二十四韵",今人多认为是指《诗品》而言。苏轼是北宋人,去司空图时代不远,不知你对此如何解释?

答：我对《诗品》最初的怀疑，即因苏轼这段话而未再深究下去。过了许多年，才将这段话弄明白。这段话见苏轼《书黄子思诗集后》一文，其前一节概述司空图论诗见解，显然是撮录其《与李生论诗书》的大意。司空图此书在陈述论诗主张后，即举自己所作诗来证明，而所举恰为二十四联（据《司空表圣文集》及《唐文粹》，他书略有不同）。唐宋人习惯称一联诗为"一韵"，一首诗不如此称呼。因知苏轼仅指《与李生论诗书》而言。"二十四韵"与《二十四诗品》仅是偶然的巧合，其实并无关系。南宋人洪迈、陈振孙等均曾引录苏轼这段话，并无异说，明末方牵附到《诗品》上去。

问：你前面说到《诗品》出自《诗家一指》，这一点是怎样发现的？《诗家一指》又是怎样一本书呢？

答：在弄清了《诗品》的种种疑点后，要进一步证明其不是司空图所作，我感觉还有很大的困难。其间与汪涌豪兄谈到上述想法。他专治中国文学批评，于诗歌批评范畴用力尤多，对司空图论诗杂著与《诗品》论诗旨趣的差异，也早有留心。如后者多承道家之言，主张为诗顺其自然，且特别推崇清丽闲雅的风格，与前者多有不同。为此，我们从不同方向所作研究，得出了一致的结论。本想即如此成文，其间偶读明末许学夷《诗源辨体》有云："《诗家一指》出于元人，中有《十科》、《四则》、《二十四品》。……《二十四品》以典雅归揭曼硕，绮丽归赵松雪，洗炼、清奇归范德机，其卑浅不足言矣。"这不就是《诗品》吗？受此启发，我们改变了最初的设想。

承蒙南京大学张伯伟博士为我们提供了明万历五年（1577）刊《名家诗法汇编》本《诗家一指》，并告此书还有两种嘉靖本存世。此书首有序，分为《十科》、《四则》、《二十四品》、《普说外篇》、《三造》五部分，其中《二十四品》与《诗品》品目全同，韵文也基本相同，仅首有题注，在十三品下注有相当的作者。除许学夷所举者外，还提及杜少陵、孟浩然、孟郊等人。

据我们初步的研究，《诗家一指》在明、清书目中著录有绪。其作者怀悦，字用和，嘉兴人。明代宗景泰年间（1450—1456）在世。长期隐居于相湖（今嘉兴东北郊相家荡）附近，曾纳粟得官而入京。

《诗家一指》是一部指点作诗与观诗方法的书。书名借用禅语，谓欲以此书总摄诗理。书中有两处谈到全书各部分之关系，一是序中云学者具备某种眼光后，"可以明《十科》，达《四则》，该《二十四品》，观之不已而至于道。"二是《普说外篇》云："集之《一指》，所以返学者迷途，《三造》所以发学者之关钥，《十科》所以别武库之名件，《四则》条达规键，指真践履，《二十四品》所以摄大道如载图经，于诗未必尽似,亦不必有似。"这些均说明全书是一个整体,各部分从不同方面指示门径。其中仅《三造》为摘录前人语录而成,其馀均应为作者自撰。其全书标举的论诗见解,一是要通晓古今而能知其变化,二是重立意而又能意外成趣,三是重自然天成而反对人为雕琢。这些与《诗品》是完全一致的。

问:这样说来,《诗品》与《一指》之间存在因袭关系,是确凿无疑的了。但似乎还存在两种可能性,其一,本有《诗品》其书,《一指》将其抄入,列为第三节;其二,《诗品》本为《一指》中之一节,明末有人将其抽出,伪题司空图之书以行世。请问你们对此如何论证?

答:你所云两种可能,确属显而易见。如孤立地讨论,相信多数人会支持前一种说法,因为司空图论诗确有卓见,《诗品》又曾得到无数名家激赏。怀悦则不然,在明代即不甚知名,《一指》又流布不广,其间又确有抄录前人诗说处。但我们经过详尽研究后,确信《诗品》为明末人据《一指》伪造。除了上述《诗品》本身的疑问外,我们还列举了大量的内证和外证来陈述我们的见解。这一论证过程很复杂,请你去读全文,在此就不作介绍了。

问:最后还想问一点:你是否认为大作可作定论?如然,你认为还有哪些问题可作进一步的探讨,《诗品》这部书是否还有研究的价值?

答:去年在唐代文学国际讨论会上提出此文后,得到不少学者的支持,当然也有表示怀疑或不赞成的,展开了热烈的讨论。今年9月的全国文论学会上,还将就此作专题讨论,《中国诗学》也拟就此组织笔谈。相信经过一段时期的探讨,学界会获得比较一致的看法。如果有人能从宋元旧籍中找到确凿的证据否定拙说,我也会感到同样的欣然。

拙文本身还有许多问题有待进一步探讨,如怀悦的生平、著作还未梳理清楚,与《一指》近似的明人诗话、诗格也有待全面清理,《诗品》于明末出现的具体过程仍不甚明了。至于《诗品》,我们只是证明其不是司空图所作,不产生于唐代,而其本身仍不失为优美的四言诗,其对诗理的精邃理解仍具有不朽的价值。只是应放在明初的诗坛风气和江南文化氛围中,重新确定其学术地位。这一改变,也可能将改变对文学批评史上许多重大理论问题的认识,包括司空图诗论的重新评价。

(刊《作家报》1995年8月19日)

一九九六
文史札记一组*

一、李翱卒年订误

唐代著名散文家和哲学家李翱的卒年，《旧唐书》卷一六〇《李翱传》的记载如下：

> （大和）九年，转户部侍郎。七月，检校户部尚书、襄州刺史，充山南东道节度使。会昌中，卒于镇，谥曰文。

《新唐书》卷一七七《李翱传》仅记其"后历迁……山南东道节度使，卒"，未著明时间。李恩溥《李翱年谱》、姜亮夫《历代人物年里碑传综录》，皆沿《旧唐书》的记载，定李翱卒于会昌元年（841）。1979年版《辞海》"李翱"条，亦取此说。

其实，这个结论是可疑的。《旧唐书》卷十七《文宗纪》：

> （开成元年七月）辛卯，刑部尚书殷侑检校右仆射，充山南东道节度使。

则李翱在山南东道节度使任内的时间只有一年。清人沈炳震在《新旧唐书合钞》中，曾据此怀疑《旧唐书》本传所载"会昌中，卒于镇"的说法："自此至会昌，又易数人，非翱至会昌时犹为山南东道也，当作开成为是。"惜未引起人们注意。

今按李翱同时人刘禹锡所撰《唐故中书侍郎平章事韦公（处厚）集纪》中，叙述了李翱临终前的一段事迹，可以证成沈炳震的推测：

> 初，（韦）蕃既纂修父书，咨于先执李习之，请文为领袖。许而未就。一旦，习之怃然谓蕃曰："翱昔与韩吏部退之为文章盟主，同时伦辈，惟柳仪曹宗元、刘宾客梦得耳。韩柳之逝久矣，今翱又被病，虑不能自述，有孤前言，赍恨无已，将子蕃诚于刘君乎！"无何，习之梦奠于襄州。（《刘宾客文集》卷十九）

"梦奠"一词，出自《史记·孔子世家》，意指去世。李翱死后，韦蕃遵嘱求序于刘禹锡。据《韦公集纪》，韦处厚卒于大和二年（828）。其子韦蕃编次其文集，在他死后的第十年，刘禹锡为之作序，就是这篇集纪，时间当在开成二年（837）。李翱在此前已卒于襄州任内，时间应当在开成元年七月殷侑继任以前，是为公元836年。

李翱生于大历七年(772),故享年为六十五岁。(1980 年)

(刊《中华文史论丛》1981 年第 1 期)

二、杜牧卒年订正

中国的夏历纪年与公元纪年,首尾相差约一个月。夏历岁末正值公历次年岁首。用公元纪年著录古人生卒年,凡能查到具体月日,应考虑到历差的因素,以期准确反映古人的实际享年。

杜牧卒于何年,一直有争议。王达津先生《古诗杂考》谓卒于大中十年(856)后,实因未深考杜牧所作李讷除浙东制而致误(岑仲勉先生《会昌伐叛集编证》及缪钺先生《杜牧卒年考》已有考证),可勿论。缪钺先生 40 年代初撰《杜牧之年谱》定杜牧卒于大中六年(852)。1957 年版《杜牧诗选》附《行年简谱》改为大中七年(853)卒。1962 年版《樊川诗集注》附《杜牧卒年考》、1977 年版《杜牧传》、1980 年版《杜牧年谱》复改从大中六年卒。六年说根据杜牧《自撰墓志铭》及两《唐书》本传。七年说根据杜牧《归融册赠左仆射制》、《崔璪除刑部尚书苏涤除左丞崔玙除兵部侍郎等制》,《旧唐书·宣宗纪》分别系于大中七年正月及七月。由于《旧唐书》宣宗以后纪事多误,二制作于何时尚难论定。其《自撰墓志铭》云,大中六年十一月十日梦中得谶语,请教星工杨晞后,自卜将死,"复自视其形,视流而疾,鼻折山根,年五十,斯寿矣。某月某日,终于安仁里。"检《二十史朔闰表》,大中六年十一月十八日为公元 853 年元旦。杜牧十一月十日梦谶后,尚能往讯星工,自撰墓志,并非卒于当时。两《唐书》及其甥裴延翰撰《樊川文集序》均未言杜牧自撰墓志后旋卒或一夕卒。"年五十",亦非必卒寿,仅为自忖旋死亦非早夭之辞。两《唐书》谓杜牧卒年五十,疑即转录《自撰墓志铭》。即以其说为实,梦谶后仅八日已是 853 年,从其本人活动看,可肯定尚未卒。墓志书"某月某日终",系因裴延翰据杜牧手稿入集,月日尚未填。从其行文看,为十一月逝世,当承前文云"是月某日"。今另提一月,亦可作其非十一月去世之证。要之,以公元著录杜牧卒年,应以 853 为正。(1982 年)

(刊《文学遗产》1983 年第 2 期)

三、《班婕妤》非严武作

《全唐诗》卷二六一收严武《班婕妤》一首，诗云：

贱妾如桃李，君王若岁时。秋风一已劲，摇落不胜悲。寂寂苍苔满，沉沉绿草滋。繁华非此日，指辇竟何辞？

原注："一作严识玄诗。"沈德潜《唐诗别裁集》即作严武诗收入。《全唐诗》卷七六八重收此诗于严识玄名下，小传谓识玄为"魏州刺史，后为兵部郎中"。属"有爵里，无世次"的诗人。按识玄事迹，尚可考知。《大唐新语》卷十一载识玄为巩令，中书舍人路敬潜使还次巩，识玄颇有慢色，因而遭斥责。后转魏州刺史，为魏令李怀让所辱。俄又俱为兵部郎中，同曹而难以为容。敬潜事见《旧唐书》卷一八九，武后时人。《文苑英华》卷九一二录识玄《潭州都督杨志本碑》。志本卒于长安四年(704)八月，神龙元年(705)八月葬。碑即其时作。宋人《宝刻丛编》卷八据《京兆金石录》载："《唐赠光州都督苏瓘碑》，唐严识玄撰，正书，景龙四年(710)。"《唐御史台精舍题名碑》在"监察御史并内供奉"栏有"严识玄"名。《千唐志斋藏志》有开元廿七年(739)《唐故天水县君赵氏(上真)墓记》，云："府君(姓王)旧铭文是兵部郎中严识玄所造，其文辞典丽。"可知识玄历仕武后、中宗，可能卒于玄宗初年。《全唐文》卷二六七但云武后时人，未详考。《班婕妤》一诗，《乐府诗集》卷四三收入，署"严识玄"，列徐彦伯后，王维前，时序正合。《乐府诗集》收诗多据六朝及唐代乐府诗总集，所言当可信。今知最早以此诗归严武作者，为明铜活字本《严武集》(误作《班莲婕》)。今存明铜活字本唐人集凡五十种，其中虽多据宋元旧本刊排，但属坊刻，不免有拼凑滥收之迹。《严武集》宋代公私书目均未著录，疑为明代书贾伪造。清张金吾《善本书室藏书志》卷三八著录明抄《二十家唐诗》，云出宋椠，中有严武一种，面貌不详。综上述，《班婕妤》应为严识玄作，《全唐诗》为误收无疑。(1984年)

(刊《中华文史论丛》1985年第1期)

四、袁郊未任翰林学士

袁郊为唐传奇集《甘泽谣》作者。其生平事迹，汪辟疆《唐人小说》、程毅中《古小说简目》均有较详细考证。其任翰林学士事，汪、程均予肯定，1979年版《辞海》亦载入。然检核史料，实绝无其事。

郊为翰林学士，首见于《新唐书·艺文志》著录袁郊《服饰变古元录》一卷注："字之仪，滋子也。昭宗翰林学士。"又《袁滋传》云：子"郊，翰林学士"。计有功《唐诗纪事》亦谓郊"昭宗时为翰林学士"。陈振孙《直斋书录解题》著录《服饰变古元经》谓"唐翰林学士汝南袁郊之仪撰"。计、陈所云当皆出《新唐书》。其中有数点可疑。郊为滋子，滋卒于元和十三年(818)，郊开成间已与温庭筠有过往，至昭宗即位之年，当已近八十年。揆之情理，恐无除翰林学士事，此其一。《新唐书·宰相世系表》云："郊字之乾，虢州刺史。"是同一书有牴牾，此其二。《旧唐书·袁滋传》云："子都，仕至翰林学士。"都为郊兄。《旧唐书》成书较早，不云郊为翰林学士，此其三。汪辟疆先生以为"《旧唐书》郊作都，当误"。实可商榷。《知不足斋丛书》本唐丁居诲《重修承旨学士壁记》云："袁郁，大和九年十二月自礼部员外郎集贤院直学士充，开成元年正月十四日，转库部员外郎，二年三月十一日丁忧。"此处"郁"字显误。诸书既有"都"、"郊"之异，以孰为是？《千唐志斋藏志》有大和九年《礼记博士赵君旨墓志》，署"将仕郎守右补阙集贤殿直学士袁都撰"。岑仲勉《翰林学士壁记注补》(刊《历史语言研究所集刊》十五本)谓"得此志乃一言而决"。所定极是。《全唐诗》卷五八○温庭筠开成五年作《病中书怀呈友人》序提及袁郊，不云官职，知时郊尚未入仕。至咸通戊子(868)郊序《甘泽谣》时，方为刑部郎中，为开成后三十馀年事。然则"昭宗翰林学士"之说从何而起？检《旧唐书·韦贯之传》，贯之子澳、溳、溳子郊，"郊文学尤高，……昭宗末，召充翰林学士，累官户部侍郎、学士承旨，卒"。《旧五代史·梁太祖纪》开平元年十月有翰林学士韦郊事迹。因知袁郊"昭宗翰林学士"之传误，一误于将其兄都之职误归郊，再因"韦"、"袁"字形相近，将韦郊之职误归袁郊。岑仲勉先生《补僖昭哀三朝翰林学士记》(同前刊十一本三、四分册)不收袁郊，是。(1984年)

(刊《中华文史论丛》1985年第1期)

五、义净诗小考

《中华文史论丛》1985年第三辑刊佟培基同志《唐代僧诗重出甄辨》一文，考证《全唐诗》慧净下所收《杂言》诗，与义净诗重出，应为义净所作，举证详赡，堪作定论。惟未能指出此诗的最早出处。今按《全唐诗》卷八〇八收义净诗六首，皆出其本人所著《大唐西域求法高僧传》(《大正藏》51册)，《杂言》附卷下无行禅师传末，文云："无行禅师者，荆州江陵人也。……禅师性好上钦礼，每以觉初蒙，观洗沐于龙池，竹苑新黄，奉折花于鹫岭。曾于一时，与行禅师同游鹫岭，瞻奉既讫，遐眺乡关，无任殷忧。净乃聊述所怀云尔。杂言。"下录全诗及一三五七九言诗。可知此诗确为义净作而非慧净作。

义净名下的"标心之梵宇"一首，则应为玄逵作而非义净作，《全唐诗》误收。此诗见前书卷下玄逵传，节引如次："玄逵(日本《天理图书馆善本丛书》影印宽永抄本作"玄达")律师者，润州江宁人也。俗姓胡。……(欲西行求法)行至广州，遂染风疾，以斯婴滞，弗遂述怀。于是怅恨而归，返锡吴楚。年二十五六。后僧哲师至西国，云其人已亡。……逵师言离府，还望桂林，去留怆然，自述赠怀云尔。五言：标心之梵宇，运想入仙洲。婴瘤乖同好，沉情阻若抽。叶落乍难聚，情离不可收。何日乘怀至，详观演法疏。"据文意，为玄逵离广州时"自述赠怀"。诗意以因病不能西行观法为恨，亦与玄逵事迹合。《全唐诗》误以义净引他人诗作义净诗收入，逯钦立先生编《先秦汉魏晋南北朝诗·隋诗》卷十据《诗纪》、《古诗类苑》收玄逵此诗，又将义净二绝收入，尤误。

另南宋初释法云《翻译名义集》卷七收义净《题取经师》一首，《全唐诗》卷七八六收无名氏名下，岑仲勉先生《读全唐诗札记》已予指出，也应归于义净名下。(1986年)

(刊《中华文史论丛》1987年第1期)

六、《陆让碑》撰人

陕西三原县存《陆让碑》，为唐初名碑。今人杨震方《碑帖叙录》称此碑"为唐碑中有数之作"，其文亦"可补史之逸"。明以前未著录此碑，至清初发现时，已残泐殆半，今存字更少，撰者官衔仅存"洗马"二字。清王昶《金石萃编》卷四六所载此碑撰书人署衔为："太子洗马⧈陵□□撰，太原郭俨书。"清孙星衍《寰宇访碑录》卷三作"陈□□撰"，陆增祥《八琼室金石补正》卷三四已指出孙氏殆将"陵"字误读为"陈"字，并谓"□陵"应为撰人之里贯。陆说甚是。□陵之类地名甚多，所幸王昶将"陵"上一字尚存之"艹"头录出，较易推定。隋唐间人所谓里贯，多指郡望，其地望虽多,与此相合者,只有"兰陵"。而兰陵郡望最著名者,即是齐、梁二代为帝之萧氏。故此碑撰人姓萧,可无疑问。

唐初萧氏显宦颇多,撰者为谁?今检唐僧道宣《续高僧传》卷二二《唐京师普光寺释玄琬传》载,玄琬于贞观十年末卒后,"东宫洗马兰陵萧钧制铭,宗正卿李百药制碑,立于塔所,时为冠绝"。东宫洗马即太子洗马。据此可知《陆让碑》亦萧钧撰。

萧钧,《旧唐书》卷六三有传,附于其叔父萧瑀传末。钧为瑀兄珣之子,博学有才望。贞观中累迁中书舍人,甚为房玄龄、魏徵所重。高宗永徽二年,历迁谏议大夫,兼弘文馆学士,官至太子率更令,兼崇贤馆学士,显庆中卒。撰有《韵旨》二十卷、文集三十卷,皆不存。其贞观十一年至十七年间任太子洗马事,本传不载,殆因早年历官而史书从省。《全唐文》卷一四八仅存其文一篇。卷九九二收《陆让碑》于阙名下,应移归萧钧下。另《初学记》卷一八存萧钧《晚春游泛怀友诗》,《全唐诗》亦失收。前人或作梁时诗,实误,详拙作《全唐诗续拾》卷三。(1996年)

(刊《中华文史论丛》2008年第1辑)

七、徐凝、徐嶷诗甄辨

唐诗人徐凝,生前得元白褒扬,身后遭苏轼讥贬,以致后世谈唐诗者,颇称及之。其集一卷,《宋史·艺文志七》著录,后不传,《全唐诗》卷四七四尚存百余首,《全唐诗补编》又得数首,亡佚者当不会太多。

早于徐凝数十年,有徐嶷亦能诗。《宋高僧传》卷一五《唐余杭宜丰寺灵一传》云:"一(指灵一)迹不入族姓之门,与天台道士潘志清、襄阳朱放、南阳张继、安定皇甫曾、范阳张南史、吴郡陆迅、东海徐嶷、景陵陆鸿渐为尘外之友,讲德味道,朗咏终日。"

灵一与朱放、张继、皇甫曾、张南史,《全唐诗》各存诗一卷,陆鸿渐即陆羽,亦有诗传世。徐嶷与上列诸人同时提及,知亦为能诗者。然通检《全唐诗》,却不收徐嶷之诗,他人诗中亦未提及其名。

徐嶷诗似乎已全部亡佚了,其实不然。大约自宋代始,因其事迹罕为人知,且姓名又与世人熟知之徐凝相近,其诗遂与徐凝诗相混了。

《文苑英华》卷二三六收徐嶷《宿冽上人房》,卷二七一收嶷《送马向入蜀》,卷二七四收嶷《送李补阙归朝》,卷二九七收嶷《送日本使还》。至宋计有功《唐诗纪事》卷五二已收《送马向游蜀》(诗同而题稍异)、《送李补阙归朝》、《宿洌上人房》三首于徐凝名下,明周复俊《全蜀艺文志》诗二〇收《送马向入蜀》为徐凝诗,《全唐诗》卷四七四并收四诗于徐凝下,实均误。上引《文苑英华》卷二三六、卷二九七两卷为宋本,确作徐嶷,非刊误也。日本大江维时编《千载佳句》(成书于10世纪中期,东京大学藏钞本)卷下引《宿僧房》:"觉后始知身是梦,更闻寒雨滴芭蕉。"即《宿洌上人房》后二句,作"徐山疑",显为"嶷"字读破为"山疑"二字,后人复改"疑"为"凝"。另《万首唐人绝句》卷三九录凝七绝六十二首,殆据凝本集,并无《宿洌上人房》。据此可知上四首,皆徐嶷诗。

皎然《诗式》卷五收徐凝《观竞渡》:"乍疑鲸喷浪,忽似鹢凌风。呀呷汀洲动,喧阗里巷空。"按《诗式》成书于贞元初,徐凝元和后方以诗名,此首当亦徐嶷作。

宋孔延之《会稽掇英总集》卷一四收《秋日宴严长史宅》诗,为嶷与严维等九人联句,代宗初,作于浙东幕。

综上所考,徐嶷诗存五首,又联句一首。其望出东海,天宝至大历间在世,与灵一、朱放、严维等为友,不应与徐凝相混。(1996年)

(刊《中华文史论丛》2008年第2辑)

八、《安禄山事迹》的成书年代

唐人记载安史之乱的专书,《新唐书·艺文志》著录有姚汝能《安禄山事迹》三卷、包谞《河洛春秋》二卷等,《资治通鉴考异》引有佚名《蓟门纪乱》等,但留存至今者,仅《安禄山事迹》一种。此书今本署"华阴尉姚汝能撰",不言时代。《新唐书·艺文志》仅云"华阴尉",殆据原署。缪荃孙刊入《藕香零拾》时跋此书引《直斋书录解题》,云:"里居未详"(今本《解题》无此语),以为"宋时已无可考矣"。上海古籍出版社1983年出版曾贻芬点校本,《点校说明》云:汝能"距安史之乱发生的时间相去未远",终嫌宽泛。陕西师大古籍所编《古代文献研究集林》二集刊毛双民《〈安禄山事迹〉考述》,据书中提及德宗,知撰于德宗后,又据司天台所在之地记述,推测"绝不会在光化二年以后"。较前人所考更为细致,但前后范围达九十年,仍显宽泛。

今据《隋唐五代墓志汇编·陕西卷二》,有西安出土《唐故试右内率府长史军器使推官天水郡赵府君墓志铭》(石藏西安小雁塔保管所),署"乡贡进士姚汝能撰"。赵府君名文信，会昌五年(845)三月卒，年八十三，六年二月葬，志即其时撰，末云："汝能芜浅，不足以揄扬德风，事贵熟闻，不敢牢让，备诸陵谷，复何辞焉。"虽仅为志铭套语，但汝能时为乡贡进士，殆无可疑。其为华阴尉，当在此后若干年，不得早于大中(847—859)中期。

《文苑英华》卷二六五、《全唐诗》卷七一三收喻坦之《寄华阴姚少府》云："泰华当公署，为官兴可知。砚和青霭冻，帘对白云垂。峻掌光浮日，危莲影入池。料于三考内，应惜德音移。"《唐摭言》卷一〇记坦之为咸通十哲之一，《唐才子传》卷九云其"咸通中举进士不第"，《唐才子传校笺》卷九考其诗均作于大中、咸通间。此"华阴姚少府"，可确定即姚汝能。另《全唐诗》卷五八八有李频《鳌屋居寄姚少府》，姚少府也可能即姚汝能。

据上所考，知姚汝能为会昌末乡贡进士，大中后为华阴尉，及与喻坦之游。《安禄山事迹》为其任华阴尉时撰，时距安史之乱已百年左右。(1996年)

(刊《中华文史论丛》2008年第2辑)

九、高峻及《高氏小史》考

《新唐书·艺文志二》"正史类"著录《高氏小史》一百二十卷，注云："高峻。初六十卷，其子迥厘益之。峻，元和中人。"然同书《宰相世系表一下》载峻为太宗相士廉孙，左骁卫将军真行子，官殿中丞、蒲州长史。其子迥，官余杭令。峻为士廉孙，即不得为元和中人(其间相距约一百八十年)。《志》、《表》矛盾如此，以孰为是？

按唐末萧邺撰士廉孙高元裕碑，载高氏世系甚详。《金石萃编》卷一一四载此碑残泐甚多，《八琼室金石补正》卷七五据善拓补其缺文，二书联缀，其文尚可读，节录如次："六代祖申国公讳士廉，皇朝为侍中、尚书右仆射，有佐命之勋，谥文□公。""高祖讳峻，皇朝蒲州长史，撰《小史》，行于代。曾祖讳迥，杭州余杭令，赠尚书户部员外郎。"与《新表》所载合，且记有峻撰《小史》事。

元裕卒于大中六年(852)，年七十六，当生于大历十二年(777)。其高、曾祖之生活时代，当在武后至玄宗初期，不可能迟至元和时。《新志》之误甚明。

《小史》今佚。南宋陈振孙《直斋书录解题》卷四著录甚详，谓"盖钞节历代史也"，并云："今案《国史志》凡一百九卷，目录一卷。《中兴书目》一百二十卷，止于文宗。今本多十卷，直至唐末。峻，元和人，则其书当止于德、顺之间。迥之所序，但云分六十卷为百二十,取其便易而已,初未尝有所增加也。其止于文宗及唐末者,殆皆后人傅益之,非高氏本书。"陈氏因沿《新志》之误,故所叙稍有出入,但所云较详,足资考证。今知高峻为武后时人,《小史》所叙当止于唐初。高迥厘益,大致在玄宗时,仅分六十卷为百二十卷,未曾增加。《中兴书目》所载止于文宗者,疑出于晚唐人增益,且可能窜及高迥之序,以至《新志》据而致误。南宋时复有百三十卷本,直至唐末,当为第三次傅益。

《高氏小史》内容主要为"钞节历代史",部帙又巨,故自宋末以后,即湮没不传,然宋人在校订北朝诸史时,凡遇缺卷,主要据《北史》及《小史》补之,得以保存《小史》的部分文字。

据宋人校语及清代以来学者钱大昕、余嘉锡等人之考订,北朝三史的缺卷情况为:《魏书》缺二十六卷,另三卷不全,《北齐书》缺三十二卷,《周书》全缺五卷,半缺二卷。宋人补足这些缺卷时,部分说明所据,部分未作交待。据这些说明和历代学者的考订,特别是中华书局校点本三史校点者将补卷与《北史》逐卷对勘后所撰之校勘记,知三史中全据或主要依据《小史》所补者,凡九卷,即《魏书》卷三三、卷八四、卷八六、卷八九,《北齐书》卷二六、卷二七、卷二九、卷三〇、卷三一;补卷与《北史》有较大不同,可能据《小史》补者四卷,即《周书》卷一八、卷二一、卷二四、卷二六;据《北史》补,以《小史》及《修文殿御览》附益者二卷,即《魏书》卷一二、卷一三;据《北史》补,以《小史》附益者二卷,即《魏书》卷一四、卷九一;据《北史》补,而内容有溢出或不同于《北史》,疑即据《小史》补者,凡十六卷,即《魏书》卷一五、卷一七、卷一八、卷一九上、卷二二、卷二五、卷八二、卷八三上、卷八三下、卷八五、卷一〇四,《北齐书》卷三、卷三二、卷三四,《周书》卷三二、卷三四;另全据《北史》者二十卷,据魏澹《魏书》和张太素《魏书》补者各一卷。综上述,三史补卷全用或参用《小史》者,约有三十三卷。

《魏书》卷八四末宋人校语,谓《小史》有《儒林传》,卷八六末宋人校语,谓有《孝感》、《节义》、《良吏》、《列女》、《阉官》五传,可据知《小史》类传之目。(1998年)

(刊《中华文史论丛》2009年第2辑)

---

* 本年困于行政事务和唐诗文本处理,仅写几篇叙述介绍类文章,不敢滥竽。仅编录历年读书短札为一组,篇目注明所写年份。古人治学讲究从札记开始,我颇为向往,也发表过一些丛札类的文章,也从中选录几则,以存一斑。

一九九七
长沙窑唐诗书后

我最初知道长沙近郊唐窑遗址所出瓷器上存有大量唐人遗诗,是在80年代初。当时方从事唐诗的补遗和考订,见到《考古学报》1980年第4期所刊发掘报告后附存的二十多首诗,很感新鲜和珍贵。后来即一直非常注意有关的报道。1985年末陪同王运熙先生去扬州师院参加论文答辩,又承任半塘先生见示香港《大公报》上有关的报道,得以补录了几首遗诗。为条件所限,拙辑《全唐诗续拾》仅录得三十首左右,鉴别上亦偶有小误。自80年代末至最近一两年,国内诸多新闻媒体对此迭有报道,但多为传闻之辞,如称唐窑发现为近期之事,又称共存诗三百多首,均不见于《全唐诗》云云,未可信据。

1992年7月,我与湘潭师院陶敏教授受《全唐五代诗》编委会之托,专程至湖南省博物馆,拜访了这一重大考古发掘项目的主持者周世荣研究员。周先生向我们介绍了长沙窑的三次发掘过程,并向我们展示了部分瓷器。关于长沙窑的名称,周先生认为以前称为铜官窑有失允当,据唐人记载及窑址位置,应正名为石渚窑。瓷器上所见唐诗之篇数,周先生谓外间所传有三百首纯属误传,较精确的统计约为六十多首,另有若干警句及残片。为鉴别考订这些唐诗,他曾将《全唐诗》从头至尾通检了一遍,确知有十首已见于《全唐诗》,并非逸诗,但文字上有许多不同。我们向周先生介绍了《全唐五代诗》的编纂计划,并请其允许我们收录长沙窑唐诗。周先生十分支持我们的工作,很快将全部遗诗抄录给我们,以供发表。

由于这些唐诗大多作者不详,《全唐五代诗》只能收录于书末之无名氏专卷下,从全书编纂进度来说,这些诗要与读者见面,大约尚需五年时间。而学界与读者对这批诗属望颇殷,都希望早些得见全貌。有虑于此,我分别与周世荣先生及《中国诗学》主编蒋寅、张伯伟先生联系,希望将这批诗先期全部发表,得到了他们的一致支持。周先生还另写了《唐五代长沙窑瓷题诗概说》,介绍发掘经过及题诗的价值。遗诗录存部分,周先生原稿按《全唐五代诗》体例采用夹注方式,此次发表时,由我据原稿作了一些技术处理,并复核了《全唐诗》及《外编》的录文,补写了若干校记,并增写了一段辑录体例的说明。以上处理如有失误处,自应由我负责。

长沙窑唐诗的发表,为研究唐代民间诗歌和古代诗学提供了十分珍贵的资料。诚如周先生所介绍,长沙窑是唐代外销瓷主要产地之一,各种瓷器以民间实用为主,流通量较大,在我国和亚非各国均有出土,这就为唐代诗歌在民间的广泛传诵提供了实物证明。因为瓷器生产是一种商业行为,在瓷器上题诗以作装饰,正说明这种形式的产品在民间很受欢迎。从题诗的内容和形式看,也反映了唐代民间的思想情感和艺术好尚。各诗形式短小,语言也大多通俗浅显,在朴拙中充满韵味,具有典型的唐调风采。从一定程度上来说,长沙窑唐诗可作为唐代民间最流行的诗歌选本来读。其中很大一部分当出于民间文士之手,少部分则据名家之作改写。其中又以离别相思、饮酒感怀、训世开悟等内容居多,表现的是民间最日常的生活和情感。即从诗歌形式上来说,这些诗无疑可视为南朝乐府民歌的延续,可与敦煌遗书中的民间诗钞参比并读。其中如"牵牛石上过,不见有啼恨"之谐音双关,在前代诗歌中迭有所见;"天明日月奇"、"单乔亦是乔"之类离合诗,前人也多有试作,但这两首确很有特色;至如"远送还通达"一首全用走之底字语成诗,另一首残诗全用山字头字成诗,此前似未见过,宋人笔记中偶有称及,很觉新奇,但不见唐人已有此类试作;"春水春池满"一首,每句嵌二"春"字,写得很活泼,无呆滞之病,前代也不多见。至如"明月家家有,黄金何处无"、"家中无学子,官从何处来"、"主人居好宅,日日斗黄金"等诗中表达的世俗情志,直言无隐,在传世的唐诗中是不容易读到的。

长沙窑唐诗也为研究唐诗的流布情况提供了珍贵的记录。在亚非各国出土的长沙窑瓷中,不知是否有题诗之器,若有,对研究唐代中外文学交流情况弥足珍贵。著名文士的诗歌在题诗中迭有发现,可藉以考察流传中产生的变化和改动。这种改动似可分为三类情况:

一是基本保持原作之面貌。如"万里人南去"[①]、"主人不相识"[②]二首,虽有较多异文,但有的可能是抄误(如"三春雁不飞"之"不"应作"北"字),有的还可能保存一些原作之文字。

二是作了较大改写以适应民间欣赏趣味。如改写白居易诗的那一首,将"晚来天欲雪,能饮一杯无",改成"今朝天色好,能饮一杯无",虽减弱了原诗的文人雅趣,但明白晓畅,适用面也可更宽些。

三是据原诗割截部分诗句以成篇。刘长卿的那首《苕溪酬梁耿别后见寄》,原作为六言八句,题诗仅截取中间四句,成为一篇清新平和的写景诗,和原作之送别凄伤主题完全不同了。

另外几首见于《全唐诗》或《外编》之诗,或有本事可考,但经与长沙窑诗比对研究,大致可以相信这些诗本为唐代民间流传之作,至唐末或宋代附会到有名诗人身上,并敷衍成有趣的故事。分述如下:

"去岁无田种"一首,元赵道一《历世真仙体道通鉴》卷四十载为唐玄宗天宝四载尸解的道士张氲的三首遗诗之一。张氲事迹可上溯到宋陈葆光《三洞群仙录》卷七引《高道传》。其仙事不见于唐人记载,诗未必为其作。

"海鸟浮还没"一首,《全唐诗》作贾岛联句,现知最早的出处为《苕溪渔隐丛话前集》卷十九引《今是堂手录》:

> 高丽使过海,有诗云:"水鸟浮还没,山云断复连。"时贾岛诈为梢人,联下句云:"棹穿波底月,船压水中天。"高丽使嘉叹久之,自此不复言诗。

此事可断定出于宋人之附会。贾岛时高丽尚未复国,何来使者。得长沙窑诗,知此事即据民间流行诗附会而来。

"岁岁长为客"一首之后两句"见他桃李树,思忆后园花",本事见《唐摭言》卷十三:

> 元和中,长安有沙门善病人文章,尤能捉语意相合处。张水部颇恚之,冥搜愈切。因得句曰:"长因送人处,忆得别家时。"径往夸扬,乃曰:"此应不合前辈意也。"僧微笑曰:"此有人道了也。"籍曰:"向有何人?"僧乃吟曰:"见他桃李树,思得后园春。"籍因抚掌大笑。

据长沙窑诗,知此二句在唐时流传至为普及,故当僧人举以证明张籍诗意相犯时,张为之抚掌大笑。《全唐诗续补遗》将此二句录入,以缺名僧列目,未尽允当。

长沙窑诗至少有二则可与敦煌遗诗互参。其一为"自入长信宫"一首,伯3812于"高适在哥舒大夫幕下请辞退托兴奉诗"一诗后,钞了五首《闺情》诗,此诗列于末。王重民先生《补全唐诗》以为"好像是妓女的歌辞",于高适下附存。其二为断句"忍辱成端政",伯2718王梵志诗中有此诗之全篇:"忍辱生端正,多嗔作毒蛇。若人不佞恶,必得上三车。"敦煌遗书中的王梵志诗有几种结集系统,相互之间绝不重出,与传世文献记载也无相重者。此句疑为当时之俗语,匠人取以题于瓷器,王梵志也援以入诗。

最后还想提及长沙窑题诗瓷器在唐代殉葬、五代时出土的珍贵记录。"一双青鸟子"一首,《全唐诗》收入谶记卷,题作《涟水古冢瓶文》,其本事源出《太平广记》卷三九〇引南唐徐铉《稽神录》:

> 周显德乙卯岁,伪涟水军使秦进崇修城,发一古冢,棺椁皆腐,得古钱破铜镜数枚。复得一瓶,中更有一瓶,黄质黑文,成隶字云:"一双青鸟子,飞来五两头。借问船轻重,寄信到扬州。"其明年,周师伐吴,进崇死之。

乙卯为周世宗显德二年(955)。秦进崇修城所见古冢,当为相隔百年左右的唐墓,古钱、铜镜、诗瓶均属殉葬物。录诗与长沙窑瓷题诗仅一字之异(寄作附)。从周先生提供的此题诗之器看,为黄褐釉彩之宽口长颈壶,习惯上也可称作瓶,墨书题诗略存隶意。大致可推知涟水古冢瓶应即长沙窑瓷器,传至楚州涟水,主人并用以殉葬,五代时发墓见之。此条记载提供了长沙窑器流传的重要线索,十分珍贵。

(刊《中国诗学》第五辑,南京大学出版社,1997年7月)

---

① "万里人南去"一诗,《文苑英华》卷三二八、《唐诗纪事》卷九、《万首唐人绝句》卷十一作韦承庆《南中咏雁》诗,《国秀集》卷下则作于季子《南行别弟》诗,《全唐诗》两存之。今人佟培基《全唐诗重出误收考》以为《国秀集》传本此诗前适有缺页,因误置于于季子诗题下,诗应为韦承庆作。

② "主人不相识"一首,为贺知章作,《国秀集》卷上、《万首唐人绝句》卷十一题作《偶游主人园》,《文苑英华》卷三一八题作《题袁氏别业》。

存世唐诗知多少

见到这个题目,十有八九的读者都会表示知道答案:48 900 首,各种文学史和唐诗选本中都有介绍。追溯起来,这一数字来源于康熙皇帝的《钦定全唐诗序》,很权威,但还不精密。1964 年,日本学者平冈武夫主持编纂《唐代的诗篇》,将《全唐诗》中每一首诗逐一编号,作了准确的统计,为 49 403 首又 1 055 句,作者 2 576 人(不包括神仙鬼怪类)。

但这 49 403 首,仅就《全唐诗》收录数而言,要言存世唐诗数,还要作一番复杂的加减。

先说减法。《全唐诗》中的重出、误收诗,应予剔除。所谓重出诗,有两种情况。一是因《全唐诗》编纂体例不善,致使一首诗重复收录。如李白《蜀道难》,既收入乐府歌辞类,又收于李白集中。此类重收,多达 2 838 首。二是唐诗在历代流传过程中,常因各种原因以致作者传误。如著名的《登鹳鹊楼》诗,现代一般认为是王之涣所作,但唐代另有朱斌或朱佐日两种不同记载。唐诗流传千载,传误原因很复杂,有些可以弄清,有些已弄不清了。清人编《全唐诗》时,为求省事,有异说者皆重复收录,有时一首诗重见于三四人名下。据佟培基教授统计,此类诗多达 3 157 首又 153 句。以上重收诗数,去其重复,约为 3 000 首。所谓误收,是指不属于唐五代的隋以前或宋以后人诗,传误成唐诗。其中原因也很复杂。有因姓名相同或相近而传误的,也有记载纷歧或后人误记而传误的,也有后人有意作伪或依托。比如吕洞宾,传为唐人,但唐时并无记载,其名下的三百多首诗,都是宋以后人假造。再如戴叔伦诗集,明代已失传,书商为牟利,将一些宋、元、明人诗拼凑成集,说是戴作。通行的《唐诗一百首》收其《兰溪棹歌》,实为明初汪广洋作。连家喻户晓的杜牧《清明》,其实也可能出宋人之手。《全唐诗》中误收诗,已确凿考定的约近 900 首,存疑待决的还有百余首。如此说来,49 403 首,约应减去 4 000 首。

再说加法。《全唐诗》是康熙四十五年(1706)由十位翰林用一年多时间仓促编成,主要依据是明末胡震亨的《唐音统签》和清初季振宜的《全唐诗稿本》,未曾广事搜罗。《全唐诗》收诗不全,当时学者朱彝尊就曾指出。最早为其作补遗的,是日本人市河世宁编成的《全唐诗逸》三卷,据日本所存古书,补唐诗 72 首,诗句 279 则。本世纪 30 年代以来,我国学者为补录唐诗作了大量工作。曾任北京图书馆馆长的王重民先生据敦煌遗书,辑成《补全唐诗》和《敦煌唐人诗集残卷》两编,凡补诗166首;南京师范大学已故孙望教授辑《全唐诗补逸》二十卷,补诗830首又86句;安徽大学童养年先生辑《全唐诗续补遗》二十一卷,补诗1282首又489句。1982年,中华书局将以上数书合编成《全唐诗外编》出版。

笔者于80年代初对唐诗补遗产生兴趣,穷数年之力,广事搜罗,先后所得,凡4663首又1199句,编为《全唐诗续拾》六十卷。继踵前贤而能有数量巨大的收获,在于改变了以前学者就所见收录的做法,从对唐宋典籍存逸总目的调查入手,充分利用了今可检及的包括四部群书、佛道二藏、敦煌文献、方志石刻、海外遗书在内的各类典籍,在检索方法上也较前有了较大的改进。拙辑交稿后,中华书局又约我修订《全唐诗外编》,删去误收、重收诗614首又269句。二书合编为《全唐诗补编》,凡存诗6327首又1505句,1992年由中华书局出版。

为体例和用书条件所限,《全唐诗补编》未收之诗,近年也已出版或整理完成,一是任半塘先生的《敦煌歌辞总编》,收唐人歌辞1239首;二是徐俊先生的《敦煌诗集残卷校录》,存诗约1500首(任、徐二书兼收《全唐诗》已收之诗)。此外,笔者近年在《东文选》、《锦绣万花谷别集》、宋刊《庐山记》等书中,复得逸诗百馀首,《全唐诗补编》中误录之作,近年亦发现近百例。

综上述,《全唐诗》以外的唐人遗诗,约有9000首。经此加减,可知存世唐诗总数,当在54000首左右。今后因新出文献的发表或研究工作的深入,还可能有新的补充,但数量不会太多。

(刊天津《今晚报》1997年7月12日)

一九九八
唐代文学文献研究的回顾与展望

清代编成《全唐诗》和《全唐文》，集宋、元、明三代裒聚唐诗、唐文工作之大成，体现清人治学的阔大和审慎，对其后的唐代文学研究影响巨大。钱谦益、朱鹤龄、仇兆鳌、王琦、赵殿成、冯浩、蒋清翊、陈熙晋等人的唐集笺证，王昶、陆增祥等人的唐碑校录，徐松对唐代科举和两京城坊的研究，劳格对左司郎官、三院御史和唐文的研究，皆足体现清人对唐文献研究的水平，他们的著作至今仍为学者广泛信用。

自清中叶以降，特别是本世纪初以来，唐代文献获得许多重要的发现，与前人所见比较，可说是大大地丰富了。以下几个方面最为突出：一、公私藏书的散出和流通，使许多久绝于世的古籍重为世知，许多善本较以前的通行本有很大不同；二、海外汉籍的回归，日韩所存尤为大宗，多与文学有关，仅《大正藏》、《续藏经》和《高丽藏》中所存唐代僧人著作，即数倍于一般清代学人还不太容易见到的《龙藏》；三、敦煌遗书的发现，让我们看到了在唐代社会各阶层流通而未经过后人淘汰选择的大量原始文献，很多与文学有关，俗文学作品尤为珍贵；四、唐代石刻的大批出土，本世纪发现尤多，仅碑志即不减万品，且多涉显宦，足资考证。记得有前辈学者曾说到，唐以前文献太少，研究空间受到限制，唐以后文献太多，学者难以周览一代文献，唐代正适中，是做学问最好的试验田。新出文献各代都有，但就数量巨大且与文史研究关系密切来说，都不及唐代。

本世纪初学风丕变，带动了前半个世纪的学术繁荣，唐代文史研究也因陈寅恪、岑仲勉二位大师的杰出贡献而为举世所瞩目。就唐代文学文献研究的实绩来说，当然可举出张采田《玉溪生年谱会笺》、闻一多《岑嘉州年谱考正》、《少陵先生年谱会笺》、李嘉言《贾岛年谱》、罗庸《陈子昂年谱》、詹锳《李白诗文系年》、苏雪林《李商隐恋爱事迹考》等至今尚为人称道的著作，但就文献把握的广度和研究所涉的深度来说，上述作者显然皆远逊于陈、岑二位唐史专家。

1949年至1966年间，唐代文学研究受当时风气影响，较注意关心现实民生的作家和作品，文献工作缓慢但踏实地有所进展，《敦煌变文集》、《敦煌曲子词集》编成出版，《全唐诗》、《太平广记》、《唐诗纪事》、《唐五代词》校点行世，《文苑英华》、《万首唐人绝句》、《宋本杜工部集》影印流布，一批唐人别集和笔记的校点付梓，都是这一时期可以称道的工作。任半塘的《唐戏弄》和《教坊记笺订》、钱仲联的《韩昌黎诗系年集释》、卞孝萱的《刘禹锡年谱》、孙望的《元次山年谱》等,皆可代表这一时期的研究水平。应该指出的是,这一时期编撰的一批高水平著作,有的到"文革"后方出版,如万曼《唐集叙录》、瞿蜕园《刘禹锡集笺证》等;有的因乱而湮灭,如王仲闻的《唐五代词汇校》,马茂元的《唐才子传笺注》等。李嘉言提出的重修《全唐诗》之议,起步不久即告中辍。

1978年后,国内大环境的变化带动了近二十年唐代文学研究的空前繁荣,文献工作的成绩尤为突出。研究者从陈寅恪、岑仲勉二位大师的治史方法中得到启发和鼓舞,大大拓展了史料引用的范围,力图全面而过细地把握文献,正本清源,辨伪祛疑,以期提供征实可信的一代基本文献。举其大端,可述如下。

一、唐一代文学基本文献的建设

唐诗补遗,先后有《全唐诗外编》、《全唐诗补编》的出版,补诗数逾六千。敦煌遗书中的唐诗校录工作也已完成。1989年后,重修《全唐诗》的工作得到多方面支持,目前已基本完成初盛唐部分(到杜甫为止)。这部《全唐五代诗》在收诗完备、异文备录、出处交待、作者归属、小传本事等方面,均有较高的追求,问世后当可在很长一段时间里为学者所信用。

清末陆心源辑刊《唐文拾遗》、《唐文续拾》后,唐文裒拾沉寂较久,至近年始有可观的进展。周绍良等编《唐代墓志汇编》,存唐志三千七百多篇,十之八九为本世纪新出唐文。吴钢主编《全唐文补遗》五册,全取石刻,颇有周书未收之作。《隋唐五代墓志汇编》收存的新出墓志,也颇可观。即将出版的陈尚君《全唐文补编》一百六十卷,主要录自存世文献,收文逾六千。新辑全唐五代文已展开经年,只是至今尚无问世的消息。

唐五代词的汇录,任半塘《敦煌歌辞总编》和张璋、黄畬《全唐五代词》,与先前林大椿、王重民的同类著作相比,收录作品增加很多。任书收录从乐府、声诗、俗曲至曲词发展过程中的各类作品,研究精邃,自成面貌,唯未尽据原卷,录文颇据己意。张书收录丰富,且附评骘语,唯所据多出转引,诗词界定多含混不明。即将出版的王兆鹏等编《全唐五代词》在文献征始、诗词严限、录文可信方面,用力较多,许以后出转精,当非过誉。

唐小说文献研究,程毅中《古小说简目》虽篇幅不大,但严限去取,辨析真伪,颇具卓识。李剑国《唐五代志怪传奇叙录》收罗丰备,考订细密,堪称集大成之著。

王汝涛辑《全唐小说》,虽规模粗具,但在小说界定、遗逸网罗、录文征信诸方面,皆有可议之处。李时人所辑同名之书已完成,较关注上述诸点,为其特色。唯小说不同于诗、词、文,其界定去取的标准,恐不易得到学界普遍认可。

二、专著的校定、注释和研究

唐一代典籍中,文学专著或与文学研究关系密切的子、史类专著,在最近二十年间大都有了新的校定本,不少善本秘笈得以影印行世,一些重要典籍有了高质量的笺注本。

虽说宋代已有千家注杜、百家注韩柳的说法,但到"文革"止,唐集有注本者尚不足二十家。近二十年间,唐集注本已出者涉及作者近百家,通注《全唐诗》的工作也已在进行中。一些大家注本达到了新水平,如已出的李白、韩愈、白居易全集新注本。一大批前人无注的中小别集,也有了质量可观的注本。如孟浩然、高适、岑参、卢照邻、韦庄等,都有几种注本。

若干种唐诗研究基本典籍,都有了新校新注本。这里可举出的有傅璇琮主编的《唐才子传校笺》和《唐人选唐诗新编》、周勋初《唐语林校证》、张伯伟《全唐五代诗格校考》、王仲镛《唐诗纪事校笺》等。《文镜秘府论》已出王利器校注本,正在进行中的卢盛江汇校笺注本,可望吸取中日学者已有研究,达到更高水平。

与文学研究关系密切的唐代史地类专书,如《登科记考》、《唐两京城坊考》、《郎官石柱题名考》、《元和姓纂四校记》等,均出版了新校本。此类新著有郁贤皓《唐刺史考》、戴伟华《唐方镇文职僚佐考》等,撰著中的有《九卿考》、《右司郎官考》、《中书舍人考》等,都很有用。

三、唐代文学家生平研究

前人研究唐人生平,多取年谱、系年或传记的著作方式,以生平记载相对完整者为限,中小作者较少涉及。70年代末,傅璇琮《唐代诗人丛考》出版,特别关注有群体倾向的二三流作者,且受岑仲勉治史方法的影响,追求广泛、全面地占有文献,考订中注意史料的主次源流,强调作者本人作品更为可信,史书、方志、石刻、缙绅录中的记载常比诗话笔记的记载更为可靠,驳正了许多流传很广的轶事传闻。此书各篇根据史料多寡,不拘一格地展开考说,也较前人更为灵活。受此书影响,80年代对唐代作家,特别是唐诗人生平的研究,形成空前的高潮,发表了大批专题论文和不同层面的考订著作。重要作家的年谱,有周勋初《高适年谱》、朱金城《白居易年谱》、卞孝萱《元稹年谱》、傅璇琮《李德裕年谱》等。二三流诗人生平考证,当以《唐才子传校笺》五册为总结性之著。周祖譔主编的《中国文学家大辞典·唐五代卷》,则对唐五代作家作了竭泽而渔式的网罗,凡有一诗存世或曾从事文学著作(不论存佚)者,一律收入。所收作者逾四千,很大一部分作者的生平和著作,是首次被勾勒出来。仅就此点来说,此书虽为辞典,实可视作专著。

在上述大量研究的基础上,篇幅超过三百万字的《唐代文学编年》已经完成。此书由傅璇琮主编,陶敏、吴在庆等执笔,对唐代文学发展过程,作了全新的叙述。

四、文献资料的辑录、考订和检索

1982年出版的《唐五代人物传记资料综合索引》,提供了唐人传记资料的基本线索,使得有关研究从即兴翻检和个别积累的无序状况,进入可系统检索的有序工作,影响很大。80年代许多重要典籍都附有索引,有关史籍、类书、笔记、诗话的索引尤便学者。《全唐诗》逐字索引虽仅出了数十种,已很受欢迎。已出的《唐五代五十二种笔记小说人名索引》、《唐五代人交游诗索引》,编纂中的《全唐文》、《册府元龟》人名索引之类,均极有用。

唐诗人研究资料的汇辑,仅出李白、李贺、韩愈等数种,可做者尚多。就汇录一代资料来说,《唐人轶事汇编》和《唐诗汇评》是很有意义的工作。

唐代文献的考订辨伪工作,所涉面极广,近年较重要的收获,当数陶敏《全唐诗人名考证》、佟培基《全唐诗重出误收考》,以及《二十四诗品》辨伪引起的讨论。

敦煌文献的研究已成为国际上的显学,其中有关王梵志和通俗谕世诗的研究、书仪的研究、敦煌本地特有文学如邈真赞之类作品的研究、变文和俗语言的研究、乐舞和俗曲的研究,都与唐文学研究有密切的关系。

以上粗略地回顾了清代以来,特别是最近二十年间唐代文学文献研究的主要成绩。在这一方面,传统的文史考据方法得以继承和发展,基本文献的建设工作受到广泛的重视,同时,现代学术观念和研究方法也在不断融入传统,体现出新的学术风貌。现代学者在史料占有的全面完整、史料界定的准确细密,史料考订的视点方法诸方面,均较前人有很大的进步和变化。

唐文献研究今后的发展如何？可以断言的是,上述各类工作,在已有基础上还会有持续的发展,有量的拾遗补缺和质的后出转精。同时,我以为,文献工作是有一定限度的,对史料理解的歧义不会太多,考证方法也有其基本规律,不必过于求深求细。无确证而仅凭附会猜想,希望将作者生平逐年弄清,作品系年本事全部解决,愿望虽好,实不易做到,还是存疑为好。就我所见,以下几方面工作应在今后引起重视。

一是利用现代科技手段,做好唐代基本文献的检索工作。《全唐诗》光盘已问世,只是应用面还不够。其他值得做的典籍还很多。已有学者提出建立中国基本古籍书库,国外有人计划将全部秦汉典籍输入,以便检索。今后如有条件,应可建立唐代文献库,汇聚全部的唐人著作,可供从各个不同方面检索。目前的检索工具书以人名方面为多,其实如地名、书名、语辞、名物、职官等方面,均应可供检索。

二是对已有的研究工作,应花气力作系统的总结。最近看到日本出的《白居易研究讲座》,将战后日本研究白居易的上千篇论文,逐篇写出提要,分类编排,很便于了解已有的研究状况。我以为这种著作方式值得推荐。国内每年仅唐代文学即有论文逾千,专著逾百,不要说一般读者,即便专家也罕有人能通读。有计划地逐年编定论文提要,或就有关专题、作者的研究加以汇总,对学者极有用。此外,某些专题、专书的研究,也应加以系统清理,形成新的专著。如徐松的《登科记考》和《两京城坊考》,今人利用后出文献均已做了数量巨大的补订,前者仅考订专文已有十数篇,其他论著中涉及者尤多,后者通过遗址勘查得到大量印证和纠正。我以为这两种书都值得重做,是者存之,未及者补之,误者删订之,引文一律检核原书,充分吸取今人已有的成果。类似的情况当还有不少。

三是应重视唐人著作的研究。唐一代的工具类专著已颇完备,但至今尚无一部完整著录唐人著作的总目。近年始见吉林张固也的《新唐书艺文志补》,颇具规模,可议处也不少。从唐研究至今已达的总体水平来看,实在应该有人出来做一部《唐人著述考》,即备存唐一代的著作总目,每一书下应备载历代著录、流传存佚、著述始末、内容要旨,存者宜说明传本优劣完残,佚者应予以钩稽网罗。同时可以做《唐人佚著辑存》。清人辑佚书重在唐前,重在经学小学,唐代子史类佚书中,值得辑录者为数不少。

此外,与文学研究关系密切的不少专著,值得作笺释的工作。如《云溪友议》、《本事诗》,涉及不少唐代诗事,流传很广,如能逐条疏笺,辨明真伪,极有意义。另如笺证《唐摭言》,可清理唐代文人与科举的关系;笺释《杨太真外传》,可清理杨贵妃传说的是非歧互。

  研究资料的汇辑,虽已做过大量的工作,质量较好的似只有中华书局出的几种大作家资料汇编。今后如有条件,应编出包容一代的高质量的资料汇编。对历代的唐诗文研究专著,也值得作系统的总结。已有学者提出作唐诗研究史,在此以前似应先作自唐至今的唐诗研究系年。

(原载《古籍整理出版情况简报》第338期,1999年1月)

一九九九
清辑《旧五代史》平质

宋初薛居正《旧五代史》（简称《薛史》）原本失传，清乾隆间开四库馆之初，由邵晋涵从《永乐大典》等书中辑出，并很快得到官方认可，列入正史，成为二十四史中最后列入的一部。清辑《薛史》得原书十之七八，且校录认真，考订缜密，尽力恢复原编面目，为乾嘉辑逸书中的翘楚，历来评价很高。通行的中华书局校点本汇聚了清辑《薛史》的各种传本和相关文献，成为至今最好的文本。但作为二十四史中唯一的辑逸书，《薛史》辑本的缺憾引起陈垣以后许多学者的关注，校点本只能维持清辑本的面貌，虽有小的订补，却无法作大的变动。本文拟从清辑本的编纂始末和典籍利用情况的分析入手，对该书逸文辑录、立传编次、校勘改动等方面的情况分析入手，对该书逸文辑录、立传编次、校勘改动等方面的编录原则、优长之处及存在问题，予以评述和诘质，以期对读者阅读利用该书、学者重新清理该书，提供必要的参考。

一、始末

影库本《薛史》卷首有乾隆四十年(1775)七月多罗质郡王永瑢等《进〈旧五代史〉表》，称此书为"臣等谨率同总纂官右春坊右庶子臣陆锡熊、翰林院侍读臣纪昀、纂修官编修臣邵晋涵等"辑成。陆、纪二人仅为领衔或总纂，实际承担辑校责任的是邵晋涵。四库之修，始倡于乾隆三十七年(1772)十一月朱筠建议从《永乐大典》中辑录逸书，至次年二月开馆，方实际展开工作。据黄云眉《邵二云先生年谱》所考，晋涵是年三十一岁，以大学士刘统勋荐，于开馆初入充纂修官，专职史部，至四十年秋因母丧南归。在馆仅两年半。《南江文钞》卷三存其撰提要稿三十七篇，包括大部分正史及宋代编年史。邵氏在两年多时间内，在分掌史部诸书的同时，辑成《薛史》，效率之高，令人起敬。

《薛史》辑录原则，《凡例》说明已详。辑录过程，各书多有述及，均较简略，谨录《清史列传》卷六八邵氏本传以存一斑："在书馆时，见《永乐大典》采薛居正《旧五代史》，乃荟萃编次，得十之八九，复采《册府元龟》、《太平御览》诸书，以补其缺，并参考《通鉴》、《长编》诸史及宋人说部碑碣,辨证条系,悉符原书一百五十卷之旧。"参此及邵辑《薛史》各本,可大致推定邵氏辑录该书的过程。首先,是从《大典》中录出遗文,大抵由邵氏或馆臣签出,由书胥钞录。《大典》所缺者,复据《册府》等书以补其缺。遗文有脱讹衍倒处及与他书记载差异处,馆臣分别于各纪传上粘签,以作说明交待。熊罗宿影库本时,此类粘签尚保存完整,乃统一规格重钞影印附后。复寻觅线索,求还原编之次第。粘签中所涉各项,与他书歧互者,重加考订,写案语于各纪传相关内容后,邵氏又作《旧五代史考异》五卷,作进一步的申说,而有关文字校定改动部分,则大部分削去。中华书局校点本将粘签及《考异》全部插入各卷,最便读者。上述案语考异,所采典籍范围遍及唐、五代、宋、辽史乘及宋人说部、文集与五代碑碣,推证立说尤为审慎绵密,最见乾嘉考据之学的风采。有关要节,下文还将作申述。

熊罗宿称其所影库本为"武英殿原钞正本"(《影印内钞〈旧五代史〉缘起》),虽非乾隆四十年奏进之本,但与奏进本最为接近。乾隆对此书修改的具体谕示,在《纂修四库全书档案》中未有存收,但在大学士于敏中致总纂官陆锡熊的手札中,透露了较多消息。《于文襄公论四库全书手札》第38札云:"《旧五代史》进呈后……今日召见,极奖办书人认真,并询系何人所办,因奏二云采辑之功。"第41札记乾隆谕示将《华温琪传》从《唐书》改入《晋书》,"又奉询金章宗专用《欧史》系何意,或因《薛史》措词有碍大金否?"这后一点责询很严厉。《薛史》为金章宗下旨废行,清人又自谓远承女真,曾称后金,"措词有碍大金",可兼金、清二代言之。故于敏中在此札末特嘱部属接札后"查复语并祈公商妥寄来"。在第42札中,又特嘱陆致意邵晋涵:"二云复感,甚念念,嘱其加意调摄。……即《旧五代史》有奉旨指询之处,亦与彼无涉,不必虑也。"邵晋涵得知前谕,因过虑而成疾,于敏中老于世故,尽量为其开脱,但所涉问题之敏锐,彼此自极明白。

《薛史》各本,以熊氏影库本和孔继涵手校钞本(藏台湾"中央"图书馆,校点本仅用章钰过录本)为最早,刘氏嘉业堂刊本次之,文渊阁《四库全书》本又次之,殿本最迟,刊于乾隆四十九年(1784)。陈垣先生《〈旧五代史〉辑本发覆》所指讳改各项,在熊、孔二本中改动较少,刘本有增,文渊阁本及殿本已将所据出处及卷数全部刊落,有关政治忌讳的改动也最剧。因邵氏在乾隆四十年秋已离馆,后二本之改动当出其他馆臣之手。联系于敏中所述上谕内容来看,这些改动自是可以理解的。

上述各本在内容上也颇有出入,可知邵氏与馆臣在奏进后还不断有所订补。以熊、孔二本对比,孔本缺贺德伦、裴羽二传,多出误收的崔居俭传,又卷六三缺赞。邵晋涵于四十年秋南归途中,曾将《大典》录出的《九国志》遗文交孔氏,孔校所据钞本,可能亦邵氏转示,其钞定应略早于熊本。殿本删改最多,为世诟病,但熊本脱漏处,校补亦不少。相信在熊本写定后,邵氏与馆臣曾部分重校过《大典》。熊本末附批校,卷九八云:"《张砺传》,《永乐大典》有全篇,校刊本补入。"此后尚有"史臣曰"一段,校刊本补入,殿本均已补出。殿本另补《淳于晏传》,又《恭帝纪》较熊本增34字,《赵凤传》增133字,《裴皞传》增75字,所据均为《大典》。《周太祖纪》广顺元年正月条补"是不一姓传诸百王"八字,今见《大典》残本,可复按。但也有校补未尽处,如上述二月条,熊本、殿本皆缺"咸遂宽舒"至"辇毂之下"34字,《王继弘传》缺"召复内职"以下18字,均属馆臣疏漏。殿本补出的部分文字,刘本亦有。顺便说到,校点本于殿本增加文字,大多采入正文,但《梁史》本纪部分,多未采入,仅录入《校勘记》,可能是分工校点,各人掌握标准不一所致。

二、用书(上)——《永乐大典》

邵辑《薛史》,主要依凭《大典》。《大典》成书于永乐间,凡22 877卷,至嘉靖间录副,正本则在嘉、万间消失,今人推测已陪葬永陵,可备一说。副本在雍正间已发现有缺,乾隆五十九年清点时,仅存20 473卷,另目录60卷,已缺2 404卷。邵氏所据《大典》,当即此数。《梁太祖纪》等纪传,当即在缺卷之内。今存800馀卷,仅当原书百分之四,要据以全面复校邵辑本,已不可能。但据邵辑所注《大典》出处,按卷次重作排列,复检《大典》残本及目录,《大典》引录《薛史》的规律,邵氏辑录加工过程及得失,大致尚可推知。

陈垣先生统计邵辑凡引《大典》816则,我逐条统计,凡得804则,出入不大。除少数卷次有误不能确知韵目,大多可知其在原书中的位置。其引录归属,有几类情况。一、本纪部分,均存帝王条下。以后唐为例,《大典》四帝占23卷,《薛史》注出处占8卷,因《大典》亦录他书记载。《周太祖纪》今存,《大典》一卷含《薛史》四卷,分卷处空一格以示区别,为邵氏分卷之依据。二、诸臣列传,以姓氏和职官两类韵目中收存最多。今知出姓氏韵目者,共323则;出职官类韵目者,共143则,其中"将"118则,"宗室封王"10则,"相"9则。姓氏韵目卷今存王、卢两姓,所收传记,以存一生事迹为主,于两《五代史》皆有传者,一般仅取一端,如卷六八○王姓下,王延、王檀等23人用《薛史》,王敬荛、王重师等16人用《新史》,其中王彦章、王建立、王弘贽下，又据《薛史》补录异说。职官类韵目下，"将"下录传相对较完整，"相"下则多仅存任相间事迹，如卢文纪、马胤孙、冯道传皆如是。三、杂事类韵目，除十志中部分较完整外，大多仅从史传中摘录片断记事，其中引录较多的有灾变、改元、封建、宴享等事目。

中华书局两次影印《大典》残本，共收 797 卷。其中有注出《五代薛史》的引文58 则，今知至少有 4 则为清辑本逸文(卷二二六一、卷一三四五二马希范事，卷一二〇四三安彦威事、卷二八六一王弘贽传)。仅注出《五代史》者 114 则，包括旧、新二史。《新五代史》具在，复检较易，今可确定 51 则。他书误标者，至少有 24则。出《薛史》者，至少有 35 则，别有 4 则待定。其中有异于他文者，是卷一四四六三"备御"下 17 则，以时序记事，但较各帝纪为详，今检实为《册府元龟》卷九九四《外臣部·备御》17 则误标为《五代史》。

《大典》引录《薛史》之情形既如上述，辑录者稍失审察，极易造成误收漏收。孔本原有《崔居俭传》，文字与《新史》全同，熊本以下各本皆已删去。删除未尽或有疑问者，今知有以下数传：《吐蕃传》，与《新五代史·四夷附录》相比，仅前二节述唐及唐前事者文字不同，自"至五代时吐蕃已微弱"以下近 800 字，几乎全同，可能《大典》原注出《五代史》，前抄《薛史》，后抄《新五代史》，辑者仅见传首不同，遂全录之。《新罗传》，仅存 36 字，与《旧唐书》卷一九九上《东夷传》相似，疑为《薛史》转引。《党项传》，可能仅首 38 字为《薛史》原文，《薛史》又系删改《旧唐书·西戎传》而成；自"党项自同光以后"至传末 320 多字，全出《新五代史》，传误原因同前。另《于阗传》、《牂柯蛮传》两篇，也与《旧唐书》相似，存文无多，难以判定。又崔沂，今本《大典》卷二七四〇有传，注出《五代史》，实为《新五代史》，注引《新修五代史》，则为《薛史》本传之首、末二节。辑本此传径注出《大典》该卷，与原书不符，经检贞明至天福间事迹，系《册府》补录。《郑玄素传》，影库本附批校云"实系马令《南唐书》，今应删去"，校点本检马书与此传不同，仅写入《校勘记》，按玄素虽为温韬甥，但隐居南方，《薛史》不应有传。传末云："今有书堂基存。"应为某山志小传之误植。

此外还应指出，《大典》引《薛史》，姓氏、职官下相对较完整，且稍有重出，其他事目下多为节引，虽不完整，但多可资补订或校勘，凡此邵氏均仅取用一处，未校他处文字。且所据《大典》又为钞胥录出之文，与《大典》原本稍有出入。邵辑立传与否，又一概依凭《大典》，而未充分考虑到上述《大典》体例，并未将《旧史》各传全部收纳。邵辑立传、校录中的问题，下文再作进一步申述。

三、用书(中)——《册府元龟》

《册府》是《大典》以外保存五代文献最为丰富的渊薮。陈垣先生《影印明本〈册府元龟〉序》提出:"乾隆中四库馆辑《五代史》,大部分本可由《册府》辑出,乃以《册府》习见,外间多有,《永乐大典》孤本,为内府所藏,遂标榜采用《大典》,而《册府》只可为辅。"其指出《册府》之重要,很有眼光,但以为大多可由《册府》辑出,则未尽允当。《册府》成书于宋初,距五代甚近,所存五代文献之丰富与珍贵,应超过《大典》。但其全书一律不注所出,所采五代文献既包括《薛史》,也有今已失传的五代各朝实录,可能还曾采及范质《五代通录》,加上分门别类地编录君臣事迹,将各传折碎割裂,远不及《大典》之逐一注明所出,各传大多完整。清辑以《大典》为主,《册府》为辅,十分恰当,无可指摘。缺憾仅仅在于清辑本过于倚傍《大典》,于《册府》远未充分利用。

《册府》全书一千卷,引五代文献多少则,难以确切统计。仅以殿末的《外臣部》45卷计,即达369则,据此推全书,当达八千至一万则。清辑征及者,陈垣先生估计为300条,笔者清点为283则,其中234则见《梁太祖纪》,多将《册府》一条分拆成十数条引录,故实际引录,仅150则左右,约仅当该书五代文献的五十分之一。陈垣先生有鉴于此,于1936年作《以〈册府〉校〈薛史〉计划》,打算分七步展开工作,即先编《薛史》人名、年月目录、《册府》五代事迹目录及《薛史》、《册府》对应目录,然后逐一对检、考异、出校。这一计划,详密可行,深得乾嘉正学的传承,他后来作《〈旧五代史〉辑本发覆》,主要即据《册府》校比《薛史》以立说。

陈垣先生的计划是以《册府》校《薛史》,以求清算清辑本讳改的总况,恢复《薛史》的面貌。笔者近年按他的步序,做了几种索引,又将《册府》五代文献全部复印分剪,与《薛史》逐一比勘,对《册府》引录五代文献的规律,获得一些新的认识。

《薛史》于开宝六年(973)四月始修,至次年闰十月修成,仅用一年半修成全书,主要得力于五代各朝实录(详《廿二史札记》卷二一《〈薛史〉全采各朝实录》)。《册府》成书迟于《薛史》四十年,其中五代文献兼采五代实录和《薛史》,也为世人所共知。此外,《薛史》和《册府》可能都曾参用范质《五代通录》,《玉海》卷六五称范书以实录太繁,乃删总为一书,仅梁末帝部分为其补写。《册府》中梁末帝时记事最少,当即出自范书,其馀部分即便援据范书,范书本出实录,也可与实录同一看待。

《册府》分为31部1 104门,内容极其庞杂,各部、门下文字,可分为以人、时、国为序编列三种情况。以国为序者,仅见于帝王、闰位、僭伪、外臣等部,为数不多,人、时为序者占绝大部分。《薛史》是纪传体正史,纪以时为序,传则以人立目。五代实录无存世者(缪荃荪刊《周世宗实录》一卷,系从周在浚《南唐书注》中辑出,后者又录自《册府》),其体例可从唐宋实录仅存的两种,即《顺宗实录》和《宋太宗实录》残本中推知:首叙君主即位前事迹,即位后则逐年逐月逐日记录朝廷大事,于朝会宴享、奏对诰敕、职官迁改、要员薨逝、外邦朝贡之类,所录较详。有的学者根据《通鉴考异》引到一些实录有某人传,如《庄宗实录》有张万进、康延孝传,《明宗实录》有杜晏球、袁建丰传之类,推测五代实录为纪传体,实属误解。唐宋实录记王公大臣薨逝后,多有传记其平生事迹。如《顺宗实录》有陆贽、阳城、陆质传,《宋太宗实录》有刘遇、汤悦等传,即后人所指实录本传。明白了正史、实录体制之不同,回过头看《册府》,从大端来说,以时为序编录者,大多出自实录;以人为序者,十之七八出自《薛史》。有关后者,还有些特殊情况,应作进一步的限定:一、帝王部多出实录。二、某人下仅记其某一特定时日事迹者,当出实录。如卷四七五有"吕朋龟为度支员外郎。长兴二年二月庚戌奏"一则,可确知出于《明宗实录》长兴二年二月下,原文应为:"庚戌,度支员外郎吕朋龟奏",《册府》辑入时有所改写。三、一些人物官低人微,仅以某一节行载入,如卷七五六载:"刘表微,显德中为浚仪令,上章以母氏衰老,乞解官归养,从之。"其人显然不足以在正史中立传,亦当出自实录,原文应为"浚仪令刘表微上章……从之。"此外,实录中不另列偏霸和边裔政权的传记,僭伪、外臣二部中述十国、四边政权事,除特指时日者外,大多亦出《薛史》。闰位部记朱梁一朝事,邵氏认为全取《薛史》,今人或有致诘,经比读,似以邵说为可信从。

以《册府》所录五代诸臣事迹,与《薛史》各传逐字比读,不难发现《册府》确曾充分利用过《薛史》诸传,但同时亦曾兼取实录。各传情况亦颇有差异。如康君立、谢瞳、郭言、王章、王重师诸人,《册府》全取《薛史》;庞师古、康延孝、康怀英、许寂等人,《册府》引录五六则不等,各仅一则不取《薛史》;当然也有完全不取《薛史》者,如齐藏珍、朱弘昭等,数量并不太多。

了解上述规律后,我们可以认为清辑本在立传、补遗、校勘等方面,都未能充分利用《册府》。立传容后文再述。补遗可以《慕容彦超传》为例,辑本从《大典》中得三段残文,据《册府》补一则,仅得268字。其实《册府》共录八则,仅一则当出自《汉隐帝实录》,馀均出自《薛史》,《太平御览》亦存一则,一并辑录,可得二千馀字,其传大多得以恢复。补缺可举《安元信传》为例,影库本叙其恃功一段云:"元信恃功,每对明宗以成败勇怯戏侮(霍)彦威,彦威不敢答。明宗曰:'成由天地,不由于人。当氏叔琮围太原,公有何勇,今国家运兴,致我等富贵。'乃起谢,元信不复以彦威为戏。"明宗之语显然未完。《册府》卷四五一"富贵"后有"勿以小胜小捷挂于口吻取笑于长者彦威起谢"一行,显为辑本脱文。校点本据以补入十五字,是;但未补"彦威"二字,未惬。校勘可以《王权传》为例。今本叙其辞使契丹事云:"高祖登极,转兵部尚书。天福中,命权使契丹,权以前世累为将相,未尝有奉使而称陪臣者,谓人曰:'我虽不才,年今耄矣,岂能远使于契丹乎!违诏得罪,亦所甘心。'由是停任。"《册府》卷四六〇引此,"未尝"句作"未尝有称臣于戎虏者","岂能"句作"岂能稽颡于穹庐之长乎"。今本《大典》卷六八五一存此传,全同《册府》。另《册府》卷八七七叙命使原委云:"高祖得契丹,屈节以事之,驰驿乘轺,道路交织。一日,敕权为使。"则为实录本传之本。

四、用书(下)——其他

除《大典》外,《凡例》述据以"参互校订"的"前代征引《薛史》之书",还有"《通鉴考异》、《通鉴注》、《太平御览》、《太平广记》、《册府元龟》、《玉海》、《笔谈》、《容斋五笔》、《青缃杂记》、《职官分纪》、《锦绣万花谷》、《艺文类聚》、《记纂渊海》之类"。其中《太平广记》未引《薛史》,《笔谈》指《梦溪笔谈》,《青缃杂记》为《青箱杂记》之误,《艺文类聚》为《事文类聚》之误。其中曾据以辑录逸文的,只有《册府》和《通鉴考异》、《通鉴注》、《太平御览》、《容斋五笔》五书。这几种书中的逸文,也未能完全辑出。《通鉴考异》卷二三至卷三〇,引《薛史》220多则,辑本仅在《梁太祖纪》中录出5则逸文,今知至少有15则逸文为辑本所失收,引及杨昭恽、梁末帝德妃张氏、吐谷浑等传逸文,为辑本所未见。胡三省《通鉴注》引及《薛史》90多则,辑本仅录10则逸文,即《梁太祖纪》8则,《朱友珪传》、《安重诲传》各1则,漏辑近20则,其中15则为释地名而引,有5则注明出自《薛史·地理志》,《通鉴考异》卷二九亦引及《地理志》。辑本据《大典》作《郡县志》,当误冒同卷所录他史志名。五代不设郡,加上《通鉴注》所引,可确知有《地理志》而无《郡县志》。《太平御览》引《五代史》84则,书名不尽划一,不同提法有19种之多,其中若干引文应出实录。辑本仅在《郡县志》中辑录2则,远未尽其用。今知存有慕容彦超、卢文纪等传逸文,辑本未立传的何泽、徐台符等传逸文,《地理志》尚可补辑2则。辑本《郡县志》全录《五代会要》,虽为宋人补录残本之法,但毕竟非《薛史》原文。今据《御览》、《通鉴注》、《类要》、《锦绣万花谷》、《玉海》等书所引，可补录25州府遗文，亦可见清辑本遗漏之多。《容斋随笔》录《薛史》14则，辑本仅录《食货志序》一节，今知尚有3则失收，其中有《选举志》一则，存长兴二年昼试进士敕，足证今本《选举志》仅为残本。

辑本《凡例》前述据校之书，利用也并不充分。陆心源《仪顾堂续跋》卷一一《旧钞〈职官分纪〉跋》即指出《职官分纪》录《五代史·职官志》遗文极多，邵氏"仅校内职一条，其余尚未详校"。今检此书录《职官志》60多则，颇存遗文，仅"内职"一节，即可补天福五年诏及桑维翰改制二节177字。《锦绣万花谷》中也存时溥、梁震、刘鼎等传遗文。

今知宋元明典籍征及《薛史》而为邵氏未用者，尚有20多种。其中一部分为邵氏当时得见，如《乐府诗集》、《文献通考》、《苕溪渔隐丛话》、《小学绀珠》、《大事记续编》等。最不可思议的是《新五代史·十国世家》徐无党注中，引《薛史》遗文多则，邵氏失收，可谓失诸眉睫了。邵氏当时或身后始陆续流布诸书存《薛史》遗文者，今知有晏殊《类要》、乐史《广卓异记》、佚名《通历》后五卷、邵思《姓解》、邓名世《古今姓氏书辨证》、苏易简《续翰林志》、骆天骧《类编长安志》、佚名《河南志》、李焘《续资治通鉴长编》、王朋寿《分门类林杂说》等。这些书实为邵氏当时所不及见，在这里提出，只是说明《薛史》重辑尚有可开拓的空间。上述诸书引《薛史》，包括三种情况：其一，明确指出引自《薛史》；其二，仅云为《五代史》，不分新旧，因《新史》具在，鉴别不难。其三，记五代事而不云所据，经反复推证可确知出自《薛史》，如《通历》、《文献通考》等，《职官分纪》录名臣遗事部分，也有此类情况。这里要特别说到《通历》。此书初编十卷，记上古至隋代史事，为中唐名臣马总撰。宋初孙光宪作《续通历》十卷，后不传，仅存留少数残文。南宋时流传十五卷本《通历》，前十卷为马书，后五卷叙唐五代史事，有关五代十国部分尤详。以保存完好的《薛史》唐、晋、汉、周四代帝纪与此书相关部分对读，可确知五代十国内容全部辑录自《薛史》。孙光宪卒于开宝四年(971)，即《薛史》开修前二年，知这部分非出自《续通历》，而是南宋坊间所为。其中存有《梁太祖纪》和十国部分的大量遗文，弥可珍贵。

此外，成书于《薛史》前的孙光宪《北梦琐言》、王溥《五代会要》，都曾充分利用五代实录以成书，与《薛史》属同源之书；《资治通鉴》曾充分利用实录、《薛史》及五代宋初杂史以成编，对校补《薛史》均极重要，邵氏于三书征引较多，但漏略处仍不少。

五、立传

邵辑《薛史》立传依凭，主要有以下数端：一、《大典》有传；二、《薛史》各卷末史臣赞提及，如王处直、时溥、聂文进等传，皆因此而立；三、《大典》存有残文，间采《册府》以补之；四、循例正史不会缺少的传，如后妃、宗室传，即参《新史》而定，不少传记仅列封谥姓名而已。邵辑偶漏者，殿本又略有增补，如后晋宗室即增加七人。超出上述四项者，仅有王仁裕一传系据《册府》立传，应属例外。

如前所述，《大典》收《薛史》，主要存录于姓氏、职官两类韵目下，职官类下除"将"下录传较完整，其他偏重于某官守内事迹，而姓氏类下则任取旧、新一史为主。如前举王姓下用《新史》本传者16人，《薛史》本皆有传，辑本据其他韵目下仅得12人传，王处直有目而无文，王仁裕存《册府》一则，王松、王弘贽传则付阙如。因此，邵氏专据《大典》立传，使许多原本有传者未得立传。辑本所缺传，前人已有所指出，如程毅中先生据《刘郇传》末有"子遂凝、遂雍别有传"，认为应补刘遂凝、刘遂雍二传（《文史》一六辑《读〈旧五代史〉札记》），台湾学者郭武雄补韦震、孟迁、何泽、刘遂凝兄弟及吐谷浑传（台湾商务印书馆刊《五代史辑本证补》），中华书局校点本卷四五《校勘记》据《大典》补王弘贽传逸文，笔者数年前也曾在《文献》、《漳州师院学报》上发表过几种缺传的辑逸。

清辑《薛史》缺传既有相当的数量，仅凭偶然发现不足作全面清理，笔者认为以下几方面也应作为立传的依据。

其一，本文第四节所举各种直接或间接引用《薛史》的著作中，明确可知有传者，今知可补马希声、马希广、马希萼、马希崇、王延政（以上见《通历》）、司空图（见《五代史阙文》、《避暑录话》卷下）、何泽、徐台符（见《太平御览》）、吐谷浑、孟迁、杨昭恽（见《通鉴考异》）、刘涛、李澣、范质、王溥（《广卓异记》）等传。其中范质、王溥入宋仍存，《广卓异记》则明确注出《五代史》，似属特例。

其二，欧阳修《新五代史》修于两次南贬和守丧期间（详《复旦学报》1985年第3期拙文《欧阳修著述考》），十国部分新增文献较多，中原五代虽也曾参用过《梁宣底》和实录，但其立传原则较《薛史》为严，且多数传系据《薛史》改写。新增传似仅《死事传》中的张源德、翟进宗、《一行传》中的李自伦、《伶官传》中的敬新磨等数人而已。《新史》有传而《薛史》无者，大多为清辑本所缺收者，加上《册府》等书中有一定数量的传记残文，即可为之补传。据此，今知辑本所缺有王弘贽、王松、王景崇、石昂、裴迪、孔循、何瓒、何泽、崔居俭、朱存、皇甫晖、冯赟、韦震、史彦琼、娄继英、刘遂凝、刘遂雍、刘景岩、钟匡时、符令谦等人传。四夷可补奚、吐谷浑、达靼、突厥、南诏蛮等传。

其三，《册府》曾大量摘录《薛史》诸臣传，已如前述。辑本无传而《册府》曾多次摘引者，与《新史》比读，可知多为《薛史》逸传遗文。《新史》无传者，因《薛史》立传原则较宽，一些不太重要官员辑本皆有传，相信还有相当数量传记有待清理。其中宗室传，可补者尤多。诸臣传所涉太繁，且与实录文字不易划定明确标准，尚须作进一步的推证。

此外，《大典》残文有《王弘贽传》，辑本卷一七史臣赞中提及钟传，为邵氏疏忽而未立传。

综本节所述，清辑本缺收传，当不少于百篇。

六、编次

邵辑《薛史》恢复一百五十卷的原次第，其卷次分合的主要依据如下：一、《玉海》卷四六引《中兴书目》："(开宝)七年闰十月甲子，书成，凡百五十卷，目录二卷……其事凡记十四帝五十三年，为纪六十一、志十二、传七十七。"据此可知纪、志、传三体所占卷数；二、五代各自成编，宋人屡有记述。欧阳修初创《新五代史》时提出"正史更不分五史而通为纪传"（《欧阳文忠公文集》卷六七《与尹师鲁第二书》），也可知《薛史》纪传分列。唯各编称"书"或"史"，略有异说；三、本纪各卷起讫，《大典》留有痕迹，已见前述；四、《大典》存各卷史赞，凡六十三则半（卷二十仅存后半数句）。史赞中对本卷内容，分别评骘，提及诸人，可知同属一卷。其中本纪赞存十二则，含五十四卷；列传赞存五十一则半，含五十二卷；十志占十二卷，无赞而有序，四志缺序。《大典》录出各传，邵氏据赞语判入同卷，较为得当。史赞未及诸传，只能以类相从。后妃存唐、周二赞，宗室仅唐二卷有赞，邵氏以梁、晋、汉、周后妃、宗室各占一卷，也颇允当。其馀诸臣，梁编为二卷，唐编七卷，晋编二卷，汉编一卷，周编五卷。又世袭一卷，虽无确证，也只能如此。唯外国二卷，其传名及卷次，皆出邵氏虚拟，非有必据。

邵氏为恢复原编，确已费尽周章，梁启超就此而称许该书"功等新编，故最优"，并非过誉。但如作进一步深求，仍有可议处。王鸣盛《十七史商榷》认为《中兴书目》"凡记十四帝五十三年"一句，"似连友珪数之"，"《五代会要》载周广顺中，张昭修《实录》，以友珪篡弑居位，奏请依《宋书》刘劭例，书为元凶友珪，今《永乐大典》钞出者仍归列传。"其说近是。朱友珪弑父自立，改元凤历，在位半年多。《通历》卷一二叙太祖葬事后，有"改乾化三年为凤历元年"一小节，可证。此其一。世袭二卷，其目《通历》卷一五作"承袭"。各家次第，邵辑以李茂贞、高万兴、韩逊、李仁福为一卷，以高季兴、马殷、钱镠为第二卷，据《通历》，次第应为钱镠、马殷（附刘言）、高季兴、李茂贞、李仁福、韩逊，另有赵德钧而无高万兴。僭伪三卷，各赞皆存，邵辑各卷所含，与《通历》次序可印证，唯《通历》二蜀在三刘前，当据以是正。此其二。《华温琪传》，原入《唐书》，进呈后，因乾隆主观之说而改入《晋书》，事见《于文襄公手札》。此其三。《大典》所存各卷赞，多附于卷末一人传后而得引录保存。辑本多保存旧貌，间亦有未遵此例者。如卷九八赞语，影库本及刘本皆缺，至殿本始补出，在《大典》张砺传后。影库本此卷未见赞语而成卷，二安、张彦泽、赵德钧之次第均同赞语，最为难得。唯张砺传后复有萧翰等三传，则不妥。卷五一、卷五八、卷六七、卷六八、卷一〇七、卷一二七等卷，也有类似情况。此其四。各代诸臣卷之前后次第，也颇多可议。如汉以王周、刘审交等传列前，以史弘肇、杨邠等权臣传列后，晋以辅少帝的景延广卷列于开国宰相桑维翰卷之前，均显属不当。此其五。十志顺序，先天文、历、五行，次为礼、乐，与一般史志不同，似亦无依据。此其六。四裔称《外国列传》，缺少书证，各传顺序，与《新史》和《五代会要》皆不同。此其七。

七、校录

辑本校录遗文，最大的问题是出于政治顾忌的讳改。陈垣先生撰《〈旧五代史〉辑本发覆》，对此揭发已详。唯陈先生当时未见《大典》残本，所举225例，残本见引原文者20例，有明显出入者仅1例，即《忌汉第九》下引《周太祖纪》集三军将校所谕"予从微至著，辅佐国家"，《册府》作"予从微至著，披肝露胆，置立汉家宗社"，陈先生认为馆臣以"汉家宗社四字刺目"而改，然《大典》原文即同辑本，非清人所改。其他皆属细节出入，如《王瑜传》"契丹据有中夏"，《册府》作"北戎盗据区夏"，《大典》作"北戎盗据中夏"；崔廷勋传》熊、刘本"幼陷契丹"，殿本作"幼陷北庭"，《大典》作"幼陷虏庭"，知殿本再改时曾斟酌《大典》原文；《王重裔传》，陈先生曾录其名讳改的多种异写，感叹"画一之难"，《大典》正作王重裔，知非清人讳改。又《杂忌第十》引《册府》卷九八七以校《契丹传》，但《册府》此段肯定出自实录而非

《薛史》。虽有这些出入，并无碍《发覆》结论之可靠。

　　清辑本于《大典》录出文字的校改，都逐一有所交代，影库本粘签中这方面的说明，可谓不厌其烦，改字必有书证。如《白延遇传》粘签："盛唐，原本作成康，今从《通鉴》改正。"《何福进传》"父神剑"下粘签："神剑，原本作伸剑，《册府元龟》作神剑。考五代时多有名神剑者，如吴有李神剑，蜀有陈神剑，皆见《九国志》。此处当以神为是，今改正。"均可见乾嘉朴学的严谨。但以《大典》残本与清辑本录文逐字比勘后，仍有数百处的相异，一部分为钞胥钞误，大多则为馆臣随意改动。钞胥录误者，如《大典》录《王廷胤传》作"其先长安人也"，辑本脱"安"字，加案语云："安字上有脱文……疑是长安。"《周太祖纪》"符彦卿移镇郓州"下，粘签云："原本作均州，今以《通鉴》改正。"《大典》作"郓州"未误。馆臣改动处，可分为八类情况：一、明显误字径改，固定官名缺字径补；二、显有脱字，辑者以意补之；三、避忌胡、虏等字而改；四、原文可通仍予加字；五、姓名改动，如改王廷胤为王庭胤，显误；六、语意不明而改动，有的显属误改，有的已非原貌；七、原文不误，改后语意多致歧异；八、录文多有缺漏，有些因不明文义而故意删去，多数则因校录时疏忽而致缺。上述情况，笔者数年前在《〈永乐大典〉残卷校〈旧五代史〉札记》（刊《书品》1994年第3期）一文中已分别举例说明，读者可参看。上述改动，有当有不当，应区分对待。

八、结语

　　《薛史》原本清初黄宗羲有藏，后毁于火，本世纪二三十年代又似有出世的可能，但都属影传之说，至今更无从寻踪了。校点本《薛史》的整理，在二十四史中是最为繁复艰难的一种，限于体例，不可能充分清理清辑本存在的问题，是可以理解的。正史利用率很高，各方面研究都不可或离。五代虽还有《新史》，但其长处在义例与文章，就史料的原始丰富来说，远不能取代《薛史》。80年代初，程毅中先生在指出辑本若干缺憾后，即认为"《旧五代史》恐怕也不是完全没有重新整理的价值的"。在对清辑过程和优短作出全面考察后，笔者深感此书确有重新整理的必要。

（原载《学术月刊》1999年第9期）

地方志辑佚之得与失
——评刘纬毅《汉唐方志辑佚》

方志之修,始于东汉。至隋唐间,天下州郡修图经已渐成制度。德宗建中前,各州图经三年一送职方司,建中元年,改为五年一造送(见《唐会要》卷五九)。五代乱世,仍相沿不改,要求逢闰年州县各进图经,"古今事迹,地里山川,土地所宜,风俗所尚,皆须备载,不得漏略"(《五代会要》卷一五)。可以毫不夸张地说,自汉魏至五代近千年间,地记图经之著,当不少于数千种,见于载录的仅是其中一小部分,流传至今,相对完整的仅有《华阳国志》、《吴地记》等几种,残本存留的有《三辅黄图》、《襄阳耆旧传》、《两京新记》及敦煌地志等近10种。清人十分重视汉唐方志的辑佚,王谟所辑最具规模,据曾燠《汉唐地理书钞序》所述,他"哀集汉唐遗文多至四百馀种,起自洪荒,迄于唐季,内而畿甸,外而荒裔,凡涉于山川井邑、风土民物、高文大册、残编坠简,以及浮屠、老子之书,无不备载"。可惜因财力有限,仅刻出50种,另传钞本存20种,其馀均散佚不传,传世者仅为其辑出书的六分之一。王谟以后从事于此者,张澍辑秦陇文献,陈运溶辑三湘地记,周树人(鲁迅)辑会稽故事,王叔武辑云南佚书,均仅限于方隅。民国间张国淦撰《中国古方志考》,于元前古志存遗文一条以上者皆加辑录,各条出处皆备载于该书中,但辑本久未刊布,存否今亦不可知。由于汉唐方志至今未有全面的辑录,今人于此所作论述,颇多偏失,如黄苇《方志学》认为"唐代图经现见存名目者"只有16种,即是一例。刘纬毅《汉唐方志辑佚》(北京图书馆出版社,1997年,以下简称"刘书"),辑录这一时期的地记图经达数百种之多,恰可弥补这一缺憾,无疑是一项有意义的工作。我与许多学者一样,为此书的出版而感到欣喜,但细读以后,不免感到此书的编纂质量与学界的期待,还有相当距离。

刘书共辑录汉唐方志439种(书首傅振伦序作445种,未允,此据全书实数),始于汉辛氏《三秦记》,迄于五代涂廙《豫章记》,大凡这一时期的地记、图经,乃至耆旧传、风土记、异物志及旧事杂记之类,只要是有关某一地域或州县的专书,具备方志性质的,概予收录。除少数几种尚容可商外(如《永嘉流人名》之"永嘉"应为年号而非地名,《河洛记》原名《河洛行年记》,为刘仁轨所作隋唐间编年杂史,《河东记》为唐人传奇集),全书立目大致是稳妥的。对书名相同而出于不同作者、不同时代的各书,也作了认真的辨析,分别列目。于《太平御览》中所引《图经》,没有像王谟那样一律收入《隋图经》之下，而是分州郡分别列目，并将州郡名以括号括出，以示区别，这样处理也是十分谨慎的。这些图经残文涉及不少唐代时事、地名，是一书抑为出各地图经，尚难作出结论，但非《隋图经》遗文，则可肯定。

应该说，刘书的辑编是相当认真而仔细的，表达方式也符合一般的辑佚规范。所录佚文，皆逐条注明所出；多书征引者，一般仅录较早的出处，有时也罗列多种出处；各书引录有异文处，适当予以出校（此点似全书未及划一）；每一书之遗文前，皆有解题，略叙异名、卷数、作者、时代及著录情况，可为读者提供若干方便。这些编例，大体上是简明而得当的。各书遗文的搜集，程功也颇多，其中半数以上为首次辑出，尤为不易。如从《永乐大典》中录唐李璋《太原事迹杂记》达39则，多可资唐史研究。于宋代类书、地志所引《图经》遗文之属唐属宋，也较王谟、陈运溶的处理更显审慎。读者检用刘书，一般来说可以信从，据其所注复核原文也较方便。

本书之不足或缺憾，我以为有如下数端。

一、未能充分尊重和利用前人已有的辑佚成绩。

清代至今，汉唐方志辑佚从事者颇多，已如前述。据今人孙启治、陈建华《古佚书辑本目录》对唐前佚书辑本的考录，符合刘书收录体例的，属地理类的有79种，传记类的有21种，载记类4种，共104种。唐人书有辑本者，也有相当数量。其中较重要者，均曾有多种辑本，如盛弘之《荆州记》，有马国翰、黄奭、陈运溶、王仁俊、曹元忠、缪荃孙、叶昌炽7种辑本；杨孚《临海水土异物志》，有清人曾钊、王仁俊、杨晨3种辑本，章宗源、姚振宗、张国淦对此书考证较详，今人张崇根《临海水土异物志辑校》（农业出版社，1988年）辑录最备。不知是出于何种原因的考虑，刘书虽在《前言》中提到前人的工作，认为"不可避免地存在很多遗漏"，"共辑方志近九十种，约六万余字"，但在全书400多则解题中，没有一种提及前人已有辑本。细核各书佚文，不难发现，确曾利用过一部分前人辑本，但数量并不太多。如见于鲁迅《会稽郡故书杂集》的8种辑本，刘书收存了除《会稽典录》以外的7种，其中录文相同者，仅贺氏《会稽先贤像赞》、朱育《会稽土地记》2种，另外5种均有较大差异：谢承《会稽先贤传》，鲁迅录8则，刘录5则，缺淳于翼、茅开、贺氏3则，据《太平广记》增孔愉1则（鲁迅据他书所引及愉为晋人，将此则收入《会稽后贤传记》，刘辑误）；钟离岫《会稽后贤传记》，刘辑少孔愉1则；贺循《会稽记》，均为4则，但鲁辑多宛委山石箦一大段；孔灵符《会稽记》，鲁得56则，刘仅43则；夏侯曾先《会稽地志》，鲁得33则，刘得27则。鲁迅辑本收入《鲁迅全集》，不知何故未充分利用。其他各书情况，也大多如是，略曾参据，但未充分吸取，因而缺漏至多。如杨孚《交州异物志》,清曾钊辑本,录出《交州异物志》者2则,《南裔异物志》5则,杨氏《异物志》8则,另录仅称《异物志》者94则,而刘辑仅得9则,未免失之太多。再如沈莹《临海水土异物志》,前引张崇根辑本得212则,刘辑仅得99则,也相去甚远。再如魏完《南中八郡志》,简称《南中志》,全称可能是《南中八郡异物志》,今人王叔武《云南古佚书钞》分八郡校录遗文,最为得当,刘辑则误分为二书,编次也较芜乱。上述例子还可举出许多。中国学术史上有许多后出转精的成例。古籍辑佚是一项须长期积累、细心发掘的工作,前人辑本无论优劣精芜,总应充分吸取,区别对待,方能保证新辑本的学术质量。刘辑未充分利用前人成果,虽大多可信为从第一手资料发掘而得,但却大多未能超越前人,总体质量并不高。此外,前人已有辑本者,如何晏《九江志》、郭仲产《荆州记》、周处《阳羡风土记》等,均失收。

二、贪多务得,挂漏颇多。

刘书所辑多达400多种,有些部分程功较深,所得佚文也很可观,但因立目太众,有些辑本阙漏太多,似未作广泛搜辑,仅就所得标目而已。试举数例。

黄璞《闽川名士传》,仅据《太平御览》录薛令之、林藻2则。今知《太平广记》另录林杰、尹极、周匡物、陈通方、欧阳詹5则,《麟角集》卷首存王棨1则,《莆阳比事》、《淳熙三山志》、《全唐文》等书中存林攒等3则。刘书连《太平广记》中数则亦未检出,疏略可知。

《河洛记》,刘书云"撰人不详,未见著录",仅据《太平御览》录出2则。按此书全称《河洛行年记》或《刘氏行年记》,凡二十卷,高宗相刘仁轨撰,《新唐书·艺文志》著录于史部杂史类,宋人书目屡见著录,《太平广记》、《通鉴考异》、《容斋随笔》中尚存逸文10余则。此书记隋唐间史事,与方志不同。

王德琏《饶州记》,据《舆地纪胜》录4则残文,叙云"此书未见著录",另又列同人《鄱阳记》一目,录遗文8则。今按《全唐文》卷九〇二收王德琏《饶州记序》,900余字,刘录前二则即见于此序中。据序,德琏为唐高宗时人。唐饶州曾改为鄱阳郡,故《饶州记》、《鄱阳记》实为一书。刘辑未收此序,又误分一书为二书。

卢求《成都记》,录逸文11则。《全唐文》卷七四四存此书自序,述始末甚详。刘书未录,可谓失诸眉睫。又未录宋黄休复《益州名画录》中的逸文,据明曹学佺《蜀中广记》所录遗文,亦可能出自宋赵抃《成都古今记》。

三、残本未充分调查、记录和利用。

刘书《编例》称"存世方志不收"。《前言》中以《说郛》"为辑佚方志之嚆矢",是此书所收42种汉唐方志为辑本而非存本。但在正编中,却各书仍为列目,而《说郭》本则一律不提及,不引用。如《广州记》,《说郛》商务本存1则,宛委本存19则,刘辑分录裴渊、顾微二种《广州记》,不能归属二家者别为一编,但仍有多则《说郛》所有者未采。再如《湘中记》,《说郛》卷四录5则,刘辑仅见3则,另九疑山1则,则据《艺文类聚》、《太平御览》收入庾仲雍《湘州记》,而湘水1则:"湘水至清,虽深五六尺,见底了了然,其石子如樗蒲大,五色鲜明,白砂如霜雪。"则未援据。与《水经注》所存逸文比较,可校补近10字。又如《豫章记》,《说郛》卷四录2则,刘辑已据他书收入雷次宗此书下。但《说郛》卷五一另有《豫章古今记》一种,不署作者,分为十四部,首节《郡城县部》首有"雷次宗云"之文,《中国丛书综录》、《中国古方志考》均作雷次宗书。王谟《汉唐地理书钞》则以为初唐人撰,周中孚《郑堂读书记补逸》卷十八考为雷书而遭唐人窜益。今按诸说皆未当。张国淦《中国古方志考》据《舆地纪胜》考得南唐涂廙有《豫章记》三卷,又据《永乐大典》卷八〇九一辑出涂廙《古今记》1条,《古今志》1条,涂廙所云2条。可知涂书之名应作《豫章古今记》,《说郛》所存5 000多字,正是涂书之节本。《大典》所引4则,3则可与节本相印证。刘书在雷、涂二书下,均未称及是本。此本中两处提及雷书,也未征及。

再举一例。日本存韦述《两京新记》卷三残本,刻入《佚存丛书》,清代传入,曹元忠复辑佚文为二卷,收入《南菁丛书》;平冈武夫又加补辑,收入《唐代研究指南》。残卷校录,周叔迦、岑仲勉及福山敏男各有研究,平冈武夫重定钞本诸页先后,可为定本。刘氏于此似全无顾及,既列韦述《东京记》一目,录遗文2则,又列《西京记》一目,云"撰人不详,约中唐或晚唐时所作",存录15则,殊不知《东京记》、《西京记》均为《两京新记》的别称。

此外,刘书中细节处理失当处,亦时有所见。如据《文选·东京赋》薛综注录《洛阳图经》逸文,谓"撰人不详,约隋代作",然薛综为三国吴人,其注张衡《两京赋》曾另行,为李善采入《文选注》,故其所引《洛阳图经》应为汉魏间作。又如据南宋《舆地纪胜》录《旧图经》"有思韩堂"句为唐人作,较大可能是指北宋祥符图经。又据同书录《婺州图经》,以为五代之作,亦未当。录文中有"吴越钱氏会同十年建",加注云"吴越无此纪年,此当有误",不知是年后晋亡于契丹,南方改依契丹年号,已出多种石刻可证。又如《夔州旧图经》据《舆地碑记目》作唐李国纬撰,又列《夔州图经》云"不知撰人"。今检《舆地碑记》卷四,《夔州图经》下注云:"故相国安阳公源乾曜尝参军事,修《图经》,言风俗甚备,见刘禹锡撰序。"《旧图经》下仅云"李国纬编",不言时代。按《碑记》例,李国纬似应为宋人,唐图经为开元中宰相源乾曜所修,刘禹锡语见其《夔州刺史厅壁记》。刘录二书可归并,且可据樊绰《蛮书》卷十补录 1 则。

综上所述,刘书优长之处为广辑汉唐地志,且备注出处,便于引用和复核,不足之处为未充分吸取前人成绩,阙漏较多,处理也颇多失当处,读者利用时应有所注意。今后有条件,仍有重作辑录的必要。

(原载《唐研究》第五卷,北京大学出版社 1999 年 10 月。
《中国地方志》2006 年 7 月转载)

陈寅恪先生唐史研究中的石刻文献利用*

陈寅恪先生作《王静安先生遗书序》，归纳王国维的治学方法有三："一曰取地下之实物与纸上之遗文互相释证"；"二曰取异族之故书与吾国之旧籍互相补证"；"三曰取外来之观念与固有之材料互相参证"。他本人的学术研究，也可说是依循这三条而展开的。在他一生治学成就最高的唐代文史方面，"地下之实物"最重要的有两部分，一是敦煌文献，二是石刻文献。陈先生认为"敦煌学者，今日世界学术之新潮流也"，平生也"勉作敦煌学之预流"（均见《陈垣敦煌劫馀录序》）。他在敦煌学方面的成就，学者论述已多。但就石刻文献研究来说，他似乎涉足较少，不像另一位唐史大师岑仲勉先生那样有多种石刻研究论著，其论文集中几乎没有研究碑刻的论文。然而，只要细心寻绎他的存世著作，即不难发现，他对石刻文献的掌握和利用，涉猎极广，搜求尤勤，在石刻解读和证史方面，都有杰出的成就。

唐代石刻研究，始于宋代，清代成为显学。石刻的最大价值是保存了唐时文献的原始面貌，多可补订史乘的缺失。清代学者治金石成就突出，但其弊端，正如岑仲勉先生所云，一为过信石刻，凡石刻与史乘有异同处，概曰"自当以碑为正"；二为偏责史实，不明史例，但见石刻有史传不见者，即视为"史之失载"（见《贞石证史》）。陈寅恪先生对石刻与史传关系的论述，更为精当：

> 自昔长于金石之学者，必为深研经史之人，非通经无以释金文，非治史无以证石刻。群经诸史，乃古史资料多数之所汇集。金文石刻则其少数脱离之片段，未有了解多数汇集之资料，而能考释少数脱离之片段不误者。（《杨树达积微居小学金石论丛续稿序》）

这段话虽就杨树达之著作引发议论，实意在针砭清以降专治金石而忽视经史者。寅恪先生为学生开列治唐史的必备书目，首列两《唐书》和《资治通鉴》，次列《全唐文》和《全唐诗》、宋四大书中的《册府元龟》、《太平广记》、《唐大诏令集》，而以敦煌材料、碑刻材料和佛教材料殿末（参石泉、李涵《听寅恪师唐史课笔记一则》、杨联陞《陈寅恪先生隋唐史第一讲笔记》，均收入《追忆陈寅恪》），正足体现其治史应先重"多数汇集之资料"，次及"少数脱离之片段"的态度。他曾将传世文献归为旧材料，将"中古史部分如石刻、敦煌文书、日本藏器"之类视为新材料，进而说明运用新旧材料的方法：

必须对旧材料很熟悉,才能利用新材料。因为新材料是零星发现的,是片断的。旧材料熟,才能把新材料安置于适当的地位。正像一幅已残破的古画,必须知道这幅画的大致轮廓,才能将其一山一树置于适当地位,以复旧观。(《陈寅恪先生编年事辑》1935 年谱)

这一态度,贯穿于他研究唐代文史的各种著作之中。虽不作专门考释石刻的文字,但如重要石刻有助于恢复"残破的古画"中一山一树面貌者,他都充分利用,绝不轻忽。他在《旧唐书·李德裕传》中一段批语,记录他获读李德裕家族墓志后的快意心情:"唐自武宗后史料缺略,故此传末所言多误。近日洛阳李氏诸墓志出土,千年承讹之事,一旦发明,诚可快也!"藉此亦可见他对石刻文献的重视程度。

寅恪先生治史的视野和方法,均较清儒有了极大的转变和进步,但就治学的基本规范,如读书务求善本,务经手校,立说先作札记之类,则仍步武乾嘉,绝不苟且。从现存的他的部分读书札记,如两《唐书》札记、《唐人小说》批语来看,他将新出石刻可与史传、说部参证者,曾作过大量札记,并记录下两者的同异。如在《旧唐书·李邕传》下,记录可资比较而当时新出的李邕祖孙墓志;在《新唐书》李鹏戢、赵矜、韩仲卿等事迹下,注明宋祁所据的碑志材料;在突厥、回纥诸传中,记下西域新出的相关碑志。这些札记,少部分后来在他生前出版的著作中有所引申发挥,大多则仅见诸札记,可见他读书以储材备用,积累极其丰厚。

寅恪先生对石刻类著作,阅读极广。从有关著作的征引来看,从宋代欧、赵二录起,到清代的《金石萃编》、《八琼室金石补正》、《来斋(排印本误作未斋)金石刻考略》等书,乃至民国间罗振玉的《石交录》、《辽居稿》、《家墓遗文》,岑仲勉的《续贞石证史》等,皆曾广泛征及。重要石刻的征引,多曾求取善拓,备校众本。如引河北隆平(今作隆尧)《光业寺碑》,既据史语所藏拓,复取同治《畿辅通志》予以参校补阙;引李德裕家室墓志,亦录自原拓;为证明《柳氏传》中天宝十二载知贡举者礼部侍郎"杨度"为"阳浚"之误,他在广征《新唐书》、《唐语林》、《李义山文集》、《唐才子传》等书后,复取颜真卿《元结墓碑》为证,仅此碑即先检《金石萃编》、《八琼室金石补正》之考录,最后请刘节查北平图书馆藏善拓颜书此碑,始得定谳,并驳正徐松校作"杨浚"之误(详《中国古籍研究》创刊号刊《〈唐人小说〉批注》)。

寅恪先生据石刻文献以治唐史,最突出的收获,有以下几个方面。

一、四裔民族史的研究。

近代以来,中外学者重视中亚民族史、交通史的研究,发现了一批重要的民族文字碑刻,并进行了广泛的研究。寅恪先生十分重视这批碑刻的价值,他告诫门人:"《和林金石录》有突厥《阙特勤碑》、《九姓回纥可汗纪功碑》。沈曾植著《蒙古考古图说志》,有《暾欲谷碑》。西藏有《唐蕃会盟碑》。许多碑文都是用藏文、回纥等文写的,如无专门的语言学造诣,不小心很易出错,用此类史料必须十分谨慎。……做考据须有专门修养,不可任意为之。"(见石泉、李涵《听寅恪师唐史课笔记一则》)他对中亚各种古文字的娴熟精深的把握,使他有条件准确阅读并充分利用这些极其珍贵的文献。其门人蓝文征曾记述他对上述碑文均有精当的释读:

> 俄人在外蒙发掘到三个突厥碑文,学者纷纷研究,但均莫衷一是,不懂不通,陈先生之翻译解释,各国学者毫无异辞,同声叹服。唐德宗与吐蕃之《唐蕃会盟碑》,许多学者,如法国之沙畹、伯希和等人均无法解决,陈先生之翻译也使国际学者满意。(见陈哲三《陈寅恪先生轶事及其著作》,刊台湾《传记文学》16卷3期)

突厥三碑指《阙特勤碑》、《暾欲谷碑》和《毗伽可汗碑》,寅恪先生在校读两《唐书》时,多次提及三碑,并略有诠说。他对三碑所作的翻译解释,未见文本刊布,但其1945年有诗题作《余昔寓北平清华园尝取唐代突厥回纥吐蕃石刻补正史事今闻时议感赋一首》,知当时确有此项工作,可惜未传。至于各国学人的反映,可能仅是传闻。有关三碑仅见的几则批语中,仍不乏精彩的论述,如释桃花石(Tolgus)即唐家,并指出《旧唐书·回纥传》中四处出现"唐家"一词,为当时俗语,《新唐书》因此而删去。这一结论,是在广泛求证后得出的。

寅恪先生在德游学时即有志研治藏学,被称为其"一生治学的纲要"(汪荣祖《陈寅恪评传》第三章)的《与妹书》已充分表述志向。他对拉萨保存的长庆《唐蕃会盟碑》极为重视,曾据艺风堂藏拓详加校订,所撰《吐蕃彝泰赞普石号年代考》,考出彝泰和可黎可足的藏文对音,所据主要即为此碑。在说明吐蕃、日本称唐为汉、建中清水盟文之唐蕃边界、《冯燕传》中的刘元鼎事迹时,还曾多次引及此碑。

二、李唐祖籍及氏族之研究。

寅恪先生撰《唐代政治史述论稿》以及《李唐氏族之推测》等三文,力揭李唐冒称陇西,实为赵郡李氏破落户,且与胡族数代通婚,先世与鲜卑大野部关系密切,为其唐史研究最重要之创说之一。其中有关李唐出赵郡李氏之推断,因得引征隆平《光业寺碑》而得定案。此碑为开元十三年(725)象城尉杨晋撰,叙赵州象城县僧民为玄宗八代祖宣皇帝(即李熙,唐高祖李渊的四代祖)、七代祖光皇帝(即李天锡,李渊的曾祖)陵园修福田而重饰光业寺事。此碑流布极少(今人杨殿珣编《石刻题跋索引》即未见此碑),传拓又残破缺损,漫漶严重,仅当地有善拓流传,部分方志有节钞。寅恪先生据史语所藏拓及《畿辅通志》,摘出下列数语:"皇祖瀛州刺史宣简公谨追上尊号,谥宣皇帝。皇祖妣夫人张氏谨追上尊号,谥宣庄皇后。皇祖懿王谨追上尊号,谥光皇帝。皇祖妣妃贾氏谨追上尊号,谥光懿皇后。(中略)词曰:维王桑梓,本际城池。"提供了李唐源出赵郡的铁证。汪荣祖教授《陈寅恪评传》在分析岑仲勉对陈说的反驳时,认为岑氏于陈说所举二大"实物证据",即赵州昭庆二陵及《光业寺碑》未能提出反证,因而无法动摇陈说,所见较确。在此还可稍作补充的是,近年《文物》杂志据当地善拓及方志所引,发表了此碑全文,对读寅恪先生的著作,不难发现他虽曾援据旧拓及方志,但读出的全碑文字可能并不太多。全碑长达近三千字,寅恪先生前引文字为仪凤间追上尊号文中文字。碑述贞观、麟德间,曾派使臣巡陵,总章间置寺赐额,仪凤间追上尊号,同年又敕二陵以建昌、延光为名,至开元间重修,则纯属民间行为,刺史略表关心而已。这些内容,寅恪先生如全文读到,是不会忽略的。

三、唐代政治史研究。

寅恪先生对初唐政治史中许多问题提出独到而又深微的见解,其中最有影响的是关陇集团与山东豪杰的关系、玄武门之变成功的原因、李武韦杨婚姻集团等。他曾多次引用《庾子山集》所收碑志和近世出土唐初石刻,证明关陇士人、山东豪杰与鲜卑胡姓的关系。他谈玄武门之变,最重视敦煌所出李义府撰《常何墓碑》,从碑文中知常何本为隐太子旧部,故太子委以重寄而不疑,太宗得以成功,常何等人的倒戈是要害,并进而指出唐初政治斗争中控扼宫城北门之重要性。对于婚姻在初唐政治中作用的研究史料,他特别告诫门人:"女系母统对后代的影响,无论在遗传因素上或政治上均极重要。即使无直接之关系,间接之影响亦不小,应加注意。墓志铭很重要,即使是妇女的或非名人的,亦可作为史料参考。"(同前引石泉、李涵文)他在《唐代政治史述论稿》中分析李唐先世数代之婚姻状况,即从遗传因素上揭示其血统长期"与胡夷混杂"的事实。《记唐代之李武韦杨婚姻集团》,则揭出婚姻纽带所形成的初唐政治中轴的变化。这两部分研究中虽没有广泛征引石刻,但近世以来所出石刻中,有关李唐皇室及外戚婚姻状况的记载极其丰富,许多他应曾寓目,故而能给门人指出深入研究的文献依凭。

他对中晚唐政治创说也极丰富,其中有关牛李党争的研究,依据石刻而得出许多可靠的结论。牛李之争以牛党胜出而告终,存世的史乘、笔记大多右牛而抑李,党争之间双方的诗文、奏议、碑志就显得特别珍贵。就牛党文献来说,寅恪先生十分重视存于《唐文粹》中的李珏撰《牛僧孺神道碑》、杜牧《樊川文集》中的《牛僧孺墓志》。李德裕先世、家室及贬死经过的研究，则充分利用了民国间洛阳所出的李氏家族六方墓志，即李德裕为妾刘氏所撰《唐茅山燕洞宫大洞炼师刘氏墓志铭》（附第四男烨记），为妾徐氏撰《滑州瑶台观女真徐氏墓志》，德裕子李烨为妻撰《大唐赵郡李烨亡妻荥阳郑氏墓志》，李尚夷为德裕侄从质之女撰《唐故赵郡李氏女墓志》，李庄为德裕孙女李悬黎撰《唐故赵郡李氏女墓志》。以这些墓志与存世典籍相参证，弄清了德裕的婚姻、子嗣情况，纠补了文献记载中的错误和缺失，确知李德裕于大中三年十二月十日卒于崖州，其子李烨至大中六年夏始获准护柩北归，葬于洛阳。这些都是有关牛李党争的重要史实，解析清楚对了解会昌大中间的政局变化极重要，李商隐一些与此有关的《无题诗》，如"万里风波一叶舟"一首，也因此而获得确解。

四、唐代文学研究。

寅恪先生重视诗史互证，不管以史释诗或是以诗证史，都有众多的新解。就利用碑刻资料治文学来说，可举以下数例：作家先世研究，他据《白氏长庆集》中所存白居易父祖及外族碑志事状，证明白居易实为北齐白建之后，并指出其"先世本由淄青李氏胡化藩镇之部属归向中朝"，其家风"与当日现行之礼制及法典极相违戾"（《元白诗笺证稿》附论甲《白乐天之先祖及后嗣》）。又如对李白家世之质疑，亦充分利用了《李太白集》所附之碑志传序。唐小说之研究，如释《虬髯客传》中李靖事迹，引许敬宗撰《李靖碑》为证，指出太宗与李靖君臣遇合之真相及小说之虚构，又广引文献，证明剑客之虬髯，实因太宗虬髯而窜易所致。再如《莺莺传》所涉本事，既引白居易为元稹母郑氏所作《唐河南元府君夫人荥阳郑氏墓志铭》，又引韩愈为元稹妻韦丛所撰《监察御史元君妻京兆韦氏夫人墓志铭》，证明元氏母、妻皆出士族，元稹极重姻族之显赫，进而揭出莺莺所出必非高门，元稹弃崔而取韦，实循世俗而重视门第之高下。对于唐代碑志文之信值，他多处指出其普遍因谀墓而不免溢美，引用应有所鉴别。在释白居易《新乐府》中《青石》一篇时，他取《秦中吟》中《立碑》一篇以为参证，指出二篇"皆讥刺时人之滥立石碣，与文士之虚为谀词者也。但《立碑》全以讥刺此种弊俗为言，而《青石》更取激发忠烈为主旨，则又是此二篇不同之点"。不仅指出白氏二诗之要旨，还指出唐代碑志的通病。在此节之末，他进而比较韩愈与白居易对碑志的不同态度："碑志之文自古至今多是虚美之词，不独乐天当时为然。韩昌黎志在《春秋》，欲作唐一经，'诛奸佞于既死，发潜德之幽光'，而其撰《韩弘碑》，则殊非实录。此篇标举段、颜之忠业，以劝人臣之事君，若昌黎之曲为养寇自重之藩镇讳者，视之宁无愧乎？"表彰白居易志在移风匡俗，贬斥韩愈之循时媚恶，是阅读和理解二家文集和唐代碑志的读者应予充分关注的。

陈寅恪先生为学博大精深,融贯东西,视野开阔,取资闳博,石刻文献的利用和研究仅是他唐史研究中所涉文献的极小一部分。他重视石刻的价值,但也看到碑刻不免虚美的通病,在利用中有谨慎的取舍和独到的审视。他不满于清代金石家治金石而忽视经史的习尚,强调石刻的价值在于可补史乘之缺失,利用石刻可在治史中得到更可靠的佐证,在总体与局部的把握上,所见极为高远。

毋庸讳言,陈寅恪先生不是专治金石的金石学家,清代已出土的石刻研究专著,间或有未经寓目者,个别与他的论题直接有关的石刻未及引用。这里试举一例。1939年作《刘复愚遗文中年月及其不祀祖问题》一文,据刘蜕传世遗文,推定其生于长庆元平(821),排出其生平年表,为遗文作了系年,并对《北梦琐言》《唐摭言》等笔记中所述其不祭祖问题寻求解答,疑其族所出实非华夏族类。清代在陕西长安县曾出刘蜕为其母撰《先妣姚夫人权葬石表》一方,光绪间毛凤枝《关中金石文字存逸考》卷四全录之,今人编《唐代墓志汇编》亦收入。此文于姚氏家世和刘蜕早孤从学、登第及大中间仕历记述较详,叙营葬祭祀事,尤为虔诚:"今者助教于太学,校理于集贤,又蹙于寒饥,故仪卫不周,衣衾俭薄,欲终大事,所未成也。且蜕犹未羁也,今故穿土周棺,丘封四尺,同于葬口。至于饰棺以䌷,器用不就,表其权焉。庶先公之祀,若不即灭,委质负担,得有积资,当广坟杵,以衍其阡,克从袝礼,虽其刺奢,不敢避也。……孤蜕不获即死,岁时躬奉常事。"笔记所述传闻,看来大可怀疑。可惜寅恪先生未能见到这方墓石。

1999年11月24日

---

* 本文为1999年12月参加中山大学历史系主办"纪念陈寅恪先生逝世三十周年国际研讨会"提交论文,刊《中山大学学报》2000年第1期。

二〇〇〇
断代文学全集编纂的回顾与展望(节选)*

三

　　以上简略回顾了断代文学全集编纂的历史进程,和至今为止各历史时期各体作品全书的编修出版情况。这些断代全书为学者提供了较为完备的基本文献,省却了众多学者广检古籍的劳顿,确实是功德无量的传世之著,有关学者为此而付出的辛劳将永远为世人所铭记。这些全书的问世将带动相关研究的展开和深入,也是可以预期的。这几年宋代文学研究的活跃,很大程度上即得益于《全宋诗》、《全宋文》的问世。与这些全书配套的作者、篇名乃至于诗句逐句索引,也已陆续编成,《先秦汉魏晋南北朝诗》、《全唐诗》的逐字索引早已制成光盘,广为流布,且已上网,为学者利用各书提供了莫大便捷。可以相信,此类著作必将对21世纪的汉学研究产生极其重大的影响。

　　断代全集的编纂,是程功巨大而学术要求极为严格的工作。学界对其期望殷切,希望一旦成书就应让学者能非常信任地加以引用,因而也常以较高而近乎严苛的学术标准来评判这些著作。已出的各书程度不等地遭到一些批评诘难,作出具体订正的更多。这些批评和订正无疑都是客观有据的,并非苛责。但也应指出,囊括一代文献的断代全书的编修,所涉作者和典籍皆成千上万,在成于众手又缺乏索引的情况下,有一些出入不当是不可避免的,以专治一人一书的态度来评价这些大书,显然有失公允。我很赞赏一位大书主编的意见:"有些人认为我们的书错误百出,其实还远不止,即便说错误万出也不过分,但我们毕竟把全书编出来了。"希望严厉的批评者能站在编修者的立场上予以体谅和宽恕。当然,为使读者能放心地引用,指出存在的缺失也很有必要。从学界已形成的共识来看,衡定大型断代全书学术质量的准绳,似应包括以下八个方面。

　　(一)搜辑全备。全备在任何一种书中,都只能是相对的。追求"几于无一字一句之或遗矣"①只能是编修者力求达到的目标。《全唐诗》编成后不久,朱彝尊即指出有缺收,至今已补出六千多首,但据笔者所知,近年在明刊《锦绣万花谷别集》、清钞本《类要》、宋刊本《庐山记》、日本伏见宫存《杂钞》、韩国奎章阁存《名贤夹注十钞诗》中,仍有数量可观的唐诗可补,敦煌写卷和《道藏》中也颇有孑存。唐圭璋辑《全宋词》、隋树森辑《全元散曲》,成书后均数作订补。宋词的零篇补遗,如清钞本《西清诗话》卷中蔡京词数首,郑侠《西塘集》卷六《复李君实知县》中有其《西江月》一阕,为数很有限。但有些书因用书、体例或过于求精而造成的大端缺漏,则颇应注意。《全汉赋》未用《文馆词林》,王粲《七释》残篇未能补足全文。《先秦汉魏晋南北朝诗》因囿于后世铭归文之说,未能备录汉代镜铭中的大量七言诗;又求录诗可信,忽弃了许多唐前志怪中的诗篇,又未列"先唐诗"以存时代难定之作;《道藏》虽曾征及,失收者仍多达数百首,则因当时道书年代判定尚缺系统研究所致;常见书失用如《十万卷楼丛书》本皎然《诗式》之类,则属失诸眉睫了。《全宋诗》因涉书过于繁难,方志仅以《宋诗纪事》等书已用者为限,于佛道书亦未充分利用,故缺漏尤多;而全书之末无小说志怪所收诗、无名氏诗及歌谣谶谣等类,则似因另拟编副编之故。上述诸端,可补数量较大。

(二)注明出处。胡震亨、季振宜辑录唐诗时,沿明末学风,于文献来源仅作部分说明,未作全面交代。康熙开馆时,诸臣迫于期程,无力备考出处,为求划一体例,将胡、季二书的原有出处大多删落,最遭后学讥弹。《全唐文》虽成于乾嘉朴学鼎盛时期,仍不交代文献依据,故其编修质量终逊于严可均的《全文》。近代以来编修诸书,对此大致已有共识,一般均说明文献凭依,以便读者覆按原书。但同注出处,也有高下之分。一是所据文献是否为最早最可信的记载。就此点来说,两种《全唐五代词》的学术追求显然存有较大的差异。二是能否备录作品在较早文献中的引录情况,并出校异文。《先秦汉魏晋南北朝诗》和《全元散曲》于此较为优胜。此点可资考察作品在一段时期内的流布影响情况,显示别本异文的变化轨迹,为研究者提供尽可能丰富的相关资料。如王之涣《凉州词》,笔者为《全唐诗》撰稿时通校了唐宋典籍中引录此诗的近二十种文本,理清了几处主要异文的文本情况,习常成诵的"春风不度"在早期绝大多数文本中均作"春光不度",尤堪注意。

(三)讲求用书及版本。大型总集编纂,用书数量巨大,于有别集传世者尚注意广求异本,其他古籍常随得随用,未能讲求史源,未能广征别本。如季振宜编唐诗时,散见作品以《唐诗纪事》为基础,另据他书增补,这一格局后为《全唐诗》所沿承。《唐诗纪事》成书于南宋初,确保存了不少唐诗文献,但就今来看,其中十之七八的作品均能找到更早出处。再如《先秦汉魏晋南北朝诗》中录陈代徐德言夫妇"破镜重圆"二诗,注出《本事诗》一、《御览》三十、《万花谷后》十五引《古今诗话》、《诗纪》百六",应说已很充分,但细究仍可讲求。《本事诗》虽为世人熟知此事的最早出典,但存世文献中则以唐玄宗时韦述《两京新记》卷三为最早,稍早于《本事诗》的还有李伉《独异志》；《古今诗话》是袭用《本事诗》，今见征引以《诗话总龟》卷二三所引为较早。再如拙辑《全唐诗补编》录崔致远逸诗，有七律数首录自今人论文，后见韩人编《崔文昌侯选集》始知源出《东文选》，近年奎章阁藏《名贤夹注十钞诗》为世所知②，更知《东文选》的所本。可知用书务求初源，要做到很不易。用书务求善本、原本、足本，今人亦常忽略。近代以来大量影印古籍，从《四部丛刊》到《四库全书》，虽给学人极大便利，但其中许多文本并不很好。如《古今岁时杂咏》，四库本缺误较多，《全宋诗》似未用较好的明钞本。《河岳英灵集》和《中兴间气集》是唐诗学者的常用书，通行的《四部丛刊》影明本很差，脱误既多，前者且经后人重编，已失原书面貌，前者最善者应为莫友芝藏宋刊二卷本，后者则以武进费氏影宋本为善。残本与足本的选择，也可举一例。北宋陈舜俞《庐山记》，清代所传为三卷本。民初日本高山寺钞五卷本出，罗振玉据以印入《吉石庵丛书》，世人始知清传三卷本仅为原书的前二卷。笔者曾据五卷本补录唐诗二十多首。近年获见日本内阁文库存宋刊本，知钞本颇有残缺错页，可补订前失者颇多。

（四）录文准确，备录异文。古人作品流播广泛，作者原作面貌经不同途径传播，不可避免地会产生大量歧互异文。断代全书有责任溯本清源地理清原作与流布异本的先后关系，为读者提供尽可能准确的文本和丰富的线索。这虽是许多总集努力希望达到的目标，要做到则很难。如李白《蜀道难》，宋本《李太白文集》和《河岳英灵集》即有很大不同，敦煌残卷又别具异文，取舍较为不易。史源单一的文本，处理起来也未必简单。《珠英集》仅有敦煌遗书二残卷，写本辨识则有很大的不同。胡皓《奉使松府》，王重民《补全唐诗》录作《奉使□府》，今人或补"林"字，或补"杜"字，皆未允。嵩山石淙石刻存久视元年（700）武后君臣十七人《夏日游石淙》诗，石刻尚完好地保存于石淙河北壁，但明清所传拓本及录文均不甚佳，《全唐诗》所存颇多缺误。原石各人诗题均作《七言侍游应制》，系承武后诗题而言，《全唐诗》录同一组诗，诗题则有《石淙》、《嵩山石淙侍宴应制》（苏味道）、《奉和圣制夏日游石淙山》（阎朝隐）等不同的诗题。近年洛阳文博学者亲检原石，发现石刻原文与传本文字差异多达三十多处③。虽说录文准确只能相对做到，但要接近准确，除了备征出处、广罗典籍、务用善本外，在史源追寻、文本辨识、纷歧定夺方面，也颇费斟酌。异文处理，前人有底本式和定本式的校勘方法，一般取一即可。全书量大事繁，但能存底本面貌，备载异文，不轻作定夺，由读者判定，也就可以了。

（五）甄别真伪互见之作。古人作品的传误依托，是非常普通的现象，且致误作伪的情状原委纷繁复杂，有些已很难究诘。若举其大端，则有四类：一为传误互见，即甲某之作在流传中误为乙作；二为伪作，历代名家都有被假冒的作品；三为依托,如吕洞宾其人未必实有,而宋、元、明、清皆有依托其名之作;四为虚构,最显著的即为志怪小说中的仙鬼妖异之作。传误既可能发生于同时代人之间,也可能隔数代而致误,文体之间也可能交互致误。大型全书要提供可信文本,对这些互见误伪之作务必作出逐一的考订,以确定归属,说明误传原因。唐圭璋作《宋词互见考》④、拙作《〈全唐诗〉误收诗考》⑤、佟培基《全唐诗重出误收考》⑥,皆提供了这方面的众多范例。佟培基《全唐诗重出举正》⑦将互见重出诗归纳为 22 种类型,前举拙文将《全唐诗》中的非唐五代人诗作归为 10 类,对其他各代全书均具有示例的意义。《全宋词》采用存目附考的体例,即于互见传误之作,是者存录,加附按交代误传情况,误者删去,在存目表中记录传误书证,并加考证裁定归属,异代传误者则另附作品。就互见误收作品的处理来说,《全宋词》最为妥善。《先秦汉魏晋南北朝诗》考按仅存于一方,不利于互检。《全宋诗》继承了《全宋词》的善例,但似未贯穿始终。作品的传误依托是非常特殊的文学现象,作为以保存一代文献为职责的断代全书,不应轻率删弃这些伪作,也不应不作说明地照录伪作,《全宋词》的互见存按法无疑最为稳当。当然,处置中应有所区别,考订归属应有确证,疑伪难断者不妨存疑,也宜注意把握。

(六)限定收录范围。此点看似简单,实极为繁复,试分别述之。甲、空间范围,一般应以中国疆域内之作品为限,古今疆域变化较大者,不妨从宽收录。周边各国汉语作品应区别对待,不必兼收,但外国人在华所作,中国典籍中保存的外人文字,则不妨兼取。乙、时间范围,各书都有专门的限定,麻烦的是易代之际人物及其作品,各书宽严出入较大。唐前各书,大致以人物最终仕历或主要经历确定时代归属,《全宋词》则以宋亡时年满二十而入元未仕高官者皆作宋人收入。于易代前后作品,《全唐诗》于隋唐之际作者则兼取备收,于五代入宋则一般仅收入宋前作品,《全宋诗》则宽以取之,凡入宋以后、宋亡以前有作品流传者,均全收之。虽各有原则,且应容有重复,大要则为易代前后作品各有归属方为妥善。有出入者,一为十国降主入宋后作品前后都不收,二为拘于遗民之说而将大量作于元代的诗词收入宋编,三是易代前已亡或易代后无事迹可考者,易代后全书仍予收存大量作品。至如《全明诗》收录明开国时已死多年的王冕,不收明初尚存活数年的杨维桢,则是很特殊的例子。丙、语言范围。辽、金、元三代有不少民族文字作品,有的附存,有的不取,亦不划一。丁、单文与专著的区别。收录文章的全集,所收应以单文为限,不取专著。严可均《全文》收录了数十种汉魏佚书的辑本,颇有价值,但于例并不妥当。《全唐文》不收皇甫松《大隐赋》,可能因《新唐书·艺文志》收此为一卷,而忽略了其仅为单文。至于已佚专著中具有单文特征的论序传记,如《全唐文》朱敬则、刘秩、黄璞、牛希济下所收诸文,可确定为《十代兴亡论》、《政典》、《闽川名士传》、《理源》等已佚专书中的一部分,录出当然是有必要的。在此应附带说到,近代以来,甲骨、金文、汉简及敦煌西域契约文书,已各成专学,分别有大的结纂,除少数特例外,补全文者一般可不必采及。戊、文体限定。所涉又有多端。诗文之间,牵涉到铭、赞、颂等韵文的归属。后出的文体分类虽难将诸体属文,但汉镜铭多属每句押韵的七言诗,唐镜铭亦多七言绝句,其他类诗的例子也颇多。诗体又涉释道偈颂章咒。《唐音统签》于释道作品收入《庚签》,《全唐诗·凡例》斥为"本为歌诗之流"[⑧]而删去,连王梵志诗亦全部不收,实为有碍教化而非关辨体。唐宋禅僧所作偈颂的诗律化已为今人所共识,《道藏》诗歌的鉴定,难处是年代判定,宋以前各书可补者亟多,"章咒"不足以概其全貌。文章则涉成文与否、原文及史传改写的区别,以及仅存事主祈愿的供养、造像题记、仅存敕目及任免的告敕可否视为文章等。诗词之间,涉及大量的过渡期作品和后世改诗为词的作品。近出的中华书局版《全唐五代词》提出了一系列取舍的标准,又分正、副编分别编录,在这方面作了可贵的努力,可进一步斟酌处仍复不少。词曲之间,有牵连但为数不太多。近年颇有发愿编录小说笔记者,因小说观念古今变化实在太大,很难确定明显界限,人为决定的取舍原则不免使全编变成了选本,费力而很难讨好。

(七)作者小传及作品考按。断代全集大多以作者立目,简明而可信的作者小传,对编次全书及读者了解作品都极重要。此点各书大致能做到,其中传记能说明文献依据更胜,能将作者事迹据存世文献无大挂漏讹误地全面扼要表述者尤胜。有著作或别集存世者,应说明其著作流传存逸状况,据别集整理者,更应说明版本源流及整理所据版本。就以上诸端来说,《全宋诗》小传编例较佳。此外,凡录自史传、笔记、诗话等书中诗词而原书记载写作本事者,录作品时应连带摘录本事。所涉作品的作者归属、真伪歧异、题序及本文有显著别本等情况时,应加考按以介绍前说,举证辨析。

(八)编次有序。历代总集有分体、分类、编年、以作者先后为序多种类型,从《全唐诗》以后的断代全集,一般均以作者立目,但在先后次序上,则颇有不同。《唐音统签》标举四唐说,但界定不甚明确,《全唐诗》不取四唐是对的,但在编次上首帝后诸王公主,次列郊庙乐章及乐府诗歌,臣工以世次先后,又次列闺媛、僧道、仙鬼等诗,一书中有作者身份、世次先后及诗体三种编次方法,焉能不乱。近代以来的全书,大多采用以作者世次先后为序,不再区别作者身份,显示了时代的进步。在世次排列上,则有生年为序和卒年为序两种。生年为序可显示作者的年齿先后,生年不可考者则可参其及第或初仕年岁、亲友年寿来决定,不足处是古人生年可考知者人数远少于卒年可知者。逯钦立承杨守敬之说,采用以卒年为序排列,拙辑《全唐诗补编》亦沿之。卒年不可确知者可参作者的生平最后活动,其长处是大多可得到妥善排列,编排上较易显示作品的时代变化,不足处是常易出现世次混乱。两种排列各有长短,很难优劣。每一作者下作品的排列,《唐诗纪》、《唐音统签》皆承明末风习,不循原集次第而改以诗体为序,《全唐诗》大多沿而不改。《全宋文》大体沿《文选》以来的文体排列先后,分体而不循原集。于此我似更赞同《全宋诗》的做法,凡以别集为底本整理的部分,一律保存别集原编的先后次第。这一做法的最大优点,是最大程度地保存原集先后排列所包含的作品间丰富信息,如北宋诸集中诗,分古近体后大致保存了作品先后写作的次第,对学者考定作品系年和写作动机,是极重要的线索。至于从群书中散辑得的作品,可按体编排,也可按出处先后排列,循一即可。

以上八端,是断代全书编修中必然碰到的重大问题,略叙所见,未必允当,希望藉此指出前人工作中的通例和缺失,有便于一般读者阅读利用上述诸书时,充分了解存在缺憾的类型及形成的原因,以引起必要的警觉。

四

历代文学全书的陆续编修出版,再加上便捷的检索手段,必然深刻影响新世纪的汉学各学科的研究,前文已有所述及。可以相信,正在编修中的若干部大书,也将继续进行,新的选题还会不断出现,已成书的全编也可能出现新的整理本,后出转精在古籍研究整理中是非常普遍的规律,今后在这方面取得更可观的成就当是可以预期的。

对于今后断代全书的编修及相关研究,有一些感触,说不上展望。只是希望提出以期引起学人足够的关注。

(一) 清代较早编成的几部大书,特别是《全唐诗》、《全唐文》,当然也可包括严可均《全文》,早已不适合现代学术的要求,应该重做。此点已提出多年,且均提出较高的学术目标,只是至今尚未有成就。笔者参加了新编《全唐五代诗》凡例、细则和样稿的写定,并承接了该书初盛唐部分稿件的撰写和审定,深感已有旧编的后出之书,应达到很高的学术追求,才有取代旧编、为学界普遍接受的价值,而欲臻于此境,从文献普查、善本选用、异文备校、疑伪辨订、体例划一乃至编排校对，任何一个细节都不能轻忽。没有一批真正的学力相当的志同道合者，是很难完成的。听闻《新编全唐文》已由吉林文史出版社出书，对在不长的时间内编修成书深感钦佩，并衷心期望不是追求商业效应的匆促成编。

（二）断代全书虽是聚集文献有裨学术的一种著作方式，但并非对任何时代、任何文体都适用。明清以降诗文虽亦有学者倡导或着手编修，但对两代留存作品的总量和编修的难度，似均未提出充分的估计。明代别集存世超过五千种，清人别集超过四万种，且其中存诗数千首上万首的并非个别情况，单篇诗文将是多大的数量。从《全唐诗》的情况来说，无集传世作者的作品约占全书五分之二，人数则为有集作者的十五至二十倍，以此类推，明清两代散见诗文及作者应是多大的数量，也就不难想见了。就目前情况来说，明清两代首先应作别集丛刊的影印刊布工作，今后有条件时再作进一步的考虑。文体界定无法作出明确限定的作品，如小说、笔记，也不宜结集全编。诗文词曲的文体限定一般情况下还较清楚，但当作全部文献清理时，已碰到大量难以定夺的情况。戏剧、话本或章回小说之类还较易甄别。传统的文言笔记小说，古人在书目分类中已不易统一归属，今人要逐条编出全书，很难确定原则，与前述各体应分别对待。

（三）元以前的断代文学全书的编修，不要太久当可大多完成。这一求全求备的文献研究方式，今后应更多地转入各代著作的系统研究整理工作中。传世的历代公私书目，加上清代以来编修的各种补史艺文志，历代著作总况已粗具端倪。希望有学者出来，依仿章宗源、姚振宗两家《隋书经籍志考证》和张国淦《中国古方志考》的体例，做断代全部著作的系统考察，对各书的著述始末、内容体例、著录流传及存逸状况，均能弄清楚。存者应指出完残状态及传本优劣，并逐渐整理成定本；佚者应指示遗文存留状况，并尽可能地整理成编。近年香港中文大学中国文化研究所先后编制了先秦、两汉及魏晋全部存世文献的检索系统，能逐字逐句地从各种不同需求角度加以检索，这一工作必将带来语言文学研究方法的根本变化。山东大学近亦开始出版《两汉全书》。宋元以前著述的系统辑考，将是很有意义的。

（四）现代科学和信息技术的发达，对传统的古籍整理工作也已带来巨大的变革。断代全书的检索光盘已有多种制作完成，今后还会有更多检索系统的产生。《全唐诗》成书后，许多学者发现错误不少，苦于无法检索，只能凭偶然的发现予以订正，且散在群书，无法汇总，同一考订，今人也不免经常重复。希望新编的大型总集，如《全宋文》、《全宋诗》，能尽快出版可供检索的电子版图书。检索光盘的推出，便利于学者发现并订正各书之中及各书交叉存在的各种缺误，而现在电子文本或检索光盘的制作改动,均极为方便,制作主持者如能充分吸取学者对各书的补遗、考订的成果,改变以往文本工具书机械索引的习惯,使各书逐渐地趋于完善,让读者便捷地得到全备而可靠的文献。

---

* 此文为2001年1月参加香港大学中文系"二十一世纪中国学术回顾与前瞻国际研讨会"所交论文,本书节录三、四两节。全文刊《四川大学学报》2005年第5期。

① 俞樾《唐文续拾序》,中华书局影印本《全唐文》第11册页11182。
② 牛林杰《韩国文献中的〈全唐诗〉逸诗考》,刊《文史哲》1998年第5期。
③ 黄明兰《武则天"石淙会饮"摩崖碑刻考辨》,刊《洛阳博物馆建馆四十周年纪念文集》,科学出版社,1999年。
④ 唐圭璋《宋词互见考》,收入《宋词四考》,江苏古籍出版社,1985年。
⑤ 陈尚君《〈全唐诗〉误收诗考》,刊《文史》24辑,中华书局,1985年。
⑥ 佟培基《全唐诗重出误收考》,陕西人民教育出版社,1996年。
⑦ 佟培基《全唐诗重出举证》,刊河南省高等院校古籍整理领导小组编《古籍整理》1992年第1期。
⑧ 清彭定求等《全唐诗·凡例》,见《全唐诗》卷首,中华书局,1960年。

二〇〇一
中国近二十年唐代文学研究方法的新变*

唐代文学研究的中心是唐诗研究。历代学者推崇唐诗,主要研究方式为选注、评点和赏析,进一步扩展则是重要别集的详注、诗人传记的汇辑与研究资料的总录,宋代的千家注杜、《唐诗纪事》、元代的《唐才子传》、明代的《唐音癸签》,大致可代表当时的最高水平。清人编成《全唐诗》,将一代诗作汇于一编,沾益学者,功德无量。近代以来,传统学术向现代学术转变,古代文学研究可说是保持传统最多的学科,但研究观念和方法的变化,在三四十年代一大批水平和成就相隔悬远的文学史著作中,已有很显著的展示。闻一多的唐诗研究,正是传统学术与现代学识结合的典型范例。五六十年代在特定的政治风气下,唐文学研究也不可避免地以作家、作品的思想性或人民性为中心,少数杰出学者的独特研究,在弥漫一时的政治气氛中,只能证明学术并未中绝,还在顽强地存续。经历了"文革"十年的政治喧嚣和学术岑寂后,唐代文学研究很快成为学术的热点,研究风气也发生巨大的变化。变化的最显著特征是学风的多样性,以致现在还很难区分应该分为哪些学派。就我主观的判断,或许可分为三派:其一是阅读鉴赏派,从文本注释到作品欣赏,作了大量极有意义的工作。许多前辈会作诗,对作品的解说阐发,自有眼光独到之处,年轻学者受西方接受美学的影响,重视作品阅读后的主观感受,也有很多新颖的创说。其二是义理研究派,着重文学本身发展的研究,注意从理论上解释文学变迁的原因,分析各家的成就得失,文学与其他文化形态的交互作用,以及对后世的影响。其三是史实还原派,试图弄清唐代文学发展变化的全部真相,从作家生平交游、作品收集辨析、著作真伪流传,乃至所涉事件始末,皆求梳理清楚,再作系统深入的研究。我本人在研究倾向上,是属于后一派的,就研究的成就来说,也以这一派最为突出。在以下的介绍中,我想结合自己的研究心得,有所侧重地谈谈最近二十年研究方法的新变。

在70年代末学风转变的过程中,傅璇琮的《唐代诗人丛考》是很重要的一部著作。

就著作内容来说,《唐代诗人丛考》考索了二十多位唐诗人的生平和创作情况,偏重于资料的辑集和甄辨,但与前此的有关著作做一比较,不难发现在治学思路、研究视点和资料运用方法上,都有求新之处。诚如作者所言,他受丹纳《艺术哲学》的影响,试图从文学艺术发展的整体进程来研究文学,非常重视作家群的文学活动,重视作家所受社会生活、时代思潮的影响,因而不仅关注大作家,更重视同时出现的大量中小作家的创作,扩大了研究层面,也使交错发展的文学活动得以立体地凸显出来。在史料运用方法上,他受陈寅恪、岑仲勉两位唐史大师的研究著作的启发,重视全面广博地占有文献,强调区分史料主次、先后的史源意识,力求还原历史的真实面貌。从后来出版的他与友人合编的《唐五代人物传记资料综合索引》来看,他对史料的把握,不同于前人的随机检书,即兴寻览,而是通目录以掌握全局,据索引而得竭泽而渔。从著作形式来说,《唐代诗人丛考》多采用《××考》为题,就可知文献,围绕文学活动为中心展开考述。与另一位学界前辈夏承焘的名著《唐宋词人年谱》相比较,《唐代诗人丛考》不满足于所得文献的罗列排比,特别注意抉发不同来源记载的同异分歧,注意辨析史料的主次源流。前人讲唐诗,多信用史传笔记及《唐诗纪事》、《唐才子传》等书所载诗人逸事,该书则指出作者本人的作品更为可信,石刻、缙绅录、宋元方志等书中的许多特定记载常更为可信,进而检核轶事传闻,证明许多说法都靠不住。以此重新推证诗人生平,解说诗歌作年和旨意,自然新见迭出,不同反响。

  在这里不能不说到陈寅恪、岑仲勉两位唐史大师对当代唐代文学研究的影响。陈寅恪学贯东西,他从多维文化角度研究唐代文史,善于从常见文献中揭发出人意表的历史真相,开一代风气,这几年以来讲得很多,为大家所熟知。相比起来,自学成才而又长期孤独从事研究的岑仲勉,对一般学者来说,知道的人并不太多。岑仲勉最有名的几种著作,如《唐史余渖》、《唐人行第录》、《元和姓纂四校记》、《隋书求是》、《通鉴隋唐纪比事质疑》、《郎官石柱题名新考订》等,几乎都是一些具体而细碎问题的考订札记,不像陈寅恪那样多从大处着眼。在将岑仲勉的所有著作通读后,不难发现他对全部唐代文献有着极其精密的把握,并试图对全部唐代人事、著述、制度、事件作出重新考订,进而系统重建唐史架构。从他那部试图跟上50年代初的风气转变而稍显有些笨拙的《隋唐史》中,可以看到他的系统想法。唐代诗人大多是生活在社会中下层的,他们在文学活动中涉及大量著名或不太著名的人物,重要或不太重要的事件,众所周知或不太为人所知的制度习俗,写下有名或不太有名的作品,要将这些全部弄清楚,继而展开研究,仅凭几种最重要的史书传记,显然是不够的。岑仲勉治史细大不捐的追求,正指示了文学研究可望弄清具体事实真相的途径。

  归纳起来,研究方法的新变最显著的可提出以下几点。

  首先,追求系统准确地占有全部存世文献。在我初涉唐代文学研究时,见到不少前辈学者,他们指示治学书目,首先是读作品,以大家别集和选本为主,进而读《通鉴》、两《唐书》以知史事,读《唐诗纪事》、《唐才子传》以知诗人事迹,读《唐语林》以知文人生活,读《唐音癸签》以知研究脉络,读诗话、评本以知前人研究见解。这些要求,对初学者是指示正途,可以很快掌握的,也是以往一般学者的治学格局。1982年,傅璇琮、张忱石、许逸民合编的《唐五代人物传记资料综合索引》出版,列入的传记资料,包括十大类,即正史传记、全唐诗文小传、唐人选唐诗、《唐诗纪事》和《唐才子传》、职官及登科考录、宋晁陈二家书志、书画录、五代十国杂史、宋元方志、僧传及内典录。此书的编纂目的是为唐五代各路学问的研究考虑的,不限于文学研究,但因文学研究更多地注意具体人事和作品的情况,得益较显著。从现在的眼光来看,此书选书还是有可议之处的,如僧传应增加《祖堂集》和《五灯会元》,《极玄集》小传未必可靠,《道藏》和石刻碑志未列入,但从大端来看,与前此的研究书目比较,确有很大的扩展。一是缙绅录的提出。晋唐间是世家政治的时代,当时各大家族都有各自的谱牒,现在能看到较集中的著作,只有《元和姓纂》和《新唐书·宰相世系表》,这两种看似琐碎的人名录,却是解开中古时代人事关系的重要关钥。二是唐代职官及登科年录的重视,这批书包括唐人写定的郎官石柱和御史台精舍题名、翰林学士壁记,以及清人对此类文献的考订,清代以降编修的《登科记考》、《唐方镇年表》等。此类书记载了唐代人物在特定年代的仕进官守情况,于具体的文学活动研究极有参考价值。三是宋元方志中人物传记的指示,其中涉及地方文学的许多可信记录,有关江南文学的线索尤为丰富。四是将两《唐志》和晁陈二家书志列入,提供了唐一代著作的基本轮廓。这部索引提供了上述各类书的文献检索,于学者以方便,并影响许多学者进一步对唐代文献作系统的阅读和利用。80年代,中国许多学者作了这方面的努力,我作为其中的一员,有着特殊的感受。我为作全唐诗文的补遗,从常见书开始翻检,继而循书目对存世文献作全面通览,采获作品逾万,大大出乎最初的设想。因此而悟出明清学者用力虽勤,为当时条件所限,能见书并不太多,即便如胡震亨穷毕生精力编录唐诗,《唐音统签》的引用书也只有五六百种。清中叶以降,特别是20世纪初以来,唐代文献获得许多重要的发现,与前人所见比较,可说是大大地丰富了。以下几个方面最为突出:一、公私藏书的散出和流通,使许多久绝于世的古籍重为世知,许多善本较以前的通行本有很大不同,唐集中最著名的即有旧抄五卷本《王无功文集》、三十卷本《张说之文集》、宋刊十卷本《张承吉文集》及宋蜀刊本唐集、宋刊李杜韩柳白等大家集等。二、海外汉籍的回归,日韩所存尤为大宗。与唐代文学有关的,日本有金泽文库本《白氏文集》、旧钞《李峤杂咏注》、《游仙窟》、唐钞《王勃集》、《文馆词林》、《翰林学士集》、《两京新记》、《冥报记》、宋刻《杜工部草堂诗笺》、《刘梦得集》、《庐山记》、和刻《又玄集》、《三体唐诗》及日人所著如《文镜秘府论》、《入唐求法巡礼行记》等数十种要籍。韩国保存的《祖堂集》、《崔文昌侯集》、《唐宋名贤诗话》,以及近年发现的《十钞诗》,也很重要。仅《大正藏》、《续藏经》和《高丽藏》中所存唐代僧人著作,即数倍于一般清代学人还不太容易见到的《龙藏》。

三、敦煌遗书的发现,让我们看到了在唐代社会各阶层流通而未经过后人淘汰选择的大量原始文献,很多与文学有关,俗文学作品尤为珍贵。70年代末国际上陆续公布敦煌文献,至今除了日本所存李盛铎旧藏部分还未发表,学者希望看到的文献现在都能见到了。四、唐代石刻的研究,始于北宋,清代已成显学,20世纪发现尤多,仅碑志即不减万品,且多涉显宦,足资考证。直到80年代初,学者要利用阅读,只能查阅拓本,一般很难见到,更无从周览通阅了。最近十多年,有《千唐志斋藏志》、《曲石藏志》、《唐代墓志汇编》、《北京图书馆藏石刻拓本汇编》、《隋唐五代墓志汇编》、《洛阳新获墓志》、《新中国出土墓志》等大批石刻文献汇编出版,台湾也出版了毛汉光编校的一套墓志,学者据以研究,确实方便多了。记得有前辈学者曾说到,唐以前文献太少,研究空间受到限制,唐以后文献太多,学者难以周览一代文献,唐代正适中,是做学问最好的试验田。新出文献各代都有,但就数量巨大且与文史研究关系密切来说,都不及唐代。利用这些新出文献,可以迅速而明确地解决许多历史上记载不明、纠缠不清的问题。就这些方面而言,唐代文学研究者可说是非常幸运的。

其次,文献考据方法更精密科学。 80年代初,中国学界的年轻一辈风靡新方法,唐代文学研究也有许多议论。当时有人提出文献考据到清代已经作完了,现在再讲考据,很可悲,也不可能超过古人。当时贬斥乾嘉考据的议论很多,真正的了解并不多。就今来看,与欧洲工业革命和思想启蒙同时代的乾嘉考据之学,以一大批最优秀的读书人,投身于与科学生产和社会发展没有太大关系的古书校读工程,实在是莫大的浪费和不幸。但就当时的研究风气和方法来说,无疑是严肃审慎,具有科学实证倾向的。当时校正古籍是要确定可信的文本,注疏古籍是求准确地理解文本,小学是为读经史服务的,辨伪是要剔除古书中窜乱伪托的内容,辑佚是求恢复已亡逸古书的面貌,考证是通过排比归纳、相互比读,抉发古籍的内蕴,订正经籍的错失,这些对今人仍是有意义的工作,当时校注的许多经学、诸子、小学及史学著作,其成就后人很难超越,至今仍通行不废。局限是过于重视秦汉而忽视近古,经学、小学看得过重,其他方面就显得不足了。以现代学术的眼光来审视,当时研究领域显然偏窄,留下的学术空间很大,比方文学方面,清人所作学术质量并不太高,范围也有限。如唐诗,流传千年,错误非常多,从一般的文字夺误、诗题错乱,到作者互见、时代误置,可说在在多有。比方最通俗的选本《唐诗一百首》,就将明初人汪广洋的《兰溪棹歌》误作戴叔伦的诗收入,一段时期颇受称道的唐温如《题龙阳县青草湖》,也被证明出于元人唐珙之手。几年前,香港市民中曾作十大最喜欢唐诗的评比,列名第一的杜牧《清明》诗,虽说已家喻户晓,实际上可肯定是赝品,《樊川文集》和《全唐诗》都没有这首诗。同样入选十大名篇的还有李白《静夜思》和王之涣《登鹳鹊楼》,前者通行的有两处"明月"的那首,已可确知是明代李攀龙所改,后者只是在王之涣去世二百四十年以后的《文苑英华》中,才说是他所作,而在他去世两年后成书的《国秀集》中,此诗是一位不为世知的处士朱斌所作,同书也收了王之涣的三首诗。这些都是极有名的作品,其他作品就更复杂了。

当代学者的唐诗考证,基本方法还是沿袭清人的,即在正确理解文本后,找到解决问题的可靠证据,进行有必然逻辑联系的推演论证。但在文献占有、文献处理和考证方法上,则较前人有显著的进步。文献占有讲求全面系统,巨细无遗,并以科学检索取代随机即兴的资料获得,前文已作了说明。从唐诗考证来说,对各家别集的编纂、刊刻、流布过程的系统了解,对不同文本所收作品的逐篇比对记录,是首先应做的基础工作。在文献处理上,则强调分清史料的主次源流,凸显史源意识,区分史料信值,对文献分别定位后,进而追究事实的真相。史源意识由史学大家陈垣倡导,认为研究者对繁复的文献应加严格的区分,尽可能地援据最早、最直接的记载,并通过文献比证决定取舍。区分史料信值是梁启超在《中国历史研究法》中反复申说的治学原则,由于文献的写作目的、性质、时代的不同,写作者的立场、党派、动机的不同,各种文献的可信程度不能等量齐观,而应加以严格的区分和界定。从唐代文献来说,两《唐书》较后出,不及《册府元龟》所存唐实录可靠;笔记小说所述唐代诗事,多属道听途说的传闻故事,不及作者本人诗文中所涉事实可靠;后出的总集、选本、诗话中作品,多经后人改易窜乱,不及早期的唐宋原编总集、别集所录为可靠;缙绅录虽有所窜乱,碑志石刻虽为特殊原因而作,且普遍有颂谀虚饰的倾向,敦煌写本出自手民,钞写态度常并不很认真,但从这些文献的特殊性质来说,若能在上述各点上谨慎地加以鉴别,其可信度显然高出常见的存世文献。就考证方法说,清人用得较多的是归纳实证的方法,即通过史料排比,归纳出事理真相。近代考证方法的进步,最有名的是王国维提倡的两重证据法,重视"以地下之实物与纸上之史料互相释证"[①],陈寅恪的唐史研究,则最擅用演绎法,以独具的识见,从常见史料中合理推出历史的隐情。当代唐文学研究,正是参取了他们的方法,作大量具体深入的研究。石刻、敦煌文献等"地下之实物"被大量利用,前述能在人、时、事、地等方面准确定位的可信记载受到充分重视,加上有必然逻辑联系的推演论证,得以在许多方面取得突破。比方作品的甄辨,陈尚君《全唐诗误收诗考》②指出《全唐诗》中非唐五代时期的诗歌700多篇,佟培基《全唐诗重出误收考》③对该书中906家的6 858首诗的归属作了逐一的考定。而人事的辨析,可以陶敏《全唐诗人名综考》④为例,将《全唐诗》中见于诗题的数千名姓名不完整的人物的事迹,大多弄清楚了。进而作事实的甄辨,对史传、笔记、小说、诗话等书中的传闻不实记录,也可大多得到廓清。有关唐人著作的研究,已作了不少开拓,如近年关于《二十四诗品》作者的讨论,就是一例,只是有关唐人著作真伪完残存逸变化的全面系统研究,至今尚未有人承担。

再次,打通学科界限,展开立体式的综合研究。古人治学,讲博学强记,学科界限不太讲究。近代以来学术转型,学科分工明确,有利于学术研究的系统深入,缺陷则是把复杂交叉的社会文化生活人为地割裂开来。文学本身的发展虽然也自有其轨迹可寻,但任何一个时期的文学又不可避免地因受当时社会文化影响而形成特定状态,文学家本人的生活道路和思想变化也是丰富多彩、不循一格的。这些年唐诗研究学者一直有"内部"、"外部"之分,"内部"是指就文学本身研究而言,"外部"则包括资料的收集和影响文学发展的外部诸因素的研究。今人与古人相比,文学观念和研究方法都有许多新的进步,但对诗文的理解,由于写作环境和文体本身的变化,未必能有太大的优势。中国许多青年学者热衷探讨新方法,即认识到全循传统的困境,至少在作品理解上是这样。记得十多年前,在一次青年学人座谈会上,程千帆即提出,你们都谈新方法,是不是做些成功的研究出来,让大家看看。十多年过去了,大量西方汉学著作的译介,带动了国内研究风气的变化,在前述年轻一代的研究中,在传统和现代之间,已寻到较好的结合点,出了可观的成绩,可以向前辈交代了。"外部"的研究,文献工作只要循传统稍作改变,成绩容易为各方所接受。文学与社会文化交互关系的研究,则因相关学科研究的全面展开,而获得重要的机缘。对唐代具体人事、制度、都市的研究,清人做了大量工作,得以为现代学者充分利用,前述文献考订和诗人事迹的研究,于此得益颇多。傅璇琮《唐代科举与文学》一书,即以徐松《登科记考》为基本文献而展开研究的,在文献掌握和研究视野上都有很大的超越。因研究需要而着手新编人事工具书,如郁贤皓考唐刺史、戴伟华考僚佐,弥补了中国唐史界一段时期不重事实、人事研究的缺憾。从20世纪唐代文史研究最有成就的部门来说,如敦煌学、佛教及禅宗史、西域史、政治史、民族史、制度史、经济史、法律史、两京研究、道教史、交通史等方面,都提供了与文学相结合的广阔研究空间。如佛教传入后,极大地改变了中国士大夫的思维空间和思想方法,也改变了汉语文学的写作习惯,可探讨的问题太多了。前述陈允吉的研究即从读佛经开始,充分吸取佛学界研究的成果,以此为切入点,深入作者思想深处作细致的分析,其所获自能出人意表。历来都说韩愈反佛,陈寅恪从韩愈早年曾随兄南贬韶州,推知他对曹溪禅应有较多的了解,陈允吉进而从韩愈许多诗文中,揭出其中深受佛教影响的痕迹,当然是很有意义的创说。就目前已有的研究来看,这方面做得较好的,除了前举的科举、佛教、军幕与文学关系研究,还有音乐、岁俗、交通、书院、都市、士风等有关的研究。已作而并不充分、涉及而未展开的研究,还有许多方面。比如佛经在晋唐间译得那么多,其本身成就如何,对中土文学有哪些影响,一般议论已不少,系统研究还没有。西域史研究已利用中国和中亚文献取得可观的成就,而盛唐边塞诗研究显然未加充分利用。道教在唐代影响巨大,唐宋时期热衷编纂小说的有好几位道教徒,《道藏》中有数量极其丰富的韵文,有关的研究还刚起步。大端如政治、经济、法律、军事、制度、民族等的相关研究,也程度不等地存在很大的拓展空间。

前面讲了中国学者研究的已有成绩,至于缺失和通病,在此也不必讳言。由于中国绝大多数学校和研究单位都没有国际汉学研究著作的系统收存,故有关研究普遍地对海外已有研究缺乏了解和引用,唐代文学研究也不能幸免。研究者人数众多,公认的学术规范还处于逐渐被认可和接受的过程中,以致重复而低水平的研究太多,有创见的杰出研究常被淹没而减损影响。好发空洞的高论,好提主观随意的创说,好作牵强比附的新解,在唐代文学研究中也颇多见。随着国际学术交流的日益频繁,学术规范逐渐得到普遍认可和遵循,这一状况已有很大的改观。

2001 年 5 月 1 日晨于上海

---

* 本文为 2001 年 5 月在新加坡国立大学所作讲座《中国近二十年唐代文学研究述评》的后半部分。全文收入拙著《汉唐文学与文献论考》,上海古籍出版社,2008 年 5 月。
① 陈寅恪《王静安先生遗书序》。
② 陈尚君《全唐诗误收诗考》,刊《文史》24 辑(北京:中华书局,1995 年)。
③ 佟培基《全唐诗重出误收考》(西安:陕西人民教育出版社,1996 年 7 月)。
④ 陶敏《全唐诗人名综考》(西安:陕西人民教育出版社,1996 年 7 月)。

二〇〇二
复旦中文系的学术传统
——《卿云集——复旦大学中文系建系七十五周年纪念论文集》前言*

2000年1月初,在欢庆新千年、新世纪到来之际,复旦大学中文系几代教师同聚一堂,畅叙所怀,追溯本系的发展历史,深切怀念为本系发展作出巨大贡献的前贤往德。于是有编辑这本纪念论文集的动议提出。按照一般的说法,七十五周年不是一个大庆的年度,但对于1925年成立的本系来说,在世纪之交,正好走过了四分之三个世纪,有着特殊的意义。集名取自古歌《卿云歌》,歌中的"日月光华,旦复旦兮"两句,是复旦大学的校名所出,"卿云"是吉庆祥和的象征,也寓意文采变化,足以体现中文系的学科特点。

复旦大学中国语言文学系正式建系是在1925年秋,初建时的名称是中国文学科。其前身是复旦大学国文部。1905年复旦公学成立之初,就很重视学生的国文训练。1912年后开设三年制的大学预科,要求文、理两科学生都要修习国文,设国文部统负其责。1917年复旦公学正式改名复旦大学,更加重视国文教育,规定学生国文及格方得领受文凭。五四新文化运动发生后,外来文化的冲击极大地改变了人们对传统文学的看法,建立和研究新文学更显得重要和迫切。1924年夏间,前国文部主任邵力子(仲辉)先生向学校行政院提议改国文部为中国文学科,主要动因是国文部"为便利一般学生计,偏重于普通应用方面",而当时许多青年学生"被外来的东西洋文艺思潮所激荡,一面引起研究文艺的冲动,一面以中国文学的比较落后为可耻,而抱整理旧文学、创造新文学宏愿的颇有其人,本大学正应给予他们一种整理创造的机会"(刘大白《中国文学科的过去未来》)。这一提议很快得到校方的批准,仅因学生宿舍不够,到次年秋方得正式成立。可以说,本系的成立,适应了五四以后新文学发展的需求,是新旧学术、东西文化交相激荡的必然结果。最初所确定的"整理旧文学、创造新文学"的办系宗旨,也体现了兼容并蓄、继承创新的精神。

从创建到1949年,中文系历任系主任是叶楚伧教授(1925)、刘大白教授(1926)、陈望道教授(1927—1930)、孙俍工教授(1931)、谢六逸教授(1932—

1937)、陈子展教授(1937—1949)、应功九教授(上海补习部)。先后任教的著名教授有邵力子、夏丏尊、洪深、郑权中、方令孺、方光焘、乐嗣炳、张世禄、赵景深、蒋天枢、章靳以、李青崖、王玉章、任中敏、徐中舒、傅东华、饶孟侃、叶圣陶、曹聚仁、刘大杰、汪馥泉、卢冀野、汪旭初、张遵骝、赵宋庆、胡文淑、汪静之、许杰、顾实、姚蓬子等,除部分专任教授外,也有一些是曾短期任教或曾兼任教职。

中文系设立之初,课程设置"以文学理论、文学批评、文学史为研究基础","更设立若干专门课程,以便学子作精深之研究"(见《三十年的复旦》中国文学系部分)。在此后的十多年间,培养目标和课程设置基本延续这一宗旨。在此谨引用当年的两份教学大纲,以见当时教学的主导思想和课程开设情况。1933年的教学大纲:"一、本系之设的主要目的:在以现代眼光,研究历代文学,以世界眼光,创造本国文学。施教方针为:1. 养成学生有探讨整理本国文学之能力。2. 能创作本国文艺。3. 能理解世界文艺思潮。二、本系必修学程(全校必修国文学程除外),本系学生非习完之,不得毕业:文学概论、中国文学史、文选、诗选、修辞学、文字学、诗歌原理、小说原理、戏剧原理、文学批评、文艺思潮、艺术论。"(1933年《复旦大学一览》中国文学系部分)1937年修订的大纲则提出培养宗旨是"研究历代文学及创造新文学"、"养成学生有探讨整理本国文学之能力,养成文艺创作之技能"、"注意语文的实际应用"。设置的专业必修课程,除前此规定的文学概论、文艺思潮、中国文学史、修辞学、文字学、文学批评外,其他课程调整为历代文选、历代诗选曲选、诗词小说选、写作练习、教育通论、文法研究等(《二十七年春复旦大学一览》)。这一时期的中文系学生,已具有"发表能力发达"和"都有现代的文艺意识,能以此意识去鉴赏批评我国文艺"(陈望道《中国文学系概况》,见1930年毕业纪念刊)的特点。

在这一时期,中文系教师在繁忙的教学工作之余,已形成独立而深入地研究学术的良好风气,其中陈望道深研语法修辞,所著《修辞学发凡》是中国修辞学的奠基之作,刘大白教授的新诗写作和研究、夏丏尊教授的翻译研究和国语教学研究、谢六逸教授的日本文学和神话研究、赵景深教授的戏剧和通俗文艺研究、陈子展教授的文学史研究、蒋天枢教授的清代学术研究和《楚辞》研究,皆足代表当时的学术水平,有很大的影响。

抗战爆发后,复旦大学大部分师生西迁,中文系也由系主任陈子展教授带领十多名教授,随迁到重庆,先后在菜园坝、北碚黄桷镇、东夏坝,继续授课讲学。留沪的部分师生,则在李登辉校长安排下,在租界(赫德路)开办复旦大学补习部。虽因战乱而学生锐减,但中文系师生依然弦歌不辍,保持了旺盛的进学热情。抗战胜利后，中文系师生又曾积极参加爱国民主运动，维系了新文学以来知识分子关注社会现实和国家前途的传统。

  1949年中华人民共和国建立后，本系的发展进入新的阶段。1949年8月，同济大学文学院、暨南大学文法学院并入复旦大学；1952年，全国院系调整，由复旦大学、沪江大学、震旦大学和上海学院四校的中国语文系合并组建新的复旦大学中国语言文学系。经过这一系列的调整，一大批著名的学者走到了一起，其中包括原任教于同济大学的郭绍虞教授、暨南大学的吴文祺教授、刘大杰教授和胡裕树先生、沪江大学的朱东润教授、余上沅教授、震旦大学的贾植芳教授，以及圣约翰大学的王欣夫教授、金陵女子文理学院的张世禄教授、南开大学的李笠教授，在南京刚毕业不久的蒋孔阳、濮之珍夫妇。由于有了这一群著名教授的加盟，中文系的学科结构更为完备合理，并形成了具有独特优势的一批专业方向。后来被称为"中文系十老"的陈望道、郭绍虞、朱东润、陈子展、吴文祺、张世禄、蒋天枢、赵景深、刘大杰、王欣夫十位著名教授，此时都在中文系任教，开创了中文系历史上最为辉煌的一段时期。其中陈望道教授和郭绍虞教授的文法修辞学研究、郭绍虞教授和朱东润教授的中国文学批评史研究、朱东润教授的古史和传记文学研究、陈子展教授和蒋天枢教授的《诗经》《楚辞》研究、吴文祺教授和张世禄教授的古代汉语史研究、赵景深教授的元明清戏剧史研究、刘大杰教授的中国文学史研究、王欣夫教授的文献书目学研究、李笠教授的传统语言学和文献学研究、吴文祺教授和贾植芳教授的现代文学研究，皆足代表当时国内该领域的领先水平。当时还很年轻的胡裕树先生转治现代汉语语法，王运熙先生研究乐府诗和唐代文学，蒋孔阳先生专治文艺学，也在各自领域初露头角。可以说，到50年代中期，复旦大学中文系已进入国内一流大学中文学科的前列。

  当时担任中文系主任的是郭绍虞教授（1949—1957）和朱东润教授（1957—1966）。为了进一步展开科学研究，1955年成立了语法逻辑修辞研究室，由陈望道校长兼任研究室主任；1959年又成立中国文学研究室，由郭绍虞教授任主任。这一时期的学术研究，仍以老一辈学者为主，他们在接触到新的思想和方法以后，努力希望融入已有的研究成果中去，如刘大杰教授于1957年和1962年完成了《中国文学发展史》新版的修订，郭绍虞教授也于1959年出版了新著的《中国文学理论批评史》。同时，也开拓了一些新的课题，朱东润教授于1959年同时完成了《陆游传》、《陆游研究》、《陆游选集》，赵景深教授出版了《元明南戏考略》等一组专著。王运熙先生出版了《六朝乐府与民歌》、《乐府诗论丛》，蒋孔阳先生出版了《文学的基本知识》《论文学艺术的特征》，也引起很广泛的影响。此外，这一时期很强调开展教师与学生共同参加的集体科研，当时撰写的著作和教材有《中国文学史》《中国近代文学史稿》《中国现代文学史》《李白研究》《文法简论》等，这些著作虽明显地受到当时风习的影响，但参加的不少学生因此而引起研究的兴趣，以后得以转入专业教学和研究。

这一时期，中文系的学制由四年制本科，1955年改为五年制本科。专业培养目标，50年代初所定为"高等学校语文系助教和中等学校语文老师"、"中国语言文学的初级科学研究人才"以及"文化部门工作干部"，到50年代末修改为"有比较深广的语言文学的科学知识，能够从事科研和中等以上学校教学的语文工作者"。为适应这一变化，本科专业的培养逐渐趋于专门化，从1958年开始，本科分设语言和文学两个专业。以后虽有多次的变化，这一基本格局并没有大的改变。从1983年开始，定名为中国文学和汉语言学两个专业，至今未变。直到90年代中期，全国仅有北京大学和复旦大学两校招收汉语本科专业。本系为各高校汉语专业人才的培养，做过一些有意义的工作。

同时，研究生教育也从50年代中期开始起步，1960年招收副博士（即硕士），截至"文革"开始，先后培养研究生六十四名，虽然当时没有实行学位授予制度，但这批研究生多数成为国内各高校的教学科研骨干力量。

50年代末到60年代前期，本系受教育部委托，负责多项高校统编教材的编写任务，朱东润教授主编《中国历代文学作品选》、郭绍虞教授主编《中国历代文论选》、胡裕树教授主编《现代汉语》、刘大杰教授主编《中国文学批评史》（当时仅出版上册，"文革"后由王运熙、顾易生主持完成后两卷的编写）。这批教材的编写，集中了上海和江苏的一批优秀学者参加工作，在教材体系、章节处理、内容创新、文献发掘诸方面，都足以代表当时的高水准，在全国影响巨大。新时期稍作修订，至今仍为许多高校沿用而不废。

"文化大革命"期间，本系和全国所有的高校一样，教学研究工作完全处于瘫痪停顿状态。执著地热爱专业研究的多数教师，在这种环境中也始终没有轻言放弃，继续进行个人课题的探索研究。这些潜在研究和写作的成果在"文革"后得以问世，其中有郭绍虞教授的《宋诗话考》、朱东润教授的《杜甫叙论》、陈子展教授的《楚辞直解》等。许多当时的中青年教师也依然潜心读书，思考学术，这些积累也使他们在重新获得学术研究的机会后，得以很快进入状态，恢复元气，迅速迈入一线学者的行列。"文革"后期，本系一批老教师有机会参加《二十四史》的校点工作,先后完成《旧唐书》和《旧五代史》,以及《春秋左传集解》的整理,是特别时期的一件有意义的工作。从 1971 年开始,本系招收了六届工农兵学员,分设了文学评论、文艺创作和汉语三个专业,以及两届研究生试点班。虽然面临种种的压力和干扰,本系教师仍努力设法把课程开好,辅导学生学习,使入学时文化水平参差不齐的学员,专业水平有了明显的提高,其中有些成为著名作家,有的留校任教,近年已担任博士生导师。

"文革"结束,1977 年全国恢复高考制度,第二年全国实行改革开放,本系的发展翻开了崭新的一页。此后一段时期担任系主任的朱东润教授(1978—1980)、胡裕树教授(1980—1982)、章培恒教授(1982—1985)团结全系教职员工,为开创新时期中文系的全面发展,作出了许多具有长远学术眼光的重要举措。在此可以提到的,一是适应新时期的社会需要,重新调整和构筑中文系的课程体系;二是引进和选留了一批有学术前途的中青年教师,改变了中文系教师的原有结构,完善了学术梯队的建设。仅 1981、1982 年两年间,就从两届本科生和两届研究生中,选留师资二十七人。事实证明,这一措施确保了本系学术研究后继有人,长盛不衰;三是为适应教学科研重心的变化,设置了一批新的所室;四是为提升教育层次,建立和完善研究生培养方案,扩大为国内高校培养师资的规模;五是着手策划一些能代表中文系学术水平的大型项目;六是开始走出国门,增进与国外大学的学术交流,从中汲取学术研究的新视野和新方法。其后由徐鹏教授(1985—1988)、陈允吉教授(1988—1994)、朱立元教授(1994—1997)和陈尚君教授(1997—2001)主持系政的几届中文系班子,继续上述的主要工作目标,取得进一步的拓展:本科教学结构更趋合理系统,适应了试行学分制对课程开设的要求;研究生培养层次和规模不断提高扩大,逐渐接近并超过了本科生的招生人数,实现了向以培养高层次专业人才为主的目标;落实并逐步完成了一批大型研究课题,保持了本系在国内中文学科中的优势地位;进一步扩大对外交流的范围,与国外十多所大学的中文院系建立了正式的学术交流和互派师生的关系,本系先后有六十多人次教师到国外担任教职,每年来访的国外学者和来本系攻读学位的留学生也逐年增加。

80 年代前期,学校新设立了一批系所,中文系的格局发生了一定变化。1981 年,经高教部批准,在原中国文学研究室和语法修辞逻辑研究室的基础上,成立了复旦大学中国语言文学研究所(简称语文所),先后由王运熙教授(1981—1995)和黄霖教授(1995 至今)担任所长。语文所有独立编制,以研究工作为主,先后设立了中国文学批评史研究室、现代文学研究室、语法修辞研究室、吴语方言研究室、理论语言研究室和美学研究室,教学、研究生培养和行政管理方面,则由中文系统一协调安排。语言所的设立,为中文学科的发展争取到更多的生存空间,使一部分教师得以有较多的精力从事学术研究,一批重大集体项目得以顺利进行。1983年,为适应古籍整理工作的展开,成立了古籍整理研究所,一部分教师离开本系专事研究工作;1984年,为适应对外教学的需要,学校成立了外国留学生部(1987年改称国际文化交流学院),又有一批教师转而专门从事留学生教育。1989年又成立了台港文化研究所,只是研究人员都由中文系所教师兼任,不设独立的编制。

80到90年代,是中文系学术研究的丰收时期。老一辈的学者,晚年还始终坚持不懈地研究进取,郭绍虞教授《清诗话续编》,朱东润教授《陈子龙及其时代》、《元好问传》,陈子展教授《诗经直解》、《楚辞直解》,张世禄教授《古代汉语》,吴文祺教授主编《辞通补编》,赵景深教授《中国小说丛考》,蒋天枢教授《楚辞论文集》等,留下了他们最后的学术遗产。他们的著作理当为后学所宝重,《陈望道文集》、《照隅室文集》、《朱东润传记文学全集》作了部分的汇集,更多的还有待我们作进一步的总结。从80年代中期开始,中文系、语文所分别组织人力,精心策划,由著名学者领衔,上马了一批重大科研项目。其中有王运熙、顾易生主编《中国文学批评通史》七卷本,蒋孔阳、朱立元主编《西方美学通史》七卷本,许宝华主编《汉语方言大词典》,潘旭澜主编《新中国文学词典》,宗廷虎主编《汉语修辞学史》,王运熙、黄霖主编《中国古代文学理论体系研究》等,经过多年的认真编撰,90年代都已先后完成。同时,一批具有学术创见的个人研究著作,也在学界产生较大的影响。

在本科教学方面,本系一直非常重视课程体系建设、教学内容改革和教材建设。课程设置本着专业系统教学和学生能力素质培养并重的原则,形成相对稳定的课程结构。要求文学、语言专业的学生都必须修读《文艺学概论》、《语言学概论》、《古代汉语》、《现代汉语》、《中国古代文学作品导读》、《中国现代文学作品导读》、《中国古代文学史》、《中国现当代文学史》、《美学》、《写作》等十门基础课,鼓励教师多开选修课,规定学生必须修读一定数量的文史哲互选课和文理综合课,要求学生在本科期间必须选读相当数量的中外文学作品和现代学术论著。教学中则要求教师能更多地融入个人的研究创见,能及时地反映中外学界的最新动向,注意教学内容的系统和更新,引导学生学会用自己的眼光来认识和理解中外文学现象。这些举措,都有利于学生能力和眼光的培养。教材建设方面的重要收获,则有胡裕树教授主编《今日汉语》,王运熙教授主编《中国文学批评史》三卷本,吴中杰教授《文艺学导论》,章培恒教授、骆玉明教授主编《中国文学史》,陈思和教授主编《中国当代文学史教程》等。最近二十年中文系的毕业同学,无论继续修读研究生学位、从事教育文化新闻方面的专业工作，还是到机关企业从事行政管理工作，都有非常不错的业绩，不少已在各自领域卓然成名。

本系是1978年首批招收研究生的系科。1981年，国务院学位委员会成立后，本系即获得中国古代文学、中国文学批评史、中国各体文学和汉语史四个博士学位授予点，以后逐步发展和并合，到90年代中期，已有文艺学、中国古代文学、中国文学批评史、中国现当代文学、现代汉语和汉语史六个博士学位授予点，另有九个硕士学位授予点，即上述六个博士专业再加上中国古典文献学、比较文学和理论语言学三个专业。1998年全国学位点专业调整后，中国文学批评史专业并入中国古代文学专业，现代汉语和汉语史合并为汉语言文字学，理论语言学扩展为语言学和应用语言学，比较文学改称比较文学和世界文学。同时，获得了全国首批博士点一级学科授予权，增设了比较文学与世界文学博士点。从1981年起，截至2000年底，本系共有212名学生获得博士学位、379人获得硕士学位，他们多数走上了专业教学和科研工作岗位，发挥了学术骨干的作用，已有几十人担负起了博士生指导教师的责任，许多人在国内和国外的大学中担任了院系行政的主要责任。

本系的上述学术和教学成果，在历次学术评奖中得到较充分的肯定。在首届全国高等学校人文社会科学研究优秀成果奖的评审中，本系有九项论著获奖，其中蒋孔阳教授的《美学新论》获得一等奖；在第二届全国普通高校人文社会科学优秀成果评奖中，又有五项论著获奖，其中王运熙、顾易生主编《中国文学批评通史》七卷本获得著作一等奖。以上两次获奖数，均约占全校文科获奖数的三分之一。在首届全国社科基金项目优秀成果奖评审中，上海市有十项成果获奖，其中复旦大学获五项，中文系即有许宝华、汤珍珠主编《上海市区方言志》，王运熙、顾易生主编《中国文学批评通史》七卷本和王水照《苏轼论稿》三项。此外，还获得包括国家图书奖、上海市社科奖等在内国家级和省部级社科、图书奖达五十多项。在已评定的两次国家级教学成果奖评审中，中国文学批评史和文艺学美学系列教材建设分获一等奖，中国古代文学史课程改革获得二等奖。同时，也带动了全系学科建设的发展。1986年，在首次全国重点学科评审中，本系文艺学学科被评定为该学科唯一的全国重点学科。2001年的第二次全国重点学科评审，本系中国古代文学和汉语言文字学学科得以进入全国重点学科的行列。1995年，中文系被国家教委评定为文科基础教育和人才培养基地。1997年，文艺学和中国文论学科被列入学校211项目资助的重点学科，汉语语音实验室也列为校重点建设实验室。

客观地说,由于人事交替,学科变化,本系的学术格局和优势也有了一些突出的变化,文艺学学科的西方美学方向、中国古代文学学科的中国文学批评史和唐宋文学方向,汉语言文字学学科的现代汉语语法学、修辞学、方言学方向、汉语史音韵学方向、语言学和应用语言学学科的文化语言学方向,中国现当代文学的现代文学和当代文学方向,都还依然保持着明显的学术优势,原有优势的先秦文学、戏剧史、汉语史训诂学、理论语言学等方向优势已不那么明显,有的已失去优势,这是需要我们冷静思考、认真对待的。

回顾中文系从建系以来所走过的道路,可以说已有的成绩和现在的格局,是几代教师的持续努力的结果。如果作一个不太恰当的划分的话,我觉得大约经历了五代人,他们在不同时期有所差异的学术教育环境中,为中文系的发展作出了各自的贡献。

第一代学者出身于19世纪末叶至20世纪初,他们身处社会和学术的大变动时期,关心国家的前途和民族的命运,许多人是清末民初革命和大革命运动的参加者,为马克思主义在中国的传播作出过贡献。他们有传统学术的深厚素养,又接受了西方学术的多方熏陶,对新文学的发展和现代语言学的建立怀抱着极大的热忱,他们为传统旧学向现代学术的转型作出了巨大的贡献,他们的一批优秀著作成为各自领域的学科奠基之作。他们献身教育,培育人才,奠定了中文系的学术格局和学术规范。他们中的许多人得享遐寿,他们的研究工作一直延续到80年代,他们的治学精神极大地影响和鼓舞着以后的几代人。

40年代或稍前完成学业担任教职的可列为第二代,他们在那时学术上已走向成熟,经历了新旧社会的巨大变化,努力地跟随时代发展,勇于提出自己的学术创见。虽然或曾遭遇不公正的待遇,甚至身陷囹圄,失去自由,依然坚持真理,不改初衷。到八九十年代,他们成为各自专业全国有影响的学术领头人,他们的学问和人格获得学界广泛的尊重,他们为中文系学科建设所作贡献将使后学长期得益。

50年代进入大学学习,"文革"前已在本系任教的教师,大致可列为本系的第三代。他们经历了少年时期的世乱,对50年代和平安定的社会环境饱含热情,真诚地接受新的思想和研究方法,同时又从当时在第一线任教的老教师中领悟到为学为人的基本原则和立场,希望在旧学和新知的融通中开拓新的学术空间。但在他们学术思想趋向成熟,可望大展身手的时候,极"左"思潮引致"文革"动乱,被整整耽搁了十多年。进入新时期,他们与时俱进,厚积薄发,成为八九十年代中文系的学术主力。

第四代大约以"文革"后留校任教者为主,其中包括了遭逢"文革"毕业的大学老五届、中学老三届、工农兵学员和高考恢复初期入学的本科生、研究生。他们在求学或工作初期,因"文革"的变乱而中止学业,放弃专业,在农村、工矿、部队、机关曾有五到十年实际工作的经历,在重获专业学习或教学研究的机缘后,无不奋发努力,搏击进取,发展迅猛。他们阅历丰富,思想开放,敢于进取,勇于开创,在最近二十多年的中国学术大转型、大发展时期得以大显身手,现在已成为中文系教学科研的中坚力量。

第五代学者大多出生于六七十年代,接受了中学到大学的系统严格的训练,又曾在研究生学习期间经过了严格的专业培养,大都拥有博士学位,外语掌握娴熟,既有扎实的专业传统学术的根基,又对当代西方学术有深入的钻研和系统的把握。他们的治学在努力继承传统的同时,更多地表现出当代学术的崭新面貌。他们现在是中文系教学和科研工作的主力军,他们代表了中文系的未来。

最后应该说到中文系的学术传统和学风特点。这很难概括,而且各人会有各自不同的看法,在此仅谈我的个人理解和看法。几年前,我在为本系学生论文集《文笔鸣凤》所写后记中概括为"阔大而不空疏、踏实而不拘执、通达而不随意、求新而不务奇"几条,在编录本集过程中,读到大量前贤的论著,阅读了一些系史资料,觉得上述的概括还是很表面的。复旦大学所在的上海,是中国近代受西方学术文化影响而形成的大都市,是五四新文化的重镇,是中国现代新文学的大本营。中文系身处这样特殊的文化环境中,从建立的那一天开始,就以"整理旧文学、创造新文学"为自己的职志,表现出兼容并蓄的气度和开拓进取的勇气。几十年间,集合了海内外一大批最优秀的学者,历任的中文系主政者,也都以尊重旧学硕德、鼓励创新开拓的态度,让各种不同学术流派的学者有自由发展的广阔空间。其中最优秀的一批学者,特别致力于向西方学术学习,从中汲取新的思想和方法,以期建立中国语言、文学的新体系。陈望道教授在将《共产党宣言》译介到中国的同时,也把西方语法学、修辞学的研究方法用于中国传统语言学的研究之中,为汉语语法学、修辞学的建立作出了重大贡献。朱东润教授致力于将英国传记文学的作法引入中国文学的研究和传记的创作,以期能为中国文学的研究开拓一条新的道路;刘大杰教授从法国社会学派的研究方法中得到启示,所作《中国文学发展史》被中外学界一致推崇为20世纪前半叶最具体系、最见才气的文学史著作;张世禄教授早年翻译了大量西方语言学的专著,同时专治汉语音韵学和普通语言学,为传统小学向现代汉语语言学的转型作出了重大贡献;蒋孔阳教授对德国古典美学和西方现代美学都有很深的研究,他晚年则为中国美学史的建立付出了巨大的努力;基本走传统治学道路的王欣夫教授,在其所著《文献学讲义》中,也充分显示出现代学术的眼光和理性。一大批优秀学者聚集在一个系,很自然地形成了中文系多元化的学术环境,既有容忍异端的学术宽容,也有务求高远的学术争胜。后一辈的教师进入这一学术环境,既有各自的独特师承,又有机会接触到各种不同的学术流派和治学方法,可以有充分的馀裕来根据各自知识构成和学历性情的不同,形成独具风貌的治学路数。与国内某些大学以一位或几位名师为中心,后学恪守师法、重视传承的情况有所不同,本系的几代学者在张扬学术个性、追求学术创新方面,确实是很显特点的。在这种重个性发展的学术氛围中,又有一些基本的学术精神是相通的,这就是做学问首先要做人,把学问"视为生死以之的事情"(蒋天枢教授语),以"战士死于沙场,教师死于讲席"为座右铭(朱东润教授引梁启超语),追求真理应该"纵罹困厄,不改初衷"(章培恒教授为1979级同学毕业题词);其次,则强调凡做学问,应该从基本的训练入手,打好扎实的基础,应该从大量的阅读中开拓眼光,在充分的比较后提高品味,在深入的思考后提出问题,在认真的研究后形成见解,如蒋天枢教授强调读书必先识字,读书必先校书,王运熙教授讲作家在生活中从事创作,学者应该在书籍阅读中发现问题,朱东润教授则讲读书不仅要读懂书面文意,而且要能力透纸背,入木三分,读出没有直接表述而隐藏在字里行间的深意;再次,讲求融通透彻的学术感悟,追求有境界、有性情、有个性的学问,这一追求体现在各家的著作中,也体现在课堂的生动讲授和日常的睿智交谈中,使后学从中体会学术的品味,了解学术并不是深不可测的高头讲章,而是个人生活中时常可以感受到的真情流露;最后,重视基本学术规范的传达和治学方法的传授,特别强调应从作学术札记、单篇学术论文开始,强调学术的本质是有文献依凭的创新研究,治学的过程应从个别到一般,从专题到系统,本系最重要的一批学术成果,大都体现了这一特点。

写到这里,我想到1978年在"文革"后首届研究生的入学欢迎会上,当时的中文系主任朱东润教授曾动情地说:"中文系承担着传承民族文化和学术的责任,如果我们不努力,如果我们不尽量做到最好,今后国际上说到研究中国学问,就只能去欧洲,去日本,将会是我们的耻辱。"在经历了"文革"十年的学术凋零后,他的这番话确实是语重心长的。这位担任中文系主任时间最长的老教授,晚年多次在全系会上讲到:"我们这个系应该向前进,靠大家的共同努力,我们是一定能够前进的!"作为后继者,我们深感责任重大。

2002年4月15日初稿
5月9日改定

---

* 上海古籍出版社2002年8月出版。本书所收略有删节。

新出石刻与唐代文史研究*

宋代金石学兴盛，宋人见到并留下记录的唐代石刻超过三千品，可惜没有人像洪适编《隶释》汇录汉碑文字那样汇录唐石文字，宋人得见的唐代石刻十之七八没有存留下来。唐石研究汇考在清后期到民国初年曾形成一个高潮，但随着现代考古学的兴起，学者的研究兴趣更多地转入上古先秦考古，传统金石学虽仍有所延传，但已不再居于中心位置。尽管20世纪大规模基本建设和科学考古的展开，新发现的碑志石刻无论从数量和质量上来说都远远超过了清人所见，但就系统研究的成绩来说，则还显得很不够。这一状况，近二十年间已有明显的转变。以下谨就所知，分三部分予以介绍。需要说明的是，石刻的出土时间千差万别，很难划出明确的时限，本文的介绍以最近二十年间新出土或新发表的为主，不少近代出土的碑石因近年发表始为世人所知，本文也略有所涉及。

一、近二十年唐代石刻的影印和整理

20世纪上半叶唐代石刻的汇录，以端方《匋斋藏石记》（商务印书馆1911年石印本）、罗振玉编印《冢墓遗文》系列（均有罗氏自刊本）和张钫编《千唐志斋藏志》（仅以拓本流传）最为大宗，存录唐墓志两千多方。40年代到70年代末，相对来说缺乏有规模的建树，只有两种《长安城郊隋唐墓》可以一提。学者研究中要利用石刻文献，只能从几个大图书馆中翻检拓片，很不方便。从80年代中期以来，这一状况发生了很大改变，首先是旧辑、旧藏石刻拓本的集中汇印，先由文物出版社影印了张钫《千唐志斋藏志》，收唐志达1200多方；齐鲁书社又影印李根源《曲石精庐藏唐墓志》，篇幅不大，颇存精品，泉南生和王之涣二志尤受学者重视；稍后出版的《北京图书馆藏历代石刻拓本汇编》（中州古籍出版社，1989年），唐五代部分有二十多册，占全书约一半，收唐代各类石刻拓本超过三千种；台湾毛汉光先生编《唐代墓志铭汇编附考》从1985年开始出版，到1994年出齐十八册（中研院历史语言研究所专刊第81种），采用拓本影印，附录文和考释，体例甚善。上述诸书所收，均为1949年前所出石刻，多有重出，但所据拓本不同，可以互校，毛汉光所录有几十方为他书所未见。另《石刻史料新编》一至三编的影印，将历代石学著作,包括方志中的石刻部分汇为一编,虽编辑略显粗糙,确是方便学人的无量功德之作。

1949年以后新出碑志的汇辑校录工作,到90年代才得以系统出版。天津古籍书店1991年出版的《隋唐五代墓志汇编》多达三十册,其中陕西四册大多为新出墓志,洛阳卷多达十五册,除收录了前述《千唐》、《曲石》和罗录各书的拓本外,也包括了部分50年代以来的新出墓志,另外如山西、江苏、北京各册也颇多新品。洛阳市文物工作队编《洛阳出土历代墓志辑绳》(中国社会科学出版社,1991年)也包含了数量可观的新志,只是此书由于发行面较窄,不为一般学者所知。稍后的《洛阳新获墓志》(文物出版社,1996年)则收录了到90年代中期的新见墓志,体例也更为严谨,录文和考释都颇见工力。张沛编次的《昭陵碑石》(三秦出版社,1993年),汇聚了昭陵博物馆几十年来的工作业绩,包括了一大批唐初名臣懿戚的碑志,分量大大超过了罗振玉的《昭陵碑录》,只是该书的大碑拓本缩得太小,无法辨识,录文又未充分吸取以前学者的成绩,稍有缺憾。中国文物研究所与地方文物研究所合作编纂的《新中国出土墓志》,已出《河南》第一册(文物出版社,1994年)和《陕西》第一册(文物出版社,2000年),此书按各省市、县为单元收录新出历代墓志,唐代约占三分之一左右,包括图版与录文、考释,说明出土时地,编次较为科学。此外,各种文物考古学杂志也发表了大量的唐墓发掘报告和唐石发现消息。一些稀见珍拓的发表和古籍稿本的影印,也提供了一批珍贵文献,前者如隆尧《光业寺碑》完拓的发表,为陈寅恪先生所未见,后者如上海图书馆藏陆增祥《八琼室金石补正续编》(收入《续修四库全书》史部目录类),颇多清代稀见石刻的录文。

据石刻录文的著作,当首推周绍良等编《唐代墓志汇编》(上海古籍出版社,1992年),全书录墓志3 676方,既包括宋以来的各种传世墓志,也包含了1983年以前的各种公私藏拓和已发表的石刻录文。该书按照石刻原件录文,十分忠实,且附有很细致的人名索引,极便读者。近出的《唐代墓志汇编续集》(上海古籍出版社,2001年)继承了前编的体例,续收墓志1 564件,绝大多数是50年代以来新出土者。吴钢主编《全唐文补遗》七册(三秦出版社,1994—2000年),存文约4 200篇,几乎全取石刻,墓志约占十之九五,与上述周编颇多重复,但包含了数量可观的陕西新出石刻,于《隋唐五代墓志汇编》新见石刻也作了很认真的校录,值得重视。唯此书体例,系取《全唐文》未收者,但随得随刊,编次无序,既不循《全唐文》旧例,又不存石刻原貌,不说明录文来源,各册自成单元,利用颇不便。近出的《全唐文新编》,主要是将《全唐文》与上述三书拼合而成,新品不多。不久可出版的拙辑《全唐文补编》，主要致力于传世典籍中唐文的采辑，石刻仅录四部典籍、佛道二藏和地方性文献中所保存的，也有一定数量。

二、新出石刻与唐代文史研究

今人利用传世石刻和新出碑志，在唐代文史研究的许多领域做出了非常杰出的研究，其范围可涉及唐代政治、社会、军事、思想、民族、宗教、文学、语言等方面，是我所没有能力作全面介绍的。以下仅就我所了解且与新出石刻有较大关系的几个方面，略作评述。

A. 补订史传。

这是宋、清两代学者讲得很多的话题，新出石刻以墓志和神道碑两部分最为丰富，有不少名宦碑志，可补订史传的记载极其丰富，有关碑志出土的发掘报告和研究考释，也大多从这方面着眼，在此可以不必多谈。仅举两例。《昭陵碑石》收碑志，比《昭陵碑录》多出周护、李孟常、吴黑闼和李承乾四种存文较完好的碑，另多出近四十种新出墓志，其中包括太宗的乳母、贵妃、子女十多人，陪葬名臣近二十人，还有妻从夫葬、子孙随葬的墓志十多种，都是罗振玉不及见到的，可补充史实处甚多。已出两《唐书》有传人物的碑志，已超过一百多种，其中近年新出的即有李密、杨恭仁、窦诞、唐俭、程知节、李勣、李谨行、薛元超、韦承庆、倪若水、李畅、赵冬曦、元德秀、韦济、马炫、吕渭、孙简、柏元封、契苾通、白敏中、杨汉公等人墓志。应该指出的是，前人虽然讲了很多以石证史的话题，但所作研究都是就石刻本身提出的，至今未有人对两《唐书》哪些部分已为石刻证明有误作出总结。

B. 文学研究。

近二十年唐代文学研究中的主流学派，试图从唐文学的基本文献建设入手，弄清唐代文学发展变化的全部真相，从作家生平交游、作品收集辨析、著作真伪流传，乃至所涉事件始末，皆求梳理清楚，再作系统深入的研究。唐代诗人大多生活在社会中下层，他们在文学活动中涉及大量著名或不太著名的人物，重要或不太重要的事件，众所周知或不太为人所知的制度习俗，写下有名或不太有名的作品，要将这些全部弄清，仅凭几种最重要的史书传记，显然很不够。传统的唐诗研究，多信用史传笔记及《唐诗纪事》、《唐才子传》等书所载诗人逸事，近年的研究，则深受陈寅恪、岑仲勉治史方法的影响，追求广泛、全面地占有文献，考订中注意史料的主次源流，强调作者本人作品最为可信，史书、方志、石刻、缙绅录中的记载，常比诗话、笔记的记载更为可靠。其中利用得最充分,最有资于理清事实真相的,当首推碑志石刻。碑志石刻虽为特殊原因而作,且普遍有颂谀虚饰的倾向,但其提供了某一特殊事件或人物的详尽原始记录,只要谨慎地加以鉴别,其可信度显然高出许多源出传闻或多次转写的存世文献。新出碑志本身就是文学作品,仅墓志一体可补《全唐文》的就不下四千篇,其中包括了近千名知名和不知名作者的文章,有许多著名诗人文士,以前没有文章留存,当然会引起学者的莫大兴趣。仅有诗篇传世的作者本人的墓志,即已超过五十多篇,而大量碑志中所提供的可资考证作者世系、生平、交游和作品系年的线索,更是所在多有,值得学者作仔细的推求。80年代初郁贤皓用北京图书馆藏石刻考证李白生平,周勋初用《千唐志斋藏志》和《芒洛冢墓遗文》所收高偘后人墓志,弄清了高适的家室世系,都是很突出的例证。以后傅璇琮主编《唐才子传校笺》和《唐代文学编年史》,周祖譔主编《中国文学家大辞典·唐五代卷》,基本弄清了全部唐五代文学家的生平经历和创作年代,于各类石刻文献的利用极其充分。新见石刻使许多传闻和疑案得以廓清。早的如旗亭听诗的故事,因王之涣墓志的发现而可以判定为伪事;新近在陕西长安韦曲先后发现了著名诗人卢纶父母、其弟卢绶夫妇四方墓志,其中其母韦氏墓志由其父卢之翰撰书,其父墓志则由卢纶本人撰写,最近二十年争议较多的卢纶生平家世情况,大多已可作结论,四方墓志记及的卢纶世系、外家、交往及仕历情况,也有资于对其作品的深入读解。

C. 姓氏录、职官录、登科录的补订。

以上三类著作的笺注和编纂,因涉及大量极具体的人事史实,石刻文献历来很受重视。唐代缙绅谱系,以《元和姓纂》最重要,《新唐书·宰相世系表》可补充前书裴、李、王、张、崔、卢、薛、郑、杨等主干部分已失传的大姓谱系,宋人邓名世的《古今姓氏书辩证》可作少量补充,李唐宗室世系则仅《新唐书·宗室世系表》一份谱录。岑仲勉《元和姓纂四校记》是近代史学名作,其凭记忆对唐代人事的详密稽考至今仍不失为有用的工具书,但其对石刻的利用仅截止于40年代中期,新整理本仅梳理误失,并未作新的补订。赵超《新唐书·宰相世系表集校》用石刻则截止于80年代中期,许多新材料仍未用到。《新唐书·宗室世系表》则至今未有人着手笺证,李氏先世十五房和宗室四十一房至今还有不少问题悬而未决。陈寅恪《唐代政治史述论稿》曾引隆平(今河北隆尧)《光业寺碑》推测李唐当出赵郡李氏,但所据史语所藏拓和《畿辅通志》存文残缺颇甚,故仅引录数语。近年《文物》据当地善拓及方志所引,发表了近三千字的全碑,知陈引仅为仪凤中上尊号的一节,碑述贞观至开元间公私奉陵事实极详,最可注意。唐代职官录,现已形成系列,劳格、赵钺的《郎官石柱题名考》、《御史台精舍题名考》太早,且罗列而别择不精,可补充的很多,岑仲勉对前书的补订远还不够充分。岑氏的翰林二考,相对较为严密,新出石刻偶有可补,数量很有限。严耕望《唐仆尚丞郎表》所考人物均极重要,已初备规模,唯当时得见的石刻尚未充分援用,新出部分可作补订的就更多了。郁贤皓《唐刺史考》在续作大量补订后,已出新版的《唐刺史考全编》,重视新出石刻的搜罗引用是其特色。他的《唐九卿考》不久可完成,另张忱石多年前已着手作右司郎官、中书舍人的稽考,至今尚未完成。徐松《登科记考》和《唐两京城坊考》二书,近年据新出石刻订补的论文和著作非常多,颇多重复,前书科举应试者和及第者在名实的甄别上看法还很不统一,误补的例子很多,后者则将新出碑志中所见坊里名一律抄录补出,不区分主次,与徐书原例已有很大不同。

D. 宦官政治研究。

唐代宦官干政专政,是唐史学者研究很多的课题。有关的记载虽多,出于宦官叙述或代为宦官叙述的,并不太多,石刻文献在一定程度上可以弥补这一缺憾。唐前期宦官神道碑,旧传只有昭陵的张阿难碑,50年代在陕西长安出土的李憨碑、80年代在泰陵出土的高力士碑,补充了这一不足。高力士在玄宗朝最得宠信,是宦官干政风气变化的关键人物,其墓志近年也已面世,均值得重视。西安十多年前发现的《唐重修内侍省碑》,详细记录了昭宗乾宁三年(896)至光化二年(899)内侍省在经历战乱后重新大修的情况,其中提到内侍省的衙署设置云:"内则内园、客省、尚食、飞龙、弓箭、染房、武德留后、大盈琼林、如京、营幕等司,并命妇院、高品、内养两院;外则太仓庄宅、左右三军、威远、教坊、鸿胪、牛羊等司,并国计库、司天台。"无疑是非常珍贵的记录,已引起较多学者的关注。

今能见到的宦官及其家人墓志,初步统计有八十七方,其中清代得见的仅十二方,其他均为近代以来新出,近五十年出土者超过五十方。从时代分期来说,玄宗以前的仅见四方;玄肃时期得见十三方,以杨思勖、高力士二人最为知名;代宗至敬宗时期六十多年,存十七方,以德宗时的护军中尉杨志廉和宪宗时的内侍知省事李辅光最重要;文宗到昭宗中期,约七十多年,存志达五十二方,包括了担任各种职务的内官,其中有监军十多人,护军中尉刘弘规、梁守谦等,内枢密使吴承泌等;五代仅见张居翰一方,为后唐的重臣,情况较特殊。后期的宦官及其家人墓志,多属大志,多请名家撰文和书丹,刻石华丽,显示出宦官的富有和权势。

此外,为宦官控制的神策军将佐墓志,近年新见者也已超过二十方,时代主要集中在德宗后期至懿宗中期的七十年间,对研究神策军的建置和权势,以及宦官对其控制非常珍贵。其中最大的一方是穆宗至文宗时掌左神策军的何文哲墓志,志文长达三千多字,所涉宦官废立内幕极可玩味。

E. 河北三镇研究。

安史之乱以后的河北三镇,在中晚唐政治上处于相对隔绝和独立的状态,陈寅恪指出失意文士常去河北以寻求发展,史籍中保存的河北三镇的本身文件并不太多。清代学者对河北石刻的整理卓有建树,沈涛《常山贞石志》尤有名。近代以来河北出土石刻有重要价值的,当然首推房山石经,从已影印的《房山石经》和《房山石经题记汇编》两书中,不仅可资了解当时幽州一带佛教兴盛的状况,也保留了历任节帅及其文武下属和士商民众崇佛刻经的原委,题名中有关民间结社情况的记录,已引起学者的关注。其次是《隋唐五代墓志汇编》中的河北、北京两卷,所收以中晚唐墓志为多,包括各层次文武官员的生平任职经历。仅从拓片的形制来说,这两卷墓志的周遭纹饰,志文书写多用行楷,都可明显看出和中原不同的文化取向。这些墓志中的记录,对考察河北三镇的施政方式和官员构成,都很有意义。河北卷所收1973年在大名出土的咸通间魏博节度使何弘敬墓志,长宽均近二米,是唐志中十分罕见的大石。同年在正定出土的大中间成德节度使王元逵的墓志,稍小,也达长宽各150多厘米。其实,昭陵所出唐初妃王将相墓志中最大的一方,也不超过长宽120厘米,大中间宰相白敏中的墓志也仅98厘米见方,河北节帅的跋扈,于此可见一斑。前年在正定出土的巨大残碑,曾被称为当年中国考古十大发现之一,最大的一块虽尚不及全碑的五分之一,但已大到高210厘米,宽140厘米,厚90厘米,其规模可以想见。此碑应即《册府元龟》卷八百二十所载后晋天福二年(937)安重荣任成德节度使期间,晋高祖敕准建立的由太子宾客任赞撰文的《安重荣德政碑》,几年后安重荣谋反被杀,碑也遭砸碎。

顺便提出,旧传石刻而不甚为学者注意的,可以举到影天一阁藏明《大名府志》所存公乘亿撰《罗让碑》,长达三千多字。罗让是魏博节度使罗弘正的父亲,此碑关于其本人生平的记载并没有多少实质意义,但详细记载了僖宗文德间魏博军乱,乐彦祯父子被杀,罗弘正乘乱控制军镇的过程,具有极高的史料价值。另《光绪重修曲阳县志》和《八琼室金石补正续编》所收曲阳文庙和王子寺石刻,也保留了唐、梁之间镇定王氏父子的为政记录。

F. 五代十国史研究。

五代十国石刻,近年出土颇多,仅以两《五代史》有传人物来说,就有李克用、王处直、谢彦璋、戴思远、张居翰、张文宝、李德休、安重荣、孙汉韶、张虔钊、苏逢吉、梁汉颙、李重俊、冯晖、王审知等人碑志已发表,加上早年出土的孔谦、毛璋、西方邺、王廷胤、宋彦筠、赵凤、王守恩、孙汉筠等人墓志,清代已传的王镕、葛从周、冯行袭、李存进、王建立、罗周敬、相里金、史匡翰、景范、王仁裕及吴越三主碑志，五代重要人物的碑志已有近四十种，只是清代以来曾有记录的刘鄩、张承业、李克让等碑至今下落不明。

李克用墓志的出土对五代史研究意义极其重大。由著名诗人兼李氏父子主要辅弼卢汝弼撰文的该志，写于李克用去世后不久，最能反映当时李氏政权的实际情况。志中可资研究的线索极其丰富，不能备举，就大端说，克用先世作四代祖益度、曾祖思葛，与史不同，祖执仪，史均作执宜；其家室，作长刘氏，少陈氏，皆无子，次则为庄宗母曹氏，叙述也很特别；其子嗣，则称义儿李嗣昭为"嗣王之兄"、"王之元子"，足能反映掌握昭义军权的李嗣昭在当时举足轻重的地位；志中没有提到克用早年战死的长子落落，但列庄宗的亲弟达二十三人之多，远远超出两《五代史》的记载，且姓名次第与史书能合榫的很少。

其他五代碑志，较有价值的可举出下面几方：王处直镇定州多年，墓志对其反复于梁、唐间有所讳避，但称王郁为其长子，称王都为楚国夫人卜氏所生次子，与史籍称其为养子记载不同；张居翰是后唐著名宦官，墓志叙其天祐初出使燕王刘仁恭始末甚详，为史籍所不备；孔谦长期为庄宗的理财大臣，明宗即位后将其处死，萧希甫所撰墓志，在其未获昭雪的情况下出于激愤而作，全出直叙，不作文饰，在唐志中极其罕见，所述梁、唐长期争战时期孔谦对唐军后勤供给的巨大贡献，尤堪重视；冯晖在五代后期任灵武节度使十四年，死后由其子继任直到宋初，其墓志对研究其间的朔方史事极为重要，已有人据以考证冯晖身后诸子的争夺，虽仅属推测，确值得深究。顺便还想提到《千唐志斋藏志》中的一方不太为人重视的宋铎墓志，志主仅是后梁的一名中层军将，但所附其《历任记》则记录极详细，对研究后梁军制极有用。

十国的考古发现，先前以前蜀王建永陵和南唐二主陵最为世人关注，近年则以孟知祥和陵与王审知夫妇墓志的发现最为重要。和陵发掘已完成，只是尚未全部发表，已发表的孟知祥妻福庆长公主墓志不仅可确定其为庄宗长姊，解决了五代史书中争议较多的一件悬案，对了解后唐政治史和后蜀开国史也很重要。孙汉韶、张虔钊都是后蜀的重要将领，已出墓志对二人平生事迹和任职经历记载极详。前蜀新出墓志以王宗侃和晋晖两志较重要。王审知及其妻任氏墓志均为闽中著名诗人翁承赞所撰，审知志中叙其兄弟三人经营闽政始末，多可补史，所叙审知十二子的次第，对了解王氏家室情况，特别是以后其诸子相残乱闽的原委尤为重要。此外，出自另一有名文士郑昌士手笔的闽嗣王王延翰妃刘华墓志，也提供了闽与南汉联姻的重要线索。

三、唐代石刻研究的展望

　　石刻文献数量巨大，覆盖面很宽，多涉重要史实，虽都为特定事缘或人物而作，难免有较多的讳饰和虚夸，而这一特点，正可与传世典籍互为参证，有资历史真相的了解。已有学者断言，在今后一段时期内，石刻研究有可能成为唐研究的新热点，我颇为赞同。如果要谈今后唐代石刻研究的走向，我认为应取传统之长，具现代眼光，从基本文献建设入手，开拓研究新局面。

　　传统金石学的研究，到清末达到鼎盛时期，虽然在研究的视野和方法上有许多局限，但基本规范和研究方向在现在看来还不是完全没有价值的。比方清人已开始要求石刻录文应完全准确地反映原石的面貌，保留字形，注明行款，并逐种予以考证，与史册参证，说明其文献价值，又凡前人已有研究题跋者，尽量吸取，不没前人功绩，这在今人和今后的研究中，也仍然值得效仿承继。

　　已出版的唐代石刻影印本和校录本，已可在一定程度上满足学者研究的需求，但就石刻文本研究校录方面来说，仍存在许多方面的问题，应引起学者的重视。新出土墓志的校录，因原石保存完好，拓本清晰，校录主要在文字的辨识，较易做好。稍早些出土的墓志，就稍复杂一些。比如《千唐志斋藏志》，当年张氏分拓若干本售于公私各馆，同时所拓各本就有相当差异，将文物出版社版《千唐志斋藏志》和《隋唐五代墓志汇编》所收拓本逐一比对，就不难发现许多此缺彼存的情况。据郭玉堂所录的千唐藏石目录，有一些作者、书者的记载是今传本所看不到的，原因在于传拓本或周边缺拓，或拓录有精粗之分，也有因原石入壁而造成的人为覆盖。就现能见到的《唐代墓志汇编》正续编、《全唐文补遗》和毛汉光书的录文来说，都是十分严肃认真的，足以信从，其中毛汉光将拓本与录文并列，最便读者。但诸书大多仅据一种拓本录文，在原石文字有残缺或不易辨识时，径以空框来标识，似不及罗振玉编《冢墓遗文》和《昭陵碑录》时残缺字和不识字均照原形摹出的稳妥。碑刻的校录就比墓志复杂得多。《昭陵碑石》可能是近年唐碑校录方面做得很好的一本书，但对前代的拓本和校录本未充分利用，仍留下很大的缺憾。以《姜遐碑》为例，此碑在明中期断折，上半截埋入土中，明清人仅得见下半截，拓本和录文极多，差别很大，罗振玉《昭陵碑录》的前后两本因所得拓本不同而有很大差异，早于罗氏的各家录文在总体上说不如罗本，但部分文字有比罗本佳胜处，比方《全唐文》，昭陵诸碑录文多数很差，有几种稍特别，《姜遐碑》是其一。埋入土中的上截碑70年代出土,存字较完好,但较早在《考古与文物》上发表的孙迟录文和《昭陵碑石》张沛录文,下半碑录文均远未臻善。如果与敦煌遗书的校录作一比较的话,多数墓志的校录比较简单,辨识也不太难,但一批最有价值的大碑的辨识和校录,则比敦煌遗书要复杂得多。在原石漫漶、拓本多歧、校录纷乱的情况下,像昭陵诸碑要求写定使学界满意的文本,是非常难以实现的,只能做到相对较好。

其次,石刻文本太多,前人保重古物,不加区别,一律全录,堆砌罗列,常使学者如入十里雾中,取舍为难。宋人编《琬琰集》、清人编《碑传集》,选取最重要人物的碑志以成编,最便学者采用。前述真正值得汇聚众拓、精校成编的,主要也仅限于一批名臣或有特殊研究价值的碑石。就此来说,编一部精心校勘的《唐五代碑传集》,还是现实而有意义的。

从宋代欧、赵开始,石刻研究的基本方法就是个案研究,逐篇题跋,《金石萃编》开始汇聚题跋,较便学者。20世纪出土唐碑刻太多,个案研究是相对滞后的。毛汉光的考释基本皆限于上半世纪的出品,新志仅《昭陵碑石》、《洛阳新获墓志》、《新中国出土墓志》等有逐篇考释,至今未有研究考释的仍占绝大部分。几种大型影印本仅有简单的交待,且有许多缺漏和失误。这一类型工作,仍希望有人来做。对已有分散的考释,也应作必要的汇编。同时,对出土石刻的出土时地,也应作系统的记录和说明。近年由各地文物考古部门发掘和征集的碑石,这方面做得较仔细,但近代由碑帖商估传售的石本,近几十年因盗墓和文物走私而传出来的石刻,要完全弄清来源就非常困难。数年前台湾大学叶国良教授在台北古玩店中发现《兔园策府》作者杜嗣先的墓志,就是很突出的例子。

石刻著作和题跋的工具书,在容媛和杨殿珣以后,仅有各种馆藏和地方的编录。北京大学已着手编撰唐代墓志目录,按年代为序记载各志在各书中拓本影印和校录考释的情况。笔者在十多年前作唐文补录时,作有《唐文待访目》一稿,记录历史上曾有记载而后无文字留存的篇目,总数达数千篇,主要是宋至清末出土的未传石刻。当然仅此还很不够。今后若有条件,应对宋以来石刻研究的各类专著作详密的索引,可包括出土时地、形制、撰书者、原文全文检索及各款石刻的研究史。

由于石刻拓本和录文的大量汇录出版,石刻文献的利用对一般学者来说已不是非常困难的事情,相信在今后的一段时期里,系统宏通地把握石刻文献,将可以做出许多杰出的研究。从文学来说,唐人对碑版文的写作是倾注了极大心血的,但今人似还很少从文章学的角度对此作系统深入的阐释。碑志的出土数量大,分布于各时期,出土又带有很大的偶然性,没有经过人为的选择,其中最能看出唐代各时期文风的实际情况。碑志是丧葬文化的产物,其中包含了大量社会民俗、道德信仰、宗法礼仪、婚姻继承、族聚迁徙等方面的丰富信息,值得作多层面的探讨。碑志所记载的唐代人事关系和科举、历官、从业、年寿方面的内容,也因其文体的特殊性而包含了大量正史中所难以备载的珍贵记录,为从事多方面的研究提供了丰饶的宝藏。比方唐代各大家族的谱系,已可利用石刻和《元和姓纂》等书,作新的全面的钩稽;唐五代职官的研究,也可从石刻中发现大量正史职官志缺载或误记的内容。

2002 年 4 月 11 日于沪寓

* 本文为 2002 年 4 月参加普林斯顿大学"唐史研究新概念"学术研讨会论文。

二〇三
唐代墓志中所见的妻妾关系*

虽然在北魏时期曾有过二妻并尊的情况,吐鲁番出土户籍中也有二妻或三妻的记录,但从墓志记录的内容来看,这一现象很少见。虽然当时一夫多妻(严格说应称一夫一妻多妾)是普遍的情况,但妾在家中的地位很低,男性墓志中在列举家人的时候,只提妻室和子女,一般不提到妾侍,就可证明。

这里可以先以唐思礼家庭情况来作些分析。唐曾为他的两位妻子王氏和俞氏写过墓志,他本人的墓志也已出土,由"前守池州青阳县尉赵远"撰写,题作《唐故银青光禄大夫检校太子宾客前杭州长史兼监察御史上柱国唐公墓志铭》(《全唐文补遗》第三册页271),从墓志中知道他字子敬,先世不仕,其父唐贤始入仕,官至和州长史。他卒于咸通十二年(871),年五十二,当生于元和十五年(820)。他先以小吏求进,一直到三十六岁才"释褐授录事京兆府",以后先后任遂州都督府司马、河中节度押衙、宣武都头兵马使,官至杭州长史,属于中层官员。前妻王太真,父为申州司仓参军,与唐地位相当。王十七岁出嫁,咸通三年(862)死时年二十三,知其生于开成五年(840),成婚在大中十年(856),当时唐思礼三十七岁,即其释褐后的第二年。继室俞氏,江夏人,墓志没有说明其父祖的职位,死于咸通十一年(870),年三十,是生于会昌元年(841)。三方墓志中可以提出讨论的有以下三点。

一是夫妻的年龄差异。唐的两任妻室,都比他小二十来岁。另如皇甫炜娶白敏中长女为妻,五年后妻亡,他再诉于白敏中,白允以小女续配,于大中十年(856)再婚,这一年,皇甫炜四十四岁,白氏仅仅十七岁,他在白氏墓志中即写道:"我与夫人,齿发相悬。夫人向隅,我岂永年。"①如对夫妇墓志多作些排比,相信这不是罕见之例。应该说,老夫少妻是中国古人婚姻中很多见的现象,可以举出许多例证。在此要顺便指出的是,中国历史上许多名人可信都是老夫少妻所生(有的还可能是少妾所生),大约可以从孔夫子一直数到胡适之,唐宋著名文人中,则元稹、韩愈、欧阳修都是。其中可能有遗传的原因,更重要的原因可能还在于,母亲地位低,其子在大家庭中常处于被歧视的地位,容易形成敏锐善感的性格。此外,老夫少妻婚姻中,老夫常先去世,留下少妻幼子艰难度日,上述三人中,韩愈生母的身份至今仍不甚明了,他是由兄嫂带大的,欧阳修则由母亲郑氏抚养。

其二，《王太真墓志》云："又有女奴，每许侍余之枥，以己之珍玩之物，俾自选以宠遇之，其宽容柔顺恤下如此也。"②所谓"每许侍余之枥"，是说其妻容忍甚至鼓励他与女奴保持性接触的一种含蓄说法。这就涉及性观念较开放的唐代士人除妻、妾、妓以外的第四类性伴，即家奴中的女奴。唐代士人家中蓄奴的风气很盛，敦煌、吐鲁番发现的奴婢买卖文书可以证明，家奴的人身权利是完全从属于主家的，可以买卖赠与，必须服劳主家指定的事役。性事虽然没有明文的规定，相信是非常广泛地存在着的。被后世尊称为"药王"的唐初名医孙思邈在所著《千金要方》中，专列《房室养生》一节，说明选买女奴应如何观其体形、骨骼，与何种女子性合可以养生，这位名医显然也是将女奴当作药物来看待。只是在墓志中自夸与女奴的性事，仅见此一例。

三是妻与非妻所生子的胤嗣问题。《王太真墓志》云：

> 夫人来归余室，周七年矣。或曰："嗣事甚严，宜有冢子。"于是祈拜佛前，志求嫡续，精恳既坚，果遂至愿，以咸通三年十一月十六日初夜，娩一男孩，夫人喜色盈溢。及二更，不育。夫人方在蓐中，而伤惜之情，不觉涕下。三更，夫人无疾，冥然而终于河中府官舍。③

此时，唐思礼已有一个七岁的庶子，王太真听从他人"嗣事甚严，宜有冢子"的建议，祈佛有应而诞一男孩，当晚就告夭亡，王也伤感而死。从墓志的叙述看，应该是母子皆死于产难。唐再娶俞氏，仍无出。《唐思礼墓志》对此的表述是："娶王氏、俞氏，皆早亡，无嗣。有男子二人：曰丑谨、道儿。"明确有庶子而无嗣，这种表述应予注意。唐代对嫡庶有很明确的限定，虽然在多数情况下，庶子也有机会承嗣，玄宗先后所立太子，就都是妃所生。如果庶子不能承嗣，就不能解释古人常用求子嗣为理由以纳妾的现象。但严格说来，嫡子在继承顺序上居于绝对优先的位置，庶子常常只有在没有嫡子的情况下才有机会承嗣，而唐思礼的两位庶子，则是在没有嫡子的状况下也没有得到承嗣的资格，比较特殊。

古人称赞贤妻的德行中很重要的一条，就是不妒，也就是应容忍和支持夫君纳妾。从这一点延伸开来，则是对夫君与妾所生子女应乐于接纳，视同己出。从大量妻妾墓志中稍加分析，可以看到唐人纳妾的方式有若干种。

一是在婚前蓄妾，并生有子女：

> 先时师正有男有女，及夫人归，爱抚若己出，有幼者留其母，长之育之，懿慈仁如是。④

> 予（归仁晦）以开成元年纳支氏以备纫针之役，由是育五男二女。二子少

女不幸早世。予□以礼娶郑夫人，而支氏以□乞归养于其父母家，至是□卒。⑤

余（庾游方）有女一人，曰婉子，年十四，抚字甚备，无异己出。⑥

辂（卢辂）未婚前有两男一女，皆已成人。⑦

王师正在迎娶夫人房敬以前，有多名妾侍，房敬对诸子爱同己出，对原有的侍妾仅让幼孩之母留下，让王师正感德无已。"有幼者留其母"一句所包含的另一层意思则是，凡子女已长大者，则其母当出之。归仁晦纳支氏在开成元年（836），支氏为他生了五男二女，在其家约十五年，但在他礼娶郑妻后，支氏事实上是被送回了父母家，不久死去，只是在支氏所生诸子"以母子之私情"恳请下，才为其处理丧事，但没有表示任何的哀挽之意。

二是在婚后纳妾。又可以分几种类型。最常见的是在妻室允许的情况下纳妾，甚至是妻室主动为其觅妾，就像清人沈复《浮生六记》卷一中所述他那位稍有些龃龉而善解夫意的娇妻陈氏所做的那样。在妻妾共处的大家庭中，妾始终处于卑位，即便受宠于一时，即便承恩于夫主，仍可能被主母所驱逐。还应该提到邠王守礼的细人高氏的命运。这篇墓志由邠王书，虽署是"洛阳县乡贡进士王蕃奉教撰"，但多以邠王第一人称叙述，直接表达的是邠王的感受。邠王是章怀太子李贤之子，史称其"多宠嬖，不修风教"⑧，墓志称高氏"天生丽容……粉黛不足增其美。""年十八……归于我"，后即叙其得宠及因此而引起的议论：

自结缡朱邸，甫艳青春，一偶坐于笄床，便假词于同辈。乃退而称曰："女谒上僭，则粢盛不修，冒宠专房，则胤嗣不广。"于是奉元妃以肃敬，睦诸下以柔谦，淑慎其身，先人后己。……固辞恩幸，退处幽闲。悟泡幻之有为，遂虔诚于妙观。紫针缉缕，错综真容，日居月诸，服勤无倦。⑨

这里显然有许多讳词，事实的真相可能应该是，高氏因年轻美貌而获专房之宠，因此而引起元妃以下对"女谒上僭"的不满，高氏在众议纷纭中只能退而"先人后己"，再退而专心修佛，服勤无倦。其结局，似仍不能见容于邠府，墓志所述是"观伯姊于莱夷，别爱男于都辇"，是以合适的理由离开，甚至可能被驱逐，最后客死于莱州。

瞒着妻子在外别馆藏美的也颇有其人。元稹妾安仙嫔即属此类状况。以下是诗人杨牢的交待：

牢年三十，在洛阳，尝于外有子，既乱，夫人未之名，一旦为侍婢失语所漏，方甚愧恐。夫人曰："久以君无男，用忧几成病，今则且愈当贺，奈何愧为?"因以锦缬二幅赏侍儿能言,不弃隔我子于外,蚤令知母恩。内此婢,遂收养之。⑩

杨牢夫妇墓志都已出土,可以知道他三十岁在洛阳的私情发生于与郑琼成婚后的第四年,且曾隐瞒多年,仅因偶然的侍婢失语才暴露,郑的宽恕显然超出了杨牢的预期。

第三种情况是在妻亡后纳妾,中唐大文学家柳宗元就是这样。柳宗元的婚姻,是其年幼时父亲柳镇与好友杨凭的一段戏言而决定。杨氏有足疾而多病,柳宗元称其"事太夫人备敬养之道,敦睦夫党,致肃雍之美,主中馈,佐蒸尝,怵惕之义,表于宗门"。只说她孝于舅姑,敦睦夫族,尽主妇之职,至于夫妇之情,没有着一字加以叙述。虽然用了"悼恸之怀,曷月而已矣,哀夫"⑪以表达亡妻之恸,也只是文章应有之意,并不足以显示夫妇感情之深。杨氏去世时,柳宗元仅二十六岁,其后二十年,他没有再娶,据他在书信中所述"荒陬中少士人女子,无与为婚,世亦不肯与罪大者亲昵"⑫,其女和娘于元和五年(810)死于永州,年十岁,即生于杨氏去世的两年后,称"其母微也",知为其妻服丧期间纳妾所生⑬。而据韩愈撰《柳子厚墓志铭》(《昌黎文集》卷三三),他去世时有"子男二人,长曰周六,始四岁,季曰周七,子厚卒乃生。女子三人,皆幼",都是在南方纳妾所生。

第四种情况是仅纳妾而终身未娶妻者,如柳知微《唐故颍川陈氏墓记》:

> 余以位卑禄薄,未及婚娶,家事细大,悉皆委之。尔能尽力,靡不躬亲,致使春秋祭祀,无所缺遗,微尔之助,翳不及此。⑭

柳知微没有娶妻,陈兰英以妾的身份主管家中大小之事,但没有资格参加祭祀,只能助柳做好春秋祭祀的准备,其地位并不因柳未娶而有所变化。按照《唐律·户婚律》的规定,妻妾不得互易其位,"诸以妻为妾、以婢为妻者,徒二年。以妾及客女为妻,以婢为妾者,徒一年半,各还正之。"虽然史籍记载中亦有婢妾为妻的记录,但都受到当时舆论的一致谴责。在现能见到的唐石刻中,鲜有妾正为妻的记录,当然也可能是为尊者讳,不提卑微时事。

---

* 本文为2003年2月在京都大学文学部所作讲座《唐代亡妻与亡妾墓志》之第三节,全文刊《中华文史论丛》2006年第2期。

① 皇甫炜《皇甫氏夫人墓铭》,《全唐文补遗》第七册,页134。

② 唐思礼《亡妻太原王夫人墓志铭》,见《隋唐五代墓志汇编》陕西卷二,页102。

③ 唐思礼《亡妻太原王夫人墓志铭》,见《隋唐五代墓志汇编》陕西卷二,页102。
④ 王师正《大唐洛阳县尉王师正故夫人河南房氏墓志铭》,见《隋唐五代墓志汇编》洛阳卷一三,页58。
⑤ 归仁晦《支氏墓志》,见《全唐文补遗》第七卷,页129(补题误作归仁晦妻)。
⑥ 庾游方《庾氏妻兰陵萧氏墓志铭》,见《全唐文补遗》第七卷,页128。
⑦ 卢辂《唐故范阳卢氏荥阳郑夫人墓志铭》,收入《河南文物考古论集》,河南人民出版社,1996年。
⑧ 《旧唐书》卷八六《高宗中宗诸子传》。
⑨ 邠王守礼《大唐邠王故细人渤海郡高氏墓志之铭》,见《唐代墓志汇编续集》开元146。
⑩ 杨牢《荥阳郑夫人墓志铭》,见《隋唐五代墓志汇编》洛阳卷一三,页173。
⑪ 柳宗元《亡妻弘农杨氏志》,见《柳河东集》卷一三。
⑫ 《柳河东集》卷三十《寄许京兆孟容书》。
⑬ 《柳河东集》卷一三《下殇女子墓砖记》。
⑭ 柳知微《唐故颍川陈氏墓记》,见《八琼室金石补正》卷七五。

在早稻田看书*

三年前,我作为校际交换研究员,到日本早稻田大学访学半年。因为没有授课和听课的责任,几乎整天泡在图书馆里看书。其藏书的丰富系统,管理的便捷科学,为读者考虑的方便周到,给我留下极其深刻的印象。

早稻田大学在东京市中心,是日本近代两任首相的大隈重信创立的私立大学。日本私立大学中,能与它抗衡的只有近代思想家福泽谕吉创办的庆应义塾大学。两校之间也每年定期举行"早庆战",项目是棒球,就像英国有牛津、剑桥战,韩国有高延战一样,只是早稻田的胜面太大,三十多年来仅三度失手。早稻田大学分成四五个校区,主校区有七八处通道,平常如同街道一样,进出自如,无人看守。其图书馆也分成五六处,我去得较多的是学校总馆、户山图书馆和高田早苗纪念图书馆。户山图书馆是文学部附属图书馆,收藏自以文史哲图书为主,五层楼面中有三层实际是历史、文学和哲学三个学科学生的阅览室兼自修室,基本典籍都很全备。高田早苗纪念图书馆是学校的老图书馆,纪念其第二任校长而命名,收藏以商学、法律、日本文学为主,但有四五种大藏经和不少中国80年代以前的出版物。学校总馆是十年前建成的新馆,与国际会议场各占一座大楼的东西两翼。一楼大厅分为好几个区,工具书专划为一区,收集很全面,如日本各藏书单位和大学图书馆的藏书目录,就有上千种。常用基本典籍另划一区,学部生(本科生)阅览区占的范围很大。二楼是期刊部。近两年的期刊、报纸全部上架阅览,估计不下几千种。日本的学报多以"研究纪要"命刊,不论学校大小,都有分学科的研究纪要,数量极其巨大。专书或专家研究的刊物也很多,如《日本书纪研究》已出版几十年,连松本清张这样的作家也有定期的研究杂志。过期期刊书库另成单元,上下三层楼,要验证进入,取用复制自便,但一律不外借。三楼有特藏部,收藏古籍,可以自由阅览,但出借和复制的手续稍复杂些。地下二层是研究书库,是早稻田藏书最丰富的所在,只对教师和院生(研究生)开放。

早稻田图书馆藏书的丰富,可看成国际著名大学藏书的一个缩影。藏书当然以日本出版物为大宗,有关日本历史、文学、法律、宗教、社会、文化方面的书多得远出乎意料,明治以来的书,几乎都能找到。有关中国历史文化的书相对少些,但有许多在国内也不易见到。港台书自有相当数量,即便中国大陆的出版物,也颇多稀见珍贵者,比方五六十年代出的一些印数很少的学术书,70年代一些期刊的内部试印本,七八十年代以来面对境外发行的大型丛书等。此外,韩文书也有特定的藏弆,西文书则占据了研究书库近半壁江山。经费充足当然是其藏书丰富的重要原因。日本的学术著作很贵,但只要对研究有用,都尽量采进,即便几百万日元一套的大型书,也常有几套配备。比方大藏经,我就看到有十多套不同的文本,包括了中国宋、明、清的几套,日本的几套,还有高丽藏、藏文大藏经、南传大藏经等,应有尽有。此外,馆方有专家鉴识,馆员尽心尽责,也触处可以感觉到。举例来说,许多学术刊物从创刊到新刊,基本都齐备,仔细翻阅,大多是几十年积累的成绩,但也有不少是复印的配本,可知在有缺刊时,馆方不断从其他渠道搜集复制,以求配齐,不让读者留下遗憾。

管理方面,也处处能感到为读者考虑的温馨。每天早九点开馆,就能发现全馆的清扫去尘刚完成,给读者清新的读书环境。读者归还或曾取用的书,都由工作人员即时返还书架,一般不超过半天。对读者提出的问题,都是有问必答,不厌其烦。学校的基本藏书,全部向师生开放阅览。除了期刊、工具书和明治以前善本,几乎所有图书,包括大型书和珍本书,都可以出借,即便已经破损或脱页的书,也给出借,只是管理员会反复叮咛珍惜,并附签说明残损状况。借书当然有册数和时限的规定,但如超过,只是记点停止借阅。各个系的集体研究室,是院生学习的场所,一般也都开架陈列学科的基本典籍,数量很大,平常也不设专人保管。虽然图书馆前也有警惕偷盗的提示,但问日本的教师或学生,相信很少有偷书事发生。我曾问过一位日本教授,图书的开放流通,难道不担心损失吗?他告诉我,学校也有人提出类似的问题,但大家一致的共识是,丢几本书的损失,比起图书深藏而不让使用的损失来,显然是微不足道的。就我的感觉,日本人大多严于自律,自尊而知耻,不屑与孔乙己为伍。

早稻田图书馆每一处阅览厅或书库,都放置有插卡使用的复印机,供读者随便使用。据了解,全校所有办公室、研究室和图书馆的复印机,都由专门的事务所统一管理,使用全校通用的复印卡,到处都有出售复印卡的自动机,事务所也每天有专人维修保养。印一页,不论用纸大小,一律十日元。相对于学校附近便利店每页六日元的市价,馆内贵很多,但太方便了。看到有用的文章或资料,不要任何手续,随时随地就可以复制,实在很愉快。据日本朋友说,这样的做法已经快三十年了,结果就是不再在图书馆抄录资料了。

在日本用网络系统查检图书极其方便,但我不懂日文输入,且关注兴趣又很宽,相信许多资料和论著可遇而不可求,因此采取最笨拙的读书办法,逐个书库地对其藏书作全面翻检和阅读,凡以前不了解的,对现在或今后研究有用,或可以获得启发,乃至与我的学生论文有关的,都乐于了解和复制。有关中国学或东洋学的专业刊物,也都从创刊号开始,一期一期地翻过来,以求对日本学术有全面知晓和把握。经广泛阅读,印象最深刻的,一是日本保存的古文献数量之多,远远超乎想象。日本各寺院和公私所存,有大量的古文书,与敦煌遗书类似,但所涉时间和范围要广得多。有关日本本国文学、历史之和、汉文古籍,日本典籍中保存的中国资料,日本残存的中国文献,也很可观。虽然从清代中叶开始,已有许多学者作了大量的介绍和刊布,直到现在,还有很多不为国人所知。二是日本学者研究成就的巨大丰富。以中国学研究来说,日本有着很悠久的学术传统,又很早接受了西方的学术观念,形成众多的学派和名家,对中国近代以来的学术转型产生过重大影响。西方有的学者认为,如果要给中国学研究颁发诺贝尔奖,大半奖项要颁给日本人。以前听到这句话,很不以为然,但全面披检后,不能不承认所言非虚。三是日本的中国学研究一直保持良好的学术传统,非常重视从踏实的基础研究着手,凡研究一课题,必先理清基本文献,从编制索引、文本校勘、文义梳理开始,进而展开研究,多喜欢作窄而深的课题,题目不大,但做得很彻底,做过一遍后,别人就不必再做了。他们也讲宏观,但大多是从具体问题的研究入手,从历史的发展进程中探讨人文变化的深层原因。近代以来许多著名的学者,都有全集出版,许多中国学的研究刊物,也都有几十年甚至近百年的历史。日本学者极其重视中国学者的研究成绩。相对来说,中国学者对日本学术的了解和掌握,则非常有限。客观原因是日本学界的成果在中国内地不太流通,但在国际化大背景下的今天,即便国学研究,如果没有世界的眼光,其学术意义必然减损,这是我们不能忽视的事实。

在早稻田半年,读到许多前所未见的书,归国时携带了大量书籍资料,可作今后研究的参考,但最重要的,是对日本学术有了一个初步而全面的印象。中国许多大学都提出创建世界一流大学,真要实现,就要从图书馆藏书和服务的国际一流着手。文科研究花不了太多钱,是长期以来上下一致的看法。其实即便像中国学这样的本国学术研究,不及时而全面地了解国外的研究成绩,终难免管中窥天,落于人后。

---

* 本文为2003年3月为复旦大学外事处所写访日观感中的一段,三年后稍作改写,《文汇报·笔会》2006年5月3日刊出时略有删节。

二〇四
观天下书未遍，不得妄下雌黄
——余嘉锡《四库提要辨证》新版弁言*

《四库提要辨证》是一部订正清代官修的《四库全书总目提要》讹误的学术专著，是现代著名古文献学家、目录学家余嘉锡先生的学术代表作，也是中国现代学术史上最有影响的著作之一。余嘉锡先生于1948年当选为中央研究院院士，主要就是因为这部著作的巨大成就。

余嘉锡(1884—1955)，字季豫，湖南常德人。其父嵩庆于光绪初年进士及第，做过七品的商丘县令，官至湖北候补知府，但深通经史。在父亲的教诲下，余先生幼年起就广泛阅览了大量经史典籍，加上勤于记诵，悟解超拔，青年时就有志于撰述。十八岁中乡试举人，得到作有《新元史》的史学家柯劭忞的赏识，被选为吏部文选司主事。辛亥以后回乡，在常德师范学堂任教。20年代因湖南战乱，先避地长沙，1927年经柯劭忞介绍北上北京，授馆于《清史稿》主编赵尔巽家，课读赵氏子弟的同时，也辅佐审读《清史稿》初稿。1928年后，在北京大学等学校任讲师，讲授目录学。1931年，担任辅仁大学校长的著名史学家陈垣先生聘其为辅仁大学教授、中文系主任。其后即在辅仁任教达十八年之久，1942年起又曾任文学院院长。在辅仁期间，曾先后开设目录学、秦汉史、古书校读法、《世说新语》研究、《汉书·艺文志》理董、经学通论、骈体文讲读等课程，内容涉及经学、史学、文学和文献学等诸多领域，足见其涉猎范围之广。1949年以后，任中国科学院语言研究所专门委员。1952年因脑溢血瘫痪，1955年除夕夜猝死，享年七十二岁。余先生一生著述不辍，已出版的著作除本书外，尚有《目录学发微》、《古书通例》、《余嘉锡论学杂著》、《〈世说新语〉笺疏》等。(余先生生平经历主要依据《中国文化》十三期刊周祖谟、余淑宜《余嘉锡先生学行忆往》)

余先生生活在中国近现代学术思想发生巨大变革的时代。他幼从家学，早习举业，一生治学的主要格局也是继承乾嘉文献考据学的传统。他平生服膺前人以目录学为治学之钥的说法，重视目录学的研究，重视掌握目录以求博通群籍，一生读书涉猎极广，自称"史、子两部，宋以前书未见者少；元明以后，亦颇涉猎"(见《四库提要辨证序录》。后文引其自述不注出处者皆见此篇)。他读书不以孤本僻书以炫世，自号书室名"读已见书斋"，自购书也以明清精刻本为主，不以宋元刻本为奇。但他对传世典籍阅读之广博,钻研之深契,分析之细微,考辨之切当,都是超迈前人的。他的研究方法,从形式来说,是非常传统的,即从读书校书开始,在读书中发现问题,先将所见批注于书中,积累渐多,再将批注录出,写成读书札记,再经推敲充实,形成论著。从《余嘉锡论学杂著》所收论文可以看到,他的学术视野和研究方法,与传统旧学已有着很大的不同。这里仅举他的几篇论文为例。《宋江三十六人考实》、《杨家将故事考信录》等文,将传统经史考据的方法用于通俗小说的研究。《杨家将演义》虽多虚构故事,但并非全无事实依凭。余先生从宋元史籍、地志、笔记、文集中广稽史料,指出孰为史实,孰出虚拟,并进一步推论其在民间广泛流传的文化背景,揭示了因其弘扬民族正气而得广传民间的原因。在抗战后期的沦陷区有这样的论文写出,尤足见作者感时愤世的情怀。《宋江三十六人考实》则将《水浒传》前身《宣和遗事》所述宋江等三十六人横行河朔的故事,追迹文献,弄清了《水浒》主要人物的历史原形,并从文本、制度、地理、民俗等多方面,还宋江起义以历史真实。另《寒食散考》,研究魏晋人服食寒石散的独特行为,从魏晋史籍和小说中,指出这一风习的种种表现,又充分利用道教典籍和中日古医籍,揭示所服药物的成分,服食后的发病原因和病状,将息节度的方法和引致百病、导致痼疾的结果,结论是服食的危害远胜于鸦片。不难看出,他的研究极富现代学术意识,已非传统意义的考据之学所能牢笼。又因其探讨的深入和结论的精辟,他的许多看法至今仍为学界广泛称道。

当然,余先生最重要的著作,还是《四库提要辨证》。要介绍这部著作,必须先从《四库提要》说起。

从汉代开始,中央图书机关在广泛征求图书后,都将重要的著作整理校订,以成定本,同时撰写提要,说明其作者、成书始末、学术价值和流布校定过程,以供学者参考利用。汉代刘向《别录》虽仅存留八篇完整的叙录,但这一提要叙录的作法,为后人树立了良好的典范。后其子刘歆编《七略》,唐代元行冲、毋煚编《开元四部录》,宋王钦臣等编《崇文总目》,都为每一种入录图书撰写了提要。这几种书志虽以各自独特的方式得以存其书名目录,但提要都已失去,是学术史上很大的损失。清代乾隆年间学者朱筠提出编纂《四库全书》时,即提议"每一书上,必校其得失,撮举大旨,叙于本书卷首"(《笥河文集》卷一《谨陈管见开馆校书札子》)。这一主张是卓有见地的,得到乾隆帝和修书学士的赞同,在著名学者纪昀主持下,得到翁方纲、戴震、周永年、邵晋涵、姚鼐、余集等的鼎力协作,终有所成。提要的编撰方法,一般先由负责某书校定辑录的纂修官拟出初稿,再由总纂官交上述诸位学有专长的学者进行考证、修改、润饰,成为分纂稿,现翁方纲、邵晋涵、姚鼐等人执笔的分纂稿还各保存了一部分。总纂官再对分纂稿作出增删改写，形成定稿。由于编入《四库全书》的古籍多达三千四百多种，加上存目六千多种，需写提要的书籍有近万种之多，且每一种书都牵涉到极其复杂的学术问题，参与提要编写的学者对许多问题的看法也有很多分歧，纪昀与各位馆臣为提要的编写可以说是殚精竭虑，反复修改，现在可以看到四库各阁的提要有很多不同，各书前的提要与以后汇编成专书的《四库全书总目》差异更大，就是多次改写而留下的痕迹。可以说，这部凝聚着乾隆年间一批最优秀学者二十多年心血的大书，对清中叶以前基本古籍作了全面清理和估价，对中国传统学术作了系统深入的总结，在学术史上地位和影响空前启后。

但从另外一方面来看，提要的撰写，相比于文本的写定来说，有更为艰难的地方。文本写定，只要得到善本，汇聚不同的文本，按规范操作，较易于见功。但提要的撰写，作者事迹要备征史传钩稽线索才能弄清楚，成书过程和文本流传的叙述则要广引书志、详核文本同异方得理出端末，而涉及到对一部书的学术评价，则要反复研读全书，引据前人对此书的评述，然后折衷群言，分析利病，作出允洽的评议。然而近万篇的提要，且成于众手，加上政治环境的制约，成书期程的限制，以及书馆中严厉的考课复检和奖惩措施，虽有众多硕学的参与，要臻于善美，确是很不容易的事。余先生对提要多有讹误的原因，也有很客观的评述，认为："《四库》所收，浩如烟海，自多未见之书。而纂修诸公，绌于时日，往往读未终篇，拈得一义，便率尔操觚"，以致"纰缪之处，难可胜言"。在比对了各家的分纂稿和定稿后，他对总纂官纪昀的工作，也有很具体得当的评价。他认为纪氏以一人之力而承担全书的定稿责任，经其手后，不少提要稿都"考据益臻详赡，文体亦复畅达"，但所承责任太多，也不免"恃其博洽，往往奋笔直书，而其谬误乃益多"，也有定稿反不如分纂稿的。

余先生自述对《四库提要》的研读，始于1900年他十七岁时得到这部书以后，"日夜读之不厌"，有所疑即引书考证，有所发见即写于书端。经过三十多年，所得渐多，始于1931年决定写成专书，最初有七百多篇，40年代曾取史、子两部二百多篇付印，此后又经多次修改增写，又得二百六十多篇。直到1954年10月，也就是他去世前三个月，才最后写定四百九十篇，并撰写序言。这本书的撰写，先后历时五十五年，可以说是倾注了他一生的大量心力。

《四库提要辨证》全书四百九十篇，其中经部六十一篇，史部一百七篇，子部二百十七篇，集部一百三篇，可以说他关注的重点，是在子、史二部，与清人的偏重经学小学有所不同。从所涉时代来看，包括了从上古到清代的各个时期，但以宋人著作为最多,达二百三十种,接近全书的一半。凡此均可看出作者在博通中有所专擅的方面。

《四库提要辨证》所涉博大精深,对近五百种书中的各种复杂难解的问题,作出了精当科学的解析。所涉如一书作者之归属、成书之始末、内容之分合、流传之完残、传本之真伪等,都有很具体的指正和发明。应该说,《四库提要》中带有明确的倾向性的偏失是很明显的,如以汉学正统之立场贬抑宋学,对西学一知半解地轻率讥评等,批评较为容易,余先生对此虽所见十分明切,但因议论可因所见不同而发挥,毋庸逐一讨论或批评,故一般较少计较。他所指出的,大多是《提要》的硬伤。在此仅举《蒙求》为例,以见一斑。《蒙求》是中国古代著名的蒙书,明清间流传较广的是宋徐子光的注本,其作者则署作李瀚。余先生的考辨长达近万言,所考主要是三个问题,一是此书的作者及其事迹,二是此书注的作者,三是书中用典的出处。《四库提要》据《资暇集》有"宗人瀚作《蒙求》"的记载,从《五代史·桑维翰传》中找到后晋翰林学士李瀚浮薄的记载,就断此书为"晋李瀚撰"。其实《提要》的作者读书稍为仔细一些,就会发现错误的所在,即唐文宗时李匡文的著作《资暇集》中已经提到了《蒙求》,且称作者为李瀚,其作者怎么可能是一百多年后的后晋人呢?再者后晋的这位也不是李瀚,而是李澣,因其先仕后晋而后仕辽,故在《辽史》中有其传。这些问题都并不复杂。清末因此书日本传本的舶归,此书卷首有天宝五载(746)李良的《荐蒙求表》和李华的序,作者为盛唐人李瀚,森立之《经籍访古志》、杨守敬《日本访书志》据此驳《提要》之失。而没有见到日本刊本的黄廷鉴《第六弦溪文钞》、周中孚《郑堂读书记》也广引典籍以纠订《提要》之误。余先生对此书前人已有的考证成绩,逐一援引,并稍作评骘,如谓杨氏称引二李表序,仍称作者爵里未详,却忽视了表序中对爵里均已叙及,谓黄氏所考有得,但忽略了两《唐书》都有李瀚传,称道周氏"特为精密"。在此,余先生对前人的研究可说是不掩其善,不护其短,其本人的发见则另述。他据明刻本顾起伦《蒙求标注》,指出明人已知作者为唐人李瀚;又据金元好问《十七史蒙求序》,知宋元刊本本有二李序表,足与日刊本印证;而于李瀚生平出处,则广引唐代典籍予以发明。相比于前人的研究来说,他的考辨是最为精当的。其次是《蒙求集注》的注者,又涉及集注者徐子光的生活时代,徐子光与徐贤是否同一人,徐注的八卷本和三卷本的关系,以及徐注所称旧注出自何处等。余先生对此仅用不足千字,即作了允当的诠解。他的重要发现则是,徐注《蒙求》所称之旧注,与日本刊本的原注,其实都是出于《蒙求》作者李瀚本人的手笔,他的依据一是二李序表的记载,称"每行注两句,人名外传中,有别事可记,亦比附之"(李华序),"注下转相敷演,约万馀事"(李良荐表),都很明确。他又引宋人《鸡肋编》和《学林》的记录,知宋人已知为李翰自注,但徐子光对此已不甚明了了。杨守敬已有见于此,余先生则进一步予以证定了。考定《蒙求注》为李翰自作,对利用此书以作古籍辑逸,极其重要。如30年代印《丛书集成初编》,《蒙求》有自注的《佚存丛书》本和徐注的《学津讨原》本,只因徐注文繁而不取前本;而近年印《续修四库全书》,却选用了虽珍贵但残缺的应县木塔藏辽白文本,不取自注本,也未称允当。倒是日本学者编《本邦残存典籍辑逸资料集成》,利用自注本辑出了大量古籍佚文,很具识见。最后是《蒙求》用典的出处,《提要》对此有一大段似是而非的考论,杨守敬已作了详细的辩驳,很见识力,《辨证》全引之,以为"尚有未尽",再就毛宝、韩寿二事作出解析,更见妥帖。就此一篇来说,可以说《提要》原文的十之七八已被驳倒,经此辨证,《蒙求》及其自注的价值才得到充分的证明,意义是非常重要的。余先生的治学原则也于此有所展示:一是凡研究之问题,前人已有论列者,务予援据;二是对《提要》和前人所述,平心分析,务求其是;三是凡考辨所及,皆循本溯源,知其端委变化,凡提出己说,则尽量追求博证、确证,证据不足,不妨仍予存疑。

还可以举一些非常具体的考订。如对作者姓名的确定,虽属小事,但要求得确凿的结论,也必须要有坚强的佐证。如宋代史书《东都事略》的作者,《四库提要》作王偁,依据是此书明刻本的署衔。在余先生以前,清末陆心源在《仪顾堂题跋》中已据所见此书宋椠本和明覆本以为应作王称,钱绮又据影钞宋本提出应作王称,并认为其字季平与名称合,余先生又揭出五松斋仿程舍人本的署名,以及《郡斋读书附志》、《玉海》、《分类夷坚志》的书证,又举出陈垣先生举出的《学海类编》本《西夏事略》和宋蜀刻《二百家名贤文粹》的题名。这些多方面的书证集中起来,王称是而王偁误,可说是完全证定而不可移易了。再如清人从《永乐大典》和《说郛》中辑出宋末笔记《爱日斋丛钞》,《说郛》题作者姓叶而失名,《四库提要》遂以为书目不著录而作者名无考。余先生指出清初人黄虞稷《千顷堂书目》著录此书为十卷,且列作者为叶寘,弄清了此书的作者和卷次。又进而从南宋《鹤山大全集》、《平斋文集》、《后村题跋》、《吹剑录》等书中勾寻其生平事迹,为今人利用此书指示了可靠方向。类似的情况还有元代《测圆海镜》的作者应为李治而不作李冶,也有很充分的证明,所举作者兄弟数人名皆从水,尤为铁证。像这类例子在全书中很多,就不多举了。

余先生是当之无愧的大师级学者。他能够写出《四库提要辨证》这样的力作,盖因其读书深入得法,研究方法科学,加上一生勤奋向学,博闻慎思,所获自然迈越前修,为世公认。前文已经指出,他的读书研究方法从外在方式来说,是继承朴学传统，以具体文献和事实的考据为主的。但如作深入探求，可以发现他的读书与前人已有极大的不同。一是掌握目录以求全面把握文献，对存世典籍有全局在胸的理解。认为目录学可以"津逮学术，考镜源流"虽是清人章学诚所提出，清代理解及此的学者也颇有其人，但要真正做到，则非常不容易。余先生在其另一部经典之著《目录学发微》中，特别将目录学的功用归纳为六点，即"以目录著录之有无断书之真伪"、"用目录书考古书篇目之分合"、"以目录书著录之部次定古书之性质"、"因目录访求阙佚"、"以目录考亡佚之书"、"以目录书所载姓名卷数考古书之真伪"(《目录学发微》卷一《目录学之意义及功用》)，可以说是他精通目录以治学的心得之谈。在他的研究中，可以看到他对一具体问题的所涉文献，有全面的了解，对每一种用书的源流变化，都有很精致的理解，据此而展开考辨，无不举证充分，逻辑严密，令人信服，即得力于此。他的《古书通例》所论虽以汉魏以前古籍为主，但他提出读古书应"案著录"、"明体例"、"论编次"、"辨附益"的原则，也可以说是他读一切古籍的原则。他特别推崇三国董遇"读书百遍而义自见"(《三国志·魏志·王朗传》注)和北齐颜之推"观天下书未遍，不得妄下雌黄"(《颜氏家训·勉学篇》)的读书箴言，认为"百遍纵或未能，三复必不可少"。他自述读书研究的情况："每读一书，未尝不小心以玩其词意，平情以察其是非，至于搜集证据，推勘事实，虽细如牛毛，密若秋荼，所不敢忽，必权衡审慎，而后笔之于书。"这种小心谨慎、实事求是的态度，体现在全书的每一处论述中。从细节说，凡所引书，一律援据原书原文，不据他书转引。《四库提要》在这方面就有欠缺，如经部诸书提要，看起来旁征博引，头头是道，但仔细覆核，不难发现多是据朱彝尊《经义考》转引的，以致许多结论并不准确可靠。余先生将其所引文字、所涉文献、所及问题，穷源溯委，反复斟酌辨析，以求明了真相。他能取得如此巨大的学术成绩，原因即在于此。

最后还想提出本书中所见作者的学术气度和良好学风。余先生认为自晚清以降，对《四库提要》的态度，"信之者奉为三尺法，毁之者又颇过当"，他都不赞同。他认为该书"叙作者之爵里，详典籍之源流"，"剖析条流，斟酌古今，辨章学术，高揖群言"，"自《别录》以来，才有此书"，给予极高的评价。他的工作得到学术界很普遍的好评，但他在将自己和清人的工作比较后，用射鸟为譬喻："纪氏控弦引满，下云中之飞鸟，余则树之鹄而后放矢耳。易地以处，纪氏必优于作《辨证》，而余之不能为《提要》决也。"这种虚怀若谷的学者气度，也是余先生一生谦逊为学的自然流露。联想到近年学术批评中常见的现象，捧场者一味吹嘘，动辄就说某书有几大优点，棒杀者发现前人的一点错误，就像打落水狗一样地全盘否定，都不是学者应有的行为。余先生半世纪以前所说的这些话,很有针砭时弊的意义。

本书于 1937 年 7 月印行史部和子部未完稿十二卷。作者生前编定全书为二十四卷,1958 年 10 月由科学出版社出版。中华书局于 1980 年 5 月据以标点重排后出版,至今也已二十多年。这次重印,得到了余先生家人的授权,是本书的第四个印本,内容则仍完全保留作者自定本的面貌。

2004 年 2 月 24 日

---

* 本文为云南人民出版社 2004 年新版《四库提要辨证》所撰弁言,题目为本次新拟。

二〇五
《旧五代史》重辑的缘由和方法

二十四史中,《旧五代史》是唯一的辑逸书,通行本是清代邵晋涵辑录本。这个辑本虽可代表清代古籍辑逸书的最高水平,但其慑于政治压力的讳改、引书的缺漏疏忽、录文的脱误衍倒,十分严重,虽经反复校订,错漏仍多。重新校录的建议,七十年前由史学大师陈垣提出,但迄无所成,原因是文献浩博,鉴别困难,史事错综,考订不易。重新校订此书,必须整合文献,确定原则和方法。

一、《旧五代史》的价值及其厄运

五代十国时期无疑是中国历史上最黑暗的时期之一,战乱频仍,民不聊生,以致宋人修史时,还常常发出"乱斯极矣"的浩叹。同时,也应该看到,中国从汉、魏以来持续存在的超稳定的士族政治为中心的社会结构,也在近百年的战乱中被完全颠覆,腥风血雨的动乱对原有社会秩序作了彻底的清除,提供了宋人重建新的社会框架和文化理念的可能。日本学者提出并为中外学者赞同的唐宋变革论,指出唐、宋两代处于士族社会向市民社会发展的转变时期,这一转变的关键,正是五代乱世。

记录五代历史的正史有两部。宋初由薛居正主持官修的史书,原名《五代史》,共一百五十卷,五代各自成编。二是欧阳修私修的《五代史记》,共七十四卷,打通五代。后者流通后,为加以区分,称前书为《旧五代史》,简称《薛史》;后者称为《新五代史》,简称《欧史》。

《旧五代史》编成于北宋太祖开宝七年(974),历时仅一年半就编成了。参与修史的一批史官水平并不高,何以能如此迅捷完成呢(《新五代史》篇幅只有《旧五代史》的一半,欧阳修从三十岁以前写到六十六岁去世才完成)?关键是充分利用五代实录以改写成书。五代虽称乱世,但武夫称帝,日常运作的文官体制则相对稳定,史书编纂也始终没有中辍。几位史官如张昭、尹拙、贾纬等,虽识见、文笔或稍弱,但矢志修史,勤勉不辍,完成了五代实录的编修。所谓五代实录,不是一部书,而是十七部史书的总称,总数达三百六十卷,其中除两种功臣传外,都是编年体史书,详尽记载了梁末帝一朝以外的五代史事。《旧五代史》编写的主要工作,就是把编年体的史书改写成纪传体的史书。具体来说,一是实录节写成本纪,所存约为全部实录的五分之一;二是将实录所附载的人物传记,改写成正史列传;三是划一全书体例,适当增加史实,消弭五代实录的时代痕迹。可以说,《旧五代史》是一批"史笔无法,拙于叙事"的史官,仓促编成的一部"先后无序,美恶失实"(王辟之《渑水燕谈录》卷六)的史书,本身的创造很有限,最大的价值是比较忠实地保留了大量五代实录的遗文。

欧阳修私撰《新五代史》,是认为《旧五代史》褒贬失实,叙事烦猥,文格闇弱。他重视史法,即纪传叙事简明得当;重视《春秋》笔法,全书体现道德批判精神;讲究文章,全书行文流丽明快。他把五代十三帝又分为八姓,以明其血缘;将列传分为三类,根据诸臣的仅事一朝或历事数朝的节行来区分。但就文献价值来说,增加较多的是十国文献,五代纪传主要依据《旧五代史》整合改写,也据实录略增史实,数量不多。以传统史学的立场来看,《新五代史》不失为去取严谨的史书,适合传统文人研读史事的需要,特别能彰显宋人的道德理想和文化追求。但现代史学不限于对历史人物作出评判,更重要的是要探讨历史发展的具体进程和社会各层面的制度变化,力图探索当时的原生态面貌,就此而言,讲究文章和褒贬的《新五代史》,就远不及《旧五代史》显得重要了。

《旧五代史》的失传,后人都认为是金章宗下诏废旧史的缘故。这种说法不能说全无道理,但并不准确。金代从大定以后,学校所用五代史一直并用新旧二本,金章宗诏书仅在官学中不列为正史,并未禁绝,何况金帝的诏令并不能制约敌对的南宋王朝。事实上,在金人以前,南宋已经专用欧书。南宋后期理学逐渐主导思想界,讲究《春秋》笔法且享有文章盛名的《新五代史》更为学者器重,更适合一般文人阅读口味,《旧五代史》则渐被旁落。尽管如此,很长一段时期内并没有失传。现知明初《永乐大典》和《大事记续编》曾大量地引用该书,明末福建连江人陈第《世善堂书目》曾著录此书。清初黄宗羲也藏有此书,吴任臣编撰《十国春秋》有意借阅,借书的信还保留在《南雷文定》之末。但就《十国春秋》引书情况分析,似乎并没有借到。全祖望《二老阁藏书记》云黄氏藏书毁于火,这部《旧五代史》当亦焚身火海。20世纪30年代初张元济辑印百衲本《二十四史》,曾两度征集此书原本,称"愿出重价,搜访原书。""或借印,或慨让,全书固极欢迎,零卷散叶,亦所愿觏。"所得线索,重要的有两条,一是据说歙县人汪允宗(字德渊)藏有金承安四年南京路转运司刊本,于民国四年"货于一粤估",二是汪兆镛告此本后归湖州人丁少兰,藏于金陵旧寓,但其地先被军队占据,后为财部借用,其书终至下落不明。

从张氏《校史随笔》所引记录来分析,其版本、书名均有可疑,引录内容也没有超过清辑本的范围。可以认为,近代此书的存在始终只是一个传闻,并没有得到有力的证实。近年海内外公私藏书的整理和编目已经大端完成,至今没有发现《旧五代史》原本的任何可靠线索,不仅没有全书,连原书任何一卷或一页的线索也没有。

二、清辑本的学术成就和缺憾

清乾隆间编修《四库全书》,其中一项重要工作就是据《永乐大典》采辑逸书,所得凡516种,约占全部四库书的七分之一。《旧五代史》由著名学者邵晋涵辑录,他除参与史馆的日常工作,撰写史部各书的提要外,用了两年时间,辑出这部多达150卷的大书,工作效率非常高。梁启超曾在《中国近三百年学术史》中,提出鉴别辑逸书学术质量的四条标准,即逸文注明出处,所录务求全备,逸文甄别真伪,还原原书编次,并在分析清代各家辑逸书后,认为以邵辑《旧五代史》为最优。这一评价,邵晋涵当之无愧。与收入《四库全书》的多数辑逸书比较,邵辑《旧五代史》一是取资范围较宽,除《永乐大典》外,还据《册府元龟》等书补录逸文;二是交待来源,最初奏进本(后由民国初年江西人熊罗宿影印)是逐条注明文献来源的,只是在正式编入《四库全书》并由武英殿聚珍本印行后,将出处都删去了;三是对《旧五代史》所涉纷繁复杂的史事,援据唐末、五代、宋代的大量史乘、文集、笔记、碑碣,作细致的考订。邵氏曾从学于史学大家钱大昕,其治学所长,在本书中得到了充分的发挥;四是援据宋人关于此书编次的点滴记录,分为"纪六十一、志十二、传七十七"(《玉海》卷四六引《中兴书目》),充分利用《永乐大典》保存的原书分卷编次痕迹,尽可能地恢复原书面貌。《四库全书》中的大多数辑逸书,仅据《永乐大典》所存,采用新的体例,如诗文按体分编,姓书按韵目编录之类,考订也较粗疏。就此而言,邵辑本的水平确比其同僚所辑高出很多。

辑本奏进不久,邵晋涵离开四库馆返乡,再经过馆臣的加工修订,先钞入四库七阁,后由武英殿聚珍本(殿本)印行,得以风传天下,也正式取得正史的地位。殿本最后写定,删去了文献出处,内容略有增补,但讳改最为严重。清末到民国初陆续为世所知的版本,有江西熊罗宿据最初奏进本的影印本(影库本),可能源出邵晋涵南归所携本的孔荭谷钞本(今存台湾),以及源出抱经楼卢氏抄本而又据殿本作了比较多改订的刘氏嘉业堂本(刘本,后收入百衲本)。这几本都保存了文献出

处,讳改部分也未改尽,行世后引起许多学者的关注,清辑本的缺憾,也逐渐明朗。其大端主要有:

其一,慑于清廷的政治氛围,大量篡改原书中贬斥异族的词语,也就是陈垣《旧五代史辑本发覆》特别揭示的涉及戎虏夷狄之类字句的任意篡改,如改"虏主"为"契丹主",改"虏骑"为"敌骑"、"獯戎犯阙"改"契丹入汴"、"北戎盗据中夏"改"契丹据有中夏"之类,在在多有。陈垣的考证,在《永乐大典》原卷影印后得到了证实。如《王权传》,原文"未尝有称臣于戎虏者",清辑本改为"未尝有奉使而称陪臣者";"岂能稽颡于穹庐之长乎"改为"岂有远使于契丹乎";"其实权耻拜虏廷"改为"其实权不欲臣事契丹"。文意似乎还接近,但语气激烈的程度,就完全不同了。就现在已经公布的四库档案来分析,这些篡改并不一定出于乾隆帝的诏旨,更多的是馆臣畏祸而改。《旧五代史》辑本进呈后,乾隆帝即曾垂询金人禁行此书的原因,邵晋涵惶恐而致病,幸亏大学士于敏中尽力为之周旋,方得无事。辑本后来一再讳改,就因为此。

其二,辑录史文缺漏太多。就当时主要依据的《永乐大典》和《册府元龟》等书来说,漏辑现象就已经非常严重。《永乐大典》现存本只有800多卷,引用《旧五代史》不足100则,清辑本即漏收了安彦威、马希范、王弘贽、安从进、李从昶等传逸文。《册府元龟》存五代文献超过万条,清辑本仅辑入三百则,缺漏极其严重。

其三是采辑未广。就现在所知,宋、元、明三代典籍引有《旧五代史》逸文者,大约超过三十种,当时仅《永乐大典》、《册府元龟》、《资治通鉴考异》、《资治通鉴注》、《太平御览》、《容斋随笔》六种书辑录逸文,不少书当时可以见到而没有用,比方《四库全书》收录的《大事记续编》、《职官分纪》等,也有不少是后来才通行的。

其四是录文多误。古籍流传多误,何况像《旧五代史》遗文几经辗转,散而复合,各类脱、讹、衍、倒问题,所在多有,难以尽改。邵晋涵以后,许多学者从事校订,中华书局校点本也改正了一千多处,问题仍复不少。试举几例。《晋高祖纪》天福六年七月"辛酉,以前邓州节度使焦方为贝州节度使",焦方仅此一见,节度使官高,不应别无表见,参前后史文,可以确定是《旧五代史》有传的马万之误,"马"字手书与"焦"字相近,"萬"字俗写作"万",增一点则为"方"。再如《唐明宗纪》长兴二年二月"诏:诸府少尹上任以二十五日为限。诸州刺史、诸道行军司马、副使、两使判官以下宾职,团防军事判官、推官、府县官等,并以三十日为限,幕职随府者不在此例。"(中华本页576)同年六月"丙子,诏诸道观察使均补苗税,将有力人户出剩田苗,补贫下不追顷亩,有嗣者排改检括,自今年起为定额。"(同上页580)前一段似乎是对官员上任期限的规定,但不可理解的是为何少尹官高,独另立程限,而天下之大,各州府道途近远悬隔,又何能统一规定?查《册府元龟》卷六三三,此处"上任"作"上佐",两处"日"均作"月",原诏是对官员任职期限的规定,与上任赴职无关。后一段讲均补苗税,"有嗣者排改检括"一句很难理解,一是"排改"不词,二是仅讲检括田苗,何以牵涉到有无嗣子?查《册府元龟》卷四八八,此处作"自肯者即具状征收,有词者即排段检括",是说有力人户同意者就照此征收,不同意而有词诉者,再分段检括,以作取舍。两段史文,经此校改,文意方得豁然明晓。与前述人为讳改不同,这是流传偶误所致。

其他出入,如误收入几篇《新五代史》的传记,编次失序,传、志名误拟,就不一一列举了。

近代史学大家陈垣最早提出全面校订清辑本,其设想见于其1936年所作而身后发表的《以册府校薛史计划》(收入《陈垣史学论文集》第二集,中华书局,1981年)一文,认为应先编制四种目录,然后据四种目录将二书互相比读,注出有无,进而逐字校雠,写定文本。这一计划,非常周密而可行。得力于这些比读,他发表了研究《旧五代史》的一系列重要论文。1959年,陈垣为中华书局影印明本《册府元龟》所作序中,提出了新的设想:"乾隆中四库馆辑薛《五代史》,大部分本可由《册府》辑出,乃以《册府》习见,外间多有,《永乐大典》孤本,为内府所藏,遂标榜采用《大典》,而《册府》只可为辅。"可能是作序而特别强调其重要的一种说法,实施情况不明。

中华书局校点本《旧五代史》的整理,是在"文革"特殊时期进行的。最初由陈垣承担,后因高层干预,改由复旦大学中文、历史两系部分教师承担。作为整套《二十四史》整理中的一部,体例是整理旧本而不是另辑新本,因此,校点本对清辑本系统的文本作了全面的清理和会校,可以说是清辑本的集成,但没有突破这个基本框架。近年有些学者对此本《出版说明》中"辑本因避讳而改动的文字,除影响文义的外,一般不再改回"一段提出责疑,虽有道理,但似乎超越了当时的整理规范。

三、重新辑校《旧五代史》的途径和方法

80年代以来,台湾学者郭武雄、中华书局程毅中和笔者,也曾提出一些校订辑录的意见。90年代后期,陈垣之孙陈智超就重辑《旧五代史》发表了几篇文章,所述一是对清辑本的解剖;二是对可能载有《旧五代史》目录而久已失传的《永乐

大典》卷一〇一三九的期待；三是就残本《永乐大典》所存《旧五代史》纪传，推测《旧五代史》原书的面貌，并据各种线索提出增补列传的可能名单；四是在此基础上对全书的编排作出调整，进行文字校勘和史事考异。可以说《旧五代史》应该重新校录或重辑，已成为许多学者的共识，但如何完成重新辑校，则有待学者作艰苦的探索。

我国古籍辑逸工作，从南宋时期发端，到清代中后期达到极盛，已有辑本超过千种，形成非常严格的学术规范和评价标准。具体来说，可以归纳为有可靠的文献来源，应严格恪守仅辑本书的逸文，对逸文的真伪完残应作仔细的甄别，对逸文所涉事实应作认真的考辨，应努力追索原书的本来面貌，辑本以近可能地复原原书为最善。近代以来一些学者致力于此，如尚志钧辑苏敬《唐新修本草》、史金波等辑于立政《类林》、林继中辑赵次公注杜诗，几乎完整恢复原书面貌。《旧五代史》因文献残缺而复杂，所涉史事又千头万绪，很难臻于完善。与邵晋涵时文献条件相比较，现在重辑有利有弊。有利的是，现代古籍图书可以阅读利用的数量和版本质量，古籍检索的手段和已有的研究成绩，都远胜于清代。不足之处则是清辑本主要依据的《永乐大典》已经大部分亡失。

现存古籍中，引有《旧五代史》者有《永乐大典》、《册府元龟》、《太平御览》、《新五代史注》、《资治通鉴考异》、《资治通鉴注》、《容斋随笔》、《广卓异记》、《通历》、《类要》、《方舆胜览》、《锦绣万花谷》、《职官分纪》、《折狱龟鉴》、《古今姓氏书辨证》、《玉海》、《能改斋漫录》、《大事记续编》、《天中记》等三十多种书。其中一部分是清代的通行书，只是因为疏忽而未及检用，有一些不太易见，如《类要》仅有钞本流传，《通历》后经阮元奏进，《古今姓氏书辨证》则刚从《永乐大典》中辑出。这些著作引录《旧五代史》，有些是直接标明引录该书，取资较易；有些则未有说明，如《通历》，但只要将其有关五代史文与清辑本《旧五代史》作一比读，不难发现这部分全部据后者节写而成。当然，辑录《旧五代史》的主要依凭，或者说保存五代文献的两大渊薮，还是《永乐大典》和《册府元龟》。

在此先讨论《永乐大典》。这部明代永乐年间编成的大类书多达 22 877 卷，正本在嘉靖以后失传，副本到清乾隆年间尚存 20 473 卷。邵晋涵当时依据的就是这个残本，其中如梁太祖卷，安、马、孔等姓氏卷已亡，辑本有关纪传据其他文献拼凑而成。现存仅约 800 卷，不足原书的百分之四，引录《旧五代史》尚有近百则，《周太祖纪》和王、崔二姓二十六人的传记尚保存完整。残本提供了邵晋涵辑录此书所据《永乐大典》的原初面貌，为解读邵辑本的构成和改动指示了重要线索，如辑本本纪分卷是根据《永乐大典》引录时的分卷空格，各卷后史臣赞语是附在卷末传记后得以保存。至于文本的改动，虽然邵晋涵进奏本中附有大量粘签说明文本改动的细节，但以《永乐大典》和辑本对读，不难发现有关政治忌讳所作的改动固然全无交待，粘签指出原本有误而作的改动，大多数原本并不错，其作为改动依据的书证则常常并不存在，就不能不使人怀疑邵氏治学的态度了。更须注意的是，辑本对《永乐大典》原文的随意增删，多数在粘签中并没有具体的交待，如《周太祖纪》多达二百余处，《王继弘传》有十多处，其中有不少常见形误、音误字当然可以径改，但更多的则是因不明文意或工作疏失而致。

《旧五代史》重新辑录的关键是如何充分利用《册府元龟》。《册府元龟》编成于北宋真宗时，距《旧五代史》成书仅四十年。此书仅录正史、实录，不取笔记杂史，但一律不注出处，清以前学者常忽略其文献辑逸价值。其实此书多达一千卷，是宋代存世最大的著作，在《四库全书》中篇幅居第二（仅次于《佩文韵府》），其中所存唐五代实录为数极其丰富。所存五代文献超过一万则，清辑本仅采用三百则，远未充分发掘。陈垣先生提出用《册府元龟》校《旧五代史》，具有重大的学术意义，他在大量对校的基础上，写成《旧五代史辑本发覆》、《旧五代史辑本引书卷数多误例》等文，指出清辑本的不可尽信，有必要重新校录。他在50年代提出《旧五代史》"大部分本可由《册府》辑出"，则值得斟酌。《永乐大典》引录《旧五代史》时大多注明来源，且大多为整篇引录，故辑逸处理可以得到完整可靠的文本。《册府元龟》不说明文献来源，又采取分类编录史事的方法，多经割裂改写，不可能辑出完整的文本。

《册府元龟》中逾万则没有说明来源的文献，要区分哪些是实录，哪些是《旧五代史》，很难办到，但也非全无踪迹可循。具体来说，以下几点特别重要。其一，实录是编年体的史书，以某位皇帝在位为起迄，逐年逐月逐日纪事，《旧五代史》是纪传体史书，二者在表达方式上有很大不同，即前者多以某一天为单元作点的纪事，后者本纪可以是前者的节写，而传记则更多叙述发展过程。其二，除《周世宗实录》编成于入宋以后，多数实录修成于五代各个时期，又可进一步区分为本朝所修和易代所修两类，都不可避免地带有修史当时特定的立场和态度，梁、唐对垒时期的几部史书对立尤为明显。《旧五代史》编修时持相对超然于五代纷争的叙述态度，与实录有明显不同，不难发现彼此的轨迹。其三，五代实录在叙述到某人的特殊事迹时，常附有其传记，多数是在重要官员去世以后附传，一般称为实录本传。《旧五代史》列传多根据实录本传增益改写，两者有联系，也有不同，仔细研读可以加以区分。其四，多数情况下，在叙述同一事件时，实录较繁而《旧五代史》稍简。以清辑本与《册府元龟》逐一比读后更可以发现，叙述文字大体相同而仅有细节出入者，可以认为是源出《旧五代史》，叙述文字有较多不同者，则源出实录的可能性更大一些。以上几点，大约可以对十之八九文献加以区分，再考虑到一些其他因素，如入宋生存的人物一般不列传，官位低且无特殊建树者也不具备立传资格等，又可以解决一些。所剩已经不多，可以从略。经全面比读可以得到结论，《册府元龟》所引源自五代实录文献，远多于源自《旧五代史》者，其中《旧五代史》本纪很少被引用，而人物部分则相反，其中梁代引录《旧五代史》最多，周代则实录要多些。因此，据《册府元龟》以校补《旧五代史》，只能依据源出该书的文字加以增补校订，出自实录者，则只能作为校订考异的佐证，不能轻率地据实录以改动史文，增补阙文。

五代实录是《旧五代史》编修的主要依据，记载了大量后者没有的史事，尽管许多属于历史的细节，如皇帝出行、朝会、赐宴、亲征的事迹，各地藩镇的进献，边裔的进贡，朝臣的奏议之类，可以认为是《旧五代史》编修时删弃的史文，其中包含了大量可资研究的信息。对同一史事的叙述，实录一般都比《旧五代史》完整详尽。实录所录奏议、诏敕都相对完整，于史学研究尤具价值。还举前文讲述清辑本文字多误的两个例子来作比较。其一，《册府元龟》卷六三三：

> 是月，敕："少尹、上佐以二十五月为限，其府县官宜准《长定格》，以三十月为限。其行军司马、节度副使、判官等，并元未定月限。"敕旨："诸道行军节度副使、两使判官已下宾僚，及防御副使、判官、推官、军事判官等，若询前代，固有通规，从知咸自于弓旌，录奏方颁于纶綍。初筵备称，婉画斯陈，朝廷近以旌赏勋劳，均分员阙，稍或便于任使，不免须议敕除，既当委以裨赞，所宜定其考限。前件职员等，宜令并以三十月为限。如是随府，不在此限。"

此段实录原文，比《旧五代史》所述要复杂得多，前段是中书门下的拟敕，后段则解说前段，交待了决定官员考限的原因，官员范围也更为具体明确。其二，《册府元龟》卷四八八："宜委诸道观察使，于属县每村定有力户一人充村长，于村人议有力人户出剩田苗，补下贫不迨顷亩，自肯者即具状征收，有词者即排段检括，便自今年起为定额。"也较《旧五代史》为详，交待了观察使均补田苗的具体方法，即每村先定村长，由村长落实到有力人户，并说明有力人户接受与否的处置措施。两段文字虽然可以纠订清辑本的若干误字，但并不能据以认为清辑本有大段的脱落改动，更不能据以完全补入史文。但对研究者来说，上引两段文献的史料价值显然高出于《旧五代史》本文，值得揭示出来。补入正文既有违学术规范，因此而舍弃又不免轻弃珠玉，两全的办法只能是，按照裴松之《三国志注》的体例，将源出实录的文献附注于相关文字之下，以供研究者选择利用。

还应该指出，五代实录是宋人编纂五代史书的主要依据，在《旧五代史》成书以前就曾被王溥《五代会要》和孙光宪《北梦琐言》大量引用，只是前者据以编录五代制度沿革，后者则选取有趣故事以成编。在《旧五代史》以后，大量利用实录的史书当以欧阳修《新五代史》和司马光《资治通鉴》最重要，两者据前代文献自成史著，都对五代的制度沿革不屑叙述，但因欧阳修更关注人物褒贬和人伦名分，司马光则致力于描述历史发展的过程，都保存了很多独有的实录纪事。要了解实录的遗存并加以编录，这些也很重要，对于《旧五代史》有关史文的校订，则有重要的参考价值。

四、结语

《旧五代史》比较接近由五代人当时编修而久已失传的五代实录，从现代学术研究意义上来说，价值超过《新五代史》。清辑本多有缺漏脱误和人为篡改，有必要作重新辑录。重新辑录的最大难点，是以《册府元龟》为主的北宋典籍中，源出五代实录和《旧五代史》的文献混杂难辨。在确信两者的渊源关系和具体区隔以后，新辑本应该严格遵守学术规范，据可靠源出《旧五代史》的文献来加以增补校考。同时，也应看到，源出五代实录者虽然不能等同于《旧五代史》，但其研究价值则比《旧五代史》更重要。在辑录《旧五代史》时，将五代实录的遗文一起辑出，具有更为重大的学术意义。

(刊《文汇报·学林》2005年9月18日)

《全唐文补编》出版感言

本书从1986年开始编纂，1991年完成初稿，经过三次增订，到最近得与读者见面，经历了近二十年的时间，确实太长了一些，但也不全是出版方面的原因。具体说来，全书篇幅比较大，排印和阅校都很费时间，而1996年出校时，我因于系务和《全唐五代诗》文稿，耽搁了一年多。这一耽搁，又正巧碰上了排版技术转型的最后阶段，已经排好校好的铅样因此报废，重新电脑排版又颇费周章。2002年排出第二次校样，又碰上我出国访学，再次耽搁了一两年。同时，在1993年退改和两次阅校过程中，我又不断检查群书，增补资料，大量校改和补遗，更在全书后面附录了近五十万字的《全唐文再补》和《全唐文又再补》，就是阅校时无法补入正编的新见文章。在我觉得在广搜文献时，应该负责任地为学者提供尽可能丰备的文献，但因此给出版社带来巨大的麻烦，并造成出版的延滞。我在本书《校后记》中写道："本书从初稿交出，到正式出版，经过了三次较大规模的校订，虽然出版时间大为延后，但也因此得以利用了大量最新发表的珍稀文献，利用了大量当代杰出学者的研究成绩，避免和纠正了因所见文本未能尽善、个人学识局限可能造成的错误。"这是实际情况，并非虚泛的表述。另外，漫长的等待也有意外的喜悦。本书因此而得以在今年复旦大学百年校庆前夕，与我在复旦大学出版社的另一部书《旧五代史新辑会证》同时出版，引起了媒体对于古文献研究此类冷学问的特殊关注，为校庆增添了一点花絮，也算对业师朱东润先生期待我为学校带来光荣的愿望作了合适的回答。

我是在做完《全唐诗补编》后，即着手本书的编纂工作的。唐诗的补遗常是翻了几十本书，所得不过几首或几句，常有大海捞针的感觉。在检寻唐诗过程中，发现唐人逸文的丰富遗存，因而有信心继续进行。最初的发现和积累确实令人兴奋愉快，每天都有几万字遗文的发现。但随着工作的深入，越来越感到艰难，越来越感到难以胜任。唐文和唐诗比较起来，内容已经远远超过了文学的范围，大凡唐代社会生活的一切方面，都在其中有所反映，即要求编纂者的学术素养必须涵盖中古学术的几乎所有方面，这就远远超出了我的学识范围。按照我的工作习惯，既然确定了选题，划定了体例，就应该在此范围内作竭泽而渔式的网罗收录。要做到这一点，又谈何容易。比方用书，我在1993年所作引用书目列出了一千多种书，实际翻检过的书，大约五到十倍于此。其后十多年，凡所到之处，无不广事搜罗。在境外访问期间,在日本早稻田大学、京都大学、香港中文大学、新加坡国立大学等校图书馆都曾作过充分的查检。其中在早稻田大学几乎查遍了书库中的所有相关图书和刊物。这些所获都得以体现在本书中。正编中凡出校之书而在引用书目中未作反映者,都是以后补充的。涉及如此众多的典籍,又希望尽可能利用较好的文本,尽可能追求遍征善本,虽然有此愿望,但要做到谈何容易。比方敦煌遗书,80年代中后期只能依靠影印得不太清晰的《敦煌宝藏》钞录,虽然后来又用缩微胶卷作了部分的核对,错误仍复不少。虽然后来先后依据巴蜀书社影印的英藏非佛教敦煌文献、上海古籍出版社影印的法藏和俄藏敦煌文献作了补校,又参考了大量敦煌学者的研究成绩,但漏校误录自知仍难以避免。再如佛教文献,80年代只能看到《大正藏》,而且利用很不方便,所幸当时见到周振鹤教授从澳大利亚复印回来的部分资料,又从本校哲学系宗教研究室见到《续藏经》,才得以粗具轮廓。虽然努力将佛藏中的唐人遗文大致全部录出,但因为工作时手边始终没有全套藏经可以翻检,必然还会有一些疏漏。近年在日本和香港见到十多种佛藏,尽可能地作了补充。至于石刻文献,本书尽可能地利用了前人和今人的研究成就,利用了各类已经影印的拓本,并在此基础上为文本写定作了非常艰苦而自信尚属仔细的校订,但距离每一种石刻都能征求善拓、每一篇碑文逐字写定出校的要求,当然还相去甚远。

本书在录文限断和写定体例方面,基本沿用《全唐文》的旧例,所作只是局部的调整。就录文范围来说,当然应该严格限定《全唐文》系列所收以唐五代人的文章为限,不收专著,不收谈话,不收敕目,不收无文意的造像刻经题名,这些应该不会有太大的争议。不收以契约户籍等为主的各类敦煌吐鲁番文书,则考虑到其自成系列,且为实际应用之记录,虽亦包含文章的成分,既然无法全录,不妨一般不收。再如书仪,是提供社会各阶层人士社会应酬中使用的范文文式,如果没有具体应用的内容,也以不收为妥。至于唐人文章全篇已逸而仅存残句者,我则依据有无原文文句保存作为收录与否的原则。虽然《全唐文》已经标举残篇断句收录无遗,收入的只是很少一部分,以致陈鸿墀只能在《全唐文纪事》中补出。最初考虑本书还有一个附录《唐文待访目》,记录已经失传的唐文情况,已经有二三十万字的积稿,得已逸文章篇名超过三千篇,因未能全部完成而放弃,希望以后还有机会做完。

本书标点采用点断而不是新式标点,校勘则采用会校多本、写定一本、不出校记的方式,都可能引起一些不同看法。2004年8月到南京大学参加古文献学术会议时,即有学者提出异议。我在《校后记》中对此已经作了申说。仅用句读,是与当时中华书局文学室主任许逸民先生商定的体例，一是考虑到与中华书局仅作点断的影印本《全唐文》配套，二是考虑到唐代遗文，特别是录自石刻和敦煌文献中的文章，残缺断损非常严重，用新式标点虽然较便阅读，但必然会增加许多不必要的错误。何况本书的读者主要是专业研究者，这方面应该不会造成什么困难。至于会校而不出校记的体例，实在是一种不得已的选择。以昭陵碑刻来说，传世拓本很多，从清中叶开始，每一种碑都有多种以至十多种录文，每一种录文都有其独到之处，但又必不可免地存在种种错误。在多数情况下，《全唐文》的录文都极其糟糕，但偶尔也有极珍贵而独见的存文，因为所据为内府拓本，仍不乏善拓，只是为馆臣在校录时的工作态度和学术水平所限。前人录文以罗振玉《昭陵碑录》录文最精当，但出入仍多。近年的昭陵考古有不少新发现，善拓也屡有揭示，《昭陵碑石》颇多新意，但似乎不太会充分吸取前代工作的成绩，录文难以臻善。本书编纂之初，也曾考虑过逐一出校的体例，但试做之后发现，这样不仅工作量增加，篇幅上要扩充许多倍，实际意义则值得斟酌。比方昭陵某碑，《全唐文》的残缺和误录如何记录，其他各家的出入是否备载，各种拓本的存字多少如何表达，都似乎有加以记录的必要。将这些是非得失罗列出来，当然还不是完全没有意义的工作，就如同近年中、日、韩学者对《好太王碑》的校录，逐字排列十多家不同录文的差异。但一件或几件文献可以这样，面对几千篇遗文，就难以达到了。本书有鉴于此而有所变通，从而确保了以个人的力量可以达到完成，而全书的规模也让出版社和读者能够承受。虽然一般不出校记，我可以负责任地说，本书在文本的写定比读方面，作出了极其艰巨的努力，凡篇末注明出处的文献，都曾仔细作过逐字的推敲和弃取，凡所注两种以上出处的文章，文本已与任何一种文本都有所不同，可以说是新写定的文本，请学者有所注意。如昭陵诸碑，本书的录文采据极其丰富，可以说是至今为止录文最全备的文本。虽然没有逐字交待来源和差异，基本取舍都有充分的依凭，足为学者所信据。

从本书始纂到正式出版，经历了十九年时间，其间有关唐代文章的收集和整理取得了充分的成绩。举其大端，一是《全唐文》有了两种新的标点本，笔者也做过《唐文拾遗》和《唐文续拾》的校补；二是唐代墓志和敦煌遗书研究的空前成绩，除了石刻墓志有了大量影印本，最值得称道的是《唐代墓志汇编》及其《续集》的出版；三是吴钢主编的《全唐文补遗》继1994年到2000年间出版七册后，前不久又出版了第八册；四是吉林文史出版社2001年出版了号称补录唐文一万三千篇的《全唐文新编》。在这些书相继出版后，本书的价值又何在呢？这是近期不少朋友和学生常问我的问题，以下拟稍作一些说明。

当我开始着手编写本书不久,就听闻《唐代墓志汇编》的书稿已经交到了上海古籍出版社,为此我专门访问了该社历史室主任陈稼禾先生(已故),虽然没有见到书稿,但承他介绍了此书的基本情况,即仅录墓志一体,断限于唐末,主要利用《匋斋》、《千唐》、《曲石》、《芒洛》等石刻汇编和存世拓本,其他文献采据较少。为此曾考虑墓志一体完全不收,但在接触一部分文献后,就觉得这样非常可惜。在传世的四部书、佛藏和敦煌文献中,也有一些稀见的碑志,而地方文献中,保存尤为可观。在对存世文献和新见文献大规模全面地网罗过程中,同时搜集较容易,仅录墓志的学者未必同时做这样的工作。有虑于此,最初收录原则改为不取大宗的墓志汇编,仅录其他文献来源,特别是地方文献来源的墓志。1991年交给出版社的第一稿中,收录墓志约六七百方。《唐代墓志汇编》1992年出版,该书收唐墓志3 676方,其中十分之九为《全唐文》所未收,字数超过三百万字。显然,重复收录这部分墓志,对于出版社和读者来说,都是没有必要的额外负担。1993年,本书遵照中华书局编辑部意见修订时,即将初稿中与《唐代墓志汇编》重见篇目悉数删除。同时,又以该书与《北京图书馆藏历代石刻拓本汇编》所收墓志逐一对核,发现漏收一百多篇,即予补出(后《唐代墓志汇编续集》大多也作了补录)。《全唐文补遗》出版稍晚,因而没有予以考虑规避。现在看来,此书几乎全部录自石刻,其中墓志约占十之九五,与本书并不重叠。其中重复部分,一是墓志以外的各体石刻,大约有一二百篇,二是五代墓志,也有数十篇重复。《全唐文补遗》大多录自石刻拓本,不注文献来源,本书则采据群书,于石刻部分也做过大量会校的工作,同一文的录文也多有不同,即使重复,也别具价值。本书所收墓志,大约有三五百方,仅占全书十分之一弱,一部分与前述诸书有重叠,但在前述诸书以外也有数量可观的保存,也具一定意义。

至于《全唐文新编》所补诸文,虽称数量巨大,但所补的文章来源,一是把陆心源所补三千多篇都计入了自己的成绩;二是把《唐代墓志汇编》、《唐代墓志汇编续集》和《全唐文补遗》三书的内容全部采入,总数大约为五千五百到六千篇;三是从敦煌遗书、《永乐大典》和两《唐书》等书中,采录了大量所谓文章,其中包括了许多史书引录的君臣谈话、敦煌遗书中的籍帐文书、《永乐大典》中引录的存世或者不存世著作的片断引文等。除了利用已经发表的上述成果外,由于编者仓促成书,没有仔细调查典籍,搜寻文献,因而采辑了数量可观的一批似是实非的所谓逸文来顶冒。可以说,此书追求的目标不在学术方面,即便最表面的前人对唐代一些重要文集的补遗成果也没有吸取,更遑论其他了。

还必须说明的是,唐代墓志的编录大多以时间为序,与《全唐文》系列以作者为目编录唐人文章，在表达方式上有所不同。有鉴于此，我在1993年编了《唐人墓志存目》，以存作者情况。但最近十多年唐代墓志的出土和发表数量实在太多，到2004年处理本书最后一校时，不可能再为后见诸书作这样的存目工作，请读者见谅。在此想顺便推荐日本学者气贺泽保规教授的《新版唐代墓志所在总合目录》（汲古书院2004年3月出版）。此书初版于1997年，编录了十种书的墓志目录，收墓志约5 482方。新版采书增至24种，收录墓志达6 459方，编次也极其精密。新版出版后的一年多里，又有《全唐文补遗》第八册、《邙洛碑志三百种》、《新中国出土墓志·河北卷》等书出版，加上《偃师杏园唐墓》、《榆林碑石》、《咸阳碑刻》等书所收，加上散见群书所见，估计还有一千多方。我在本书《校后记》中提出："唐代石刻，主要是墓志，今后应有更完备的著作，即应包括拓本、录文、校勘、考订为一编的集大成的著作，也应该编出包括志主、作者、书者、出土时地及收录、研究内容的索引。"期待有人做这样的工作。

最后还想说明的是，辑佚与校勘一样，大约都可用清扫落叶永无尽期来设喻。多年来为此付出了巨大的代价，有困惑也有惊喜，而最后所获能达到现在的规模，即存录唐文在六千七百篇以上，则是我辑录之初完全没有想到的。本书中有为数极其可观的稀见文献，有的作者经过文献梳理后得到上百篇的文章，而全书涉及作者近两千人，其对于唐代各方面研究的意义，在此就不再多作说明了。虽然殚尽心力，但仍不免有一些遗憾。在我处理完全部校样的归途中，买到周叔迦先生的《释家艺文提要》，见有数篇他见到的文章我仍未得到，随即在《校后记》中记下了遗憾。在最后一校交出一周后，门人金程宇博士又给我提供了日本东洋文库藏虞世南《帝王略论》的序和进表、韩国古籍《释苑词林》中的梁肃与和凝的遗文等，所幸还有机会请责编代为补入。最近一年多，有幸到台湾逢甲大学和香港浸会大学任教访问各一个学期，得以购买了大批台湾学者的著作，有机会充分调查了香港大学、香港中文大学、香港浸会大学的藏书，所得极其丰富。此外，见到许多最新的出版物和学术著作，如龙显昭主编的《巴蜀佛教碑文集成》就有十多篇文章为本书所未收，其中龙多山石刻尤为重要。此外，也有一些失诸眉睫的遗漏，如唐玄度书《六译金刚经》拓本，早就出版了，但最近才注意到其中有杨某的序和郑覃等人的赞，都应该补录的。大约一年多来，所见又有一二百篇，以后有机会再求刊出吧！

（原载《书品》2006年第1期）

二〇〇六
五代社会变化的一些迹象*

我在《旧五代史新辑会证》前言中,对于五代历史在中古社会发展中的意义,写了以下一段话:"后人称为五代十国的这一时期,战乱频仍,民不聊生,可以说是中国历史上最黑暗的时期之一,以致宋人修史时,还常常发出'乱斯极矣'的浩叹。同时,也应该看到,中国从汉、魏以来延续存在的超稳定的士族政治为中心的社会结构,也在近百年的战乱中被完全颠覆,腥风血雨的动乱对原有社会秩序作了彻底的清除,提供了宋人重建新的社会框架和文化理念的可能。"这方面可以研究的问题很多,但我没有作系统深入的研究,只能就阅读所及,略谈对于五代社会变化的一些粗浅的感受。

中国中古社会从汉魏以来,士族社会始终具有超稳定的存在结构。五胡十六国的破坏虽然巨大,但一部分士族退居南方而得到新的成长机缘,留居中原的士族也在与异族统治者的斗争和协调中得到重新发展的机会。每一个时代都有新的军功贵族形成新的家族势力,逐渐成为新的士族阶层,从北朝到唐初这一趋势非常明显,但也逐渐与旧族达成妥协,共同占据社会的主流地位。唐初以来编次《贞观氏族志》、《大唐姓族系录》、《元和姓纂》等都具有这种意义。从20世纪出土的大批唐代墓志可以看到,家族墓群世代维系,规模宏大,士族间婚姻关系稳定,家族礼法传承有绪。唐代实行科举制、鼓励军功贵族等举措,带动了社会结构的某些变化,但从唐后期牛、杨家族的资料来看,通过科举进入上流社会的下层士人也很快形成新的家族势力。保存在《戒子通录》中的柳玭《柳氏叙训》保存了唐末大乱前旧士族门风的可贵记录。

唐宋社会转型,最根本的变化应该说是汉魏以来士族社会结构的解体所带来的变化。五代是这一转变的关键转折点,近百年的社会动荡完成了对于旧的社会秩序的彻底驱除,尽管新的秩序和理念的建立还需要漫长的过程。

一般所说五代十国乱世,其实从唐末就开始了,大致可以分为三个时期。首先是桂林戍卒暴动及稍后的王仙芝、黄巢变乱颠覆了原有的稳定秩序,平叛过程削弱了朝廷的社会控制力,刺激了各地武装豪杰的割据热情。从中和平巢到庄宗入汴的四十年时间,是第二阶段,也是战乱遍及全国,最为惨烈动荡的时期。唐代的新旧士族在军阀间连续不断的大规模战乱中,遭遇到无数次的血腥屠戮,家族产业沦丧殆尽,具有社会影响力的士族势力也完全被清除了。尽管也有许多士族依附地方军阀,得到新的晋升阶梯,但与永嘉末的社会动荡不同,旧士族在此期间并没有获得重新结集复活的契机。第三阶段,各地方割据政权大约在天复(901—904)前后就逐渐实现了地方的稳定,中原则因为梁、晋之间的剧烈争夺而仍继续了二十年的血战。从这时期到五代入宋,虽然局部战争仍然连续不断,朝代更迭之际也总有一些变乱发生,但没有出现全国规模的长时间战争,即使契丹入汴引起的动乱也在不到一年时间内平息。

当新朝建立之际,统治者仍需要旧族名士出来装点门面。唐庄宗挑选韦说、豆卢革等为相,并不是因为他们的能力,而是因为他们旧士族的背景及其在社会上的号召力。但其时士族赖以生存的社会基础已经失去,他们的家族势力和优裕从容的生活环境,都已经完全改变了。一些旧族人物虽然仍得到优礼,但其学问、人品以及进退之间的态度,大都显得猥琐而低下,不复能够重显往日的风范。经过五代连续的政治变动,士族的残存势力虽仍有一些孑遗,但很有限,不断进入政治核心的下层人物,以及在地方势力整合中形成的新的家族势力,改变了原有的社会结构。到宋代,可以认为旧的士族势力已经完全消退殆尽。

五代政治运作中一个非常突出的现象,是文武分治,武将决定政权的大势归属,文官则负责朝廷的日常运作。

唐末动乱的根本原因是拥有武力的地方军阀的割据战争。唐后期河北叛镇依靠衙前军保持实力的做法为多数军阀师法,并逐渐形成了组织严密而具有很强战斗力的禁军体制。禁军的向背决定了五代政权的归属。据张其凡先生《五代禁军初探》研究,五代到宋初共发生十五次政权更迭,其中属于正常继承的仅五次,外族入侵一次,军事战胜一次,而因为禁军哗变之类的政权更变则达八次之多。禁军将领内备宿卫,外领藩镇,权势煊赫。在易代之际,只要弃旧拥新,多数都可以继续带兵。

五代多数帝王出身下层,甚至不识字,缺乏治理国家的能力,他们需要有政治上的有力助手来辅佐霸业。在多数情况下,霸府旧人就充当了这样的角色,即枢密使主政局面的形成。五代各朝都有这样一批权臣,如敬翔、郭崇韬、安重诲、桑维翰、景延广、史弘肇、王峻等。这些权臣在权力达到巅峰时,不可避免地与君主发生冲突,少部分选择了退让,如敬翔、桑维翰等,很多人最终成为权力的牺牲品。在改朝换代之际,此类人物很少得以善终。

此种格局,在政权更迭过程中,一般对于文官都给以优礼,除了前朝的核心成员外,一般很少成批地屠杀旧臣,即便贬逐也很快起复原职。对于前朝的官牒职状,一般也都予以承认,并确定了官员身份材料的失落的认可办法。即便梁唐之际,在长达二十年的血腥战争后,后唐新朝处置了一批梁政权的懿戚佞臣,多数要员则在短暂贬逐后起复,其中的精英人物李琪、崔协、郑珏均被命为宰相。但是,五代的宰相一般很少过问禁军系统的人事安排,即便君主垂询也尽量躲闪,如冯道任相而拒绝晋高祖征询他对于人事的意见。当然特殊情况也有,如清泰朝李崧对石敬瑭任六军副使的保荐。但在多数情况下,文武分流的情况十分明显。当禁军变乱、拥立新的人主时,文臣可以心安理得地出迎,而不存愧疚之心。五代君臣之谊淡薄,当然更很少死守效忠了。

另一方面,五代时期文官系统始终保存完好,且具有一定的办事效率,可以从许多方面得到证明。五代史馆的修史工作,不仅曾编修《唐书》,编成了一系列的实录,于各职能部门的文档征集也大体能够坚持。除了梁末帝时期没有留下完整的史事记录外,五代时期政事史料保存得完整准确,远远超过了动乱以前的唐代宣、懿二朝。五代时期大赦颁布频繁,虽然常不免朝令夕改,难以完全落实,但如果全面考量,可以发现各朝政令的基本方向具有连续性,且从一系列官员误解赦书而受到渎职处置情况看,相当部分得到了落实。就此方面来说,从后唐开始,五代的经济状况也逐渐有所恢复,与唐末乱局有所不同。其中在唐明宗、晋高祖两朝,国势相对稳定而有所发展。从开运到契丹入汴,复陷于动乱,但到周世宗南征北讨的情况来说,已经具备了相当的实力。

五代各朝为稳定政局,都相当重视恢复经济。经过唐末战乱,中原破坏极其严重,繁华的城市遭到毁灭性的破坏,大量的土地废弃,无人耕种。而要维持庞大的军队的存在,物力上的支持非常重要。从《洛阳缙绅旧闻记》所记张全义在洛阳一带鼓励农商的作为,出土的《孔谦墓志》中关于河东政权在与梁战争中后勤保障的记录,都可以见到。其中最突出的,一是对于废弃的土地和物产,鼓励有力量者耕种继承,并确定了原所有者归还与否的时间上的限定,即使旧主在多年后归来,也不得要求全部归还旧业。二是将招徕逃亡作为地方官课绩的主要依据,制定以州县所有人户数来决定官员的俸禄等措施。三是对于盐、酒及铸钱等实行严格的官方控制的同时,也不断鼓励民间铸钱和交易。五代后期在大乱后经济已经逐渐有所恢复,城市规模也达到一定的程度。

杨宽先生在《中国古代都城制度研究》中,特别指出从秦汉以来,皇家宫苑一般都建于都市之北部,有坐北朝南、君临天下的气象,而从周世宗显德四年(957

重建东京宫城,居于都市中心,并成为以后各朝的楷范,或许可以作为社会变迁的一个形象化的标识吧!

2006 年 8 月 18 日于上海武川路寓所

---

* 本文是 2006 年 9 月在台湾中研院历史语言研究所参加黄宽重先生主持的唐宋社会变迁讨论会的专题演讲稿《〈旧五代史〉重辑的回顾与思考》中的第五节。全文刊《中国文化》25、26 合辑,2007 年 10 月。

二十四史启动修订的一些建议*

　　二十四史及《清史稿》修订工程的启动，是中国文史学界近期的一件大事。今年4月5日，在北京香山饭店举行了此一项目的专家论证会，许多著名学者，包括多位当年参加点校和编辑的学者，参加并发表了意见。新华社当日发表了题为《新中国重大古籍整理工程——点校本"二十四史"及〈清史稿〉开始全面修订》的长篇报道。各位专家和领导的发言，也已经在《古籍整理简报》今年第6期刊出。对于二十四史当年整理的成就以及今日修订的必要性，有关专家表达了几乎一致的看法。现在进行修订的条件，报道列举了四项："一、近30年来考古发现中出土的文献，为修订工作提供了许多原始的材料。二、一些传世文献的公布和整体研究，深化了学界对于古代史的认识和理解。三、中国历史各断代史、专题史研究的不断进步，丰富了修订工作的资料。四、许多学者对点校本'二十四史'及《清史稿》有针对性地撰写了大量校订研究的专著和质疑、考证性的文章、札记，已经对一些史书中的记述有所厘正。"也非常准确。在具体组织实施的方法上，主持修订工程的中华书局已经有较周全的看法。在具体的整理体例方面，有关专家的看法稍有一些分歧，其中最重要的，是如何划一体例，是否在原有文本基础上进行修订，如何利用现有的各种文本和研究成绩。我由于一些特殊的原因，与中华书局联系较多，多年来关注于此，与他们私下交谈较多，但始终觉得表述还不够系统完整。近期翻阅了一些文献，对此作了一些较深入的考虑，在此写出，就教于有关前辈，也希望因此而引起关注与讨论。

　　中华书局校点本二十四史的整理过程，已有多篇文章回顾，这里不多说了。二十四史整理所取得的成就，已被学界充分肯定。但我们也应该看到，二十四史整理工作开始到中辍到完成的十九年间，是我国历史上一段非常特殊的时期，校点工作在立足文化建设的同时，也不免成为一项特殊的政治任务。由于是政治任务，在人员配置、工作条件、图书资料调拨等方面，给予了充分的保证。同时，在整理时间方面限迫严格，相关的学术准备方面远不充分，海外善本根本不可能用到，前代的成果也仅利用了一部分。就此而言，在相隔近五十年后，重新启动修订工程，确实非常必要。同时，我认为当时整理体例和实施细则，大端都甚妥善，应该继续维持，但在某些具体问题，特别是牵涉到某些史书的特殊情况时，仍应有适当的变通。以下谈一些具体建议。

一、关于修订办法

二十四史的修订,应该全面吸取最近半个世纪以来中外学者对于校点本的订正意见,参考有关学者对于各史的研究成果,这是毫无疑问的。问题在于,系统校点修订与读书偶有所得,是两种不同的工作状态。就目前见到的为数极其巨大的校订文章来看,多数是就个人研究兴趣所及,在某些具体问题上研究有得,作具体的考订。一些专史考订者,多数是通过反复研读一部或几部史书,发现互相之间记载的歧互,作具体的考订。新修订本要追求系统订正旧本误失、形成足以代表当代学术水平的新本,在实施方法上,必须比前辈学者更为科学、更为系统、更为彻底。我以为各史都应该在以下三方面作出努力:一是对于各史海内外存世版本作系统的调查,弄清版本源流,确定最接近原书面貌的较早刊本为底本,确定具有文本价值的重要版本为校本,认真做好版本校的工作;二是对于各史的研究考订专著,包括校点本出版以来的各类补正考订文章,作全面的调查和搜集,仔细斟酌各家对于每一个细节的考订意见,适当予以吸取;三是对于各史的源出文献和相关文献,作系统的排比互校,以了解史文的渊源,订正流传中的失误。启动修订为全面提升二十四史校点本的学术水平提供了难得的机缘,由于原本已经具备了很好的基础,修订者必须付出极其艰辛的努力才能取得实际的提升。

二、关于统一体例

二十四史整理经过了近二十年的时间,参与工作的人员也多达数百人,各史的情况又差别很大,因而体例上有差异是很正常的。但就大端来说,在新版中以下各点应该注意划一体例:一、有注释的五史,都将原本夹注改为段落后另起小字注,但《旧五代史》所包含的大量夹注和校勘,仍采用夹注;二、底本文字校改,在前四史中多数采取改定字用方括号标出,与正文接排统一字体,底本误字则用圆括号小一号字存于原文下,《晋书》以下则凡改动文字统一在卷末校勘记中予以说明,正文中则不作标记;三、校勘记写法,附于卷末是一致的,多数在正文中加序号,卷末按序号出校,但《汉书》《后汉书》则不出校码,卷末逐条写某页某行某字以作校勘,《三国志》则将校记统一附于书末;四、列传的传名,有在卷首统一罗列者,有在卷首不列而在各传前分别标目者,也有卷首或传前皆不列名者(如《旧五代史》),大致依循整理底本而各存面目。以上诸端,修正本应该有统一的体例,不必各具面貌。

三、关于维持旧本和重做新本

中华本在整理时确定只是整理旧本,而不是重辑新本,是非常明智而正确的原则,确保了全史的统一和顺利完成。近期有些学者不明了于此,对于一些文本提出批评,如对《旧五代史》整理者所提"辑本因避讳而改动的文字,除影响文义的外,一般不再改回"一段提出质疑。其实,如果改动此类文字,必然要重做新本,而不是整理旧本了。从现在看来,多数史书应该要维持原书,少数则可以稍作调整甚至重做新本。在此举三个例子。

一是《史记》,所收为三家注本,就应该尽可能地恢复三家注本原来的面貌,将宋人汇编三家注本时删去的某些内容,尽量恢复出来。张守节《正义》在《史记会注考证》中,颇有增出三家注本的内容,日本一些古钞本还保留了部分内容,今人张衍田《史记正义佚文辑校》已经作了辑录,其他如吕祖谦《大事记》等书还有一些孑存,应该补入整理本。司马贞补的《三皇本纪》当然不是司马迁的原文,但如宋黄善夫本等都有此一内容,也是三家注的应有文字,可以移作附录。

二是北三史原本在北宋时已经残缺,《魏书》一百三十卷,全缺二十六卷,不全者三卷;《周书》五十卷,全缺五卷,不全者二卷;《北齐书》五十卷,原本仅存十七卷,残缺最甚。嘉祐间整理时所据本,可能形成于北宋初年,采取的是拼凑《北史》和其他史钞(一般认为是已经亡逸的《高氏小史》)以补缺的办法,与清代以来辑佚古书必说明所据文本来源的规范有很大不同。北宋整理本所据的资料现在已经无法见到,宋以后已经认可了三史的地位,当然不必变动。但在唐长孺先生整理三史时,已经注意到《初学记》、《册府元龟》、《太平御览》、《通志》中,有不少超过今本的内容,除了陈垣补出《魏书·乐志》一页外,又据《册府元龟》补出《魏书·礼志》和《刑罚志》各一页,补出《周书·武帝纪》和《杜杲传》的阙文,但因为受到不作新本体例的限制,并没有作宋补阙卷清理工作和三史残文的辑佚工作。最近刊布的1961年石泉先生致中华书局信,即提出新版"应该尽可能恢复《魏书》、《北齐书》、《周书》的真实面目",主张将三史中宋人据《北史》增补的部分剔除,"去掉其形式上虚伪的'完整'而已,对史料毫无破坏,反而使眉目更为清楚"(《书品》2006

年第5期)。今本整理时,是否应该将宋人补入部分删除,当然还要仔细斟酌。我以为如《北齐书》不妨可以做成宋补阙本的整理本和李百药原书残存文本两种文本。修订本最起码应该对于唐宋典籍中征引到的三史遗文,作全面的辑佚,可以确定的佚文,可以决定卷次者补入正文,难以决定者附于书末。

三是《旧五代史》。今本为乾隆间邵晋涵在四库馆所辑。校点本作为底本的熊罗宿影库本可以相信源出于最早的进奏本,参校的殿本在邵辑的基础上有较多的加工,好处是据《永乐大典》有部分的校补,缺点是删去了文献出处,涉及民族文字改得最多。另一个主要参校本刘氏嘉业堂本源出卢氏抱经堂抄本,但在刊刻时又据殿本做了改动,逊于熊本。整理工作从陈垣、刘乃和先生开始,转到上海,因为确定在清辑本基础上整理,因而无意另作新辑本。据说参与整理的胡裕树先生曾作过补遗辑佚,限于体例没有收录,后来也没有发表。我近年作《旧五代史新辑会证》,立意作新辑本,凡《永乐大典》原卷尚存之《周太祖纪》及王、崔诸人传,以原卷为底本;今存书中有《旧五代史》残文者,一律据原书辑录;清辑本辑自《永乐大典》而原卷已经亡失者,则据熊本为主,参校各种可信源出《旧五代史》或五代实录的文献,审慎校改,努力希望纠正清代的误辑、漏辑和讳改,尽力恢复到原书的面貌。这些处理是否都恰当,当然有待于学者进一步的审定鉴别,但新本在主体方面超过清辑本,则是可以相信的。

四、关于底本调整

二十四史整理,在底本选择方面,前后变化很大。从现在能够见到的几份最初的体例讨论稿来看,最初似乎考虑过出两套书,一是标点八种集注本,即《史记集注》(新做)、《汉书补注》(王先谦)、《后汉书集解》(王先谦)、《三国志集解》(卢弼)、《晋书斠注》(吴士鉴)、《南北史补注》(新做)、《唐书合注》(王先谦)、《五代史记注》(彭元瑞),但因为已有各书水平参差,新编之书短期内又难以奏功,事实上并没有执行。二是整理普通本的二十四史,后者"依照通行本二十四史,加校勘、分段、标点后出版。在校勘方面,基本上以百衲本及殿本互校,择善而从"(1958年10月《二十四史整理计划》记录稿,刊《书品》2006年第2期)。稍后以《汉书》点校为例拟定的《点校二十四史补例》(刊《书品》2006年第4期,为1959年初所拟),提出了"殿本文句有所怀疑,但无确凿的证据,亦未经前人论及者,不改","殿本文句存在问题,前人对此有所争辩,而尚无定论者,一般不改","史文虽有脱误,注文已经指出者,不改"，"殿本文句可通者，虽有异说，亦不改动"等一系列规定，可知部分史书是在殿本的基础上作整理。而就当时的通行本来说，殿本可以反映清四库馆校勘各史的成绩，百衲本则足代表20世纪前期各史通行最善本的面貌。就当时情况来说，是可行的方案。因此，较早整理的几史，在底本和参校本的利用方面，问题较多。比如《史记》用金陵书局本作底本，《汉书》用王先谦《汉书补注》作底本，吸取了王氏汇聚清代校订此书的成绩，但又只存大颜注而不用王注，仅将其考订意见存于校勘记中。《旧唐书》用源出殿本的岑氏懼盈轩刻本为底本，近年颇受一些学者的批评。了解到二十四史整理过程中从开始就考虑在能够总结清代校勘成果的文本基础上进行整理，对此也就可以理解了。60年代初，在前四史陆续出版，政府给予更大力度的支持后，情况发生了很大的变化。《晋书》、南北诸史以下各史，特邀对于各断代史研究成就最高的学者担任，提供工作条件，特批将各史的善本和珍贵资料调拨给各校点组。比如复旦在70年代前期作《旧唐书》和《旧五代史》整理，不仅转来了刘节先生和陈垣先生的初点稿，从北京、上海各大图书馆调集了相关的善本，连商务印书馆藏宋本《册府元龟》的影印底本，《永乐大典》七百三十卷影印出版后新征集到的残卷胶片等也都调集到整理组。可以认为，在底本和参校本的利用方面，前四史问题稍多，《晋书》以后各史选择和利用较宽，就当时来说，可称讲究和周备了。

就底本选择来说，可以有两种不同的立场。一是选择今存最早最原始的文本为底本，其好处是文本没有经过后代辗转翻刻，传误的情况较少，也没有经过宋以后学者的整理校订，人为改错的情况也较少，但问题是一些宋本仅存各种残本，且收藏各处，统一较难，再就是较早刊本虽然较少后代人为校订的痕迹，但其版刻的异体别字误字也较多，即使宋本此类情况也较常见。我想，当年有意识地选取一些能够汇聚清代学者考订成果的文本，如《史记》金陵书局本、《汉书》王氏《补注》本、《旧唐书》岑氏刻本之类，就着眼于实际操作的简明易行。当然就现代学术的要求来说，应该追求尽可能地恢复或接近古籍原本的面貌，尽可能地消弭后代误改的记录，在底本的选择方面，值得作适当的调整。因此，我以为如《史记》宜改用南宋黄善夫家塾本为底本，《汉书》宜改用传为北宋景祐本为底本，《旧唐书》宜采用百衲本影印宋残本配闻人本为底本。其他各史可能还有可以斟酌的馀地。

五、关于海外版本的利用

二十四史整理期间，是我国历史上一段特殊时期，与国外的来往很少，与日本的邦交还未恢复,海峡两岸也处于剧烈对峙中。因此,整理工作仅限于利用中国内地所有的古籍善本。近三十年来,我国对外开放,与海外学界联系广泛,大批海外所藏的善本古钞渐为学者所知。其中特别是日本、韩国所存古本,因为传出时间很早,与国内藏本有很大差异,与二十四史整理关系密切的文献甚多,其中在修订过程中必须入校的善本,我以为可以举出以下各本:《史记》有日本武田科学振兴财团杏雨书屋藏北宋刊本六十九卷,六朝写本有日本石山寺藏《史记集解》之《张丞相列传》和《郦贾列传》,唐写本日本存《史记集解》残卷六件,即东洋文库存《夏本纪》和《秦本纪》、高山寺存《殷本纪》和《周本纪》、宫内厅书陵部存《高祖本纪》、神田喜一郎旧藏《河渠书》。日本已经影印的《汉书》古钞本,最重要的有石山寺藏奈良写本卷一《高祖纪》下、卷三四《韩彭等传》,真福寺藏奈良写本卷二十四《食货志》、上野精一藏唐写本卷七十八《扬雄传》。《三国志》近年刊布的善本,是静嘉堂文库藏南宋初刊《吴书》二十卷的影印。南北各史的古钞善本相对较少,特别值得提出的有奈良大神神社藏唐钞《周书》卷十九(大阪市立美术馆编《唐钞本》已影印,我曾作校订,可校补者甚多)和猪熊信男藏该卷残片;宫内厅书陵部和守屋孝藏分别收藏平安写本《陈书》列传卷一二、卷一四、卷三〇。《旧五代史》应该增校台北"中央图书馆"藏清孔荭谷钞本,此本为邵晋涵离开四库馆南归后,交给孔的一个抄本,原书民初归邓邦述,章钰曾作过录。校点本仅得以利用章钰过录本。

六、关于出土文献的利用

以出土文献考订正史,至少可以追溯到北宋欧阳修《集古录》,清代学者也有突出成绩。近代以来,由于各时期出土文献数量丰富,以之考订史书、与史籍互证,已经成为20世纪以来汉学研究最常见的方法之一,成果也极其丰富。中华本整理时,已经用过一些,比如北朝三史的校订,就比较充分地用过赵万里《汉魏南北朝墓志集释》的资料。但就现在的修订来说,我以为除了敦煌吐鲁番所出正史古写本(如《三国志》有四种晋写本,分别为《魏志·臧洪传》和《吴志·虞翻陆绩张温传》、《步骘传》和《吴主传》,敦煌遗书中有多种《史记》、《汉书》残本)外,其他出土文献一方面要充分利用,同时又要严格限制,尽可能不要据以改动史书。除了极少数情况外,一般仅能用作文本校订时的辅证,不得用作据改史文的主要证据。我做《旧五代史新辑会证》时,改王庭胤为王廷胤,改刘鄩为刘䥣,改吴延祚为吴廷祚,都是在参酌文献和石刻以后所改。若仅有石刻,如符存审家族石刻多作姓苻,文献也偶有旁证,但史文以符为主,绝不当改。唐代张九龄,史书称其得年六十八,韶关出土墓志则作年六十三,虽然可以确认墓志正确,也不能据以改动史文。至于是否出校,也应慎重斟酌决定。因为如果张九龄年龄出校记,其他涉及到所有人物的字里、先世、科第、仕历、生卒方面的问题,可以据石刻文献考订的内容太多,可以说不胜纠订。石刻和出土文献订正史书是学者一直关注的重大课题,可以另作专书汇集有关的成果,但不必都在整理本中表达。

七、关于今人考订意见的吸收

  历代研究、补充各史的专著,已经结集为《二十五史补编》和《三编》,利用较便利。今人的考订,除了结集为专书的《南齐书校议》、《宋书校议》、《〈旧唐书〉辨证》等外,大多为各类论文或札记,散在各类书籍刊物中,好在今人已经编有多种目录,搜集不难,困难的是如何吸取和利用有关的成果。就我所知,各类订正文章中,进行版本校而指出校点本失误漏校的有一些,但数量不太多。在制度、语言、人事、时间等方面,因为近年研究的普遍深入精致,得以纠订校点本一些文本失察或标点错失的例子,占一定比例。而最大宗的部分,则是利用各史之间的比读分析,利用同一书纪、传、志之间的本证,利用对于史书所据较早文献或同源文献,利用出土文献,以及其他手段所做的研究。这些考订虽然指出了史书的愆失,但绝不能因此而据以改动史文。即使同一史书前后不一致的地方,改动与否也应该作仔细的斟酌。

  同时,我认为,1958年整理方案提出的新做集注本的设想,是很有学术前瞻眼光的计划,可惜当时没有实行,今后应该考虑予以实施。而集注的体例也应该包含如前三史的诠释文本的集注和裴注《三国志》偏重于补充和纠订史实的做法。清代学者做过南北史和两《唐书》合钞互注的工作,虽有很大的局限性,还不是全无意义。现代学术研究则希望对于正史的文本来源或原始文献,有更具体的反映,对于后出典籍和出土文献中可以纠订史实的内容,有集中的表达。历代研究史籍的读书札记和现代学者的考订论文数量极其巨大,除了少数专家,一般读者和研究人员,很难充分利用这些成果。以唐代来说,《旧唐书》是根据唐代的国史、实录改写而成,这些国史、实录虽然原书留存的只有韩愈《顺宗实录》五卷,但其原文被《通典》、《唐会要》、《册府元龟》、《太平御览》等书大量引用,宋编《新唐书》、《资治通鉴》又曾从不同角度利用过这些文献。如果能够利用这些文献,以两《唐书》为基本框架,以求部分恢复唐国史或实录的面貌,并将两《唐书》在记载具体史事和人物时,与这些同源文献的差异和变化反映出来,并将唐人文集、笔记、碑志、敦煌遗书等文献中,确实可以补充和纠正史实的部分表达出来,对于唐代文史研究来说,肯定是一件功德无量的工作。此外,《清史稿》采取以关外二次本为底本,同时将关外一次本和关内本的不同篇目和内容均予附注,是古籍整理一本而兼具数本的善例。就此而言,如果有人将《后汉纪》、《东观汉记》和已经亡佚的八家《后汉书》残文用来附注范书,以十八家《晋书》佚文来附注《晋书》,以追溯今本的来源和记载的分歧,也还有一定意义。当然,这些都不是现在的修订必须完成的工作,如果有人愿意做类似著作,对于修订来说是有重要意义的。

八、关于校勘和校勘记

校勘的基础是参校本的选择。参校本应该做认真的调查后确定,凡具备代表性的应该都能用到。日本泷川资言《史记会注考证》引录古钞本十四种、古本校记二十七种、历代版本二十七种、考订著作十种,参校之丰富,可称博洽,短期内无法达到。但就《史记》来说,如中国国家图书馆藏南宋杭州刊本(其中一百二十卷为覆北宋本)、上海图书馆和中国国家图书馆藏南宋两淮江东转运司本、台湾中研院历史语言研究所藏北宋末南宋初刊本(其中十五卷另配,此本老子居列传第一,足以反映唐代改编本的面貌)等,都应该入校。《史记》三家注是南宋人的汇编本,现存宋刊裴骃《史记集解》宋刊本颇多,《史记集解》和司马贞《史记索隐》二家注本也有宋本留存,《史记索隐》单刊本也有存,也应该选择入校。此外,唐前各史应该通校《太平御览》、《册府元龟》及其以前各类书、《群书治要》一类丛钞、《通典》一类政书,因此类著作都能保存相当多宋初以前古本的面貌。

传统古籍校勘方法有底本式和定本式两种。底本式只写明他本的不同文字,底本一概不动;定本式则遇底本有误,可以据校本改动底本,但应该出校勘记说明改动的依据。传统学者认为文本的每一处改动,都是非常重大的事件,因此凡有差异,包括字形的不同,也逐一出校,这当然太琐碎了。但现在一些整理本采用会校各本,择善而从,不出校记的办法,虽然简明,但各本有哪些差别,是否做了认真的对校,择善而从的标准又是什么,因为没有交代,读者无法了解。校点本中的《史记》，估计是为争取在1959年10月国庆十周年前出书的缘故，即采用了择善而从、不出校记的方法，尽管可以确信当时做过认真的会校工作，因为没有交代，读者总感到遗憾。以后诸史没有延续这一体例，但各史校勘记的繁简程度颇不一致。如《后汉书》某些卷次校记多达一二百条，而《新五代史》半数卷次一条校记也没有，除了各史错讹情况有所不同外，在尺度掌握的分寸上，显然有较大的差异。就我所知，《旧唐书》在实际整理时，曾仔细校过各种版本，并与《通典》、《新唐书》、《唐会要》、《册府元龟》、《资治通鉴》等书中的相关部分作过核实，有较详细的记录稿。校勘记的最初文本，也比最后的写定本要详细得多。但由于当时形势所迫，严格要求校勘记不要太烦，尽可能地删繁就简，因而形成现在的面貌。《出版说明》称参校了五种文本，并称："点校中文字不主一本，择善而从。凡是根据以上几种版本改正文字的，一律不出校记。"各本面貌如何，做了哪些改动，这就不免引起非议。清代以来底本式校勘凡遇同一字而字形稍有差异者，一律出校，当然过于烦琐，不足取则。但过于简单，浪费了校勘的成果，也不利于学者做进一步的研究。因此，修订本在文本校勘上应该严格要求，参校的版本应该留下完整的校勘记录，对于最后出版的校勘记，取舍也应有具体细致的规定。

九、关于标点

二十四史的新式标点具有典范意义，体例也具体精密。我只想补充一点。史传在连续叙事时，前句的时间记录不一定包括下句的纪事。标点本多注意从语意上断句，连续叙事时中间多用逗号。我以为凡是语意可以停顿，前后所叙为两事时，应该尽量多用句号以作区隔。

十、建议同时修订《资治通鉴》校点本

顺便说到，中华本《资治通鉴》整理在二十四史以前，其整理体例对后来二十四史整理影响很大，但其基本方法则是采取底本式的整理，即以清胡克家翻刻元刊胡注本为底本，校本则主要参据章钰《胡刻通鉴正文校宋记》，于各宋本的异文

和增出文字,仅出校记,一律不改底本。因此这个版本的正文,还不能完全反映原本的面貌。在二十四史修订的同时,对于《资治通鉴》也应作适当的修订。建议正文可以用中国国家图书馆藏绍兴二年余姚刊足本为底本,参校章钰的校记;《考异》则可以用《四部丛刊》影宋本重录,并且与胡注在字体上有所区别。胡注的修订则可以基本保持原貌。

2006 年 8 月 16 日于上海武川路寓所

* 本文据《文汇报》2006 年 9 月 3 日《学林》所刊删节本。全文收入拙著《汉唐文学与文献论考》,上海古籍出版社 2008 年 5 月出版。

朱东润先生的治学方法
——以《梅尧臣传》为例*

先师朱东润先生学贯中西,兼通古今,其建树涉及众多方面,学术界早有定评。我于1978年到1981年间虽曾从学唐宋文学,并因此而走上学术道路,但于先师的学问至今难以尽窥其涯岸,更难以体会其治学的真髓及门径。仅因当时做有关欧阳修的学位论文,得以仔细地研读过梅尧臣三书,遇有疑问,又得以经常请教,因此于先生治学的追求和方法,得以稍闻一二。谨此写出,希望对学者了解先生的学术成就有所助益。

朱先生的梅尧臣三书,即《梅尧臣传》、《梅尧臣集编年校注》和《梅尧臣诗选》写成于上世纪60年代前期。三部书中,《梅尧臣集编年校注》是为《梅尧臣传》的写作所做资料准备工作,《梅尧臣诗选》则是梅诗的中型选本,因而三书的中心是《梅尧臣传》。《梅尧臣传》是朱先生所作传记的第四部(前三部是《张居正大传》、《王阳明大传》和《陆游传》,其中《王阳明大传》未出版,手稿已遗失),是他一系列传记文学写作中,篇幅和影响都不算最大的一部。为写作这篇传记,他所付出的努力则非常巨大,在此传中努力追求的目标则与他一生致力的目标完全一致。

朱先生1916年自英国留学归来后,先后在广西二中、南通师范和武汉大学教授英语。1931年接受闻一多先生安排始转向中国文学的教学和研究。30年代先后完成《中国文学批评史大纲》、《读诗四论》(后改题《诗三百篇探故》)和《史记考索》,在古代文学和古史研究方面取得了突出的成绩,但他并不满足。他感到应该为中国文学的研究走出一条新的道路,在反复比较后,他选择了传记文学,或者说选择了用英国传记文学的路数来从事中国传记文学的写作,并以此作为一生致力的主要目标。他的这一努力开始于40年代初,最初的工作从两方面展开,一是系统总结中国古代传记文学的历史和特点,二是尝试采用英国传记文学的作法,写作中国的传记文学。后者于1943年完成了《张居正大传》,出版后引起轰动,被誉为中国现代传记文学的开山之作;前者则写成研究汉魏六朝传记文学的专著《八代传叙文学述论》,他在多篇自叙中对此书非常自信,但又始终深藏行箧而没有出版。此书今年有望出版,笔者得缘先期通读,体会到他对中国古代传记的基本看法。

稍通文史的人们都知道,中国古代传记及其发达,不仅二十四史中有无数人物传记,隋唐以下的书志中都有传记一类,收录极其丰富。但朱先生用西方传记文学的眼光来审视,虽然看到了秦汉的史传、六朝的别传僧传、唐宋的碑状、明清的年谱,以及梁启超的几部评传,都各有成就,但也颇多遗憾。《史记》的传记当然是很优秀的,但限于史书的体例,目标是写史写事,只能略存传主一生的梗概,互见的史例也使传记缺乏人物完整的记录。他对魏晋六朝的别传和唐代的僧传评价很高,只是可惜前者大多已经亡佚了。他认为唐宋的传记以碑志行状为主,虽然产生过韩愈《张中丞传后叙》、朱熹《张浚行状》那样的优秀之作,但总体来说成就不高,绝大部分都只是对死者抽象的歌颂,过于刻板虚假,缺乏生动的人物描写。对于当时流行且得到学界很高评价的梁启超《王荆公评传》、《李鸿章评传》一类作品,他也有不同看法。他认为这些传记虽然对传主生平和一生事功有详细的叙述,但多是分类评述,看不出传主一生的生命历程和感情变化。他甚至认为,评传的写法,把传主各方面的成就分开叙述,如同把人物"大卸八块",支离破碎,实在不足取。在中国传统的传记文学中看不到值得师仿发展的方向,他只能放眼世界,从留学期间特别喜爱的英国传记文学中吸取营养,寻觅方向。他认为英国一些优秀的传记,如《约翰逊博士传》、《维多利亚女王传》等,生动活泼地写出在纷繁复杂的历史背景下个人的生命发展历程,以人为中心,以人物的情感发展、人际交往、事功成就和命运变化为叙述主线,不允许虚构杜撰,但又要具体而生动的文学性描写,给读者传达出活生生的历史人物。而就文学家的传记来说,还应该藉此而对其文学道路和作品寓意有具体的揭示。朱先生认为,这样的努力,可以为中国文学的研究开拓出一条新的道路,他并为此付出了后半生的全部努力。朱先生晚年曾说,自己身后只要被人称为"传记文学家朱东润",也就很满足了。

朱先生的《陆游传》完成于"大跃进"时期。当时流行"放卫星",大家都报宏大而不准备实施的题目,只有朱先生是认真的,他提出完成陆游三书一百万字,向国庆十周年献礼,在一年多时间里全力以赴,如期完成了《陆游传》、《陆游研究》和《陆游诗选》。他晚年提及此事,仍颇多感慨。此后,他准备转入北宋,写苏东坡的传记,并为此做了长达两年的阅读和准备,但最终放弃了,他自己解释是个性与东坡相去太远,无法深入体会东坡的思想和行事。因为这一段经历,他最终选择改写有宋诗开山之祖之称的梅尧臣。

《朱东润自传》记《梅尧臣传》的写作始于1963年4月1日,到同年10月23日脱稿,历时207日。实际开始研究的时间还要早一些。梅尧臣官位不显,虽然宋末刘克庄《后村诗话》作过"本朝诗惟宛陵为开山祖师"的激评,但历代的研究并不多。要弄清楚梅的生平,依据当然一是碑传,二是他的文集。最直接的记录,似当以梅最好的朋友欧阳修所写的《梅圣俞墓志铭》和《梅圣俞诗集序》为最重要。但仔细阅读，朱先生发现这两篇东西都有问题。《梅圣俞墓志铭》称梅"为人仁厚乐易，未尝忤于物"，又说他"有所骂讥笑谑"皆"用以为欢而不怨怼"，就不符合事实。梅对当时地位高的人批评很激烈，欧阳修如此评价，只能理解为出于料理后事时为家属请恤的考虑。元代张师曾曾编《宛陵都官公年谱》，虽然参酌了欧阳修的文集，并且用力于为梅尧臣辩诬，但张氏所据资料有限，又未能承继南宋年谱详考谱主一生行事的善例，仅略备梗概，梅一生许多重要的事迹都没有记录，要据以为梅诗编年，显然不可能。弄清楚梅尧臣一生的经历为人以及他的作品寓意，并作出知人论世的评价，只能依靠充分研究他的文集。

梅尧臣的文集《宛陵集》六十卷，宋刻仅存三十卷残本，明刻本两种倒是完整的，但编次与宋刻不同。这两部文集编次混乱，既不编年，也不分类。近人夏敬观在其所选《梅尧臣诗导言》中，曾指出除了第六十卷是文赋外，其余五十九卷分为两个部分，各为起迄。夏氏看到了线索，但没有再追索下去，他的意见给朱先生以启发。

首先，朱先生在全集中寻找有明确的系年记录，得到两类线索，一是作者原诗题上标明年代的，二是编辑者在一些卷前标明时期者，后者约有十多卷，大端可信，但细节颇有出入。仅有这些线索，要为全集编年，按照习惯，只能对每篇作品进行本事的考证，求得创作的先后顺序。朱先生觉得这样如同捉跳蚤，看到全部跳蚤东跳西掷，不知从何入手，何况诗人即兴咏诗，有时并无本事可言，即便辛苦求证，也难以全部落实。他在对梅集反复阅读后，发现其大体虽显得混乱，但每个小段落还保存着作者或了解者所编定的痕迹，只要弄清全书的安排规律，再理清偶然错乱的特殊情况，就如同揭树皮一样，可以一块一块地理清楚。而成段确定写作年代的依据，则是要在若干点的年代确定中得到更有力的证据。为此，朱先生提出六条办法：一、作者在诗里提到自己年龄的，作为此年作品；二、诗题或诗里提到年月的，作为这年作品；三、提到那年闰月的，作为这年作品；四、咏叹那年国家大事的，作为这年的作品；五、咏叹那年人事动态的，作为这年的作品；六、和人哪年作品的，作为这年的作品。此外，我在读其《梅尧臣集编年校注》时，还注意到以确定行踪定某地之诗、考察作者交往关系始末、参据他人编年诗中线索、以诗中已知事项相对推定年代等多种证明办法。在确定若干点后，再将点和点连接成线，只要线不断，且没有违例的作品出现，就可以将一个时期的作品确定下来。同时，他提出绝对肯定和相对肯定的区别，对一些编次中插花的作品作了仔细的甄别后，理出了全集的基本线索，看到了全集编年的两条不同的内在线索。

他解释形成这一状况的原因是梅尧臣作品在庆历六年曾经编辑过一次,到他去世后再编时,部分保存了前集的顺序,但又有所窜乱,以致形成后来流行文集的面貌。为此,朱先生在《梅尧臣集编年校注》正文以前,特意写了四篇文章,其中最重要也是他晚年仍很感得意的是《如何进行编年》一篇。朱先生晚年曾与我谈到,他为梅尧臣诗编年,虽然也采用了传统文献考据的方法,但如果仅用逐篇考证的方法,不可能达到全书的编年。他更多地是受到西方学术影响,采取了先定点,由点连成线,从若干块面上决定后,逐次推演,从而完成全集的编次。朱先生说,如果有人愿意花气力再加以仔细的考证,肯定可以做许多细节的补充,个别编录的出入也有一些,但大的原则和方法,他确信是可以成立的。他还谈到,此文写成后,总感到虽然反复申述,读者要完全理解,总还有困难,为此反复考虑了三天,总算设计了一张《宛陵文集》分卷编年表,以横格表示写作年代,竖格代表各卷卷次,然后画出各卷所写年代的轨迹,使读者得以一目了然。

完成梅尧臣诗的编年,可以使各诗的写作背景和缘起,得到准确的理解。比如《伤白鸡》一首,夏敬观以为是有感于张尧佐因侄女张妃事而申讽戒之作。朱先生则考定此诗收在《宛陵文集》第一卷,作于天圣九年,是梅尧臣在西京的作品,当时张妃仅有八岁,进宫是其后多年的事情。夏氏显然误解了诗意。

朱先生对梅尧臣集的编年考证,不仅理清了梅尧臣一生诗歌创作的过程,为其传记的写作奠定了扎实的基础,也为唐宋人文集的编年校订树立了一个良好的典范。就笔者所知宋人别集而出自当时所编者,有几种不同的体例。一是分阶段结集者,如杨万里《诚斋诗集》;二是虽不标示年代,但文集大体保存写作次第,如《东坡集》、《剑南诗稿》等;三是虽分古今体,但两体之下大致仍存写作之次第,如王禹偁《小畜集》、苏舜钦《苏学士集》、欧阳修《居士集》、司马光《温国文正公集》等,只是各集细节方面颇有出入,大约作者存稿本有写作次第,编次时稍有窜乱所致;四是虽编次已乱,但仍保留若干块面的写作次第,除梅尧臣集外,还可以提出王安石的《临川集》,居然是分体后而大致保存了写作时间自后往前的颠倒了的次序,可能是编辑者薛昂分体编诗时没能体会作者的原意所致。当然还有其他的类型。学者若能体会朱先生编年的基本原则而加以灵活运用,当可有许多收获。

朱先生作任何选题,都坚持从最基本的文献阅读、辑录、考证、编年等工作开始,这一治学态度贯穿了他的一生。最近看到他的手稿《八代传叙文学述论》,在自序中他自述文献辑录工作云:"汉魏六朝传叙文学……除了几部有名的著作以外,其余都是断片,一切散漫在那里。但是即使看这些断片,还得首先花费许多披沙简金的功夫。严可均底《全两汉三国六朝文》,总算是一种帮助,但是严可均所辑存的,不过百分之五,其余还需要开发。就是几部有名的著作,有单行本可见者,其中亦多真赝夹杂,仍需一番辨订考证的工作。不过中国传叙文学惟有汉魏六朝写得最好,忽略了这个阶段,对于全部传叙文学,更加不易理解。所以我决定对于这个时期的传叙文学,尽我底力量。工作是相当地繁重,工具又是那样地缺乏,有时连最普通的书籍都不易获得。但是既经决定动手,便顾不得困难。最后总算在单行的著作以外,从断简残篇中给我搜获了四百余种的著作:有时只是一句两句,有时竟是万字以上的大篇。由搜获到钞集,由钞集到考订,一切都是一手一足之烈,没有人帮助,也找不到人帮助。"为了此书的写作,亲自动手辑录了四百多种汉魏六朝杂传,以此为依据展开论述。在该书的附录中,仅选录了十多种。朱先生晚年,曾与我谈到某前辈诗话辑录方法体例的不尽妥当,当时不太理解,因为没有见到他的辑逸书成绩。现在见到这十多种辑本,可以了解他对辑录规范的掌握,绝不逊于清代的辑逸名家。

完成梅尧臣文集的编年,只是写作《梅尧臣传》准备的一部分工作,当然是最重要的工作。更进一步的则是要通读北宋的基本史籍以及梅尧臣同时人的文集,以期弄清梅尧臣生活的时代发生了哪些重要事件,这些事件对他的生活和创作产生了哪些影响,他对这些事件又持何种态度,同时代的与他曾有交往的人们各有怎样的禀赋和追求,与他的恩怨亲疏关系如何。这些,都是朱先生在撰写《梅尧臣传》以前必须要完全弄清楚的。从几本著作来看,他为此几乎阅读了包括《续资治通鉴长编》、《宋史》、《名臣言行录》、《东都事略》等北宋基本史籍,阅读了北宋与梅尧臣同时代的几十家文集,其中如欧阳修、范仲淹、苏舜钦等与梅尧臣关系最密切的十多家文集还曾作过认真的系年编排,以梳理彼此的交往始末和交谊变化。以上情况是我阅读《梅尧臣传》时体会而得,没有亲见。但朱先生写《陈子龙及其时代》时,我因经常到他书房上课请教,看到他当时正在阅读《国榷》、《小腆纪年》、《明经世文编》等明末清初典籍。当时他已经年逾八旬,在酷暑中仍坚持通读古籍,执着的精神很令我感动。

朱先生之治学,追求广参群籍,融会贯通,但并非逐一交代文献考证和处理过程。他写作传记,则以文学笔法将人物经历命运生动写出。凡所述及,都有史实为依凭,并都参以已见,史识深邃,见解独到。他选取为传主的历史人物,大多是积极用世、不计个人得失而报效国家和社会者,只有晚年完成的元好问稍有些特殊。他依据历来对其大节的评价,选取元为传主,但在阅读研究到一定程度后,发现元的为人大节是有缺憾的,只是当时朱先生已经数次病危,没有精力另外选人。他曾为此谈到,元是鲜卑人的后裔,要求可以从宽,晚年选人有些变化,也很好。

写作政治上积极进取的人物为传主,写作中必然要涉及传主所处时代的重大政治事件,并详尽叙述传主在这些政治事件中的作为和立场。《梅尧臣传》的写作中,重点就放在梅对于宋王朝与西夏的战争、统治阶级内部的三次重大政治斗争的态度。梅尧臣虽然没有参加对于西夏的直接作战,但在战争阴云下,他研究并注释《孙子》,时刻关心边境的战事,写了大量关心国事的诗歌。所谓三次重大政治事件,指景祐年间范仲淹等因言事而被贬官、庆历新政期间的政治斗争和皇祐初年唐介弹劾文彦博的事件。前两件,历史记载很多,多有定评,唯梅尧臣支持新政而对新政领袖范仲淹的为人行事多有批评,为朱先生特别关注,下文另述。在此仅略述文彦博事件。传世有题为梅尧臣所著的《碧云騢》一书,对宋人较有清誉的名臣范仲淹、文彦博二人颇多讥评,其述文彦博入参政事始末云:"文彦博相,因张贵妃也。贵妃父尧封,尝为文彦博父泊门客,贵妃认尧封为伯父,又欲士大夫为助,于是诱进彦博。彦博知成都,贵妃以近上元,令织异色锦。彦博遂令工人织金线灯笼,载莲花中为锦纹,又为秋千,以备寒食。贵妃始衣之,上惊曰:'何处有此锦?'妃曰:'昨令成都文彦博织来,以尝与妾父有旧。然妾安能使之,盖彦博奉陛下耳。'上色怡,自尔属意彦博。彦博自成都归,不久参知政事。"对此,宋人多认为是魏泰的伪作,并极力为梅尧臣回护。朱先生详细梳理史实,并对梅尧臣诗集作出详尽编年后,采信这一纪事的可靠,并在《梅尧臣传》中叙述了文彦博一系列夤缘后宫的行为,指出在北宋士大夫的公议中,必然引起有正义感人士的反感。朱先生特别揭出梅尧臣对于皇祐三年唐介弹劾文彦博而被贬官英州别驾后,梅尧臣写出五百四十字的长诗《书窜》声援唐介,谴责文彦博的行为。朱先生虽然对于《碧云騢》的真伪没有加以论证,但基本看法是明确的。梅尧臣在一系列政治事件中表达了耿介而不趋附的立场,这是朱先生特别推崇的品格。

　　朱先生在他的一系列传记中,特别注意历史人物交错复杂的人事关系,并通过重大事件的处置来评价传记人物的能力和个性。他在《张居正大传》中叙述张居正与万历皇帝间极其复杂的君臣关系,已经成为了中国现代传记文学的经典纪事。他在《陈子龙及其时代》中对明末一系列军政大事处置得当与否的分析,也极其精彩。在《梅尧臣传》中,特别可以提出讨论的是对范仲淹与梅尧臣、欧阳修关系的叙述。范仲淹无疑是北宋改革派的领袖,其为人风范在历史上有定评。欧、梅在政治上是范的追随者。在景祐间范仲淹因言事而被贬谪后,身为馆阁校勘而不负言责的欧阳修仗义执言,因而被贬夷陵,梅尧臣有一系列诗歌对此表示声援。共同的政治目标,相近的道德追求,似乎可以奠定三人间一生的友谊,似乎如此,又似乎并不如此。不协调的最初信号是范仲淹起复后主管陕西军事,念及欧阳修的奥援和文才，推荐他任自己的掌书记，但欧阳修拒绝了。欧阳修不去的原因，有三种说法，一是吴充在欧阳修行状中所述：

> 时天下久无事，一旦西陲用兵，士之负材能者，皆欲因时有所施设，而范公望临一时，好贤下士，故士之乐从者众。公独叹曰："吾初论范公事，岂以为己利哉，同其退不同其进可也。"卒辞焉。

吴充的依据源出欧阳修家人提供的资料。朱先生认为到陕西是为国作战，不是为范仲淹个人，因而问题不在于此。二是欧阳修《答陕西安抚使范龙图辞辟命书》中所说："幕府苟不乏人，则军书奏记，一末事耳，有不待修而堪者矣。由此始敢以亲为辞。况今世人所谓四六者，非修所好。少为进士时，不免作之，自及第，遂弃不复作。……今废已久，惧无好辞以辱嘉命。"说因久不作四六而不应辟，当然是托辞。三是欧阳修与梅尧臣书简中所述："安抚见辟不行，非惟奉亲避嫌而已，从军常事，何害奉亲？朋党盖当时俗见指，吾徒宁有党耶？直以见召掌笺奏，遂不去矣。"显然，与关系密切的梅尧臣的叙述比较直率，否定了朋党避嫌或奉亲不远行的说法，表达了对范以掌书记见召的不满。朱先生认为："从这里我们可以看到范仲淹对于同患难的欧阳修，还不能作出恰如其分的估计，以致欧阳修也不愿前往，这就难免在朋友之间发生裂痕了。"在这里，朱先生不仅指示了对于文献解读应该注意先后早晚，更提示应该注意其写作的对象、场合以及特定的微妙关系，揆以世事人情，才能获得准确的理解，而不必完全拘泥于书面的表述。

关于庆历新政期间范仲淹与欧、梅以及苏舜钦、吕公著等关系的叙述，可以说是《梅尧臣传》中最为精彩的部分。现代学者研究庆历新政，一般都认为由范仲淹领导，并根据范的条陈十事来分析新政的主张，根据《岳阳楼记》来分析新政失败后范的气度胸襟，这些当然都是不错的。朱先生在详密分析文献后，提出了一系列新的见解。一是欧阳修为主的庆历四谏官对新政形成的作用。四谏官任用在范仲淹还朝前半年，范还朝初任枢密副使，主军事而非主政事。朱先生特别指出欧阳修上疏请参知政事王举正与范的职务互换，相当尖锐，在人事布局上直接促成了新政的实行。二是范的十事提出后，改革派内部的不同意见。朱先生特别分析了苏舜钦《上范公参政书》，认为新政表面上看奋发有为，百废待兴，实际上手忙脚乱，一事无成，而苏在新政关键时期提出的意见，并没有引起范的重视，从而决定了新政的失败。三是范在新政将败之时，主动请求到西边主管对西夏战事。对此，朱先生引用吕夷简的议论，指出范的失误。又引用梅尧臣在范仲淹去世前后的一系列诗歌，指出范在新政失败前后，对于朋友没有尽到关心和帮助的责任。引用梅在范去世后的悼诗，看到梅、范两人关系逐渐疏远的经过。朱先生的解释是，在主张改革的这批人之中，韩琦和范仲淹是行政官气味较重的人物，在考量如何做好事情的同时，先考虑自身的安全；而梅尧臣、欧阳修则书生气味较重，只是按照书上的准则提出要求，成败利钝在所不计。其中范、梅二人更显得极端而偏激，导致了不可调和的矛盾。四是欧阳修为范仲淹作神道碑，一定要写到范与政敌吕夷简的和好与相见，引起范仲淹家人的极大不满。为此，朱先生特别引用由吕家保存而为南宋吕祖谦收入《宋文鉴》的范仲淹《上吕相公书》，证明欧阳修所云的可靠。朱先生认为范仲淹在庆历新政失败后，妥当地寻得下台的地步，而新政诸人则多受到严厉的处分，因此在梅尧臣的《谕乌》《灵乌后赋》等作品中，指出范仲淹用人的不当和教子的无方，对他的失败不仅不同情，甚或认为是应得的惩罚。

对朱先生不太熟悉的读者每凡读朱先生的著作，都感到他不循旧规，喜立新说，且常常对于新说的依据并不作很具体的文献交代。与朱先生接触多了，就知道他的新说大多是勤奋而深入地阅读群籍，并始终坚持用自己的眼光读书，融通史实，具体分析，加上他敏锐的史实和体悟，一点一点积累而得。举些具体的例子来说。项羽到乌江而不肯赴江东，史书上说是羞见江东父老，后来的诗人常别出新解，但大多不离此意。而朱先生则提出，当时江东已经为刘邦所有，项羽已经无路可走。他的依据，是《史记·高祖功臣侯者年表》，江东子弟有十人封侯，功劳是以江东归汉。朱先生曾特别和我谈到，读书一定要注意作仔细的时间和空间的排比，一定要注意利用别人忽略的文献。读《史记》的人很多，但认真读表的人却不多，真正读懂的人就更少了。又如前后《汉书》对于更始帝刘玄的描写，都认为他是个闇弱平庸的君主。朱先生40年代末写《后汉书考varnothing》时，逐月排列了更始时期的政局变动和更始的应对策略及人事布局，指出更始称帝前以豪侠称，称帝后的一系列举措可见其具有掌控全局的杰出才干，其失败有很大的偶然性。对于光武帝刘秀，则指出其才干的平常，他的成功则决定于他的忍让、用人和善于利用机会。这些议论，看似随意，实得自对史籍的反复研读和体悟，绝非率尔之见。

朱先生1946年为其子君道中学毕业题词："用最艰苦的方法追求学识，从最坚决的方向认识人生。"（2005年12月4日泰兴市朱东润纪念馆开馆陈列《先生之风山高水长——朱东润先生生平事迹介绍》收录手迹）也可以视为其一生的自勉格言，他的治学即体现了这一精神。从最基本的文献考订做起，学术研究中付出常人难以想象的艰辛努力,在复杂的文献解读中融入对生活的透辟体悟,在历史的发展进程中去解释一个又一个杰出人物的生命历程,为中国文学研究开拓出一条新的道路。

2006 年 5 月 6 日

---

* 收入《朱东润先生诞辰 110 周年纪念文集》,上海古籍出版社,2006 年 11 月。《文汇读书周报》2006 年 12 月 15 日所刊略有删节。

二〇七
欧阳修的从政经历和学术建树
——纪念欧阳修诞辰一千周年*

今年8月6日,是宋代伟大文学家欧阳修诞辰一千周年。中国历史上的第一流文学家的千年诞辰,还是值得纪念的,尽管我还不了解是否有合适的纪念会的举行。二十六年前,我曾非常投入感情地做过欧阳修研究,对其道德文章和学术成就如同今日追星族般地充满敬意,以《欧阳修与北宋文学革新的成功》的论文获得学位。其后转治唐代文学和文献,很少涉足宋代研究,对于欧阳修的基本看法却始终没有大的变化——有变化者是从现代历史研究的立场来看,不再那么肯定《新五代史》的成就。此次有幸到台湾大学作几次学术研究,在斟酌选题时,我想不妨可以谈谈我对欧阳修的认识,以作纪念。选用以上的题目,则是希望在尊重现今一般见解的同时,稍微能够谈出些新意。久废于此,错误知所不免,敬请高明赐教。

一

现在一般都说欧阳修是江西吉水人,这当然不错,欧阳修也一直称自己是庐陵人,他家的祖坟也在吉水的沙溪镇。但就欧阳修本人的经历来说,他一生大约只回过吉水两次,分别在他父母故世以后,为归葬而回乡。欧阳修虽然在《欧阳氏图谱序》中勉强拼出他的家族与唐初欧阳询家族的关系,并且利用主编《新唐书》的便利将家谱内容塞入《宰相世系表》,但作伪的痕迹太明显了,以致宋末喜欢谈掌故的周密不得不在《齐东野语》卷一一提出疑问,从唐初到唐末的近三百年间欧阳询的后人仅传五代,从唐末到宋仁宗时的一百四五十年,这一家居然传了十六代。我们在《帝王世次图序》中可以见到欧阳修运用年代学的方法推算古代帝王世次的敏锐,但轮到自家,却糊涂如此,真不可思议。

其实,欧阳修的家族只是世仕南方的下层官吏家庭,经过唐末、杨吴、南唐到宋初,一直没有明显的起色。欧阳修出生在绵州,四岁其父欧阳观就去世了,母亲郑氏带他依附叔父欧阳晔,因此他的青少年时期都在随州度过。欧阳修晚年所作著名的《泷冈阡表》中,他满怀深情地怀念父亲的正直和母亲的贤惠,可能都是事实,但对于家庭的隐情,始终讳莫如深。可以知道的事实是,他的父母年龄相差约三十岁,显然与他家有嫌隙的龙衮在《江南野史》中曾说到其父休妻再娶的失德,而欧阳修与同父异母的长兄欧阳昞仅在贬黜夷陵的路上见过一面,很少来往。由此我们可以了解到欧阳修与他最尊崇的韩愈,在个人生活经历方面许多惊人的相似之处:两人都是老夫少妻所生(韩愈的长兄韩会年长韩愈三十多岁),都是幼年丧父,都靠姓郑的女子抚养成人(欧阳修母亲姓郑,韩愈嫂嫂也姓郑),再进一步研究,还可以发现两人仕途中都曾两度贬黜,一次是县令,一次是州官,而且两人都是深度近视,都有些未老先衰。宋人称欧阳修是今之韩愈,当然仅就文章成就和文学地位而言。上述的巧合,实在值得录出以资闲谈。

先人无显宦可以承荫,欧阳修只能走文学晋身的道路。从十七岁到二十四岁,经过三榜近八年的奋斗,才考取进士。他在《记旧本韩文后》中说:"是时天下学者,杨刘之作,号为时文,能者取科第,擅名声,以夸荣当世,未尝有道韩文者。予亦方举进士……干禄以养亲,苟得禄矣,当尽力于斯文,以偿其素志。"他早年完全用力于时文即骈文的写作,虽然喜欢韩愈而根本无暇顾及。欧阳修早年的骈文虽然很少存世者,但这一时期写骈文而得到对于文章音节属对的感觉,则在他后来的古文写作中留下深深的烙印。登第前的经历欧阳修后来很少述及,但从谢绛所记他与好友游嵩山时一路小曲的描写推测,《醉翁琴趣外编》中的那些亲昵浪词,很大一部分是他登第前的作品——这时也是柳永创作最活跃的时期。

宋代限制门荫,荫官在多数情况下只能担任副职或者不太重要的差遣,重要职务则多委派给进士出身的官员。欧阳修一生最密切的朋友梅尧臣虽然也自负有经国济世的韬略,但因承叔父馀荫而入仕,以致一生没有机缘施展才能。欧阳修在进士登第后,在洛阳钱惟演幕府任推官的几年,虽然经历了两次丧妻的个人不幸,但结交了一批文学知己,开始文学变革的最初努力,没有卷入权力中心的角逐,大致生活是平静而愉快的。二十八岁,欧阳修被任为馆阁校勘,虽然日常工作只是校勘古籍,编修《崇文总目》,但就宋代重要官员的仕宦道路来说,馆阁是培养未来朝廷栋梁之才的地方,从馆阁到翰院再到两府,是从宦最便捷的坦途。在开始私修五代史的同时,欧阳修对于朝政改革的重大问题开始发表见解。《原弊》指出当时诱民、兼并、力役等弊病,主张兴农去弊。又作《上杜中丞论举官书》,声援石介而指责杜衍,但都没有太大的反响。景祐三年五月,知开封府范仲淹上《百官图》和《帝王好尚》等四论,指斥宰相吕夷简迎合君主,用人惟私,对时政不振负有直接责任。激烈冲突的结果,范仲淹失败被贬,为之奥援的尹洙、余靖也被贬。在此以前，欧阳修与范有来往但并不密切，但范的道德人品和改革政治的主张，无疑得到他的崇敬。虽然为京职仅一年多，官品低微，对于朝中人事未必了然，仅凭一时的正义感或者冲动，驰书痛斥谏官高若讷不尽言责。如"昨日安道贬官，师鲁待罪，足下犹能以面目见士大夫，出入朝中称谏官，是足下不复知人间有羞耻事尔。所可惜者，圣朝有事，谏官不言，而使他人言之，书在史册，他日为朝廷羞者，足下也"一段，一气呵成，言辞急切，完全不顾自己的前途安危，真是难得的好文章。此书后来流传广泛，我还特别认为欧阳修散文风格的形成，也当以此篇为标识。但欧阳修晚年自己编定《居士集》时，将此篇删除，似乎对于年轻时的孟浪，颇有不同的自省。

数年后范仲淹起复主管陕西军事，大约念及欧的奥援和文才，推荐任自己的掌书记，遭到拒绝。欧阳修的回信说掌书记要作四六文，自己已久疏此体，无法应承，后人撰其《行状》认为当初不为己利，"同其退不同其进可也"，都是场面上的解释。欧阳修与关系密切的梅尧臣书简中叙述比较直率："安抚见辟不行，非惟奉亲避嫌而已，从军常事，何害奉亲？朋党盖当时俗见指，吾徒宁有党耶？直以见召掌笺奏，遂不去矣。"这是真实的考虑，根本不在意朋党避嫌或奉亲不远行的说法，只是对范以掌书记见召的不满。其实，当时欧阳修资历尚浅，范仲淹已是独当西北军事的大员，征召当然是一种信任和笼络。只是欧阳修的政治自负和期待，范仲淹未必能够完全理解，好事反而造成了嫌隙。

庆历新政时期欧阳修居于政治斗争的漩涡中心，发挥了极其重要的作用。这次新政，大约可以分成三个阶段。第一个阶段从庆历三年二月欧阳修知谏院，与王素、余靖、蔡襄等四谏官被起用，到同年八月范仲淹回朝任参知政事，可以说是新政的准备阶段。四谏官的核心无疑是欧阳修，在七八个月时间内，先后上奏议达七八十篇之多，涉及方面也极其广泛，表达了强烈的改革愿望。但四谏官的地位毕竟不高，可以提出批评和建议，却不可能领导实质的政治变革，大的变革需要有重量级的人物来领导。范仲淹当时无疑是年轻才俊们认为值得期待以领导变革的人物，但当时范任枢密副使，在陕西主持对西夏的军事。按照宋代政、军分开的原则，枢密副使不能参与政事。而主政的宰相杜衍和参知政事王举正，又缺乏变革的锐气。欧阳修看到这一点，提出《论王举正范仲淹等札子》，大胆提出范仲淹、王举正职务互换的建议：

> 伏望陛下且令韩琦佐枢府，移仲淹于中书，使得参预大政。况今参知政事王举正，最号不才，久居柄用，柔懦不能晓事，缄默无所建明。且可罢之，以

避贤路。或未欲罢,亦可且令与仲淹对换。当今四方多事,二虏交侵,正是急于用人之际,凡不堪大用者去之,乃叶天下公论,不必待其作过,亦不须俟其自退也。况若令与仲淹对换,则于举正不离两府,全无所损。

小小谏官而直言中枢人事安排,显然可以看作越职言事,连当事人范仲淹也对欧阳修以谏官而处分朝政颇有微词。可能仁宗当时确实变革心切,居然完全接受了这一建议,而遭到非议的王举正也全无自表,接受了对调。正是这一对调,使范仲淹得以离开陕西,回朝主政。第二阶段从九月范仲淹上条陈政事十条,到次年也就是庆历四年二三月新政逐渐废止,大约半年左右。范的十事触及一系列重大问题,首先得以实施的磨勘法、荫补法等涉及官员任职和荫子等事件,反对者颇多,改革派内部也有不同意见。欧阳修此期间的一系列奏议如《论乞主张范仲淹、富弼等行事札子》、《论台官不当限资考札子》、《论举馆阁之职札子》、《论更改贡举事件札子》等,支持范的举措。欧阳修的朋友苏舜钦《上范公参政书》,认为新政表面上看奋发有为,百废待兴,实际上手忙脚乱,一事无成。就当时情势看,欧显然没有苏之敏锐,苏的意见也没有引起范的重视,新政的失败为苏预先言中。第三阶段从新政渐废到次年八月欧阳修贬滁州,大约一年多。新政将败,欧阳修被外派到河东巡察粮草,范仲淹主动请求到西边主管对西夏战事,苏舜钦则因公使库钱事发被削籍。诸人被贬时,欧阳修先后在河东、河北任职,本可置身事外,但仍挺身而出,先后上《朋党论》、《论杜衍范仲淹等罢政事状》,强烈抗争,终于引致盗甥案发生。可以说,欧阳修的为人行事,与自许先忧后乐的范仲淹是有很大不同。对此,朱东润先生著《梅尧臣传》引用吕夷简的议论,指出范的失误,又引用梅在范去世前后的一系列诗歌,指出范在新政失败前后,妥当地寻得下台的地步,而新政诸人则多受到严厉处分,范对于朋友没有尽到关心和帮助的责任;引用梅在范去世后的悼诗,看到梅、范两人关系逐渐疏远的经过。朱先生认为,在主张改革的这批人中,韩琦和范是行政官气味较重的人物,在考量如何做好事情的同时,先考虑自身的安全;而梅、欧则书生气味较重,只是按照书上的准则提出要求,成败利钝在所不计。其中范、梅二人更显得极端而偏激,导致了不可调和的矛盾。皇祐四年范仲淹去世后,欧阳修受范家人委托作《范文正公神道碑》,特别叙述到以下一段:"自公坐吕公贬,群士大夫各持二公曲直,吕公患之,凡直公者,皆指为党,或坐窜逐。及吕公复相,公亦再起被用,于是二公欢然,相约戮力平贼。天下之士,皆以此多二公,然朋党之论遂起而不能止。"引起范家子弟的极大不满,而欧阳修也绝不退让,以致范家所立碑《范文正公集》附《褒贤集》录碑文坚决删去此节,而欧晚年编定《居士集》,以及吕家后人所编《宋文鉴》,又坚持保存此节。在此可见欧对范的态度。

导致欧阳修贬官滁州的盗甥案的真相,经过许多学者的研究,已经可以确定是一起身份悬殊的恋爱风波引起的政治迫害案。欧阳修仅有一妹嫁张龟正,张前妻留一女,张死后欧妹归依欧阳修,这是景祐二年(1035)的事。十年后欧阳修作主将张女嫁给族子欧阳晟,但该女居然与一家奴因情而私奔,事发牵连到欧阳修。欧阳修虽然蒙冤,朝臣中也颇有人为其声援,但欧阳修似乎不想做太多的表白。他的考虑完全表达在《滁州谢上表》中:

> 伏念臣生而孤苦,少则贱贫,同母之亲,惟存一妹。丧厥夫而无托,携孤女以来归。张氏此时,生才七岁,臣愧无著龟前知之识,不能逆料其长大所为,在人情难弃于路隅,缘臣妹遂养于私室。方今公私嫁娶,皆行姑舅婚姻,况晟于臣宗,已隔再从,而张非己出,因谓无嫌,乃未及笄,遽令出适。然其既嫁五六年后,相去数千里间,不幸其人自为丑秽,臣之耳目不能接,思虑不能知。而言者及臣,诚为非意,以至究穷于资产,固已吹析于毫毛。若以攻臣之人,恶臣之甚,苟罹纤过,冀逭深文。盖荷圣明之主张,得免罗织之冤枉。然臣自蒙睿奖,尝列谏垣,论议多及于贵权,指目不胜于怨怒。若臣身不黜,则攻者不休,苟令谗巧之愈多,是速倾危于不保。必欲为臣明辩,莫若付于狱官;必欲措臣少安,莫若置之闲处。使其脱风波而远去,避陷阱之危机,虽臣善自为谋,所欲不过如此。

此表前半是说张氏事发在宿州,而自己身在镇州,本不相干。后半则表述涉案纯属政治迫害,不因此也可以找到其他理由,要想辩白是非,不免玉石俱焚,要想暂得安闲,最好的办法是脱离风波中心,置于远州闲处。了解此表考虑的周详和退让的明智,大约有助于解读《醉翁亭记》的真意。记中所述携琴挟妓,流连山水,颓然酣醉,与民同乐,其真实性不容怀疑,宋人笔记记录颇多。但与前表对读,可以理解记中与世无争的太守,其"脱风波而远去,避陷阱之危机"的良苦用心。"醉翁之意不在酒",正要作如是读。看看欧阳修私下所作的诗文,比如《重读徂徕集》:"当子病方革,谤辞正腾喧。众人皆欲杀,圣主独保全。已埋犹不信,仅免斲其棺。此事古未有,每思辄长叹。我欲犯众怒,为子记此冤。下纾冥冥忿,仰叫昭昭天。书于苍翠石,立彼崔嵬巅。"依然是金刚怒目状,何曾忘却世情。

其后欧阳修移知扬州、颍州,为母亲守丧,以往的恩怨渐远,朝中人事也发生巨大变化。至和元年(1054)以后,欧阳修入朝,经过短暂的权判流内铨,以翰林学士主持《新唐书》编修，到嘉祐五年(1060)任枢密副使，次年参知政事等，达到仕途的巅峰。

嘉祐期间，是北宋党政最平和的时期，也是文学活动最频繁的时期。欧阳修政治上渐处于主导地位，他且积极利用政治手段以达到干预文学的目的。嘉祐二年(1057)知贡举事件即是最著名的例子。虽然有举子抗议事件的发生，但当时黜落的刘辉，两年后参加殿试为欧阳修所激赏，风气转变之速，显然可以看到政治干预的效果。欧阳修此时以文学主盟，更乐意推贤荐能，有名的例子很多。而他在议政时，仍然非常维护名节和士气。如《论包拯除三司使上书》，指出包曾弹劾两任三司使，再以三司授之，是陷其于不义；包以清节立朝，而以俗务困之，也有损其清名。其论贡举，不赞成各路均分名额，也着眼于有才能人士获得更多机会。两论茶法，不在乎朝廷税收而关注民生，也是特殊的考量。欧阳修历任二府的时期，主政者是韩琦，在位是年迈的仁宗和多病的英宗，不是可以有大作为的时代，对此不必提过分的要求。

濮议是英宗朝最大的政治冲突，且影响到其后数朝的党派斗争，也关乎欧阳修一生的名节。濮议的起因是英宗入嗣仁宗而继承皇位，继嗣后对于亲生父亲濮王该如何尊称，欧阳修和宰臣韩琦建议称皇考，遭到以司马光为代表的朝臣的反对，并引起持续一年多的激烈抗争，甚至导致对欧阳修的人身攻击。在这一冲突中，欧阳修是处在主政者的立场，并得到韩琦的支持。他的意见是认为人伦关系的核心是孝，规定着君臣、父子的伦理秩序，英宗在继嗣后也不能贬抑生父为皇伯。而以司马光为代表的谏官，则既要维护英宗继统的合法性，又要保持已故仁宗皇帝的不容挑战的地位，要求英宗尊皇统而不能顾私亲。几经斗争的结果，是借用曹太后的权威，让英宗保留了对父母的称呼，而没有追尊皇考，同时驱逐了一再犯颜的谏官。濮议虽然以欧阳修适当妥协的胜利而告终，但也因此让他在清流中玷污了清誉。不久就因亲属的嫌隙，遭到帷薄不修的诬调，虽然得到澄清，也再没有用世的心情。在《新五代史》中，欧阳修特别强调皇族继承的血缘关系，分五代为八姓，并表述他对此的见解，正是现实政治的反映。

欧阳修虽以文学为后世所称道，但在他一生行事中，始终将政事放在首位。嘉祐间，张舜民曾经访问欧阳修，并留下记录：

> 顷游京师，求谒先达之门，每听欧阳文忠公、司马温公、王荆公之论，于行义文史为多，唯欧阳公多教吏事。既久之，不免有请："大凡学者之见先生，莫不以道德文章为欲闻者，今先生多教人以吏事，所未谕也。"公曰："不然。吾

子皆时才,异日临事,当自知之。大抵文学止于润身,政事可以及物。吾昔贬官夷陵,方壮年,未厌学,欲求《史》《汉》一观,公私无有也。无以遣日,因取架阁陈年公案,反复观之,见其枉直乖错,不可胜数,以无为有,以枉为直,违法徇情,灭亲害义,无所不有。且夷陵荒远褊小,尚如此,天下固可知也。当时仰天誓心曰:'自尔遇事,不敢忽也。'"是时苏明允父子亦在焉,尝闻此语。(《容斋随笔》卷四《张浮休书》引张芸叟《与石司理书》)

这一态度贯穿始终。但他又毕竟是书生,与一般老于世事的官僚有很大的不同,将道德、正义、责任、友谊看得很重要,在需要他表达意见的时候,常常能够不计成败得失和身家安危地站出来。尽管他也深知权谋和妥协的重要,在促成庆历新政和失败后的全身而退时,都可以见到他的敏锐和通达。他一生政治上最大的成功,似乎并不在参知政事任上的政绩,而在嘉祐初利用政治权势改变文学好尚。但他的道德原则或者说很强烈的书生气做法,无论是和范仲淹的数度离合,还是晚年濮议之不随和附众,都可以见到他的意气用事或不够圆滑。尽管这一切都无损他的私德,但以他一生之热衷政治,投入极大热情,而建树却很有限,作为政治人物,不能算很成功。

二

欧阳修是北宋第一位具有多方面建树的伟大文学家和杰出学者,其一生最重要的成就,我以为可以指出以下几个方面。

1. 治经疑经,开宋学之风气。

欧阳修生活在经学史上汉学向宋学的转变时期,他和同时的学者一起,在治经中秉持信经疑传的态度,认为"正经首虞夏,伪说起秦汉"(《读书》),提出"先儒注疏有所不通,务在勇断不惑"(《先公事迹》)的治经原则。梅尧臣曾经记录他的治学情况云:"问传轻何学,言诗诋郑笺。"(《代书寄欧阳永叔》)对于何休传《公羊》和郑玄笺《诗经》,表达了极大的蔑视。欧阳修治经的代表著作,则有《易童子问》三卷、《诗本义》十六卷等。前者可以确定撰写于庆历以前,据《易·系辞》以下六篇立说抵牾不合、行文上冠以"子曰"以及先秦史籍征引诸证,推定"皆非圣人之作,而众说淆乱,亦非一人之辞",否定了此部分出自孔子所撰的说法,断为后儒讲义的丛荟。欧阳修研治《诗经》,首先即认为《诗序》并非子夏所作,进而批评毛、郑以来对于《诗序》的解说。在其他论著中,他对《周礼》、《礼记》、《春秋》等也都有所质疑。《四库全书总目》卷一五九《诗本义》提要认为:"自唐以来,说《诗》者莫敢议毛、郑,虽老师宿儒,亦谨守小序。至宋而新义日增,旧说俱废,推原所始,实发于修。"肯定欧阳修在宋学形成过程中的开创之功。今人杨新勋著《宋代疑经研究》(中华书局,2007年3月)也认为欧阳修"疑经与其复兴儒学的思想相表里","他复兴的儒学是一种新儒学"。这种新儒学的解经态度,在《诗本义》中得到贯彻。裴普贤先生《欧阳修〈诗本义〉研究》(东大图书公司,1981年7月)中《诗本义》研求诗人本志的方法的探讨》,特别引出批评汉儒解《关雎》的一节,归纳为"这就是以不近人情来辨毛、郑之失",又引解《出车》篇云:"诗文虽简易,然能曲尽人事,而古今人情一也。求诗义者以人情求之,则不远矣。然学者常至于迂远,遂失其本义。"以人情常理为解诗原则,是欧阳修治《诗》的准则,其实也是宋学的根本所在。

2. 肄力史学,寓褒贬以振士风。

在二十四史中,欧阳修有《新唐书》和《新五代史》两部,严格说是一部半,《新五代史》是唐以后私人修史唯一列入正史者。《新五代史》始修于景祐间在馆阁时,曾有与尹洙合作的计划,但并没有继续。主要写作应在两次贬官和为母亲守丧期间。晚年朝中征集此书,欧阳修以未完成推托,奏进是在他身后。《新唐书》在欧阳修入局前,已经开修了近十年,直到欧阳修至和、嘉祐间实际主事后,才得告完成。欧阳修功居第一,可以确认,在奏进时他建议与宋祁合署,时人称为美德,后代或揣度欧不愿承担宋文奇崛的责任(罗点《闻见录》),虽然有些见小,也属可能之义。

两部史书的成就,宋人抬得很高,为学官所通行,并因此导致两部旧史的荒废。清代学风转变,重新将两部旧史列入正史,直到现代学者站在当代学术立场上来评判,则更多地肯定两部旧史的价值。客观地说,欧阳修修史的目的,一是坚持传统史学褒善斥恶的传统,体现道德评判的立场,着眼于宋代伦理道德的重建;二是补救五代宋初修成的二史文章枝蔓芜弱的不足;三是补充史实和纠正讹误。在这几方面,都应充分肯定其成就。就《新唐书》来说,欧阳修负责的纪、志、表的部分,有几位杰出的专门家协助其工作,可信出于他本人手笔的则有本纪和各志、表的序赞。本纪由于过分强调《春秋》笔法,现在看来不免显得过于简略,但因他特别关注值得褒贬的事实的记录,也保存了一些他书没有的事实。《新唐书》各志大多比《旧唐书》详备准确,新建的《选举》、《仪卫》、《兵》三志十分重要,表的恢复和四表设置之有识,也为史家所肯定。至于欧阳修起草《进表》时所述"其事增于前,其文省于旧"的自赞,不久即为刘安世所批评,也并不尽符合实际。至于采小说以入史,主要并不在欧阳修所负责的部分。

《新五代史》是欧阳修的私史,也是他十分重视的著作。我曾有机会将此书与《旧五代史》所涉全部史实作了逐条的对核,结论是欧书的主体部分是据薛史改写的,在列传部分痕迹最为清晰,他删去了旧史中的许多次要人物传记,将相关事迹并入他人下或列作附传;旧史本纪过于繁冗,所涉重要史实,也改写到传记之中;欧书在十国部分补充的史实最为丰富,由于当时十国文献都已流行,远比宋初丰富;旧史的十志编修水平很差,欧阳修以乱世典制不足垂训而仅作《司天》、《职方》二考,估计他的个人力量也不足以写出各志;在中朝史事方面,本纪和列传中都有一些超出旧史的纪事(排除了旧史残缺的因素),对照《册府元龟》的记载,可信曾酌取自五代实录,尽管对实录的利用远不充分。当然,《新五代史》最重要的还是高扬道德批评的旗帜,在本纪和家人传中明辨皇室血统,分五代为八姓;在列传中将专事一朝和历事数朝者加以分述,又专设死节、死事、一行、义儿、六臣、伶官等传,以崇尚廉耻,贬斥失节;在本纪中,特别注意《春秋》笔法的运用,微言奥旨,在在都是。对于自己的良苦用心是否能够为世人所理解,显然欧阳修也不太有信心,遂有徐无党注的出现。《新五代史》注,虽署名徐无党注,但只要翻检全书,不难发现全书231则注,其中203则集中在本纪十二卷,列传四十五卷只有14则注文,考三卷三则,《十国世家》十卷每卷一则,《四夷附录》四卷仅一则。所注内容,本纪部分主要是阐发义例,而十国世家和四夷附录的注则说明依据文献的情况和具体取舍。在古籍注本中,是体例很特殊的一部。在《与渑池徐宰》书简中,欧阳修交代《五代史》"仍作注,有难传之处,盖传本固未可,不传本下注尤难,此须相见可论"。是所注出于欧意,且为师生商量而注。大约欧阳修因依仿《春秋》笔法,于史文寓褒贬,其寄意所在,世人未必理解,故藉徐注阐发之。可以认为,徐注是解读《新五代史》的关钥,而其中《十国世家》、《四夷附录》之注,本为欧书之考异,自出作者手笔,即便本纪诸注,表达的也是欧阳修的见解,仅托门生传达而已。《新五代史》褒贬的寓意和影响,前人言之甚详,就不复述了。

3. 文融骈散,开八百年之新体。

欧阳修文章在文学史上改变风气、开创新体的贡献,早已有定论,不用辞费。需要探讨的是欧阳修的散文风格的形成的内在原因是什么,与他宗仰的韩愈文章又有什么不同。韩愈为文喜欢怪奇硬拗的风格,欧阳修则纯求平易畅达,不故为奇特,不用冷僻怪异的字,不生造词语,同时,喜欢大量使用语助词,造成文章流利宛转、一气呵成的气势。比方著名的《苏氏文集序》:"斯文,金玉也,弃掷埋没,粪土不能销蚀,其见遗于一时,必有收而宝之于后世者。虽其埋没而未出,其精气光怪,已能常自发见,而物亦不能掩也。故方其摈斥摧挫,流离穷厄之时,文章已自行于天下,虽其怨家仇人及尝能出力而挤之死者,至其文章,则不能少毁而掩蔽之也。凡人之情,忽近而贵远,子美屈于今世犹若此,其伸于后世,宜如何也,公其可无恨。"按照刘知幾《史通·删烦》的意见,当然可以删去许多虚字,文意不会受到影响。但如果作了这些删除,文章跌宕起伏、气势回旋的韵味,也就不复存在了。更重要的是欧阳修文章中大量化用骈文句式,非常注意文章的声韵变化和内在节奏。比如著名的《五代史伶官传论》:

> 及寇仇已灭,天下已定,一夫夜呼,乱者四应,苍皇东出,未及见贼,而士卒离散,君臣相顾,不知所归。至于誓天断发,泣下沾襟,何其衰也!岂得之难而失之易欤,抑本其成败之迹,而皆自于人欤?《书》曰:"满招损,谦受益。"忧劳可以兴国,逸豫可以亡身,自然之理也。故方其盛也,举天下之豪杰莫能与之争;及其衰也,数十伶人困之,而身死国灭,为天下笑。夫祸患常积于忽微,而智勇多困于所溺,岂独伶人也哉!

仔细阅读,不难发现其中四字句和六字句所占比重很大,句中的平仄交替,句与句之间在语气停顿处的平仄协调,都深见用心。欧阳修早年以作骈文而成名,后来虽然放弃,但骈文对于音节错互变化的许多技巧,深深地刻烙在他写作的习惯中。秦汉文章以单音节词为主,骈文兴起后,双音节词比重增大,四、六字句成为基本句型,虽然适应了汉语发展的趋势,但一律以偶句行文,加上对仗用事的严格规定,限制了文意的表达。欧阳修作单行的古文,但大量吸取骈文的双音节句型,将骈文的声韵变化和节奏感融入古文中,形成了新的文章风貌。此体文章后来风靡八百多年,是欧阳修对于中国文化最重大的贡献。

4. 馀事诗词,以才情而名家。

欧阳修的诗词,当时名气很大,后世评价较高,今人研究也多,不必重复,仅谈一些体会。在《六一诗话》中,称颂韩愈"笔力无施不可,而尝以诗为文章末事。故其诗曰'多情怀酒伴,余事作诗人'也",大致也能够概括他本人的态度。比如在庆历新政前后的一年多时间里,即很少写诗。欧阳修与梅尧臣关系密切,而梅尧臣专力为诗,他所说"文会忝予盟,诗坛推子将"(《答梅圣俞寺丞见寄》)并不能看作一般的客气。欧阳修对梅尧臣诗风的概括:"文词愈清新,心意虽老大。譬如妖韶女,老自有馀态。近诗尤古硬,咀嚼苦难嚼。初如食橄榄,真味久愈在。"(《水谷夜行寄子美圣俞》)几乎可以认为是对宋诗风格的总体概述。钱锺书先生认为欧阳修的诗在音节流利方面比梅要好,是恰当的评价。对于唐诗,欧阳修比较喜欢李白和韩愈的诗,其所作也深受其影响。但与他关系密切的章望之有以下一段记述:"予尝以师礼见参政欧公修,因论及唐诗,谓杜子美才出人表,不可学,学必不至,徒无所成,故未始学之。韩退之才可及,而每学之。故今欧诗多类韩体。"(《竹庄诗话》卷九引《延漏录》)可见欧并不是如一些人所说不喜杜诗,而是才性有不同,难以学好,对杜甫之成就,欧阳修并无偏见。

欧阳修的词,可讨论的问题很多。我以为最重要的有几点。如《醉翁琴趣外编》的真伪,应该没有什么可以再讨论的了。罗泌编《近体乐府》是显然作过删节,部分组词还有被割裂的迹象,就是内证。从钱世昭《钱氏私志》以后,不少记载都认为《醉翁琴趣外编》中的一些淫亵词为举子落第后报复而作,虽然细节有些出入,总认为一代文臣欧阳修不会作这些俗词。我则比较倾向于认为欧阳修在应进士举期间有很长时间盘桓下层,他有可能像柳永那样流连市井,写出为歌妓传唱的作品。在他有名的作品中,如《生查子》、《踏莎行》等,则有在洛阳期间所作的显著痕迹。若此点可以成立,从俗词或慢词的写作时间来说,欧阳修大约与柳永同时而略迟,而远远早于张先。

5. 随手诗话,创论诗之新格。

欧阳修的《诗话》习称《六一诗话》,是历史上第一部以诗话名书的著作,只是因为他的影响力以及这种轻松随意谈诗的著作方式,适应了宋代士大夫的批评情调,不久就形成风气。郭绍虞先生《宋诗话考》考得宋人诗话超过一百种,就是很好的证明。在欧阳修以前,偏重记录诗歌写作故事最有名的是孟启《本事诗》,唐末五代如范摅《云溪友议》、何光远《鉴诫录》谈诗事部分也达到全书的三分之二,宋初人所作如《郡阁雅谈》、《雅言系述》、《雅言杂载》等也都是专门谈诗的著作。欧阳修平时有即兴写随札的习惯,现存《笔记》、《试笔》等都是此类文字的结集,部分内容与《诗话》有重合,相信他晚年即整理以往随笔以成《诗话》。唐人有《一枝花话》、《庐山远公话》,"话"为讲说通俗故事的文体。唐后期出现《刘宾客嘉话录》,五代出现《玉堂闲话》,是文人笔记已据以名书。欧阳修《诗话》卷首自题仅"居士退居颍滨,录以资闲谈也"一行,他没有将此看得特别重要,后来的影响是他所没有预期的。

6. 搜习古物,奠金石之初学。

《集古录》是中国学术史上第一部金石学专著,久已为定论。在欧阳修以前,六朝以来出现过一些碑集,因为没有留传下来,无法确认是据文集编录还是采自石刻。唐代朝野那么大规模地刊刻碑志,居然没有任何专书加以阐发研究,确实不可思议。《六一居士传》说"集录三代以来金石遗文一千卷",只是约数,他的搜集工作始于康定以前，至死未休，现在存下来的跋尾涉及381种金石，实际收录之品种以《集古录目》所载稍备，与跋尾互有出入，今所考见者仅六百多品。虽然《集古录跋尾》一直通行周必大的校定本，《集古录目》经黄本骥、缪荃荪辑录也粗具规模，但二者实为欧阳修收藏的分别记录，是可以汇为一编的。在《集古录》中，欧阳修提出金石对于了解古代政治隆替、文章变化和历代书法的意义，特别强调以金石考订史籍的价值，奠定了后代金石学的基本格局。但因他的多数跋尾是公馀即兴之作，研读不深，因此疏误较多，留给后人商榷讨论的话题不少。

上述六端，有一端成立即可以在学术史上留名不朽。欧阳修能在各方面都有杰出的建树，实在很难得，值得我们永久地纪念。

2007年6月3日　初稿

---

* 本文为2007年6月在台湾大学中文系所作讲座。收入台湾大学中国文学系主编《纪念欧阳修一千年诞辰国际学术研讨会论文集》，台大中文2009年8月。

《册府元龟》的校订和利用还有很大的拓展空间*

最近二十多年间，因为研究工作的缘故，我曾非常充分地利用过《册府元龟》——先因作《全唐文补编》而将书中全部唐五代文章与《全唐文》以及陆心源辑《唐文拾遗》、《唐文续拾》二书逐篇作过对核，录出佚文逾百篇；继因新辑《旧五代史》，继续陈垣先生未竟的工作，用《册府元龟》所存五代文献与清辑本《旧五代史》作过逐字比校，并藉此录出五代实录的大量遗文。经过这些工作，对《册府元龟》的价值获得许多新的认识，对于此书全面校理所涉文本之复杂难解，校点内容所涉专门知识之繁博细碎，有许多切身的体会。记得多年前有海外学校欲作此书之电子文本，出资二十万就商于本系某同仁，我将此书工作烦难程度相告后，最终谢绝了约稿。因此，对于南京大学以周勋初教授为首的学术团队能够克服种种困难，如此高水平地完成全书的校点，不能不由衷地钦佩。周先生约我撰文评介这部新校本，我感到义不容辞，立即答应。同时，我也觉得，在这部校订本中，无论整理者还是出版者，都强烈地表达了以学术为天下公器、不计经济得失或短期效应的求道精神。在这篇致敬的短文中，我也不必拘泥于俗习，不妨将我见到的校订本中的细节出入，以及今后《册府元龟》进一步整合利用的可开拓空间一并写出，以供整理者和阅读者参酌。

我以为不需回避的是，虽然整理者已经克尽心力，但由于据为底本的明刊本错误实在太多，可以据以校勘的宋本仅存五分之三弱，没有宋本可校的各卷，由于很大一部分内容是《册府》独有而他书不载者，承担校勘的学者虽然各有所长，但毕竟难以兼擅各史。就我披览所及，文本失校的地方似乎还有一些。如260页倒数12行"中书令萧嵩"，"萧嵒"应作"萧嵩"；781页7行"吏部尚书李矫同中书门下三品"，"李矫"当作"李峤"；同页10行"吏部尚书、同中书门下三品李瑱为中书令"，"李瑱"也是"李峤"之误；889页"捧圣严卫都将宋洪实"，"宋"应作"朱"；3982页沮渠天周、无讳、宜得等三人，其姓均应正作沮渠；3241页之"柳王友裕"，3341页之"彬王友裕"，柳王、彬王均应作郴王；4423页、11574页之"传竖眼"为傅竖眼之误。类似的错误肯定还有一些。避讳字的处理，《校点说明》认为"宋人避讳字一般予以保留，明人避讳字如'校'作'较'，'检'作'简'，'常'作'尝'等，径作回改"，是很好的体例。没有改尽者，如"由"作"繇"，"照"作"炤"，"洛"作"雒"之类，似乎仍有一些。造成这些出入的原因并非校点者学力不及或出版校对时的疏忽，主要还是沿袭明刊本的错误而未及或暂时难以完全改净者。我在数年前作《旧五代史新辑会证》时，也碰到类似的情况。以宋本校明本，可以改正明本讹误的地方很多，一般半页两百字总会有四五处甚至十来处误字，且确信许多误字如果没有宋本，仅仅根据形似、音近之类的传误习惯和校勘原则，根本不可能得到正确的结果。然而宋本毕竟只有五百八十多卷，另外四百多卷仅存明本者，虽用尽各种办法以求减少错误，但肯定还有一些脱误衍倒没有得到纠正。就校订本来说，我认为今后有学者愿意作进一步的修订，应该考虑以下两种办法：一是加强《册府元龟》本身文献的本校，二是发掘存世的明钞本《册府元龟》的文本价值。

就校勘来说，本书在本校和追溯文本来源的他校方面做得十分认真仔细，但就本校，即利用《册府元龟》各门、各部、各卷相同或相近的内容互校来说，可以进一步做的工作还很多。前面已经说到，《册府元龟》是一部采编历代正史、实录为主编成的大型类书，全书分为三十一部，一千一百零四门。同一篇传记，同一篇诏令，可能因为从属不同门类事项之不同，或全录，或节引，或改写，一事而常有十多种不同程度的引录，彼此出入较大，再加上各卷各条在后来流传过程中不同的传误状况，以及宋本的或有或无，各卷间彼此可以互校互补的内容极其丰富。试举我曾处理过的五代文献的一个例子。卷九三《帝王部·赦宥门》录晋高祖天福元年(936)十一月即位改元赦，在同书卷六六、卷六八、卷八一、卷四八四、卷四九二、卷四九四中有六次引及，据此可以对卷九三引文作如下校改：1. "文武官寮等又输推戴之诚"，"又"应作"各"；2. "其军府诸色职掌将吏等已及押衙职者，各与递迁职次。""各与"二字前，应据卷八一加"并与加官未及押衙职者"十字，此段应作"其军府诸色职掌将吏等已及押衙职者，并与加官；未及押衙职者，各与递迁职次"。3. 前句之下，据卷八一，知脱去"应超魏府行营及系侍卫诸军将校等并已加恩外，所有六军及诸道本城并替换在诸处将校未加恩者，凡执干戈，皆为社稷，虽守役或分等次，而倾心尽著勤劳。且被渥恩，各升官秩，用奖输忠之效，俾坚御侮之诚。其六军及诸道州府本城并替换在诸处将校未加恩者，宜令并与依资转官，仍令六统军及诸道州府，据前项军都自副将已上分析名衔申奏"一段。4. "盐麦之利，军府所须，倘不便放户人，宜别从于条制。"据卷四九四"麦"应作"曲"，"放户人"应作"于人户"。5. "在京盐货，元是官场出籴，自今后并不禁断，一任人户驭使杂易。"据卷四九四"出籴"应作"出粜"，"杂易"应作"粜易"。6. "弓旌聘士，岩穴征贤，式光振鹭之班，将起维驹之应。山林草泽贤良方正隐逸之事，委逐处长吏切加采访，咸以名闻。"据卷六八，知"维驹之"下脱"咏"字，"应"字应从下句读，

"事"应作"士"。"士"字四库本据文意改。7."昨以寇戎久在郊境,颇伤禾稼赋租",据卷四九二知"赋租"二字前脱"宜减"二字,"禾稼"下应加逗号。以上七例,如4、5、6、7各例,显属传本有脱误,1例可两通,"各"字义稍胜,2则可能出于传误,但也可能出于杨亿等删节,3则显属《册府元龟》编修时各部、门分别采撷,如果校订《全唐文》时应该恢复原敕面貌,整理《册府元龟》时则可以不作处理,能够加注指出当然更好。我举这个例子,想要说明《册府元龟》的本校确实可以解决传本中的一些失误,同时也要指出就一篇文章来说,这样的本校似乎还可以达到,但若作为一项体例,要求整理者达到这一目标,并贯彻于全书,显然是不切实际的批评。我也与一般的读者一样,就一些片段的比读看出问题并不难,但因此而对于整理者提出苛责,则是不负责任的酷评。

2002年11月,我曾有机会造访日本京都大学人文科学研究所,在后来担任所长的金文京教授和大阪市立大学斋藤茂教授陪同下,参观了该所图书室极其丰富而便于利用的藏书。其中印象最深的是有一套完整的明钞本《册府元龟》,每一卷卷首都题作《新刊监本册府元龟》,相信其所据就是现在仅存八卷的南宋蜀刻本。当时我正作《旧五代史》的校辑,确信此本对于《册府元龟》宋、明二本的校勘都有很重要的价值。回来后检查《中国古籍善本书目》,发现其中著录中国馆藏完整的明钞《册府元龟》即有六种之多,其中四川省图书馆藏明南岑书舍抄本和重庆市图书馆藏明抄本都源出《新刊监本册府元龟》,与京都本同出一源。台湾也有明钞本的保存。中国国家图书馆有傅增湘在明刻本上所作的校本。国内的这些抄本我都没有见到。《藏园群书题记》卷九《残宋本册府元龟跋》和《藏园订补邵亭知见传本书目》卷十下都有傅增湘搜集宋刊明钞以作《册府元龟》校记的记载,但明钞部分是否已经如《文苑英华校记》样完成,则尚有待于证实。周勋初先生在校订本《前言》中肯定陆心源、傅增湘的校勘成就,认为"他们也难以全部见到存世的所有宋本《册府元龟》残帙和明代《册府元龟》钞本。而且这工作费时费力,他们也不可能花太多的事件从事于此"。所见甚公允。今日宋本容易见到,但明钞系统毕竟还没有可能以一人或数人之力作全面的校理。这些工作,借用周先生评述陆、傅二位的话,"尚有待于后人来完成"。

我还要指出,《册府元龟》的全面整理是一项沾溉学林的重要工作,利用《册府元龟》来整合甚至重建唐五代基本历史文献,更是一项值得尝试的具有重大学术意义的工作。我在前面谈到,《册府元龟》所采唐五代史事,基本以正史和实录为主,而实录的采录比例甚至远远超过正史。由于唐五代存世的几部正史几乎全部是依据国史、实录来改编重写,而当时能够看到的篇幅巨大的四十多部实录,仅有

《顺宗实录》五卷因为韩愈文集的收入而得以保存,其他实录都没有保存下来。现代学者研究唐五代历史,没有可能利用第一手文献的实录,不能不说是非常遗憾的事情。以前,我也坚信早经失传的唐五代实录早就踪迹难寻,更何谈起死回生。最近十来年,因为做《旧五代史新辑会证》的机缘,有机会将《册府元龟》所保存的五代文献全部拆开,按照时间和人物作了重新的编排,惊奇地发现五代实录的文本在《册府元龟》中的保存情况,远比想象的来得丰富。经过仔细的排比拼接和校录写定,我确信五代实录的十之五六的内容得到保存,可以据以校订和补充正史文本的讹缺。唐代实录的保存情况,大致也有这样的比重。这些文献要能够为学者充分利用,仅靠校点和索引还是不够的。举例来说,周太祖广顺二年(952)五月五日至六月十四日亲征慕容彦超,《旧五代史·太祖纪》仅略存梗概,《册府元龟》卷一一一《亲征》所载稍详,《册府元龟》则在二十多卷中分别记载此行的各种大小事情,所载内容数倍于正史和《通鉴》的记载,且更为丰富准确,正史、《通鉴》记载而在《册府元龟》中没有记录的,大约只有各一二项。这些史料如果没有通过系统的排比整齐,学者很难完整利用。五十年前,日本学者平冈武夫有志于排比唐代文献,既做《唐代研究指南》十二种,提供基本文献的检索手段,又做《唐代史料稿》,力图逐日恢复唐代原始文献的面貌,可惜仅发表武德、长庆、大和间大约七八年的内容,没有能够最终完成①。中国学人应该接续完成此一工作。

2007 年 7 月 31 日于复旦大学汉唐文献工作室

---

* 本文是《古代类书整理的重大成就——评校订本〈册府元龟〉》一文的第三节,全文收入拙著《汉唐文学与文献论考》,上海古籍出版社 2008 年 5 月出版,节本刊《文汇读书周报》2007 年 8 月 3 日。

① 平冈武夫等编纂《唐代史料稿》,已经发表武德元年五月至十二月(京都大学《东方学报》25 册、26 册、27 册,1955—1957)、长庆元年(同前 37 册,1966)、二年(同前 38 册,1967)、三年(同前 39 册,1968)、四年(同前 40 册,1969)、大和元年、二年(同前 42 册,1971)、三年(同前 44 册,1973)。据京都大学人文所金文京教授见告,书稿没有完成,人文所尚存部分编纂资料。

二〇〇八
学者宜知所取舍
——金程宇《稀见唐宋文献丛考》序

本书是金程宇博士继《域外汉籍丛考》后的又一本新著，与前一本著作比较，很大一部分内容仍然与域外访书所获有关，但也涉及一些出土文物和存世典籍中的文献介绍，可以说是前书的续编。程宇希望我给他的新著写一篇序，我自不容推辞。我想，有关本书揭示文献的价值和作者考订的成绩，自可由读者来作出评判，我忝为他的博士生导师，不合适在此先作结论。我愿意在此介绍一些程宇的治学经历和学术追求，或对读者还有一些助益。

程宇在1998年考入复旦大学，从我研究唐宋文学。此前他在辽宁大学从刘维治教授获得硕士学位，论文研究唐代韩愈古文运动，在前人已有许多耕耘的课题上提出自己的见解，显示了良好的学术潜力。我因为当时刚处理完《全唐文补编》的校样，对于唐代文章的总体面貌有一些认识，即骈文在唐代的主导地位始终得以保持，在古文形成、发展的过程中，骈文也在辞藻、音节、句式等方面发生显著的变化，但这些变化由于一般学者过分关注韩柳古文的成就，对于骈文则相对忽略，认真做过的分析研究屈指可数。我指导研究生的一般原则，是可以与他们硕士期间的课题有一些联系，但一定要比原先的研究在范围、深度和文献准确度方面有质的不同，当然更鼓励选择前人很少涉及、富有挑战意义的重大课题，对于才质好的同学，尤其希望他们应勇于挑战自我，开拓新域。因为我觉得，对于学生来说，博士论文是可以奠定他们一生学术格局的选择，在通过博士论文后，应该仍能在此一领域持续开拓发展，太狭窄则很难有新的开拓空间，在前人已有较多研究的课题上常很难作新的发明。有鉴于此，我建议程宇可以作唐代骈文的研究，并鼓励他能够更多地从骈文本身的发展过程和文章特点上加以系统分析研究，作出客观公允的评价。为此，他作了非常艰苦的努力，不仅从面上阅读了唐代有代表的骈文作品，对于前人有关骈文研究的论著，也做了很认真的搜集，最后以《文化视野中的唐代骈文》获得博士学位。

现在多数博士毕业以后，找到合适的工作，然后整理出版博士论文，并用这部分成绩发论文、开新课、升职位，在学术圈找到自己的一个角落，若有余力再作一些新的开拓。这样的发展虽然格局不能算大，但仍然值得尊重，符合先求生存再要发展的国情。程宇的开始似乎也有这样发展的可能。他毕业后到上海财经大学国际交流学院任教,虽然课务较重,但收入颇丰,新婚燕尔,更应该寻求安逸舒适的生活。但他显然并不满足于此。据他后来告诉我,一次偶然的契机触动了他转变自己学术道路的决定。还在读博士的时候,因为研究骈文,我曾特别要他分析晚唐各家骈体文的新变,建议他读读新罗人崔致远的文集。他从崔集的阅读,进而做该集的版本研究,不断探索追究,因此而进入韩国、日本汉籍研究的领域,看到了今后可以大有作为的广阔空间。

域外汉籍为国人所知并展开研究,如果从《全唐诗逸》收入《知不足斋丛书》或者天瀑山人《佚存丛书》传入中国算起,差不多已经有了两百年左右。学者们逐渐认识到,在受汉文化沾被的日本、韩国、越南等国所存古籍,不仅有数量巨大的中土失传的珍贵文献,而且由于彼邦所存古籍流传过去很早,即便中国有传本的古书,异域旧本中在完残、正误等方面,也颇与本土传本面貌有很大的不同。现代学者经常将域外汉籍和出土文献、敦煌文献等共同视为20世纪新见文献的渊薮。时至今日,敦煌文献带动了最近一百年敦煌学的空前繁荣,出土文献则奠定了甲骨学、金文学、简帛学和碑刻学的基石,相比较来说,域外汉籍研究的总体成就,还不足以与以上几个领域抗衡。仅从严绍璗《日藏汉籍善本书录》、全寅初《韩国所藏中国汉籍总目》、王小盾等《越南汉喃文献目录提要》所展示的三国所存汉籍总况来说,已经介绍给国人的还仅是很少的一部分。以前对此颇感不解,后来有机会到日本访学,才体会到此一研究的不易。就我的认识,海外访书,必须具备三方面的条件:一是学识,二是机缘,三是费用。所谓学识,要求学者对于中国已有典籍的总貌和个别内容,有全面深入的了解,据此在海外公私藏家处搜求,对于各类典籍的彼此同异和彼邦善本的价值,可以作出清晰的判断。所谓机缘,则是要有机会经常来回于中外之间,并能在彼邦建立较广泛的人脉,能够与彼邦人士进行深入的沟通,并进而可以见到、复制并向国人介绍彼邦文献的面貌。所谓费用,就不必解释了,虽然国外图书馆很少像本国国有图书馆那样高价收费,但要来回奔波,人际应酬,复制文本,反复研究,都要很大的费用。前代著名的访书家如黎庶昌、杨守敬、罗振玉、董康等人,可以说正是具备了这些条件,方得有重大的建树。近几十年来,虽然仍有不少学者持续在做着这些方面的工作,取得了可喜的成就,但若和前代比较,则不难发现现代学者更多地关注专门之学,经常利用出国访问的机缘,将自己熟悉领域中的珍贵文献复制携归,介绍给学界,能够全面系统地关注域外文献并将之介绍给国人者,毕竟还不多。比如我对唐一代各类文献都有兴趣,前几年也曾到访日本,但因不通日语,无法沟通,只能利用图书馆中的近现代出版物，搜寻对自己研究有用的资料，而无法分别造访各公私藏家，了解寻访他们珍藏的文献情况。我想，许多出国访学的学者也都会碰到类似这样或那样的问题。程宇转治域外文献，有他有利的条件。他从大学本科时就学日语，现在已经掌握得很娴熟，在日本的生活和交流足以胜任。他的日本夫人毕业于二松学舍大学，研究中国文学颇有成绩，他也因此可以经常来往东瀛，有机会在那里寻访图书。最近六七年间，他来往日本已经有十多次，几乎将全部心力都放在访书工作上，他的刻苦努力和谦逊进取，得到了许多日本学人的认同，为他进一步寻访图书形成了有利的人脉。他从十年前从我读博开始，就非常重视掌握目录学以统摄全部存逸文献的治学法门，近年更为此做了工作量巨大的基础资料积累。收录在《域外汉籍丛考》中的《日本藏书印索引稿（印文篇）》一文，即是他试图编出一部可以鉴别考证日本藏书的完整的印谱资料的部分成果。其他如历代舶载书目、日韩各公私收藏书目，他也都有很仔细的调查。但就经济准备来说，他显然是很欠缺的。就我所知，他的家庭只是一般的工薪之家，他在日本的岳丈家也算不上富裕，他也一直没有得到大宗的专款支持。他到日本几乎很少参访名胜山水，将有限的时间和金钱都投入访书之中。2003年年初我在日本早稻田大学做交流研究员，陪他在图书馆度过了十多天，那几乎是他利用寒假到日本探亲的全部时间。以后他还经常和我谈起在日本的访书所得和经历，偶然也会说到诸如为节省费用而身背几十公斤资料搭机的经历，得意中更让我感到他能取得成就的不易。数年来，他为访书付出了常人难以克服的努力和代价。南京大学成立域外汉籍研究所时，他接受张伯伟教授的邀请加盟，放弃了在上海较优厚的收入，毅然献身学术工作，也足令我感佩。

程宇治学的另一可贵之处，是能从中国传统学术和日本近代学术中，体会到学术的矜持和品位，并努力在工作中有所坚守。我在不久前为香港浸会大学《人文中国》撰写的《域外汉籍丛考》书评中有以下一段评语："他的论著可能数量不算多，但严格遵循规范，踏踏实实地从基本文献考证做起，所涉课题务求在日、韩和中国学者已有研究基础上作进一步的拓展，引证丰博，要言不烦，展现了很难得的学术矜持和追求。他在后记中提到我认为为学当有富贵气的趣论，应该是以前说到李清照评价秦观词'譬如贫家美女，虽极妍丽丰逸，而终乏富贵态'时的随谈，为学切忌炫博，但过于贫薄，也注定难成气象。虽然他经常在电话里诉说'小生最近很穷'，但治学绝不轻率苟且，努力作丰厚的积累，追求阔大的气象。能够坚持如此，足见其心气和眼界。"我相信并非过誉的话。

在这里，我也要特别祝贺南京大学域外汉籍研究所成立三四年来所取得的成就。在张伯伟教授主持下，《域外汉籍研究丛刊》已经出版了四辑，始终保持了很高的学术水准；《域外汉籍研究丛书》的前两辑也已经陆续出版。程宇参与其间，作出了一定的成绩，他以往的一切努力，开始进入收获的时期，我也很为他感到欣慰。

程宇一直希望我对他今后的发展提些建议，我也愿意在此提出。一是已出版的两本书中，仍以唐宋文学的相关资料的发掘和考订为主，这是因为以前研究重心所在，因此发现较易。中国传统学术牵涉面极广，非文学类的典籍在海外也有极其丰富的保存，有些已经引起专门家的注意，很多仍未引起足够重视，亟应扩大视域，开拓新土。二是学者最幸福的机缘就是能够找到自己的学术方向，适合自己的性情，经常有重大的发现，心情愉快地从事研究。不是每个学者都能得到这样的机缘，但程宇通过自己的努力已经踏进了这一领域，实属难能可贵。偶然见到某文化学者在电视台著名讲坛上讲《本草纲目》，强作解人，因此更觉得学者坚持始终是很不容易的事。与我三十年前刚开始学术研究时的清贫、单一且很少他扰的学术环境比较，现在诱惑实在太多，学者很难保持内心的平静，治学的氛围在某种层面上说可能远不如先前。学者要求有独到的建树，需要有很强的抗诱惑的毅力，不知程宇赞同否？三是凡能有成就的学者，资质可能有高下之分，努力治学则是共同的，但成就高低有时相差很大，似乎也很难解释。最近读唐史学者严耕望《钱穆宾四先生和我》，颇有感悟。读严氏的著作，可以感觉到他的才气其实稍逊于他的前辈陈寅恪和岑仲勉，他的巨大成就得力于勤奋努力和知所取舍。特别是后者。严氏从三十岁后转治唐史，既有意于唐史文献的全面董理，又准备作唐代人文地理的资料积累。到四十岁时，他已经意识到这两项工作都"非投入毕生精力与时间不可"，"势难兼顾"，在听取钱穆意见后发愿作《唐交通图考》，奠定他在20世纪学术史上的崇高地位。港台学者谈到他治学的忘我，几乎推掉所有的应酬和行政事务，为此而终其一生只担任高级讲师而不任教授或讲座教授，虽然薪资相差很多，但可以省下许多时间。自省三十年来虽亦偶有所得，但兴趣太多，难以持恒，许多课题在兴奋一阵后，随即搁下而转做其他，若不改变，终难达到大的成就。以此自勉也愿与程宇共勉。

期待程宇有更多新的重大的发现，有更多的精彩奉献于世人。

2008年10月1日于复旦大学光华楼

（收入金程宇《稀见唐宋文献丛考》，中华书局，2008年12月）

破镜重圆的原委和真相

破镜重圆是一则流传很广的爱情故事。故事的来源,一般都认为是唐末孟启的《本事诗》,原文如下:

> 陈太子舍人徐德言之妻,后主叔宝之妹,封乐昌公主,才色冠绝。时陈政方乱,德言知不相保,谓其妻曰:"以君之才容,国亡必入权豪之家,斯永绝矣。倘情缘未断,犹冀相见,宜有以信之。"乃破一镜,人执其半,约曰:"他日,必以正月望日,卖于都市。我当在,即以是日访之。"及陈亡,其妻果入越公杨素之家,宠嬖殊厚。德言流离辛苦,仅能至京,遂以正月望日访于都市。有苍头卖半镜者,大高其价,人皆笑之。德言直引至其居,设食,具言其故,出半镜以合之。仍题诗曰:"镜与人俱去,镜归人不归。无复嫦娥影,空留明月辉。"陈氏得诗,涕泣不食。素知之,怆然改容。即召德言,还其妻,仍厚遗之,闻者无不感叹。仍与德言、陈氏偕饮,令陈氏为诗曰:"今日何迁次,新官对旧官。笑啼俱不敢,方验作人难。"遂与德言归江南,竟以终老。

故事的背景是隋代统一北方后,对于偏安东南一隅的陈朝虎视眈眈,最终在589年灭陈,陈后主君臣被俘。后主时陈国政事不修,亡国可期,徐德言有鉴于此,与妻早作准备,破镜为约,以求乱后还有机会见面。这一乱前之约还居然实现了。公主虽然进入权贵杨素之家,得到宠幸,但难忘旧情,终于在某年正月望日让仆人卖半镜于都市,徐得其下落而题诗相赠。杨素得悉情委后倒也没有为难她,让她随徐而归。夫妇历经磨难终得团圆。所引两首诗,徐的诗写睹物思人,公主诗写面对前后两个男子时悲喜交集的心境,都很动人。

故事里的另一位人物越公杨素(544—606),是隋代的权臣,早年即依附隋文帝,参与隋的开国规划,在伐陈之战中有重要建树,并因此受命为荆州总管,封越国公。以后累任宰辅,在隋炀帝立为太子和继位过程中起了关键作用。《隋书》本传称其"兼文武之资,包英奇之略","声振幽遐,势倾朝野",是隋代有名诗人,有不少作品流传。他的墓志也已经出土,前面括注的生卒年就据墓志确定。

由于徐德言夫妇的事迹不见于《陈书》《南史》,其故事的真实性一直受到怀疑。钱锺书认为破镜事正如白居易《长恨歌》所说"钗留一股合一扇,钗擘黄金合分钿。但教心似金钿坚,天上人间会相见",杜牧《送人》诗:"明鉴半边钗一股,此生何处不相逢。""以示情偶之原为合体,分则各残缺不完。"(《管锥编》第二册页695)但是他认为镜为铜铸,"非有削金铁如泥之利器不办"。为此他还做了实验,"旧藏古镜十数枚,尝戏一一掷诸地,了无损裂"(同前页753)。因而有所质疑。更进一步的判伪则为已故学者曹道衡、沈玉成二位,在他们合著《中古文学史料丛考》(中华书局,2003年)中,有《乐昌公主破镜事志疑》一篇,力陈"此事虽广为流传而实不可信",主要意见是:一、徐德言"应为东海徐氏,与徐陵同宗",但《陈书》仅载陈亡时太子舍人有孔伯鱼,"不闻徐德言"。二、隋灭陈以"吊民伐罪"为口实,"自不致纵其将帅系虏公主为奴仆",且陈亡时,"其百官皆随后主入关,德言若官太子舍人,必在其列","不当贵显如德言,乃至乞丐流离方得至长安也"。三、平陈时,杨素名位尚微,岂得"掠陈之公主",而主官不之禁,又其时隋文帝独孤后尚在,其为人最恶人纳妾,杨素安敢"以此取咎"?四、镜"破之即成废物,宁有可市之理"?且相约以元宵至市,公主顾能使苍头卖破镜,岂非怪事。且以长安之大,市非一处,徐德言何至,而苍头适能遇之?因此"疑是中唐以后人臆造"。所述似乎论据充分,足以定谳。

然而,仔细推敲,并核以史料,对诸前辈所述不能不有所怀疑。独孤后之恶人纳妾,似乎第一是对隋文帝的严格要求,其次是对她的几个儿子的品德规范,至于其他文臣武将的内帏私事,偶尔会去干涉几句,多数情况下还是眼开眼闭,不然整部《隋书》哪会有那么多以女乐或罪女赏赐的记载。隋平陈后,陈后主携百官入关,得到礼遇的只是少数人,多数只是降一级或几级留用,至于被俘获者命运更加不济,皇室也不例外。《隋书·贺若弼传》就载,弼在平陈之役立下大功,归朝后文帝特别邀请他登御座,赏了大量物品,还特别"赐陈叔宝妹为妾"。杨素的功劳与贺若弼相当,得赐叔宝另一妹即乐昌公主为妾,当然也在情理之中。著名的《虬髯客传》就述杨素的生活状况:"奢贵自奉,礼异人臣,每公卿入言,宾客上谒,未尝不踞床而见,令美人捧出,侍婢罗列,颇僭于上,末年益甚。"《隋书·杨素传》也称其"家僮数千,后庭妓妾曳绮罗者以千数,第宅华侈,制拟宫禁"。可以作为《本事诗》的一则注脚。至于《本事诗》的文本来源,则可以追溯到玄宗时韦述的《两京新记》卷三:

> 次南曰延康坊,西南隅西明寺。本隋尚书令杨素宅。(中略)初,杨素用事隋朝,奢僭过度,制造珍异,资货储积。有美姬,本陈太子舍人徐德言妻,即陈主叔宝之妹。才色冠代。在陈封乐昌公主,初与德言夫妻情义甚厚。属陈氏将亡,德言垂泣谓妻曰:"今国破家亡,必不相保。以子才色,必入帝王贵人

家。我若死,幸无相忘,若生,亦不可复见矣。虽然,共为一信。"乃击破一镜,各收其半。德言曰:"子若入贵人家,幸将此镜合于正月望日市中货之。若存,当冀志之,知生死耳。"及陈灭,其妻果为隋军所没,隋文以赐素,深为素所宠嬖,为营别院,恣其所欲。陈氏后令阉奴望日赍破镜诣市,务令高价,果值德言。德言随价便酬,引奴归家,垂泣以告其故,并取己片镜合之,及寄其妻题诗云:"镜与人俱去,镜归人不归。无复姮娥影,空馀明月辉。"陈氏得镜见诗,悲怆流泪,因不能饮食。素怪其惨悴而问其故,具以事告,素憮然为之改容。使召德言,还其妻,并衣衾悉与之。陈氏临行,素邀令作诗叙别。固辞不免,乃为绝句曰:"今日何迁次,新官对旧官。笑啼俱不敢,方验作人难。"时人哀陈氏之流落,而以素为宽惠焉。

《两京新记》是天宝年间成书的一部讲长安、洛阳都城坊里的专著,原书五卷,不存,只有第三卷存于日本。此节因为介绍到西明寺,原本是杨素的豪宅,因此附录了这段故事。相信韦述也不是始作者,而是抄录他书,只是现在已经无法找到更早的记载了。在韦述的记述中,故事的细节比《本事诗》要详密得多:一是徐对乱后命运的考虑,设想了几种可能,破镜只是如果得以有生相见的一种联络手段。二是公主的经历,是先为隋军所俘,再由隋文帝赐给杨素,与贺若弼的待遇一样。三是公主到了约定的时间正月望日,也即后世所说的元宵节,让阉奴到市中高价售镜,终于得值德言。四是杨素得知原委及处置过程,也更为具体周密。至少可以确定这一故事不是中唐以后人伪造,在玄宗时已经广为流传。

虽然正史没有记录徐德言事迹,但还不是全无踪迹可寻。唐林宝《元和姓纂》卷二东海郯州徐氏下载:"陵,陈尚书仆射,生俭、份。俭,右军将军。生德言,陈太子舍人、隋蒲州司功。"据此可以知道,徐德言是梁、陈间大诗人徐陵之孙。徐陵在陈代官位崇高,后主即位后去世时已经七十七岁,其孙按理应已三十左右。后主在陈亡时才三十五岁,其妹与德言年龄正合。德言在陈为太子舍人,入隋仅官至蒲州司功,虽在官,但地位很低。蒲州在今山西永济,距离长安还不算太远。

至于杨素其人,由于他既是隋炀帝的亲信,其子杨玄感在他死后曾起兵反隋,因此史书上评价差别很大,这里不必展开来说。他晚年的情况,《虬髯客传》里则借私奔出来的红拂妓之口,有一段生动的叙述:

(李)靖曰:"杨司空权重京师,如何?"(红拂妓)曰:"彼尸居馀气,不足畏也。诸妓知其无成,去者众矣,彼亦不甚逐也。计之详矣,幸无疑焉。"

杨素对于逃走的妓人也不太在意,而对于心爱女人的伤感往事,出于同情或理解,放其夫妻团聚，也非绝不可能之事。唐代颇多此类故事，如《柳氏传》中李将军以爱妾柳氏赠诗人韩翃，《云溪友议》记于頔将所爱婢女归还诗人崔郊。

至于铜镜是否能够断开，断开后还有无使用或销售价值，是另外一回事。前几年就看到有古墓发掘中得到破铜镜的记录，现在一些博物馆展示的铜镜，也颇有破损后重新缀合的痕迹，本人手边也有一块碎成两半的古镜。由于徐德言与公主约定了时间（正月望日）和地点（市中，当即长安的东市和西市，不是一般泛指的城市），因此具备了再遇的机缘。

破镜重圆故事记载虽然简单，但已经具备了后代大团圆戏曲、小说的一切经典桥段。镜既是女性妆容的物品，也是夫妻生活的见证，同时还具有特殊的象征意义，即圆镜如同满月，月圆则家人团聚，镜残则夫妻分飞。故事中的两首诗，是否为徐德言夫妇的原作，已经不必深究。前一首很好地将镜合人离的思念宛转写出，后一首则写再一次面临人生歧途时的无奈，就如同蔡琰《悲愤诗》写到终于可以回到汉地，但同时又面临与胡地亲人分别的痛苦，因而具备感动人的力量。在这里，故事另一方的杨素还是讲道理的，他与公主之间也还有感情，因此能尊重公主的选择。

2008 年 12 月 7 日

（刊《新民晚报》2008 年 12 月 21 日）

二〇〇九
古籍辑佚学在数码时代的发展机缘
——史广超《〈永乐大典〉辑佚述稿》序

广超将博士论文增订完成,交付出版,问序于我,我忝为导师,当然有为学生揄扬的责任。但我也有一些担心,即老师表扬学生,大致也如学生彰怀老师一样,总会带有太多的感性成分,评价很难公允。我因此而就商于广超,我在序中只介绍选题的考虑过程、论文的写作追求和完成文稿的创新见解,评价则尽量从简。同时,我很想利用作序的机会,谈谈前代古籍辑佚的成就得失,以及古籍辑佚学在数码时代的发展机缘。

2003年春,广超以河南大学文献专业应届硕士生的身份,报考我的博士生。录取过程有些波折,所幸最终顺利入学。他在硕士期间做唐诗文献研究,论文好像是做姚合文集版本的研究,从完成情况看,专业基础还扎实,写作能力亦可。但我一直认为,从硕士到博士,除了学习时间的延长和论文长度的增加,最重要的是要选择在学术上有较大突破空间,并能在毕业后可以长期持续进行研究的课题。唐诗文献前此做的人很多,唐集版本研究是文献基础训练的课题,但就选题意义来说,则稍嫌局促了一些。我希望他跳出原来的局限,在更广大的学术空间中发掘课题,我也提供了一些选题供他遴选。经反复论证,最初的设想是从两方面展开:一是专门做四库馆的辑佚书研究,二是以《永乐大典》辑佚为主线,重点还在四库开馆期间的辑佚诸书。在最初的犹豫和检查资料期间,由于了解到台湾学者顾力仁先生已经出版《〈永乐大典〉及其辑佚书研究》(私立东吴大学中国学术著作奖助委员会,1995年6月),广超在阅读顾书后,决定有意识地与顾书有所区别,重点探讨四库馆辑佚工作的实际开展情况和成就。

在此拟稍微介绍半个世纪以来《永乐大典》影印出版和研究的情况。《永乐大典》全书22877卷,嘉靖以后仅存副本,四库开馆时已佚一千多册,仅存20473卷(《办理四库全书档案》收乾隆五十七年十月十七日军机大臣奏折)。近代以来毁于兵燹。中华书局1960年影印从世界各地搜集所得,仅存730卷。台北世界书局1962年据以影印时,增收西德和台湾所存,得741卷。1982年中华书局续印新得67卷,2003年上海辞书出版社印行海外新得17卷,使存世文本增加到813卷。虽然仅有原书的百分之四弱,但保存的研究线索则极其丰富。据以展开的研究工作,如苏振申作《元经世大典》的研究,栾贵明、孔凡礼作宋人诗文辑佚,马蓉等作方志辑佚,皆有可观。前引顾著则是有关《永乐大典》辑佚研究的第一部著作,大约在上世纪七八十年代硕士论文基础上增订而成,全书包括:绪论、《永乐大典》之纂修、《永乐大典》之体制及其内容、《永乐大典》之录副及其沿革、辑佚学之定义及其在学术上之价值、《永乐大典》之辑佚及其批评、《永乐大典》辑本对学术之贡献、《永乐大典》存本待辑书目等各章,并附详尽的《〈永乐大典〉研究之资料与论文索引并提要》。可知顾著前半是有关《永乐大典》纂修和沿传的研究,后半则谈辑佚,其中关于《永乐大典》辑佚活动的研究仅有一节,且横跨从清初到近代的各个时期,重点还是谈辑本的价值及依据《大典》索引排比今后可以辑佚的书目。顾著当然有重要的意义,有关《大典》辑佚的宏观考察以及指示今后可以辑佚的方向,都可给学者以启发。但我与广超分析后,觉得就清人利用《永乐大典》所作辑佚工作的具体研究来说,顾书还留下很大的可以进一步探讨的空间,根据现在已经发表的《大典》文本和有关资料,如果再能充分发掘各大图书馆保存的文献,仍有很大的开拓领域。

广超在以下几方面的探讨工作,尽了很大的努力。一是普查《大典》辑佚书目。虽然前人在此方面已经有很多的积累,但辗转引录的情况颇多。广超坚持逐书翻检,探索第一手的文献,因而可以确定一些前人认可的书并非辑本,而于全祖望的辑佚活动则有更多新的发现。在此基础上形成《大典》辑佚书相对全面的书目,可以为学者所信任。二是探讨各时期诸家《大典》辑佚活动的过程、方法和所得成就,侧重在四库开馆前、四库编修期间和《全唐文》馆的辑佚活动,其中有许多重要的发明。比如四库馆臣辑佚分工以及各家所得的情况,以往学者仅了解一些最有名学者的辑本和大体的分工,广超则通过详密的文献调查,确认参与辑佚工作的四十一位馆臣的生平和分担辑佚的具体书目,凡考出一百四十多部著作的实际承担人,虽然大约仅占全部辑佚书的四分之一,已经是很大的创获。关于《全唐文》馆的辑佚活动,十几年前我研究《全唐文》成书过程时,也曾有所注意,只是没有作专门探讨。广超的工作以徐松的辑佚书活动为考察重点,关于《中兴礼书》辑佚的评价,用力至勤,发明尤多,我感觉是继陈智超先生《解开〈宋会要〉之谜》一书后,关于徐松辑佚书研究的又一力作。关于徐松《登科记考》和《唐两京城坊考》中采录《永乐大典》资料的揭出,对唐文史研究也颇重要。三是在研究过程中,通过爬梳文献所得资料,编成七种附录,其中中国国家图书馆和上海图书馆所藏几种前人编《永乐大典书目》的新增订本,关于辑本之存亡和今本残书中的保存情况有所说明;另四种为作者新编的辑本目录,分为四库馆前、四库馆所辑、《全唐文》馆所辑和《全唐文》以后所辑四部分,对各辑本的相关情况在备注中有所交代,这部分工作较前人更为精密而细致。另外一种为《中兴礼书》辑本的补遗。

应该说,广超在这样一个具有高难度课题上,作出现在的成绩,论文的完成质量超过了我的最初预期。从这里我有两点感受:一是具有学术悟性的学生,适当地给以施加压力,他的学术潜能可以得到充分的发挥。在这篇论文中,我感觉到广超已经具备成为一位优秀学者的才能,只要他能持之以恒,并能得到适当的学术条件,可以作出更突出的成就。二是古籍辑佚学虽然前人做过大量工作,只要认真发掘,仔细清理,充分利用现有的学术资源,还有许多值得开拓的重大学术空间。

所谓古籍辑佚,是部分或全部恢复已经亡佚古籍的一项工作。辑佚起于何时,曹书杰教授《中国古籍辑佚学论稿》有详尽的考述,较多的意见是形成于宋代,但在宋以前已经有各类恢复古本的努力。曹著认为宋以前辑佚的方法还不完善,辑本规范是南宋以后建立的,结论比较圆通。到清代,辑佚成为朴学考据的一个重要方面,成绩也空前丰富。梁启超在《中国近三百年学术史》一书中,专列《辑佚书》一节加以论列,虽然他认为辑佚书"毕竟一钞书匠之能事耳",也充分肯定清儒各家辑佚的成就,并提出判断辑佚书优劣的四条标准,即注明出处,并尽量举其最先者;辑佚求备,多者为优;既需求备,又须求真,不要贪多误收;尽量整理,"求还其书本来面目"。都是很好的见解,值得从事辑佚的学者遵从。

但从今日的学术立场来看,历代学者的辑佚书带有很大的局限性。宋人的工作,还处在辑佚书的初创阶段,当然不能计较。如果严格地说,如北宋前期史馆补录北朝诸史,发现缺卷,如《北齐书》仅存三分之一,就用别的史料将缺卷填出来。当时人不以为非,后人是难以想象的。明代人的办法要诡谲一些,他们从常见书中钞录遗文,简单编录后就作为原书刊布,更不作文献来源的说明。如唐代的《朝野佥载》、《明皇杂录》都属于此类,今人也加重视,因为其毕竟是明代的文本,但如深加追求,则问题很多。最近李剑国教授的《新辑搜神记》就是对明代杂拼式辑佚书的一次彻底清算。

从大的方面来说,当然以《永乐大典》辑佚书的收获最重要,清人辑自该书的六百多种书,不仅包括许多规模很大的著作,许多佚者的存留文字也极其丰富,这是由《永乐大典》经常将整部书整体编入的特殊体例造成的。其他依据存世文献的辑佚书,就没有这么幸运。虽然从《古佚书辑本目录》所提供的唐前古逸书的辑本超过千种(集部的诗文辑录未计入),多数著作的佚文并不太多,有些仅寥寥数句,距离原书面貌还很远。就清人辑本的覆盖范围来说,大约以经部诸书最充分,其次为小学和诸子,再次为各种杂史,其他方面则欠缺甚多。最近见到影印的鲁迅《古小说钩沉》手稿(浙江古籍出版社影印国家图书馆藏本),可以知道他最初在《玉函山房辑佚书》基础上辑录古小说,但该书所录仅九种,鲁迅所得较具规模的近三十种六朝小说,马氏都没有关注。再次,清人的引录文献,一是版本未必尽善,二是引书未能完整交代来源和卷次,三是辑录文献未能穷尽。像王仁俊那样随得随录,无论多少皆算一种,当然为最下。

面对前人的辑佚遗产,现代学者该如何应对呢?充分尊重,全面校勘,当然是符合学术规范的做法,但结果则常很难令人得到阅读愉悦。比如中华书局多年前出版今人整理的《明皇杂录》,以明辑为底本,将清代以来的辑佚逐次展示,三四万字的内容分为五段,规范是遵守了,但对读者来说,实在是一次失败的杂烩。就整理体例来说,我特别赞赏日本安居香山、中村璋八两位前辈整理的《纬书集成》。对每一种古纬书,尽量追溯最好的文本和最早的记录,逐条说明佚文来源和卷第,说明不同书引录的文本差异。同时,在佚文的下方,逐条说明明末至清代各家辑录古纬书时的录存记录。这样的整理,不淹没前人辑佚的成就,又体现一切追溯最可考文献的现代学术理念,无疑是值得我们参酌的。

近年古籍数码化工作的普及推广,引起一些学者对于传统学术当代命运的重新思考,一些极端的说法,认为古籍辑佚学已经没有了存在的意义。从某种意义上来说,这一所见有些道理。以往的古籍辑佚学家,一般都是在广览群书时辑录佚文,逐渐集腋成裘,得以成编。古籍全文检索实现后,上万种古籍中引到哪些典籍,似乎只要将书名输入,瞬间即可得到大量线索,无劳日积月累的辛苦,更不用皓首穷经地苦读,一切都变得如此轻快而惬意。其实,这是一个很大的误解。古籍数码化提供了古籍全面检索的极大便利,无疑可以带来文史研究的革命性变化,一些依靠文本积累的基本文献工作,得益尤大。比如汉语词汇研究,以往的学者都有许多装卡片的小抽斗,记录多少年来读书中搜集到的语例,但现在利用电脑,一搜就可以得到成百上千的语例。再如研究古代语法,哪种句型何时出现,也较难明确判断,现在一些具有高级搜索功能的语料库也可以给予解决。古籍数码化的实现,为学者省去了许多劳累,也要求学者不应仅满足基本语例的积累,而应该在新的高度探究学术课题。就古籍辑佚学来说,情况也一样。

我觉得,要达到梁启超所述古籍辑本优秀的标准,学者大约要经历文献收集、校订、鉴别、编次四道工序。古籍数码化提供了第一步文献收集的方便,但仅此一步也不可能完全依靠检索完成。因为同一书的佚文,在各书中称引时会出现许多不同的名称,甚至不提书名而可以判断出自某书,这些都需要学者以敏锐的感觉来加以判断。至于校订、鉴别、编次,更需要学者以很大的耐心来做出处理。因此,我认为古籍数码化为现代学者从事古籍辑佚提供了新的难得的机遇,我们可以在前人已有成果的基础上,遵循现代学术的规范,开创超过前代的成就。就我近年所见古籍辑佚书的成就来说,如尚志钧辑录唐宋本草书那样,利用现存文献,能将一系列已经失传的古本草书大体恢复原编,确实是很了不起的成就,值得对各个学科古籍有兴趣辑录的学者参考。

以上所谈,不知广超赞同否?

2009 年 8 月 14 日

(刊《古籍整理研究学刊》2009 年第 6 期)

附录　陈尚君学术年表

1977年

2月,结束江苏海门江心沙农场八年知青生活。
3月,入复旦大学中文系文学评论专业,为最后一届工农兵学员。
9月,任"中国古代文学作品选"课代表,陈允吉老师每周三到宿舍辅导,得饫闻文史掌故,初识学术梗概。

1978年

3月,报考中文系中国古代文学史专业研究生。
10月,进入研究生学习,导师朱东润先生,研究方向唐宋文学。王运熙老师负责专业基础课。

1979年

7月,导师布置学期考试作业,题目是《大历元年后之杜甫》,暑期成稿约五万字,为写学术论文之始。

1980年

10月,在《复旦学报》第4期发表《李白崔令钦交游发隐》,为第一次发表论文。开始张罗学位论文,上半年准备作南宋刘克庄研究,下半年改作欧阳修。

1981年

5月,《温庭筠早年事迹考辨》在《中华文史论丛》第2辑发表。
6月,到南京、北京查书,先后谒见唐圭璋、程千帆、孙望、夏承焘、陈贻焮、傅璇琮等学者。

上半年完成学位论文《欧阳修与北宋文学革新的成功》。因等待学位条例之确定，到 12 月方答辩通过。等待期间开始清理唐诗文献，初无目标。

12 月，留复旦大学中文系任教。

1982 年

11 月，《也谈温庭筠生平之若干问题——答王达津先生》在《南开学报》第 6 期发表。

年内见到中华书局出版之《全唐诗外编》，认为搜罗尚未尽，始发愿广检群籍，裒聚遗佚。

1983 年

3 月，学位论文《欧阳修与北宋文学革新的成功》收入江苏古籍出版社出版《研究生论文选集·中国古代文学分册》。

5 月，《姜夔卒年考》在《复旦学报》第 2 期发表。

8 月，任讲师。

1984 年

2 月，《杜甫为郎离蜀考》在《复旦学报》第 1 期发表。《新发现杜甫佚诗证伪》在《草堂》第 1 期发表。

本年以讲师担任中文系学术委员。

1985 年

2 月，完成《全唐诗续拾》初稿，补录唐诗 2 300 多首。

3 月，《杜甫离蜀后的行止原因新探》在《草堂》第 1 期发表。

5 月，《欧阳修著述考》在《复旦学报》第 3 期发表。

7 月，《杜诗早期流传考》收入《中国古典文学丛考》第 1 辑（复旦大学出版社出版）。

12 月，《〈全唐诗〉误收诗考》在《文史》第 24 辑发表。

1986 年

1 月,《李康成〈玉台后集〉辑目》在《唐代文学论丛》第 7 辑发表。

4 月,到洛阳参加中国唐代文学学会第三届年会,提交论文《日传唐诗考录二则》,为参加学术会议之始。周祖譔先生约请为《中国文学家大辞典·唐五代卷》撰稿。

12 月,《殷璠〈丹阳集〉辑考》在《唐代文学论丛》第 8 辑发表。《〈新唐书·宰相世系表〉订补二则》在《中华文史论丛》第 4 期发表。

本年,开始编纂《全唐文补编》。另作《辞海》唐宋部分修订。

1987 年

2 月,与骆玉明合作《〈先秦汉魏晋南北朝诗〉补遗》在《文学遗产》第 1 期发表。

7 月,《全唐诗续拾》退改,中华书局编辑部并委托修订《全唐诗外编》。

10 月,《跋王之涣祖父王德表、妻李氏墓志》在《文学遗产》第 5 期发表。

11 月,《〈全唐诗〉补遗六种札记》、《欧阳修、苏舜钦、王安石诗文拾遗》(署名来云)收入《中国古典文学丛考》第 2 辑(复旦大学出版社出版)。

1988 年

9 月,参加山西大学主办中国唐代文学学会第四届年会,会间往游五台山。

《石刻所见唐代诗人资料零札》收入《唐代文学研究》第 1 辑。

1989 年

4 月,到河南大学参与《全唐诗》新编之议。12 月再议,无结果。

1990 年

10 月,参加南京大学主办中国唐代文学学会第五届年会。周勋初主编《唐诗大辞典》出版,参与写作 1 400 则。

《明铜活字本〈唐五十家诗集〉印行者考》在《中华文史论丛》本年第 1 期发表。

1991 年

11 月,完成《全唐文补编》初稿,交中华书局。

《中国古代小说辞典》由云南人民出版社出版,担任第二册副主编,执笔约 10 万字(部分署名吴奈)。

1992 年

10 月,《全唐诗补编》在中华书局出版,共收录《全唐诗》以外的唐人佚诗 6 000 多首。该书获全国高等学校人文社会科学研究优秀成果奖(1979—1994)著作二等奖。周祖譔主编《中国文学家大辞典·唐五代卷》由中华书局出版,参与写作约 2 000 则。参加厦门大学主办中国唐代文学学会第六届年会,提交论文《唐代闽籍诗人考》。当选学会理事。

12 月,《唐人编选诗歌总集叙录》、《诗话寻源》在《中国诗学》第 2 辑发表。

《"花间"词人事迹考》收入《俞平伯先生从事学术活动六十五周年纪念论文集》(巴蜀书社出版)。

1993 年

2 月,与罗时进合作《〈全唐诗〉的缺憾和〈全唐五代诗〉的编纂》在《古籍整理出版情况简报》256 期发表。

5 月,晋升副教授。

6 月,《〈全唐诗补编〉编纂工作的回顾》在《书品》第 2 期发表。

8 月,《〈诗渊〉全编求原》在《咸宁师专学报》第 3 期发表。

11 月,《〈登科记考〉正补》在《唐代文学研究》第 4 辑发表。

本年,《全唐文补编》退改,删去与《唐代墓志汇编》重见之墓志,略有增补。

1994 年

9 月,《〈永乐大典〉残卷校〈旧五代史〉札记》在《书品》第 3 期发表。

10 月,到浙江新昌参加中国唐代文学学会第七届年会,提交与汪涌豪合作论文《司空图〈二十四诗品〉辨伪》。

12月,《再续劳格读〈全唐文〉札记》收入《选堂文史论苑》(上海古籍出版社出版)。

本年应复旦大学出版社之约,开始《旧五代史》新辑校订工作。

1995年

5月,晋升教授。《述〈全唐文〉成书经过》在《复旦学报》第3期发表。

7月,与陶敏合著《唐才子传校笺(五)补正》在中华书局出版。

6月,《读〈唐文拾遗〉札记》收入《中西学术》第1辑(学林出版社出版)。

9月,参加江西师范大学主办中国古代文论学会年会,论文《司空图〈二十四诗品〉辨伪》引起热烈讨论。

12月,《〈新唐书·艺文志补〉——集部别集类》在《唐研究》第一卷发表。《〈宋诗话辑佚〉匡补》在《中国诗学》第4辑发表。《毛文锡〈茶谱〉辑考》在《农业考古》第4期发表。

1996年

1月起,担任复旦大学中文系副主任,分管教学。

7月,校点《翰林学士集》及辑校《丹阳集》、《玉台后集》收入傅璇琮主编《唐人选唐诗新编》,由陕西人民教育出版社出版。

8月,与汪涌豪合作《司空图〈二十四诗品〉辨伪》在《中国古籍研究》第1辑(上海古籍出版社出版)发表。该文获第二届全国普通高校人文社会科学优秀成果论文三等奖。

9月,参加西北大学主办中国唐代文学学会第八届年会。

11月,《唐诗人占籍考》收入《中西学术》第2辑(复旦大学出版社出版)。

本年,《全唐文补编》出校,尚为铅字排印。

1997年

7月,《〈二十四诗品〉辨伪追记答疑》、《长沙窑唐诗书后》在《中国诗学》第5辑发表。

10月,论文集《唐代文学丛考》由中国社会科学出版社出版。

12月至2001年6月,担任复旦大学中文系主任。

本年,所作《〈唐文拾遗〉校订》、《〈唐文续拾〉校订》,收入《传世藏书》,海南国际新闻出版中心出版。为《中国古代人名大辞典》撰稿约20万字,上海古籍出版社出版。完成《全唐文补编》阅校,增补《全唐文再补》十卷。此校后因铅排停工而未能出版。

1998年

5月,参加北京大学百年校庆汉学研究国际会议,提交论文《晏殊〈类要〉研究》(收入《文化的馈赠——汉学研究国际会议论文集》,北京大学出版社,2000年8月)。

10月,参加贵州大学主办中国唐代文学学会第九届年会,提交论文《唐代文学文献研究的回顾与展望》。

11月,《石刻所见唐人著述辑考》在《出土文献研究》第4辑发表。

12月,《刘大杰先生和他的〈中国文学发展史〉——写在〈中国文学发展史〉初版重印之际》,收入天津百花文艺出版社出版刘大杰40年代版《中国文学发展史》。

与陈飞雪合作《柳宗元散文精选》在东方出版中心出版。

1999年

1月,中华书局出版《全唐诗补编》简体横排本,略有删节,另附《新见逸诗附存》。

9月,到韩国九所大学作工作访问。《清辑〈旧五代史〉评议》在《学术月刊》第9期发表,同期并刊刘明浩访谈《传统考据与现代学术》。

11月,到广州参加纪念陈寅恪先生逝世三十周年纪念会,提交论文《陈寅恪先生唐史研究中的石刻文献利用》,次年在《中山大学学报》第1期发表。

12月,到香港中文大学访问,作专题报告《〈二十四诗品〉真伪之争评述》。

2000年

1月,52种唐宋笔记野史辑录校点本收入《中华野史》,泰山出版社出版。

4月,《贞石订五代史》收入《海上论丛》第3辑(复旦大学出版社出版)。

10月,参加武汉大学主办中国唐代文学学会第十届年会,当选学会副会长。

11月,《陈尚君自选集》在广西师范大学出版社出版。

2001 年

1 月,参加香港大学中文系"二十一世纪中国学术回顾与前瞻国际研讨会",提交论文《断代文学全集编纂的回顾与展望》。

2 月,陪同王生洪校长访问台湾。

5 月,访问新加坡国立大学,作专题讲座《近二十年中国唐代文学研究述评》。与黄慧鸣、朱红合作《历代文选·唐文》在河北教育出版社出版。

2002 年

4 月,到美国普林斯顿大学参加"唐史研究新概念"学术研讨会,提交论文《新出石刻与唐代文史研究》。

8 月,所编《卿云集——复旦大学中文系建系七十五周年纪念文集》由上海古籍出版社出版,撰写前言。

9 月至次年 3 月,到日本早稻田大学任交换研究员。

10 月,《隋唐五代文学与历史文献》在《社会科学战线》第 5 期发表。

11 月,在日本大阪市立大学文学部作专题报告《〈二十四诗品〉真伪之争与唐代文献考辨方法》,后刊大阪市立大学《中国文学学刊》壶号(2003 年 12 月)。

12 月,在日本早稻田大学中国学会作报告《新出石刻与唐代文学研究》,由佐藤浩一翻译在早稻田大学《中国文学研究》第 28 期发表。

2003 年

1 月,在日本九州大学中国文学学会作报告《石刻所见玄宗朝的政治与文学》,后刊九州大学《中国文学论集》32 号(2003 年 12 月)。

2 月,在日本京都大学文学部作专题讲座《唐代的亡妻和亡妾墓志》。

7 月,到北京参加 7911 班毕业二十周年活动,取到《全唐文补编》新排校样。

12 月,参加香港浸会大学中文系六朝文学与宗教研讨会,提交论文《〈先秦汉魏晋南北朝诗〉再检讨》,后刊浸会大学中文系编《人文中国》第 10 辑(上海古籍出版社,2005 年)。

2004 年

3月,辑录校点《玉堂闲话》、《王氏闻见录》、《于阗国行程记》、《野人闲话》、《周世宗实录》五书收入《五代史料汇编》,由杭州出版社出版。

8月,完成《全唐文补编》再校,新增《全唐文又再补》八卷。

9月至次年1月,任台湾逢甲大学客座教授。其间曾到台湾大学、淡江大学、东海大学、东华大学、中正大学、辅仁大学、中兴大学、静宜大学、成功大学、清华大学、东吴大学、彰化师范大学、中研院文哲所作专题学术讲演。

11月,《断代文学全集的学术评价——〈全宋诗〉评价之争我见》在《文汇报·学林》发表。

2005 年

2月至6月,任香港浸会大学访问学者。

6月,《唐诗鉴赏辞典》新版由上海辞书出版社出版,执笔其中《唐诗书目》15万字。

9月,《全唐文补编》由中华书局出版,共收入《全唐文》以外唐人佚文约7 000篇。复旦大学出版社和中华书局举办陈尚君教授新著发布研讨会。

10月,《断代文学全集编纂的回顾与展望》在《四川大学学报》第5期发表。

12月,《旧五代史新辑会证》由复旦大学出版社出版。该书获上海市第八届哲学社会科学奖(2004—2005)著作一等奖、新闻出版署首届中华优秀出版物奖。

本年,傅璇琮、蒋寅主编《中国古代文学通论·隋唐五代卷》由辽宁人民出版社出版,执笔《隋唐五代文学的基本文献》、《隋唐五代文学与历史文献》两节,约6万字。

2006 年

4月,学校批准成立汉唐文献工作室,唐雯、仇鹿鸣(2008年始)留校协助工作。

5月,在中国社科院历史所作讲座《〈旧五代史〉新辑的回顾与展望》。

6月,《唐代的亡妻与亡妾墓志》在《中华文史论丛》第82辑发表。

8月,参加首都师范大学主办中国唐代文学学会第十三届年会,提交论文《〈本事诗〉作者孟启家世生平考》。

9月,到台湾中研院史语所参加唐宋社会转型会议,提交论文《〈旧五代史〉重辑的回顾与思考》。并作专题讲座《二十四史校点本的学术成就与重新修订之我见》。《二十四史启动修订的一些建议》在《文汇报·学林》9月3日发表。

11月,《〈本事诗〉作者孟启家世生平考》在《新国学》第六卷发表。

12月,整理朱东润师遗著《八代传叙文学述论》在复旦大学出版社出版,所编《朱东润先生诞辰110周年纪念文集》在上海古籍出版社出版。

2007年

5月,参加二十四史修订工作首次工作会议,同意主持《旧唐书》、《旧五代史》、《新五代史》三史的修订。

6月,到台湾大学作三次学术讲座,题目分别是《〈先秦汉魏晋南北朝诗〉校订缘起》、《最近三年新出土唐代墓志述评》、《欧阳修的从政经历和学术建树——纪念欧阳修诞辰一千周年》。参加淡江大学中国文学思想学术研讨会,提交论文《〈二十四诗品〉伪书说再证——兼答祖保泉、张少康、王步高三教授之质疑》。

8月至次年7月,任香港中文大学中文系访问教授。

9月,在香港城市大学中国文化研究所作三次公开讲座。

10月,参加西安碑林920周年华诞国际研讨会,提交论文《上海图书馆藏清人石刻稿本三种评述》。《郑虔墓志考释》在《传统中国研究集刊》第3辑发表。

11月,受邀参加台湾中兴大学主办"新材料、新问题、新潮流　第八届唐代文化国际学术研讨会",提交论文《气贺泽保规〈新版唐代墓志所在总合目录〉出版以来新发表唐代墓志述评》,因故未能到会。

2008年

5月,《汉唐文学与文献论考》在上海古籍出版社出版。

10月,参加安徽师范大学主办中国唐代文学学会第十四届年会,提交论文《〈才调集〉编选者韦縠家世考》。当选中国唐代文学学会会长。与张金耀等合撰《四库提要精读》在复旦大学出版社出版。

11月,参加台北大学第一届东亚汉文文献整理研究国际学术研讨会,提交论文《试论〈全唐诗〉和〈全唐文〉校补的成就和缺失》。

《上海图书馆藏明清未刊稿本丛书》由复旦大学出版社出版,担任顾问,并撰写六种著作出版题记。

2009 年

6月,在西北大学文学院作讲座《唐代文学研究的回顾与展望》。在上海大学文学院作讲座《唐代文学的魅力》。

9月,参加西北师范大学"全上古三代两汉三国六朝文新编"论证会,并作讲座《文史学术前沿之我见》。参加台湾大学主办"文化视域的融合——第九届唐代文化国际学术研讨会",提交论文《唐女诗人甄辨》。

10月,到海宁参加王仲闻逝世四十周年座谈会,为撰文《逆境中成就大事业——读〈全宋词审稿笔记〉以纪念王仲闻先生逝世四十周年》,刊《书品》2010年第1期。

11月,在复旦学院作讲座《兼济独善之典型 千年史家之魁首——纪念司马光诞辰990周年》。

2010 年

1月至5月,任香港岭南大学中文系客座教授。

5月,参加香港中文大学主办"诠释、比较与建构:中国古代文学理论国际学术研讨会",提交论文《〈唐五代诗纪事〉编纂发凡》。

7月,参加在复旦大学召开的点校本"二十四史"暨《清史稿》修订工程第四次修纂工作会议,以"循规范以求新 在摸索中前行"为题作大会发言。

10月,参加南开大学主办中国唐代文学学会第十五届年会,提交论文《八十年来的唐诗辑佚及其文学史意义》。《唐五代文作者索引》由中华书局出版。参加逯钦立先生百年诞辰纪念会,以"《先秦汉魏晋南北朝诗》的成书过程和学术成就"为题发言。

12月,参加香港浸会大学主办"中国传统诗歌与文本研究国际论坛",提交论文《唐诗的原题、改题和拟题》。参加台湾清华大学"唐代文史新视野:以物质文化为主"研讨会,提交论文《从长沙窑瓷器题诗看唐诗在唐代下层社会的流传》。

图书在版编目(CIP)数据

敬畏传统 / 陈尚君著 . ——上海：复旦大学出版社，
2011.6
("三十年集"系列丛书)
ISBN 978-7-309-08048-3

Ⅰ.①敬… Ⅱ.①陈… Ⅲ.①社会科学－文集 Ⅳ.
①C53

中国版本图书馆 CIP 数据核字（2011）第 058588 号

敬畏传统
陈尚君　著
责任编辑/宋文涛

复旦大学出版社有限公司出版发行
上海市国权路 579 号　邮编：200433
网址：fupnet@fudanpress.com　http://www.fudanpress.com
门市零售：86-21-65642857　　团体订购：86-21-65118853
外埠邮购：86-21-65109143
江苏省句容市排印厂

开本 787×1092　1/16　印张 21.25　字数 351 千
2011 年 6 月第 1 版第 1 次印刷

ISBN 978-7-309-08048-3/C・200
定价：35.00 元

如有印装质量问题，请向复旦大学出版社有限公司发行部调换。
版权所有　　侵权必究

"三十年集"系列丛书

第一辑,复旦大学出版社 2010 年 8 月出版

陈家琪:《愿作如是观》　　陈思和:《脚步集》
葛剑雄:《后而立集》　　　葛兆光:《看澜集》
何光沪:《三十功名尘与土》　何怀宏:《旁观集》
李　辉:《纸上苍凉》　　　林贤治:《沉思与反抗》
钱乘旦:《寻找他山的历史》　孙　郁:《新旧之变》
萧功秦:《反思的年代》　　　许纪霖:《另一种理想主义》
徐友渔:《与时代同行》　　　余中先:《左岸的巴黎》
止　庵:《河东辑》　　　　　周振鹤:《长水声闻》

第二辑,复旦大学出版社 2011 年 1 月出版

陈嘉映:《白鸥三十载》　　　陈建华:《雕笼与火鸟》
陈平原:《压在纸背的心情》　陈尚君:《敬畏传统》
黄子平:《远去的文学时代》　江晓原:《随缘集》
雷　颐:《精神的年轮》　　　李公明:《在风中流亡的诗与思想史》
李庆西:《话语之径》　　　　钱理群:《幸存者言》
钱满素:《文明就是讲道理》　王晓明:《近视与远望》
吴晓明:《学思集》　　　　　夏晓虹:《燕园学文录》
俞吾金:《生活与思考》　　　张隆溪:《一毂集》
张汝伦:《含章集》　　　　　赵　园:《昔我往矣》
郑也夫:《沙葬》　　　　　　周国平:《人间学术》
朱学勤:《我的"年轮",我的……》　朱正琳:《痕迹》